Ursula von Mangoldt

Erkenne dich selbst
im Bild deiner Hand

Ein Lehrbuch

Mit zahlreichen Abbildungen

Das vorliegende Buch führt den Leser von der Deutung der Außenhand, in der eine personale Anthropologie durch die Signaturenlehre verankert ist, wie es in dem vergriffenen Werk »Spiegel der Hand« (in Zusammenarbeit mit Graf Dürckheim) angeregt wurde, zur Auslegung der Innenhand mit ihren vielfältigen Ausdrucksmöglichkeiten. In diesem Teil werden neue Erkenntnisse dem vergriffenen Werk »Die Innenhand« hinzugefügt. Der letzte Teil des Buches gibt praktische Anwendungen und Analysen von Außen- und Innenhand. Sie beruhen auf psychologischer Grundlage.

Cheirologie ist ein wesentlicher Teil der Menschenkunde, die Lehrern, Erziehern, Ärzten oder Therapeuten wichtige Einsichten in Leben und Schicksalsanlage eines Menschen gibt und diesen zur Selbsterkenntnis führen kann.

Anliegen der Cheirologie ist nicht nur, die Entsprechungen von Charaktereigenschaften und ihren Ausdrucksmöglichkeiten in der Hand aufzuzeigen, sondern auch dem Lebens- und Schicksalsweg des Menschen an sich und eines bestimmten einzelnen nachzuspüren. Darum ist dieses Buch nicht rein schematisch aufgebaut, sondern in bestimmten Zusammenhängen. Es handelt sich bei der Cheirologie um den Menschen selbst und nicht um eine Theorie über ihn.

Ursula von Mangoldt, geboren 1904 in Berlin, Dr. theol., bestimmte von 1945 bis 1972 als Gesellschafterin die Richtung des O. W. Barth Verlages und veröffentlichte bahnbrechende Werke zum Verständnis östlicher wie westlicher Spiritualität. Von Jugend an beschäftigte sie sich mit Psychologie, Menschenkunde und insbesondere mit der Symbolik des Handlesens. Zu ihren cheirologischen Werken gehören u. a.: »Der Kosmos in der Hand« (1934), »Sinnesstörungen in der Signatur der Hand« (1950), »Der Mensch im Spiegel der Hand« und »Schicksal in der Hand«. »Erkenne dich selbst im Bild deiner Hand« stellt als Alterswerk der Autorin eine Synthese ihres cheirologischen Wissens dar.

Ursula von Mangoldt starb 1987 in Bad Säckingen/Schwarzwald.

Esoterik

Herausgegeben von Gerhard Riemann

Vollständige Taschenbuchausgabe Mai 1991
© 1991 Droemersche Verlagsanstalt Th. Knaur Nachf., München
Die Originalausgabe erschien 1980 im Walter-Verlag AG, Olten
Umschlagillustration Peter F. Strauss
Gesamtherstellung Ebner Ulm
Printed in Germany
2 4 5 3
ISBN 3-426-04240-1

INHALTSVERZEICHNIS

ZWEITER TEIL: DIE INNENHAND

I. Gliederung der Innenhand
87

II. Die Handberge
96

III. Die Hauptlinien
156

IV. Die Nebenlinien
215

V. Veränderung der Linien
257

DRITTER TEIL: ANWENDUNG DER HANDDEUTUNG

I. Menschliche Beziehungen
267

II. Seelische Grundstörungen
294

III. Psychologische Deutungen
306

IV. Analyse von Händen
329

Schema zur Deutung der Hand
344

VERZEICHNIS DER ABBILDUNGEN

ERSTER TEIL: DIE AUSSENHAND

ZWEITER TEIL: DIE INNENHAND

DRITTER TEIL: ANWENDUNG

VORWORT

Unter einem Titel LEHRBUCH DER HAND werden manche Interessierte Lehrsätze, Regeln und Analysen erwarten, die durch «Rezepte» vermittelt und nach festgelegten Methoden angewendet werden. Ein solches Verfahren wäre denkbar. Man könnte dann, wie es bei graphologischen Gutachten geschieht, mit Einzelmerkmalen der Handschrift oder – bei astrologischen Horoskopen – mit den Elementen von Tierkreiszeichen, Planeten, Häusern usw., die Zeichen von Außen- und Innenhand, von einzelnen Strukturen, Formen und Linien in einem Computer speichern und aus den Erfahrungen der Kombinationsmöglichkeit Charakteraussagen erhalten und Richtlinien für das Leben bestimmen.

Die Lehre der Handdeutung muß sich von diesen Methoden distanzieren, wenn sie ihre Besonderheit behaupten will. Zum Beispiel gegenüber der Graphologie, um eine der bekanntesten und in die wissenschaftliche Methodik eingeordnete Disziplin der Ausdruckskunde zu nennen, und zwar deshalb, weil die Schrift des Menschen eine erlernte persönliche Leistung darstellt. Sie ist augenblicklichen Schwankungen unterworfen, wie die der Disposition und Stimmung, und bietet die Möglichkeit der absichtlichen Gestaltung bis hin zur Verstellung. Ein Merkmal der Schrift ist die Umweltbedingtheit. Die Schriftzeichen beruhen auf Konventionen, deren man sich bedienen muß. Die Zeichen der Hand sind dagegen keinen Umwelteinflüssen ausgesetzt.

Auf der anderen Seite unterscheidet sich die Handdeutung von wissenschaftlichen Methoden, die kausale Zusammenhänge und theoretische Begründung verlangen. An die Stelle des begrifflichen Denkens tritt bei der Cheirologie, der Lehre von der Hand, die Einsicht, daß ein äußeres Erscheinungsbild Ausdruck eines inneren

Gehalts ist. Das im leiblich Sichtbaren Dargestellte ist Spiegel eines verborgenen Sinnes. Voraussetzung für dieses Zusammenfallen ist das Prinzip der Ganzheitlichkeit. Die Einheit von Geist-Seele-Leib äußert sich in allen Teilen eines Ganzen, also auch in den Gliedern eines Menschen, zu denen die Hand gehört. Mit ihren Zeichen drückt die Hand den umfassenden und übergreifenden Sinn ihres Teilgliedseins am Gesamtmenschen aus und ist Spiegel seines Wesens. Miteingeschlossen in das Menschsein ist der Lebensweg, der im Menschen angelegt ist und den zu erfüllen Sinn und Aufgabe des einzelnen ist.

Die Aussagen, die aus der Hand zu gewinnen sind, und die zugleich mit der leiblichen Erscheinung auch das Innerseelische zum Ausdruck bringen, können wertvolle Hilfe sein, sowohl für den Arzt und Psychotherapeuten wie auch für den Psychologen, Pädagogen, Erzieher, einfach für jeden, der sich mit dem Menschen beschäftigt und tiefer in sein Wesen eindringen will, als dies durch experimentelle Untersuchungen und Methoden oder durch psychologische Tests möglich ist.

Die Naturwissenschaft sucht Zusammenhänge von Ursache und Wirkung oder fundierte Beweise, die der Handdeutung nicht zur Verfügung stehen. Ihr geht es allein um die Gesamtschau des Menschen. Der Versuch aber, sich mit der Hand zu beschäftigen und ihre Zeichen zu verstehen, sollte nicht von wissenschaftlicher Kritik abgelehnt werden, bevor nicht ihre Methode und Ergebnisse ernst genommen und erprobt wurden.

Die Hand zeigt nicht, wie der einzelne Mensch beeinflußbar ist, sondern wie der Mensch angelegt ist, über welche Möglichkeiten er verfügt und welche Aufgabe ihm gestellt, welcher ganz persönliche Lebensweg ihm gegeben ist. Unter diesem Gesichtspunkt fragt der Handleser nach dem Sinn, das heißt der Bedeutung eines Soseienden.

Sein Anliegen und sein Problem ist der Sinn einer Gestalt, nicht die Ursache für die Tatsache ihres Daseins. Handdeutung führt eine Gegebenheit nicht auf etwas anderes zurück, sondern zeigt das innere Leben auf, das sich in ihr ausdrückt. Für das Daseiende und seinen Grund sucht der Deutende keine Erklärung wie z. B. die Psychoanalyse, sondern er sucht Sinn und Gehalt des Lebens in einer äußeren Erscheinung zu erfassen. Im Bild der Hand also in einer Form, einem Zeichen, einer Erhöhung oder Linie. Bei der Cheirologie geht es um die Deutung eines Inneren, Unsichtbaren, das in einem äußeren Erscheinungsbild hervortritt.

Vielleicht liegen einmal genügend statistische Erhebungen und nachprüfbares Material vor, um die Zuordnung oder Entsprechung von Handaussagen und den ihnen zugesprochenen Anlagen und Möglichkeiten eines Menschen festzustellen. Damit aber wäre außer einer eventuellen Anerkennung der Wisenschaftler kaum etwas gewonnen. Die Frage nach dem Warum wäre nicht gelöst. Dagegen ist die Ausdruckskunde der Hand dort von besonderer Bedeutung, wo die Frage nach dem Menschen, nach seinem Wesen und Leben gestellt wird.

Die theoretischen Grundlagen der Handlesekunst können nur aus einer anthropologischen Sicht herauswachsen, die den Menschen in den Mittelpunkt stellt. Sie ist integraler Bestandteil der folgenden Ausführungen.

ERSTER TEIL
DIE AUSSENHAND

I
GLIEDERUNG DER AUSSENHAND

Der Handrumpf

Die menschliche Hand besteht aus Rumpf und Fingern. Diese bilden die ihr eigentümliche Gestalt, die aus einem Unten und Oben besteht.

Während das Tier an die Erde und die Fortbewegung auf ihr gebunden ist, und auch seine «Hand» den Sinn ihrer Funktion im erdgebundenen Leben des Tieres hat, weist die aufrechte Gestalt des Menschen im symbolischen Sinn auf die Entwicklung aus dem elementaren Reich der Natur und dem von ihr gespeisten Wurzelbereich triebhafter Kräfte zur Stufe des bewußten Selbstes und seiner Welt und über diese hinaus in das Reich der Transzendenz, in der nicht nur die animalische Bindung an die Natur, sondern auch die Grenzen des selbstbewußten Daseins in der Welt überwunden werden.

Das Bild der Tierhand ist ganz von der Handwurzel bestimmt. Mit den kurzen, tief angesetzten und im Vergleich zu dem menschlichen viel unbeweglicheren Daumen dient sie allein der Behauptung des Lebens im naturverhafteten Dasein materieller Bedürfnisse. Der beim Menschen vorhandene Handrumpf dagegen gewinnt seine Bedeutung erst in Verbindung mit den Fingern. Der Rumpf einer Fingerhand ist ihre Wurzel und ihr Fundament.

Die Hand wächst aus dem Handgelenk, versammelt sich im Rumpf, entwickelt sich zu den Fingern und mündet in ihren Kuppen. Im Handrumpf erscheint der Mensch in der Wirklichkeit seiner Natur – in seinen Fingern erscheint er in seiner Verbundenheit mit dem Geist und in seiner seelischen Bezogenheit auf Transzendenz. Wenn wir in der Handsprache von Geist sprechen, so meinen wir das Bewußtsein des Menschen, seine gestalterischen und willensmäßigen Kräfte und seine vernunftgemäße Auseinandersetzung mit Umwelt und Du.

Die Zweiteilung von Rumpf und Fingern gibt der Hand erst ihre menschliche Gestalt. Der Handrumpf zeigt in der Breite oder Schmalheit seines Ansatzes am Handgelenk die Verbundenheit eines Menschen mit der kosmischen Natur, Fülle oder Mangel seiner Verwurzelung im Triebhaften und seine dem Selbstsein noch vorangehende Wurzelkraft und Erbmasse.

Der Handrumpf drückt die vitale Mächtigkeit aus, die Tier und Mensch in gleicher Weise mit Trieb, Impuls und Lebensdrang erfüllt. In ihm zeigt sich die ursprüngliche Lebenskraft, die den Menschen befähigt, sein Dasein als Lebewesen zu sichern, sich in ihm zu entfalten und es zu behaupten.

Der Mensch lebt in der vom Handrumpf ausgedrückten Seinsschicht im kosmischen und vitalen Unbewußten. Die Welt ist hier noch nicht der von ihm distanzierte Bereich der Objekte, sondern die mit ihm verschmolzene Umwelt. Aus den Kräften, die sich im Handrumpf spiegeln, vermag der Mensch sich noch nicht bewußt mit dem Leben auseinanderzusetzen, sondern er steht noch ganz unter dem Gesetz instinktiver Arterhaltung und Daseinsbehauptung. Drang und Sog, Begierden und Süchte, Affekte und Stimmungen, Antriebskraft und Reizempfindlichkeit wirken sich hier noch unkontrolliert vom Ich aus. Auch dort, wo sie die ihnen vom Menschen her bestimmte Form und Steuerung nicht gewinnen, behalten diese naturhaften Energien ihre Wirkkraft, die sich positiv wie negativ entfalten kann.

Im breiten Handrumpf spiegelt sich die in einem Menschen vorhandene vitale Daseinsbehauptung und Entfaltungsmöglichkeit wider. Je schmaler ein Handrumpf, desto weniger ist ein Mensch ursprünglich an die naturhafte Vitalität gebunden.

Von besonderer Wichtigkeit für die Deutung der Hand ist die Form des Rumpfes, in der sich die Natur eines Menschen ausprägt. Diese wird im Zusammenhang mit den Fingern besprochen.

Die Finger

Wie der Handrumpf als das «Unten» der Hand das Wurzelbereich elementarer Erdkräfte, die Urtriebe und Urbilder in ihrer immer verschiedenen Kraft und Fülle ausdrückt, so sind die Finger als das «Oben» der Hand mit ihrer Beweglichkeit und subtilen Differenziertheit das Ausdrucksfeld des Geistes und der Sehnsucht nach Freiheit und Gelöstheit von der Materie.

Das Hinauf- und Hinausgreifen der Finger zeigt die Überwindung der bloßen Natur und das Freiwerden von stofflicher Gebundenheit durch die Bewegung zur Höhe und Weite hin. Die Finger, die sich vom Rumpf loslösen, stellen den Menschen als das Wesen dar, das nicht nur von seinen Trieben zur Selbsterhaltung bewegt wird und mit Greiforganen anpackt, sich verteidigt und festkrallt, sondern das sich von der Herrschaft seiner triebhaften Impulse löst, das begreift und gestaltet. Aus dem Reichtum der Gebärden und der Beweglichkeit der Finger wie aus ihrer Feingliedrigkeit spricht auch die differenzierte Sensibilität des inneren Menschen, der den Regungen seiner Seele Ausdruck zu verleihen vermag.

Die den Rumpf mehr oder weniger überragenden Finger geben der Hand den vertikalen Richtungscharakter ihrer Gestalt, der das Prinzip der spezifisch menschlichen, das heißt der nach oben strebenden Entwicklung sinnfällig ausdrückt. Und doch sind sie nicht ohne den Rumpf zu denken. Das Verhältnis, beziehungsweise der Zusammenhang zwischen Fingern und Rumpf ist von besonderer Bedeutung für das Lesen der Hand. Die Länge der Finger wird am Mittelfinger von seiner Kuppe bis zum Einschnitt in den Rumpf gemessen und dieser vom Einschnitt aus bis zum Handgelenk herab.

Rumpf und Finger

Der Mensch steht zwischen «Erde und Himmel», zwischen seinem kosmischen Naturbezug, seinen elementaren Trieben, Instinkten und ursprünglichen Bildern einerseits und der Geprägtheit seines

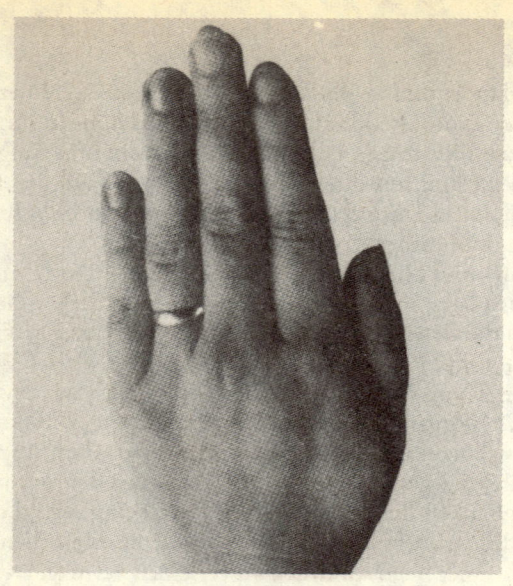

1 Finger länger als Handrumpf

Geistes der seelischen Bezogenheit auf die Transzendenz auf der anderen Seite. Im Verhältnis von Fingern und Handrumpf drükken sich das Verhältnis von Bewußtheit und Gebundenheit, von geistiger Differenziertheit und Triebhaftigkeit, Loslösung vom Materiellen und Daseinsbehauptung aus.

Ein Mensch, in dessen äußerem Handbild die Finger länger sind (Abb. 1) als der Rumpf, ist dem Seelisch-Geistigen geöffnet, während der übergewichtige Handrumpf (Abb. 2) den vitalen Lebenswillen betont. Jede Einseitigkeit aber kann eine Gefährdung des Ganzen sein. Sie zeigt sich in der Überbetonung der Finger als Verlust des Bezugs zur gegebenen Wirklichkeit und realen Umsetzung in das praktische Leben. Ohne die Grundlage einer bleibenden Verbundenheit mit seiner Natur verliert der Mensch den Boden unter den Füßen, und sein geistiges Leben wird theoretisch und

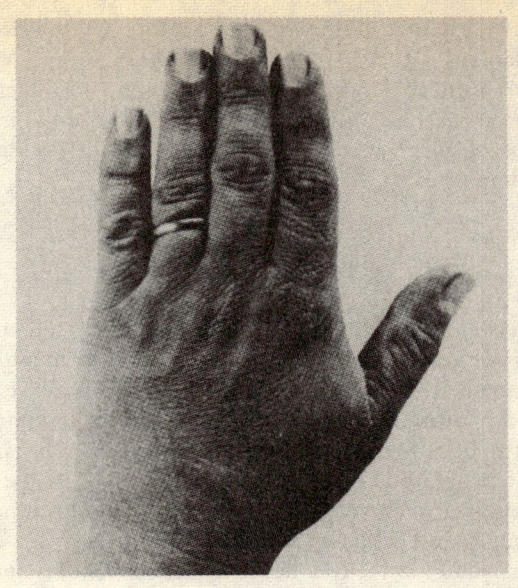

2 Handrumpf länger als Finger

abstrakt. Im Bild der Hand bedeutet dies eine Verwurzelung der Finger im Handrumpf, aus dem sie sich harmonisch lösen. Ist der Handrumpf dagegen zu breit und schwer, wird der Mensch vorwiegend von materiellen Interessen, Triebimpulsen und den realen, praktischen Forderungen des Lebens bestimmt.

Schon bei der Deutung des Verhältnisses von Handrumpf und Fingern erhebt sich die grundsätzliche Frage nach Stärke und Schwäche. Das Übergewicht des Rumpfes zum Beispiel kann durch seine Betonung erfolgen oder durch die Kleinheit der Finger. Ebenso kann das Übergewicht der Finger durch ihre Länge wie durch einen kleinen Handrumpf verursacht werden. Je nachdem ob die Betonung von Rumpf oder Fingern aus gegeben ist, wird die Deutung eine andere sein. Lange Finger bei einem kleinen Rumpf lassen erkennen, daß die Hinwendung zum Seelisch-Geistigen einer mangelnden Vitalität entspringt und kraftlos wie blutleer bleibt. Das Fundament naturhafter Fülle fehlt einem solchen Menschen. Umgekehrt kann ein langer Rumpf mit kurzen, doch nicht dicken Fingern eine tragende Grundlage an Vitalität und praktischer Realitätsbezogenheit aufzeigen, die verwirklicht, was die Finger, wenn auch in kleinem Maße, aufnehmen.

Große und kleine Hände

Das Größenverhältnis einer Hand bezieht sich auch auf einen Vergleich mit der gesamten Gestalt des Menschen. Die meisten Hände werden seinem Körpermaß entsprechen. Dennoch gibt es Widersprüche, die meist auf Drüsenstörungen zurückzuführen sind. Ohne körperliche Symptome einzuschalten, läßt sich ganz allgemein feststellen: Große Hände gehören zu Menschen, die vorsichtig und langsam in ihren Entschlüssen und Entscheidungen sind. Vorsichtig, zögernd gehen sie Schritt für Schritt vorwärts und analysieren genaue Einzelheiten, bevor sie eine Reaktion äußern. Da ihnen die Weite des Überblicks fehlt, neigen sie zum Spezialistentum.

Menschen mit kleinen Händen sind spontan, lebhaft bis zur Ungeduld und instinktsicher. Sie bleiben nicht in Einzelheiten stecken, sondern übersehen ein Gesamtbild und fühlen das Wesentliche heraus. Sie sind impulsiv in ihrem Einsatz und schnell in ihren Reaktionen.

Will man feststellen, ob eine Hand im Verhältnis zum Körper groß oder klein ist, so sollte dies nicht in Zentimetern geschehen, sondern in einer Gesamtschau des Menschen. Bei häufigerem Betrachten von Händen wird sich der Blick an das anpassen, was in seinem Gleichmaß ausgerichtet ist oder was durch übertriebene Betonung der Länge oder auffallende Kleinheit aus der harmonischen Übereinstimmung herausfällt. Das Gleiche gilt für die Bemessung von Handrumpf und Fingern. Nur wenn Ungewißheit besteht, wie sich dieses Verhältnis darstellt, sollte zum Maßstab gegriffen werden.

Eine kleine Hand entspricht eher dem Überwiegen des Handrumpfes, eine große den längeren Fingern. Das eine Mal ist der Mensch in besonderer Weise auf seinen unmittelbaren Lebenswillen und seine impulsive Reaktionsfähigkeit angewiesen, zum anderen ist er im Bild der längeren Finger oder Hände überlegter oder abwägender.

Liegt in den verschiedenen Größenverhältnissen keine Harmonie, dann ist, wie bei jedem Mißverhältnis, auf Spannungen oder Hemmungen zu schließen, deren Ursachen erst in der Deutung des ganzen Handbildes zu finden sind.

Es gibt Menschen, die schon beim Betrachten dieser wenigen Ausdrucksmöglichkeiten der Außenhand ein Gefühl von Sympathie oder Antipathie empfinden. Dies kann als unmittelbare Reaktion stimmen, dennoch ist es wichtig, vor einer solchen Beurteilung mehr Elemente zum Gesamtbild zusammenzutragen.

Die Knöchel

In der Mitte zwischen Rumpf und Fingern besteht ein Raum, der von den Knöcheln bestimmt wird. Anatomisch gesehen liegen die Knöchel als Wurzelgelenk der Finger zwischen diesen und dem Handrumpf. Sie bilden die obere Begrenzung des Handrückens, dessen Haut sich über die Fingerwurzeln hinaufzieht. Der Bereich zwischen Knöcheln und sichtbarer Ansatzlinie der Finger hat eine besondere Plastik, ist voller Ausdruck und Bewegtheit und zeigt Unterschiede, die die Schwere des unteren Handraumes auflockern oder betonen.

Die Hand als Ganzes gesehen, spiegelt innen wie außen immer die Trias «Natur – Seele – Geist» wider. So bildet auch der Bereich der Knöchel das Ausdrucksfeld des Seelischen in der Sprache der «Außenhand». Die «Mitte» der Innenhand ist zu verstehen als Innerlichkeit des persönlichen Lebens und Erlebens; die Mitte der Außenhand dagegen, das heißt der Raum der Knöchel ist Ausdrucksfeld des Seelischen als eines noch nicht persönlichen Innen-

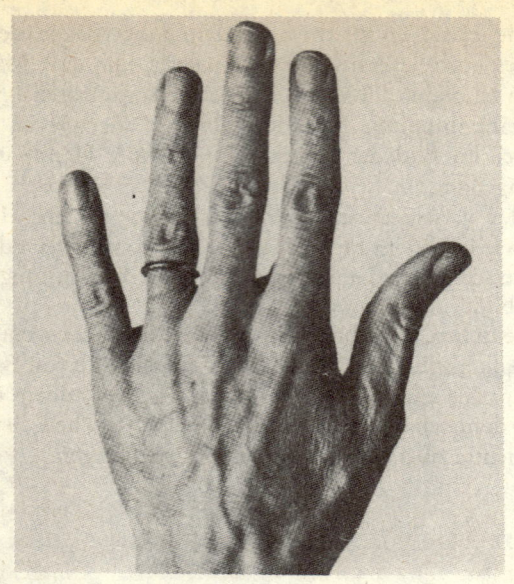

3 Knöchelraum nach unten verlagert

raumes, sondern als Bereich ursprünglicher und unpersönlicher Kräfte, die stärker von der Natur getragen oder vom Geist diszipliniert sind. Das Verhältnis zwischen Fingern und Rumpf erhält durch die Lage der Knöchel eine besondere Differenzierung.

Die Knöchel können mehr in den Handrumpf eindringen oder mehr zu den Fingern hingelagert sein. Die Bedeutung dieser Verlagerung gibt dem Verhältnis von Rumpf und Fingern eine zusätzliche Bedeutung.

Ist der Knöchelraum weit nach unten verlagert, so daß die Knöchel in dem Rumpf einschneiden (Abb. 3), dann wird die Triebsphäre aufgelockert oder kontrolliert, und das Naturhafte verliert an elementarer Kraft. Unmittelbare Erlebnisse werden verarbeitet und versinken nicht im Unbewußten.

Sind die Knöchel mehr den Fingern zugelagert, so sind Bewußtsein und gestaltener Geist des Menschen von vitalen Kräften gespeist, bildhaft und voller Leben. Zeigt sich aber die Verlagerung der Knöchel nach oben in einer Hand, deren Finger kurz, deren Rumpf dagegen mächtig ist, dann weist dies darauf hin, daß der Mensch von elementaren Impulsen bedrängt und gefährdet ist, von triebhaften Emotionen überrannt und verschlungen zu werden.

Beim Schließen der Hand ist häufig ein leichtes Absinken der Knöchelbahn vom Mittelfinger zum kleinen hin zu erkennen. Dieses Herabfallen tritt ein, wenn der Handrumpf zu tief verwurzelt ist, ein Zeichen der Beunruhigung im Triebbereich, in den der Mensch ungehindert hineingezogen wird. Es soll noch im Zusammenhang mit den anderen Fingern hiervon gesprochen werden.

Bei diesen Betrachtungen erscheint der Knöchelraum als Bindeglied zwischen Rumpf und Fingern. Das heißt, der Mensch zeigt sich bildhaft in seiner Bestimmtheit zwischen Natur und Geist, in seiner Innerlichkeit, die dem Typischen der Außenhand die ersten persönlichen Züge gibt. Sie werden in der Innenfläche ausführlicher erkennbar. Die Bedeutung der seelischen Innerlichkeit als einem beherrschenden Faktor des Lebens läßt sich vor allem aus der Innenhand ablesen. Denn während Geist und Natur im bisher betrachteten Sinn auf typische Veranlagungen hinweisen, hängt die seelische Innerlichkeit vom Verhältnis des Menschen zu seinem persönlichen inneren Weg ab und von den Anlagen und Begabungen, von der Tiefe und Sensibilität seiner Empfänglichkeit und dem Grade seines Ausdrucksvermögens. Die Voraussetzungen der seelischen Erfahrungen drücken sich in der Innenhand aus. Im Raum der Knöchel sind nur Zeichen für das Verhältnis der seelischen Kräfte zu denen der Natur und des Geistes abzulesen.

Die Gebärde der Hand

Die Gebärde der Hand beruht auf einer inneren Dynamik und Beweglichkeit des Menschen. Sie gehört nicht in den symbolischen

Bereich, in dem Äußeres und Inneres im Erscheinungsbild zusammenfallen, sondern sie bringt nur eine Raumsymbolik zum Ausdruck, eine Bewegung im raumbestimmten Umkreis der Hand. Aus einer solchen Gebärde aber können sich schon Rückschlüsse auf den Handeigner ergeben.

Die vertikale Haltung des Menschen, die seiner Fingerhand entspricht, wird bildhaft dargestellt durch die betende Gebärde, in der die Hände nach oben ausgestreckt, dem Himmel zugewandt, das rechte Stehen vor Gott zum Ausdruck bringen.

Diese Zuwendung gilt nicht nur dem Oben, sondern auch der Welt, dem Du, dem der Grüßende die geöffnete Hand entgegenstreckt. Im Gegensatz zu dieser offenen Handhaltung des Abendländers verschließt der Inder mit der Gebärde seiner Hand sein Inneres vor dem Zugriff des Außen. Im Yogasitz zeigen die kreisförmig geschlossenen Arme, daß die Konzentration auf das Göttliche die Hinwendung zum innersten Selbst jeden Einstrom von außen abriegelt. Auch der Gruß des Inders mit den zusammengelegten Handflächen bedeutet eine Bewahrung des Innenraumes und trotz des ehrfürchtigen Verneigens vor dem Du doch keine Zuwendung zu ihm und zur Welt.

Auf den Darstellungen der Handgebärden von Christus und Buddha läßt sich der gleiche Unterschied erkennen: der Gottessohn öffnet, wenn er als Pantokrator, als Weltenherrscher auf den Kuppeln der griechischen Tempel dargestellt wird, segnend Zeige- und Mittelfinger, die aktiven Finger des Zugriffs, mit ihnen gleichsam in die Bewegung tretend, der Welt zugewandt, während die passiven Finger, Ring- und kleiner Finger, sich mit dem Daumen zum Kreis zusammenschließen, das Du wieder zurückführend in den Eigenraum.

Buddha dagegen führt Zeigefinger und Daumen zum Kreis zusammen, während die anderen Finger der Welt sich zuwenden. So schließt sich das Ich bildhaft vom Außen ab und kreist sich selbst ein, während die unbewußte, empfangsbereite Seite horchend und wahrnehmend geöffnet ist. Auf das Passive, Stoffgelöste, Ichentbundene ist das Leben gerichtet, das nach Verlöschen verlangt.

Ein anderes Beispiel solcher betont passiven Haltung lassen die Mudras erkennen, die grundlegenden Handhaltungen, die noch heute eine wesentliche Rolle beim indischen Tanz spielen (Abb. 4). So werden bei «Kartharimuksha» die drei ersten Finger geschlossen gehalten, der kleine Finger aber frei emporgehoben. Bei «Kataka» bilden Zeigefinger und Daumen einen Kreis, während der Mittelfinger den Daumenballen berührt, Ring- und kleiner Finger aber in die Höhe ragen. Bei «Hamsaya» berührt der vorwärtsgestreckte Zeige- und Mittelfinger den Daumen, Ringfinger aber und kleiner Finger sind aufgerichtet.

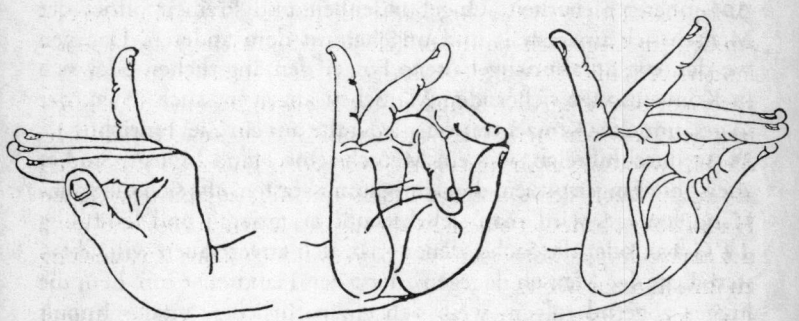

4 Mudras – symbolische, indische Handstellungen

Es gibt viele solcher indischen Handhaltungen, bei denen die passive Seite in Aktion tritt, während die Gebärde des westlichen Menschen die aktive Seite betont, sei es beim Darstellen und Beschwören oder beim Bekräftigen eines Wortes.

Auch im Leben des einzelnen ist die Gebärde ein bedeutungsvoller Ausdruck seines inneren Verhaltens und charakteristisch für seine seelische Verfassung. Den jeweiligen vitalen Zustand des Menschen läßt vor allem der Daumen erkennen. Ist er weit abgespreizt, wird der Mensch einen großen Raum für sich beanspruchen. Liegt er in der Hand verschlossen, so wird eine Erschöpfung der natürlichen

Impulse diesen Menschen veranlassen, sich dem Zugriff des Außen zu entziehen. Wenn der Italiener aus Angst vor dem bösen Blick den Daumen in seiner Hand verbirgt, so besagt dies, daß er sein natürliches Ich vor dem Bösen zu schützen sucht.

Der Sterbende, der, ähnlich wie der Epileptiker, den Daumen in seiner Hand versteckt, läßt erkennen, daß seine natürliche Widerstandskraft nachläßt.

Im Schmerz krampfen sich die Hände zusammen oder spreizen sich abwehrend weit auseinander. Ein spannungsloses Öffnen der Finger ist Zeichen innerer Gelockertheit und Aufgeschlossenheit. Aus innerer Sicherheit, Ungebundenheit und Freiheit öffnet der Mensch sich unverstellt und ungehemmt dem anderen. Dagegen werden eng zusammengehaltene Finger den ängstlichen oder sich in Konventionen sichernden Menschen anzeigen, auch jenen, der in gesammelter Konzentration alle Kräfte auf ein Ziel hinrichtet.

Es ist aufschlußreich, wie ein Mensch seine Hand hinlegt. Sind es zuerst die Fingerspitzen, die den Raum abtasten, ehe sich die ganze Hand festlegt, wird man sich bewußt orientieren und feinfühlig das Gebiet oder die Sache, denen man sich anvertrauen will, abtasten. Legt der Mensch dagegen zuerst den Handteller hin, dem die Finger zögernd folgen, weiß sich ein natürlicher, vitaler Impuls Lebensraum und Behauptung zu schaffen. Je fester sich die ganze Hand auf eine Unterlage legt, um so energischer und unmittelbarer ist der Zugriff und das Festhalten des Ergriffenen, während ein Hohlraum, der beim Hinlegen unausgefüllt bleibt, innere Ängstlichkeit und Scheu zu erkennen gibt. Die Mitte der Innenhand, jener Raum, in dem sich das seelische Erleben, das persönliche Wesen ausdrückt, wird geschont und zurückgehalten, um sich vor Auseinandersetzungen und Spannungen zu bewahren.

Es gibt gespannte und entspannte, verkrampfte und gelockerte Hände, die Ausdruck eines inneren Verhaltens sind. Es gibt, wie Rilke über die Handdarstellungen von Rodin schreibt, «selbständige, kleine Hände, die, ohne zu irgendeinem Körper zu gehören, lebendig sind; Hände, die sich aufrichten, gereizt und böse; Hände, deren fünf gesträubte Finger zu bellen scheinen wie die fünf Hände eines Höllenhundes; Hände, die gehen; schlafende Hände und Hände, welche erwachen; verbrecherische, erblich belastete Hände und solche, die sich niedergelegt haben in irgendeinem Winkel, wie kranke Tiere, welche wissen, daß ihnen niemand helfen kann. Hände sind ein komplizierter Organismus, ein Delta, in dem viel fernher kommendes Leben zusammenfließt, um sich in den großen Strom der Tat zu ergießen. Es gibt eine Geschichte der Hände; sie haben ihre eigene Kultur, ihre besondere Schönheit; man gesteht ihnen das Recht zu, eine eigene Entwicklung zu haben, eigene Wünsche, Gefühle, Launen und Liebhabereien».

Wahren die Finger beim Hinlegen der Hände untereinander harmonischen Abstand, ist die Seele des Menschen aufgelockert und ausgeglichen. Dagegen sind Finger, die ängstlich Halt aneinander suchen, Ausdruck innerer Verkrampfung. Manchmal spreizt sich der kleine Finger ein wenig ab und sucht im Außen Kontakt aufzunehmen, oder die Fingerspitzen biegen sich ein wenig nach oben, beides Zeichen, daß der Mensch geistigen Einflüssen und Eindrükken geöffnet ist. Es gibt aber auch Finger, die sich so stark nach innen krümmen, daß sie schon bildhaft Enge und Geiz zum Ausdruck bringen, wie es Finger gibt, die sich zu weit nach außen zurückbiegen und sich damit allzusehr von der eigenen Innerlichkeit abwenden.

Eine Hand mag sich zuerst mit der Daumenseite hinlegen, so daß der Daumenballen fest aufliegt. Genauso energisch und ichbetont wird sich der Mensch im Leben verhalten. Wenn dagegen die Außenseite zuerst die Unterlage sucht, wird die Hinwendung zum Du die wesentlichste Rolle im Leben spielen.

Solche Gebärden und Haltungen der Hand sind jedoch nur Ausdruck eines augenblicklichen Zustandes, der sich spontan ändern kann und häufigen Schwankungen unterliegt. Sie lassen die derzeitige Verfassung und innere Dynamik eines Menschen erkennen, der sich in Bewegung und in Auseinandersetzung mit der Welt befindet. Sie sind mithin etwas Sekundäres, etwas völlig anderes als die Aussagen, die aus der Hand gewonnen werden, noch ehe diese innere Reaktionen wiederzugeben vermag.

II
VERSCHIEDENE HANDFORMEN

Die elementare und die gotische Hand

Die ganze Hand in ihrer Einheit von Rumpf, Fingern und Knöcheln offenbart in ihren Abwandlungen verschiedene Weisen des Menschseins. Sie zeigt in ihrer Dreigliederung die im Menschen und seinem Lebensgang verkörperte Dreieinheit von Natur, Geist und Seele in jeweils besonderem Verhältnis.

Die Charakteristik der Außenhand ist in ihrer Aussage über die typischen Anlagen eines Menschen nur als Grundlage zu verstehen. Sie zeigt, im Gegensatz zur Innenhand, die unveränderliche Beschaffenheit des Menschen, die von der Innenfläche ihre persönlichen Züge empfängt.

Die typischen Abwandlungen der Außenhand ergeben sich vor allem: aus den Größenverhältnissen von Rumpf und Fingern und der Gestalt der ganzen Hand oder des Rumpfes und der Finger.

Es gibt Hände, die die Gestalt des Rumpfes in die Fingerform einfügen. Es gibt andere, bei denen der Rumpf eine andere Gestalt zeigt als die Fingerform. So kann es Harmonie oder Spannung zwischen Rumpf und Fingern geben. Eine Verschiedenheit wird hierdurch schon aus der festgelegten und typischen Charakterbestimmung der Außenhand zu erkennen sein.

Hände können durch übermäßig kurze Finger nur Rumpf sein. Eine entgegengesetzte Hand scheint gleichsam nur aus Fingern zu bestehen. Aus jener spricht der Mensch, der noch ganz im Elementaren steht und auf ein primitiv naturhaftes Dasein angelegt zu sein scheint. Man kann diese Hand die «stoffliche» oder «elementare» nennen. Aus der anderen Hand spricht der Mensch, der ganz im stoffentbundenen Geist zu leben bestimmt ist. So kann man diese

Hand die «gotische» nennen. Daneben stehen als Grundtypen die ovale, die eckige und die nach oben mehr oder weniger spitz zulaufende konische Hand.

Elementare und gotische Hände sind Grenzgestalten, die sehr selten auftreten. Elementar ist eine Außenhand mit kurzen dicken Fingern, gleichsam abgestumpft und mit dickem schwerem Rumpf. Sie ist zu materieller Arbeit bestimmt, und das Leben eines solchen Menschen erfüllt sich im Trieb- und Naturhaften.

Die Hand gotischer Madonnen, die schmal und nach oben zu gespitzt ist, feingliedrig und zart, ist dem praktischen Leben kaum gewachsen, doch empfangsbereit in der Tiefe ihrer dem Geistlichen geöffneten Seele. Zwischen diesen beiden Extremen liegen die drei Handformen, von denen wir sprechen wollen (Abb. 5).

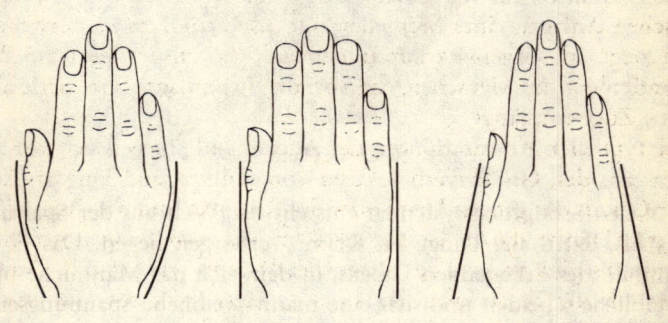

5 Ovale, eckige, konische Hand

Die ovale Hand

Die ovale Hand (Abb. 6) hat ihre größte Ausdehnung in der Handmitte. Sie gleicht einem Ei und empfängt ihre Eiform vom ausladenden Charakter des Handrumpfes und durch die leichte Einwärtsbiegung von Zeigefinger und kleinem Finger.

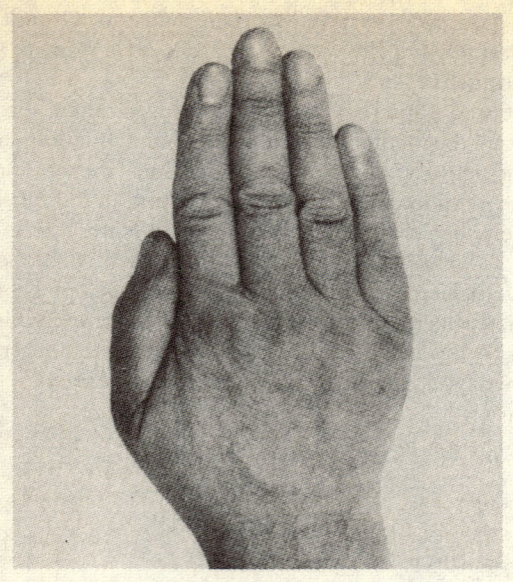

6 Ovale Hand

In vielen Schöpfungssystemen entsteht die Welt aus der Spaltung des Eis, darin alle Dinge im Keime verborgen liegen. Das Ei ist Sinnbild des drängenden Lebens, in dem sich das Männliche und Weibliche scheiden und sich eine mann-weibliche Spannungseinheit bildet. Aus dieser Spannung entsteht das neue Leben. Nehmen wir die ovale Hand als das Sinnbild für die Ureinheit des Lebens, in der zunächst die Gegensätze von weiblich und männlich, von Natur und Geist, noch «ineinanderliegen», so ist sie Ausdruck eines Menschen, der die in sich verschränkten Urkräfte, die zwei Pole des Lebens in sich austragen muß.

In der ovalen Hand spiegelt sich die innere Form eines Menschen, der im Zeichen der ursprünglichen Einheit steht, doch immer wieder den Drang nach Befreiung der polaren Gegensätze spürt. Der Mensch schwankt zwischen einer gleichsam in sich schwelenden

Verhaltenheit und gelegentlichen Ausbrüchen teils seiner gestauten Naturkräfte, teils seines sich plötzlich befreienden Geistes. Der infantile Zug, der vielen Menschen der «Eiform» eignet, hängt zusammen mit der entwicklungsfeindlichen Grundtendenz, die ursprüngliche Einheit zu wahren. Auf der anderen Seite ist es für einen solchen Menschen kennzeichnend, daß die «Ausbrüche» sich oft nicht gegen die Umwelt richten, sondern explosiv und gewaltsam gegen sich selbst.

Das Vorhandensein einer ursprünglichen Willenskraft – die sich im starken, festen Daumen äußert – ist bei dieser Spannung besonders wichtig. Ovale Hände, deren Daumen weich und weit zurückbiegbar ist, verraten einen Menschen, der leicht ein Spielball der sich in ihm ballenden Mächte werden kann, weil er gar nicht die Kraft hat, ihre Spannungen zu beherrschen.

Sind entsprechende Potenzen in der Innenhand vorhanden, dann bedeutet die ovale Hand die ungebrochene Lebendigkeit sowohl aus einer geistbereiten Natur wie einem naturverbundenen Geist und zeugt von einer Dynamik, deren Instinktsicherheit in ganzheitlicher Stoßkraft und Richtungsbestimmtheit in die Erscheinung tritt. Der Mensch bekundet dann unbefangen und ungehemmt die ursprüngliche Einheit des Lebens.

Die im Menschen der ovalen Hand noch fortwirkende Verschmelzung von Weiblichem und Männlichem spiegelt sich in seinen Beziehungen zum anderen darin, daß dieser, wenn überhaupt angenommen, nicht eigentlich in seinem eigenen Anspruch, sondern als die andere Seite des eigenen Kerns empfunden wird. So kommt es entweder zu überhaupt keiner Beziehung oder zu einer «Verstrikkung».

In dieser fühlt sich der Mensch verschlossen, von der Umwelt abgesondert und innerlich gehemmt. Nur dem Anschein nach wird er sich den Forderungen der Situationen anpassen, in Wahrheit wird er leicht in einem trägen Beharrungsvermögen versacken und Angst haben vor allem, das ihn aufbrechen oder gefährden kann.

Das Verhaftetsein im ungeschiedenen Ursprünglichen bedeutet auch die noch starke Eingebundenheit in eine umfassende Gemeinschaft. Verwoben mit ihrem Kollektivschicksal kann der Mensch der ovalen Hand, wenn er einmal zum Schutz ihrer Belange aufgerufen ist, gewaltige Stärke entfalten, mit einer von Urkräften geladenen Heftigkeit zuschlagen und großen Mut an den Tag legen. In dem Augenblick aber, in dem er auf sich allein gestellt ist, verliert er leicht seine im Kollektiven wurzelnde Sicherheit.

In der spannungsvollen Einheit der ursprünglichen Gegensätze verhaftet, fehlt dem sich entwickelnden eigenen Selbst die Stoßkraft und der Durchsetzungswille aus der Tiefe. Er ist besonders empfindlich gegen Disharmonien in sich oder in einer Gemeinschaft, zu der er gehört. So wenig er selber in überlegener Souveränität in die Erscheinung tritt, so wenig wird auch der andere in seinem Eigenanspruch wahrgenommen. Für den Menschen der ovalen Hand wird das Leben selbst zum Problem. Das Gefühl, mit sich selber und seiner Problematik nicht fertig werden zu können, ist ein Grundmotiv seines Daseins. Er sucht eine geschlossene Harmonie zwischen den Gegensätzen und dem Frieden mit seiner Umwelt.

Die ovale Hand, die eiförmig zusammengeschlossen, in der Mitte, im Knöchelbereich, die breiteste Ausdehnung hat, verlangt nach Geborgenheit und Umfassung, damit sie aus der verschlossenen Innerlichkeit heraustreten und ihre Kräfte entfalten kann. Am stärksten wird dies in einer kollektiven Gemeinschaft geschehen, auch wenn die Finger in selbständiger Form und Aufgelockertheit eigenwillige Freiheit suchen. Doch diese soll nicht die ersehnte Harmonie des Daseins zerstören.

Je deutlicher in der Hand eines solchen Menschen ein Mangel an seelischen Kräften hervortritt, zum Beispiel fehlende Berge an den Fingerwurzeln, eine kleine Herzlinie, kurze oberste Fingerglieder, um so mehr wird das Um- und Abschließende, das die ovale Form ausdrückt, also das Verlangen nach Umfangen-, Umhegt- und Beschütztsein, auf eine eigensinnig trotzige Verschlossenheit und ein Ausweichen vor Kampf und Auseinandersetzung mit der Welt hinweisen. Solche hier nur angedeuteten Kombinationen gehören zu der Gesamtschau, in die auch die Innenhand einzubeziehen ist.

34

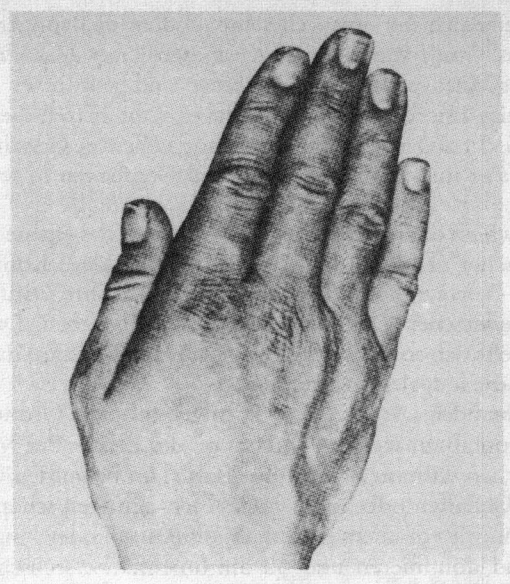

7 Eckige Hand

Um den Sinn der verschiedenen Handformen zu verstehen, müssen Grundimpulse eines jeden Lebens festgehalten werden. Diese sind: der Wille zum Dasein, der Drang nach bewußter Gestaltung und die Sehnsucht nach Transzendenz. Bei jedem Menschen wird einer dieser Impulse vorliegen, also auch in seiner Hand erkennbar sein.

Die eckige Hand

Die eckige Hand (Abb. 7) in ihrer ausgeprägtesten Form zeigt einen eckigen Handrumpf, eine eckige Vierfingerform und eckige Fingerendungen oder -kuppen.

Der rechte Winkel ist nach Euklid der Inbegriff des Unwandelbaren und zugleich der mit sich selbst und in eindeutiger Bestimmung ihrer Grenzen zusammengehaltenen Kraft. Das Viereck also ist Sinnbild einer in sich abgeschlossenen und geordneten Welt, ein Angelegtsein auf Form und Gleichklang. Eine Hand, die von unten bis oben eckig ist, entspricht einem Leben in Gestaltung und bewußter Auseinandersetzung mit dem Gegebenen in seinem Sosein.

Der Mensch ist darauf angelegt, die Welt und das eigene Leben als ein Gefüge zu nehmen, das in seiner Gestalt klare Konturen hat und dem Gesetz gehorcht, in dem alle Dinge ihre Ordnung und ihren zugewiesenen Ort, ihr bestimmtes Maß haben. Diese Ordnung bezieht sich sowohl auf das eigene Dasein wie auf das Du, die Welt und die festgelegten Situationen.

Welche besondere Art in dieser Formgebung und Ordnung liegt, hängt davon ab, in welcher Dimension des Lebens der Mensch sie verwirklichen will: im Bereich der Natur, im bewußten vernunftbegabten Gestalten oder in einem seelisch-geistigen schöpferischen Akt. Es kommt vor allem darauf an, ob Rumpf oder Finger in der Außenhand dominieren und ob die Innenfläche seelische Potenz offenbar macht.

Die eckige Hand wirkt harmonisch, die Finger sollten nur ein wenig länger sein als der Rumpf, aber von stabiler Substanz. Die ordnenden Kräfte und Begrenzungen, die von dem Rechteck gebildet werden, bedürfen in der Innenfläche der Fülle und Potenz, die sich in erhöhten Bergen ausdrücken. Keine Handform ist so doppeldeutig wie die eckige. Ist die seelische Kraftquelle vorhanden, dann kann es sich um einen begabten Künstler handeln, der voller Rhythmus und bewegter Lebendigkeit ist. Es kann sowohl ein Klavierspieler wie Dirigent sein, aber auch ein wissenschaftlicher Systematiker. Mit materiellem und praktischem Einschlag wird sich der Organisator und Pädagoge in einer solchen Handform verkörpern.

Aber gleichzeitig kann die eckige Hand, die keine innere Fülle, das heißt keine seelische Potenz aus den Zeichen der Innenhand erkennen läßt, den Pedanten, Bürokraten und kleinlichen Besserwisser charakterisieren, der mit nichts zufrieden ist und an allem etwas auszusetzen hat. Solche Menschen sind von einer starren Fixierung, die das Leben fast erstickt und dem anderen den Atem raubt. Aus den Zeichen der Innenhand wird sich ergeben, ob die vorhandene Sachlichkeit und Nüchternheit noch eine gewisse Dynamik zuläßt oder ob kalte Rechthaberei sich durch ein verantwortliches Pflichtgefühl auflockern läßt.

Wenn der Mensch mit eckigen Händen nicht über seelische Qualitäten verfügt, die allein aus der Innenhand zu erkennen sind, dann werden sein Ordnungswille und seine Bindung an enge Konventionen einer starren Despotie nicht entbehren. Solche Hände werden hart und grausam, wenn der andere sich ihren Prinzipien nicht unterordnet. Auch ein starker Fanatismus verengt den Menschen der eckigen Hand, vor allem, wenn die Finger eng zusammenliegen und kein Raum der Freiheit und Beweglichkeit zwischen ihnen vorhanden ist.

Wichtig wird bei der Beurteilung solcher Hände der Daumen sein. Je größer er ist, um so härter wird der Wille zur Selbstbehauptung den anderen erniedrigen und quälen. Dabei wird der Agierende sich niemals schuldig fühlen, weil er immer objektive Argumente für sein Handeln bereithält und sich selbst aus den aufgestellten Prinzipien und Forderungen heraushält.

Gerade bei eckigen Händen ist die Aussage der Innenhand von größter Wichtigkeit. Sie läßt erkennen, ob die positiven Eigenschaften, wie Gerechtigkeit, Zuverlässigkeit und Ordnungssinn, dem Formungswillen das notwendige Material zur Verfügung stellen.

Die konische Hand

Die konische, leicht spitz zulaufende Hand (Abb. 8) gewinnt mehr als alle anderen Hände die Eigenart ihrer Gestalt von den Fingern her. So ist sie vor allem die Hand des Menschen, dem im seelisch-geistigen Raum zu leben bestimmt ist. In ihrer am meisten ausgeprägten Form ist sie von einer zarten Schönheit, die bei zu wenig

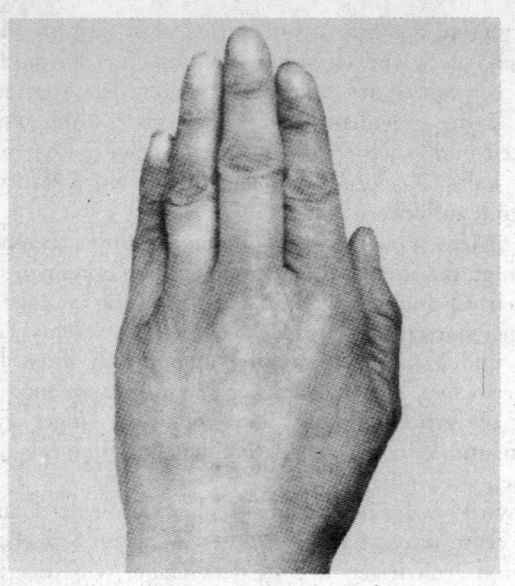

8 Konische Hand

Stabilität oft nicht genügend Wirklichkeitssinn aufzeigt. Dennoch verfügt sie über seelische Qualitäten, die sich schon in ihrer äußeren Erscheinung ausdrücken. Da sie sich in der nach oben zu verjüngenden Form auf einen Punkt oberhalb der Hand ausrichtet, ist sie von den Fingern her zu lesen. Wesensgerecht ist daher die konische Hand nur dann, wenn der Rumpf nicht überwiegt, sondern die Länge der Finger zumindest der des Rumpfes gleich ist.

Das Verständnis für den eigentlichen Sinn, den die konische Hand ausdrückt, erschließt sich, wenn man begreift, daß die Grundimpulse des Lebens: der Drang nach gesichertem Dasein, nach gestalteter Form und nach bergendem Ganzsein ihre Entsprechung in bestimmten Elementen der Hand haben. Der Impuls zum bloßen Dasein verkörpert sich im Rumpf als dem Raum der Natur und ihrer Kräfte, das Angelegtsein auf Ordnung und Gestaltung in der

Ausgeprägtheit der Form und das Ausgerichtetsein auf Transzendenz im Überschreiten des Daseins in der Welt.

Gestaltung als Problem und Aufgabe bedeutet für den Menschen der ovalen Hand das Gewinnen der harmonischen Einheit von Geist und Natur. Das natürliche Dasein bedeutet dem Menschen der konischen Hand weder Durchsetzen noch Behauptung oder Gestaltung des Lebens, sondern ein Durchschreiten, Durchleben und Darüberhinausgehen. Der Mensch der konischen Hand steht vor allem im Zeichen der Sehnsucht, die erst in der Innerlichkeit der Seele Erfüllung findet.

Es gibt konische Hände mit längeren oder kürzeren Fingern, stärkerem oder schwächerem Rumpf, ausgeprägtem oder nur schwach entwickeltem Knöchelraum. Entsprechend wird der Grundauftrag mehr oder weniger im geistigen Werk, im Raum der Natur oder im Reich des Seelischen zu erfüllen sein. Wieweit dies aber möglich ist, bleibt immer abhängig davon, daß dem Grundauftrag seelische Potenzen und Vermögen entsprechen, die die Verwirklichung gewährleisten und aus der Innenhand erkennbar sind.

Die Gefahr der konischen Hand ist die Unverbindlichkeit gegenüber dem konkret Gegebenen und letztlich das Sichverlieren im Transzendenten. Ein solcher Mensch ist immer in der Gefahr, die Welt in ihrem jeweiligen Dasein und Sosein wie in ihrer Ordnung nicht genügend ernstzunehmen, den Widerständen auszuweichen, statt sie zu bewältigen oder sich an ihnen zu formen; er ist auch in Gefahr, den Boden der Natur unter den Füßen zu verlieren und sich in Abstraktionen zu flüchten.

Wenn die Länge der Finger überbetont ist und die rechte Verwurzelung im Handrumpf fehlt, drohen Haltlosigkeit, wirklichkeitsfremde Illusion und Selbsttäuschung. Ist der Handrumpf zu schwach, der Mensch also den Belastungen des Lebens nur wenig gewachsen, und fehlt ihm demnach die natürliche Sicherheit, so wird sein Bezug zum Übernatürlichen immer mehr zum Ausdruck einer Schwäche statt einer Kraft.

Bei dieser Handform bildet die Innenhand mit einer klaren Kopflinie und gut geschwungenen Herzlinie ein positives Gegengewicht, damit nicht ein unstillbares Schweifen und eine innere Leere die ursprüngliche Sehnsucht verfälschen. Die abgebildete konische Hand läßt durch den langen Handrumpf eine materielle Selbstbehauptung als Halt erkennen.

Die gemischte Hand

Hände, die nicht in eine bestimmte Form einzuordnen sind, müssen in ihrer Eigenart gedeutet werden, wobei verschiedene Elemente kombiniert werden. Rumpf- und Fingerform werden jede für sich betrachtet und eventuelle Verschiedenheiten der einzelnen Finger in die Deutung einbezogen. Ein Beispiel ist die Männerhand (Abb. 9). Es handelt sich um einen 50jährigen Menschen, der eine große Rolle in wirtschaftlichen Unternehmungen spielt.

Nach der Konsistenz der Hand, die einen weichen Einschlag hat und nach dem kurzen kleinen Finger zu urteilen, fällt es diesem Mann nicht leicht, sich durchzusetzen und mit Gewandtheit Dukontakte aufzugreifen. Dennoch läßt der Spatelrumpf einen aktiven, dynamischen Menschen erkennen, der Widerstände bewältigt und sich mit der Welt auseinandersetzt.

Vor allem ist die Spatelform am Rumpf der Duseite ersichtlich. So wird er nach außen und in die Tat drängen. Die Finger dagegen sind verschiedenartig geformt. Die Hauptelemente sind eckig und konisch. Der Daumen ist anschmiegsam und klein und hat einen betonten Winkel, der an seinem Einsatz in den Handrumpf heraustritt. Auch der untere Winkel, der am Ende des Daumenballens liegt, ist ausgeprägt. Hierdurch wird der Daumenballen sichtbar begrenzt und die Vitalkraft schon in der Grundstruktur diszipliniert.

Dies alles sind keine Voraussetzungen für ein Leben, das nach Aktion und Krafterprobung drängt. Der Zeigefinger lehnt sich an den mittleren an und stellt sich unter Verantwortung und den Dienst am Werk. Er ist ein wenig länger als der Ringfinger, Zeichen einer Tendenz, sich in der Welt zu bewähren. Der längere Handrumpf

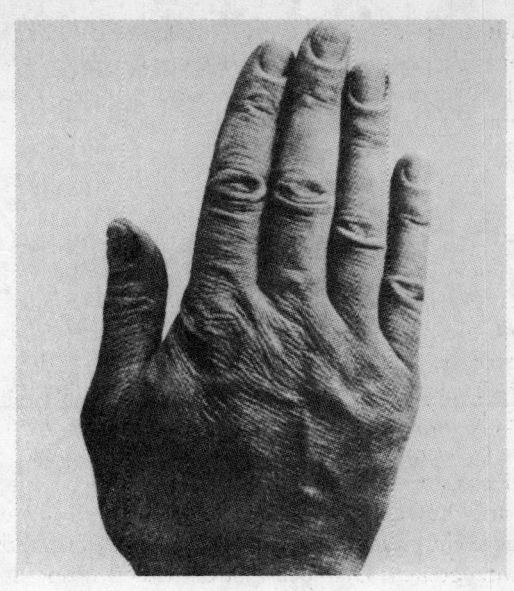

9 Gemischte Hand

unterstreicht das Vermögen, materiell Gegebenes mit eigener Dynamik zu durchdringen. Nachdem die mittleren Fingerglieder die längsten sind, ist der Wunsch nach bewußter Gestaltung und Organisation ausgeprägt.

Die Einstellung dieses Menschen, seine Aktivität nicht zu forcieren, sondern bewußt in Disziplin zu halten und sein Selbstbewußtsein nicht zu übersteigern, der geneigte Zeigefinger, der sich der Verantwortlichkeit im Bild des Mittelfingers stellt, bringen trotz vorhandener Gegensätze einen harmonischen Ausgleich zum Ausdruck. Dieser aber verlangt, nach Aussagen der Innenhand, der die Potenz der Berge fehlt, Opfer und Verzicht.

III

HANDRUMPF UND FINGER

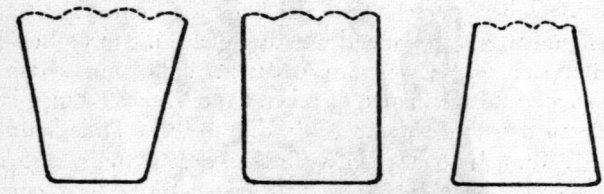

10 Spatelförmiger, eckiger, konischer Handrumpf

Der spatelförmige Handrumpf

Bei den Händen von nicht einheitlicher Gestalt gibt die Form des Rumpfes Aufschluß über die menschliche Vitalität und Natur; die Fingerform drückt den Grundcharakter der in ihr verkörperten Geistigkeit aus und den seelischen Bezug zur Transzendenz. Die verschiedenen Gestaltformen des Handrumpfes zeigen die verschiedenen Weisen, zu denen der Mensch von seiner Natur her angelegt ist, um Leben und Welt in den Griff zu bekommen und zu bewältigen.

Es ist für die Deutung ausschlaggebend zu erkennen, ob der Mensch von seiner Natur her dazu angelegt ist, das Dasein in erster Linie als Feld des Sich-Auswirkens und als Widerstand und Gefahr zu nehmen, also als etwas, das zu «bewältigen» ist, oder dazu bestimmt ist, die Welt als Material des Formens zu suchen oder aber als ein nur zu durchdringendes Medium wahrzunehmen.

Die Gestalt des Handrumpfes versinnbildlicht die Art und Weise, in der ein Mensch von seiner Natur her das Leben aufnimmt. Die

Abwandlungen des Rumpfes stehen im Zusammenhang mit den drei Grundimpulsen des Lebens: sich im Dasein zu entfalten, in ihm seine Form zu gewinnen und beide wieder zu transzendieren. Die Kraft zur Selbstbehauptung im Dasein bekundet die Spatelform, das Vorwiegen der Tendenz zur Form die eckige Gestalt, die Sehnsucht, Dasein und Form zu transzendieren, ist Sinn der konischen Form (Abb. 10).

Es gibt Menschen, deren Natur gleichsam aus dem Urgrund hervorquillt und breit ausladend auf die Welt zuströmt. Bei ihnen verbreitert sich der Rumpf zum Ansatz der Finger hin, so daß man von einer spatelartigen Form sprechen kann. Dieser Rumpf erweitert sich zu den Fingern, das heißt, die stoffliche Fülle läuft breit auf den Raum der seelischen Kräfte zu, deren Ausdrucksfeld im Knöchelbereich liegt. In diesem Fall hat auch der Geist eine elementare Fülle zu bewältigen.

Der spatelförmige Rumpf zeigt, daß der Mensch dazu bestimmt ist, sich einerseits von seiner Natur her am Material der Welt, gegen die er breit vorstößt, anzureichern und andererseits ihr aus der Kraft seines natürlichen Impulses seinen Stempel aufzudrücken. Die Lebensweise des Menschen mit spatelförmigem Handrumpf ist auf eine das Gegebene annehmende Aktivität, auf das Konkrete, Reale und Materielle angelegt. Der Mensch spürt in sich die Fülle der Natur und die Kraft zur Meisterung des Lebens in einer Welt, die ihm zur Bewältigung aufgegeben ist.

Der eckige Handrumpf

Während der Mensch des Spatelrumpfes von seiner Natur her auf Bewältigen der Wirklichkeit angelegt ist, sucht der Mensch des eckigen Handrumpfes in ihr den Rahmen, dem er sich einordnen, die Begrenzung, in der er Form gewinnen kann. Er ist ursprünglich auf die Gestaltwerdung seiner selbst und der Welt angelegt, doch ohne dem anderen seine Natur aufzuzwingen. Ordnung, Gleichmaß und Gesetzlichkeit sind ihm Verpflichtung, und er sucht seine Kräfte in rechter Beschränkung zusammenzuhalten. Besitzt er die Potenz und Begabung, die Materie zu formen, entspricht dem eckigen Handrumpf künstlerische Gestaltung.

Der konische Handrumpf

Im Gegensatz zu der Stoffbewältigung als Neigung des im Spatelrumpf ausgedrückten Lebens, im Unterschiede auch zur Tendenz auf Einordnung und Gestaltung, die sich im eckigen Handrumpf ausdrückt, ist der Mensch des konisch zulaufenden Handrumpfes von seiner Natur her darauf angelegt, das im Dasein konkret Gegebene zu durchdringen. Er ist von seiner Natur her bestimmt, dieses raumzeitliche Dasein ohne Verhaftetsein zu durcheilen. Ein solcher Mensch ist nicht auf Tat oder Gestaltung ausgerichtet, sondern auf geistige Erfahrungen, die über die raumzeitlichen Begrenzungen hinausgehen und Selbstmächtigkeit wie Daseinsbehauptung ablehnen.
Wie im Handrumpf, der sich zu den Fingern hin leicht verjüngt, die Natur abzunehmen scheint, so verliert der Mensch in der Begegnung mit der Welt an ursprünglicher Triebmächtigkeit und Kraft der Selbsterhaltung. Von Natur her ist ihm die Welt nicht das Material der Gestaltung, vielmehr bedeutet ihm das jeweilige Daseiende immer nur Durchgang zu einem darüber hinausliegenden Ziel. Schon im natürlichen Dasein eines solchen Menschen kann die Ahnung von einem höheren Leben liegen, das ihn über die Ebene alles raumzeitlich begrenzten Daseins emporzieht und den Beschränkungen der Natur sowohl wie den Grenzen von Ordnung und Form zu entheben vermag.

Der Handrumpf dominiert

Menschen, bei denen der Handrumpf dominiert, sind für den Vollzug ihres Lebens vor allem auf den Raum der Natur angewiesen. Daher wird es für sie von besonderer Bedeutung sein, in welchem Ausmaß sie über naturhafte Potenzen verfügen. Ist dieser vorrationale Raum stark und gewichtig, was durch größere Breite oder Dicke angezeigt wird, dann sind naturnahe Kräfte, das heißt starke Triebenergien vorhanden. Bei entsprechender Sensibilität und Gestaltungskraft der ganzen Hand kann das starke Wurzelwerk der Triebe auch eine kosmische Urschicht andeuten, aus der inneres Schauen und künstlerisches Schaffen hervortreten.

Je dominierender der Rumpf einer Hand ist, um so wichtiger wird es sein, festzustellen, wie die aus dem Rumpf sprechende ursprüngliche Lebenskraft aufgenommen und weitergegeben werden kann oder durch die Konsistenz des Handrumpfes beschwert und blockiert wird. Die Durchlässigkeit erscheint im Größenverhältnis und in der Gestalt der Fingerglieder oder in der Gestaltung der den Handteller durchlaufenden Linien. Endlich hängt die Deutung ab von dem Ansatz der Finger am Handrumpf. Ist er taillenförmig, läßt er gleichsam die aus dem Handrumpf heraufdrängenden Kräfte weiterfließen. Ein dicker Ansatz nimmt die triebhaften Potenzen auf und verstärkt sie.

In den Formen des Handrumpfes drücken sich die drei Weisen aus, zu denen sich der Mensch in seinem Verhalten zum Dasein ursprünglich gedrängt fühlt. Diese sind: Bewältigung des Daseins, Formgebung als verpflichtender Wille zur Ordnung und die Sehnsucht nach Transzendenz.

Dem natürlichen Verlangen des Handrumpfes können die Formen der Finger in ihrer Aussage entsprechen. Dies wäre dort der Fall, wo dem auf Bewältigung des Lebens drängenden Menschen des Spatelrumpfes die ovale Hand entspräche, dem auf Umgrenzung, Gestalt und Ordnung angewiesenen Menschen die eckige Hand zukommt und dem schmalen Handrumpf die konische Hand, deren seelische Potenzen sich auch im oberen Teil der Innenhand versinnbildlichen. Wo solche Übereinstimmungen fehlen, bedeutet dies eine Diskrepanz zwischen dem von der Natur her angelegten Verhalten und den Kräften, die dieses Verhalten ohne Schwierigkeit ermöglichen. Es zeigen sich Spannungen, deren Lösung durch

Mobilisierung anderer Kräfte gesucht werden muß. Beim Fehlen entsprechender natürlicher Energien ist die Beachtung der besonderen geistigen Möglichkeiten, die aus den Fingern und dem Charakter der Innenhand sprechen, von besonderer Bedeutung.

Der Handrumpf wird in seinen verschiedenen Formen ausschlaggebend sein für das, was von seiner Natur her in ihm liegt. Je elementarer, das heißt je «fingerarmer» eine Hand ist, desto weniger ist die Fühlung mit der Transzendenz seinem naturhaften Verhalten gegeben. Je mehr dagegen die Finger im Bild der Hand überwiegen, desto mehr wird der Mensch durch die in der Gestalt der Finger ausgedrückte Weise die geistige Verarbeitung des Lebens bestimmen.

Das charakteristische Merkmal der drei Rumpfformen ist nur bestimmend, wenn es in der Innenfläche bejaht und die Form des Rumpfes von dieser bestätigt wird. Je elementarer sie ist, um so mehr wird sie von dem naturhaft Triebmäßigen bestimmt. Überwiegen die Finger, wird deren Form maßgebend als Sinnbild des menschlichen Lebens sein.

Die Spatelfingerform

Der Mensch mit Spatelfingern (Abb. 11), deren Endungen schaufelförmig in die Breite gehen, ist letztlich dazu bestimmt, das Absolute im Konkreten zu suchen. Nur inmitten der schicksalhaft aufgegebenen Welt, nur in den konkreten Zusammenhängen des Lebens liegt seine geistige Aufgabe als Bewältigung des unmittelbar Gegebenen, als Durchdringung und Erhellung des konkreten Daseins.

Ein solcher Mensch sucht im konkret schauenden, gestaltenden oder auch handelnden Vollzug des unmittelbar Gegebenen das Leben mit Sinn zu erfüllen. In der Wirklichkeit des Jetzt und Hier liegen für ihn Chance und Auftrag der Hingabe an eine höhere Aufgabe.

Das rechte Leben ist für ihn eine Frage des Bestehens und Mei-

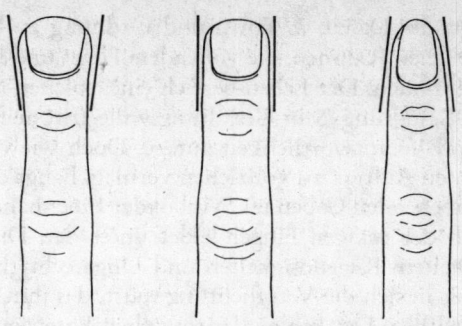

11 Spatelförmige, eckige, konische Finger

sterns, des Verwaltens und Hütens eines ihm konkret Gegebenen und Anvertrauten, dessen Sinn zu erkennen, dessen Halt er zu erfahren weiß. Seine geistige Aufgabe ist, das Sinnvolle, Bleibende nicht in abstrakten Ideen oder Idealen, sondern in einem realen Bezug seines Lebens und in praktischem Einsatz für das Du zu finden.

Fehlt einem Menschen mit Spatelfingern die natürliche Potenz des Rumpfes, so wird er unter der Angst zu leiden haben, seine Triebgrundlagen nicht als tragende Wirklichkeit seiner geistigen Potenz zur Verfügung stellen zu können. Es mangelt ihm der natürliche Halt.

Ein Zuviel an natürlichen Kräften des Rumpfes verstärkt die Stoffverhaftung der Spatelfinger, deren Breite Bild des Verlangens nach konkretem Bestand im Geistigen ist.

Die eckige Fingerform

Im Zeichen der eckigen Finger sind Ordnung, Gleichmaß und Gesetzlichkeit auch im Geistigen zu wahren. Das Seinsollende steht für diesen Menschen als Sinnerfüllung im Vordergrund. Er ist dar-

47

auf angelegt, das Dasein in Form und Ordnung zu bringen und den geschlossenen Rahmen, die vollendete Form und harmonische Ordnung zu finden. Der Lebensbereich eines solchen Menschen ist Kunst und Gestaltung. Sein Gestaltungswille tritt auch in Zuverlässigkeit und Verantwortlichkeit zutage. Doch wieweit er seinen transzendenten Auftrag zu vollziehen vermag, hängt davon ab, ob er die entsprechenden Gaben im Symbol der Innenhand besitzt.

Der Mensch der eckigen Finger leidet unter den Disharmonien, Sinnwidrigkeiten, Regellosigkeiten und Ungerechtigkeiten in der Welt, weil er in sich die Verpflichtung spürt, das ihm aufgegebene Gesetz zu erfüllen. Das Fehlen der seelischen Potenzen, die immer die Voraussetzung dafür sind, daß der Auftrag der bewußten Gestaltgebung in der Realität des Lebens durchgetragen und erfüllt werden kann, erzeugt im Menschen der eckigen Hand vor allem ein Gefühl der Schuld. Und wie für den Menschen der Spatelfinger die Angst, so kann für den Menschen mit den eckigen Fingern das Gefühl der Schuld, des Widerspruchs zum Seinsollenden zum Ausdruck kommen und ihn zwischen Zuverlässigkeit und Verbitterung, Ordnung im Materiellen und geistiger Gestaltung hin- und herbewegen.

Die konische Fingerform

Aus der konischen Fingerform der Finger spricht der Drang zum Durcheilen des Stoffgebundenen, die Sehnsucht, wie eine Antenne das Seelisch-Geistige aufzunehmen und im Erleben zu erfahren. Beim Menschen mit den Spatelfingern erfüllt sich des Lebens letzter Sinn in der Tat, beim Menschen mit eckigen Fingern in der vollendeten geschlossenen Form, beim Menschen mit den konischen Fingern in der Innigkeit und dem Schwergewicht von Reife und seelischem Erleben.

Es ist vorwiegend der Raum des Seelischen, in dem der Mensch den Weg über sein Selbst hinaus finden muß. Deshalb ist er besonders auf seine inneren Gefühle angewiesen. Das seelische Potential der Innerlichkeit zeigt sich in den Bergen an den Fingerwurzeln, die in der Innenfläche zu beobachten sind, aber auch in den kleinen Erhöhungen, den «Tautropfen» der obersten Fingerglieder. Das Fehlen solcher Fingerkuppen bedeutet, daß dem Menschen das seelische Gespür für die Transzendenz fehlt. Es gibt auch Menschen mit langen konischen Fingern, denen – nach dem Bild der Innenfläche – die seelische Potenz fehlt. Sie leiden an innerer Leere und Einsamkeit, so wie die eckigen an Schuldgefühlen und die spatelförmigen an Angst leiden.

Wo immer ein Mißverhältnis zwischen einem Auftrage vom Wesen her und den zu seiner Verwirklichung nötigen Gaben besteht, ist zweierlei möglich: Der Mensch wird ein Opfer des daraus entstehenden Leidens oder aber sein Leiden mobilisiert an der Grenze des Zusammenbruchs die gering vorhandenen Kräfte aufs äußerste, und findet gerade in dieser letzten Anstrengung den Sprung über sich selbst hinaus. Es läßt sich aus dem Fehler einer Potenz nicht ohne weiteres darauf schließen, daß ein gegebener Auftrag nicht erfüllt werden kann, es besagt nur, daß dieser Erfüllung Schwierigkeiten entgegenstehen.

Ob diese Schwierigkeiten sich negativ oder positiv auswirken, ist eine zweite Frage. Eine negative Auswirkung fehlender seelischer Potenzen beim Menschen mit konischen Fingern ist die Sucht nach Betäubung, mit der man der Einsamkeit zu entfliehen sucht. Die positive Auswirkung kann in dem Antrieb liegen, über das Seelische, dessen Erfüllung von psychophysischen Potenzen abhängig ist, hinauszuwachsen. Wenn ein solcher Mensch sein Leiden, die lieblose Verlassenheit in der Welt annimmt, kann er die höhere Geborgenheit in der Transzendenz finden.

IV
DIE FINGER UND IHRE GLIEDER

Symbolische Deutung

Die Finger sind das Ausdrucksfeld eines innermenschlichen Sinnes. Indem sie sich vom Handrumpf, dem Erscheinungsbild der vorbewußten Natur, ablösen, führt ihr Weg symbolisch zur geistigen Dynamik, die den Menschen befähigt, sich seiner selbst und seiner Umwelt bewußt zu werden und sich zielgerichtet in ihr durchzusetzen. In diesem gegenständlichen Bewußtsein löst sich der Mensch aus seiner Befangenheit in der Natur und unterscheidet sich vom Tier.

Der Wille zum Dasein umfaßt beim Menschen das Insgesamt der im Ich bewußt gewordenen und von ihm gesteuerten Kräfte der leib-seelischen Natur. Mit ihnen vermag sich der Mensch als Ich durchzusetzen und sein natürliches Leben zu erhalten. Ohne dieses Ich gibt es keine Entwicklung zu höheren Formen des Lebens. Der Auftrag zur Verwirklichung und Vollendung des Soseins erscheint im Menschen in seiner Fähigkeit, sich und seine Welt sinn- und wertgemäß zu erkennen und zu gestalten. Die Möglichkeit zum Geistigen liegt in seinem Seelischen, kraft dessen er über sein Ich hinaus zum Du gelangen kann.

Die Kräfte, die dem Menschen zur Erfüllung seiner Lebensbestimmung gegeben sind, erscheinen in den Fingern und ihren Gliedern. Es spiegeln: Der Zeigefinger das den Menschen zum Leben im Dasein befähigende Ich, der Mittelfinger das auf Erkenntnis und Gestaltung bezogene geistige Bewußtsein und der Ringfinger die dem Du und der Transzendenz geöffnete Seele. Hinsichtlich der Glieder bedeutet das unterste, das heißt dem Handrumpf nächste, die im Ich gesammelte Fülle der dem Menschen zur Verfügung stehenden

Natur, das mittlere Glied Gestalt und Ausmaß des dem Menschen gegebenen wertbezogenen «Geistes», und das oberste Glied die ihn zu Erfüllung seines Lebensauftrages befähigende Seele.

Die Hierarchie aller Sinnebenen menschlichen Lebens erscheint in der Aufeinanderfolge der Bedeutungen, die die fünf Finger besitzen. Die drei langen Finger: Zeigefinger, Mittelfinger und Ringfinger umfassen den Raum des zur Eigenständigkeit bestimmten Selbsts. Der dem Zeigefinger vorgelagerte Daumen spiegelt den Übergang aus der vorbewußten Kraft der Natur ins bewußte Ich; der den vier Fingern nachkommende kleine Finger den Übergang aus dem bewußten Selbst in die der Transzendenz zugeordnete seeliche Empfänglichkeit.

Die typische Abwandlung der Finger bezieht sich einerseits auf ihre allgemeine Größe oder Mächtigkeit und andererseits auf ihre Breite oder Schmalheit, Fülle oder Magerkeit.

Wenn hier von Größenunterschieden der Finger gesprochen wird, so handelt es sich um etwas anderes als um die Länge im Vergleich mit dem Handrumpf. Sie betreffen Unterschiede innerhalb einer gegebenen, im Vergleich zum Handrumpf größeren oder geringeren Länge aller Finger und um Unterschiede im Verhältnis der Glieder eines Fingers. Die relative Größe einzelner Finger bekundet das Gewicht, das die von dem betreffenden Finger verkörperte Sinnrichtung und Aufgabe in Bezug zu den der anderen Finger hat.

Je mehr die Größe, beziehungsweise Mächtigkeit eines Fingers das ihm im Rahmen des Ganzen zukommende Normalmaß über- oder unterschreitet, um so mehr ist das Gewicht der von ihm verkörperten Tendenz des bewußten Lebens über- oder unterbetont.

Die relative Länge der Glieder weist auf die Bedeutung hin, die den in den verschiedenen Gliedern ausgedrückten Dimensionen menschlichen Lebens zukommt. Die Längenbetonung des untersten Gliedes bedeutet, daß der Sinn des ganzen Fingers vor allem mit den Kräften der in den Willen aufgenommenen Natur zu leben ist; die Betonung des Mittelgliedes, daß er vor allem mit den Kräften des erkennenden und gestaltenden Geistes verwirklicht werden muß. Die Längenbetonung des oberen Gliedes bedeutet die

Anweisung, den im ganzen Finger verkörperten Sinn vor allem im Raume des Seelischen zu erfüllen.

Etwas anderes als die von einem Finger verkörperte Sinnrichtung und der in ihr enthaltene Auftrag sind die Gaben, die der Mensch besitzt, diesen Auftrag zu erfüllen. Diese Potenzen erscheinen in der Fülle, beziehungsweise Magerkeit und in der Breite, beziehungsweise Schmalheit der Glieder.

Die Fülle eines Gliedes spricht für die Stärke der Potenz zur Verwirklichung des Sinnes, dessen Ausdrucksfeld er ist. Die Breite, beziehungsweise Schmalheit eines Gliedes zeugt von der Leichtigkeit, eine vorhandene Potenz zu äußern. Ob solche Unterschiede positiv oder negativ zu beurteilen sind, hängt ab vom Vorhandensein ausgleichender, hemmender oder unterstützender Faktoren, wie solche sich zum Beispiel in den Bergen der Innenhand ausdrücken.

Wenn im Hinblick auf die Finger von «Tendenzen, Vermögen oder Kräften» gesprochen wird, bezieht sich dies auf die dem Wesen des Menschen entsprechende Berufung zu einer bestimmten objektiven Lebensleistung, zu der er hinstrebt und für deren Verwirklichung ihm stärkere oder schwächere Gaben zur Verfügung stehen. Im Ausdrucksfeld der Finger zeigt er sich symbolhaft als bewußtes Wesen, dem eine objektive Verpflichtung in der Welt auferlegt ist. Das innerseelische Leben des Menschen spricht erst aus den Erhöhungen und Linien der Innenfläche.

Der Daumen

Unter den Fingern nimmt der Daumen eine Sonderstellung ein, da er nur zwei Glieder hat. Die Rolle des untersten Gliedes spielt der ihn tragende Mittelhandknochen, der im Unterschiede zu denen der anderen Finger beweglicher ist und gleichsam das erste Glied, das tief im Handrumpf eingelagert ist, darstellt. Überdies liegt der Ansatz des Daumens im Innenraum unterhalb der Kopflinie, das heißt der Daumen verkörpert die unter der Schwelle des gegenständlichen Selbst- und Weltbewußtseins liegende vorbewußte

Natur. Und doch ist der Daumen ein Finger, das heißt ein Organ spezifisch menschlicher Strebungen. Es sprechen aus ihm vorbewußte, unterschwellige Kräfte, die aber schon das bewußte Verhalten des Menschen in der Welt mitbestimmen.

Die Verschmolzenheit des Wurzelgliedes mit dem Handrumpf, dem Ausdrucksfeld der Natur, bedeutet, daß die Naturkräfte des Menschen in ihm ans Licht drängen. Der Daumen verkörpert die naturhafte Substanz des Menschen, seine elementare Mächtigkeit und gleichsam «stoffliche» Potenz. Diese Wurzelkraft der elementaren Triebe des Menschen ist in ihrem jeweiligen Ausmaß bestimmend für seine Kraft zum Dasein in der Welt. Sie ist Ausdruck für die Fülle seiner Vitalität, für die in seiner Natur angelegte Durchsetzungskraft und seinen Impuls der Selbstbehauptung.

Schwungkraft und Vitalität sind im Bild des Daumens noch ein unreflektiertes Selbstbehaupten, kraft dessen der Mensch sich unabhängig von dem, was er weiß, kann oder hat, stark oder schwach, mächtig oder ohnmächtig, sicher oder unsicher fühlt, sich etwas zutraut oder nicht, unbedenklich vorstößt oder zaghaft zurückhält, von Natur unbeugsam ist oder sich leicht anpaßt. Es handelt sich noch nicht um ein bewußtes Selbstgefühl oder um ein Wissen um sich selbst. Die aus dem Daumen sprechende Aktivität ist noch nicht die Kraft zum planmäßigen bewußten Handeln. Erst im Ich verwandelt sich die Triebgerichtetheit zu Willenszielen. Im Daumen zeigt sich nur das Maß der elementaren Antriebe, die noch von keiner Instanz gehindert oder gelenkt werden.

Der Daumen bedeutet die von Natur gegebene Macht. Menschen, die nicht zu ihrer Naturmächtigkeit stehen oder ihr Fehlen verbergen wollen, pflegen den Daumen in der Hand zu verstecken und auch Primitive, die um die «magische Potenz» wissen, die der Daumen birgt, verstecken ihn vor dem «bösen Blick» anderer in der Hand, so, als wollten sie die eigene Magie vor fremdem Zugriff schützen. Den Sklaven des Altertums wurde zum Zeichen ihrer Entmachtung der Daumen abgeschnitten, und der Herrscher entschied mit seiner Bewegung nach oben oder nach unten über Leben und Tod seiner Untertanen.

Der Daumen, der bei den Tieren noch im Rumpf eingebettet, beziehungsweise ganz kurz ist, erreicht beim Menschen, gerade an die Handfläche angelegt, zumindest das unterste Glied des benachbarten Zeigefingers. Er allein vermag sich den anderen Fingern gegenüberzustellen und spiegelt sowohl die Weise, wie ein Mensch mit natürlicher Kraft faßt, festhält, umspannt und sichert, was er bewußt aufnimmt, wie auch die natürliche Tragkraft und den von der Natur her kommenden Gegendruck gegen die bewußten Verhaltensgrundlagen, die harmonisch, aber auch gegensätzlich, ergänzend oder widersprüchlich sein können.

Im obersten Daumenglied bekundet sich die gleichsam naive Impulsität, mit der der Mensch unreflektiert in die Welt vorstößt und ihr unmittelbar Triebimpulse aufdrängt. Das darunterliegende Glied zeigt die Weise, mit der der Mensch das ihn Ansprechende mit seiner Natur aufnimmt, auch in gewisser Weise reflektiert. Das Ausmaß von aktiver Triebkraft und passiver Anzugskraft drückt sich im oberen und mittleren Daumenglied aus.

Im untersten Daumenglied, dem Mittelhandknochen, der in der Innenfläche als Daumenballen hervortritt, zeigt sich auf einer noch unbewußten Stufe die Entsprechung zur Lebenslinie, die den Daumenballen umschließt als Ausdruck des persönlichen, sinnenbezogenen Lebens. Die Lebenslinie läßt die Fülle an natürlicher, nun aber dem Ich zur Verfügung stehender Sinnlichkeit in der Ambivalenz von Aktivität und Passivität, jugendlicher Kraft und Zurücknahme des Alters erkennen. Die zuerst in die Handmitte eindringende, am Ende aber sich zum Daumen wieder zurückziehende halbkreisförmige Lebenslinie ist Ausdruck dieses «Aus und Ein» als Vorstoß des Lebenswillens und Zurücknahme der triebgeladenen Kräfte.

Größenunterschiede des Daumens zeigen Unterschiede der Mächtigkeit der im Daumen verkörperten elementaren Kräfte an. Ein Daumen von normaler Länge (die beim Anliegen an den Zeigefinger Dreiviertel seines Wurzelgliedes erreicht) versinnbildlicht eine gesunde Impulskraft und antriebsleichte Motorik. Überragt der Daumen das normale Längenmaß, so ist der Mensch gedrängt, sich von seiner Impulsivität davontragen zu lassen. In welchem Ausmaß sich dieses bis zur Rücksichtslosigkeit steigert, hängt von Widerständen des kontrollierenden und steuernden Bewußtseins ab. Ob also ein übermäßig großer oder kleiner Daumen positiv oder negativ zu beurteilen ist, hängt davon ab, wie das darin zum Ausdruck kommende Übermaß oder Untermaß durch andere Komponenten ausgeglichen wird. Wo eine geringe Kraft sich noch hemmungslos äußern kann, ist dies negativ zu beurteilen, positiv dagegen, wo geringere Kraft sich ungehemmt entfalten kann oder übergroße Kraft einen ihr gemäßen Widerstand findet.

In solchen Kombinationen wird erst die Bedeutung und Tiefgründigkeit einer Aussage offenkundig. Findet sich zum Beispiel ein mächtiger Daumen zusammen mit einem dominanten Zeigefinger, womöglich mit starkem, säulenähnlichem Unterglied, so kann dies auf einen Menschen hinweisen, der die Antriebsgewalt seiner Impulse mit Selbstverständlichkeit seinem Ichwillen nutzbar macht.

Es gibt Daumen, die, ohne eigentlich klein zu sein, nur dadurch klein wirken, daß sie sehr tief angesetzt sind. In ihnen drückt sich eine übermäßige Stoffgebundenheit und Erdverhaftung aus. Umgekehrt gibt es Daumen, die, ohne lang zu sein, länger wirken, weil sie sehr hoch angesetzt sind (Abb. 12). Das weist auf eine relative Losgelöstheit der Triebsphäre von der grobstofflichen Natur hin.

Es gibt aber auch tatsächlich kleine Daumen, in denen sich eine geringere Stoßkraft der Vitalität und ein Mangel an Impulsivität ausdrückt. Einem Menschen mit ausgesprochen kleinem Daumen fehlt die Eindeutigkeit seiner Triebgerichtetheit. Im positiven Falle bedeutet dies eine instinktive Anpassungsfähigkeit, eine Neigung zum selbstverständlichen Sicheinfügen. Im negativen Fall zeigt es leichte Beeinflußbarkeit und Verführbarkeit.

Ein überkleiner Daumen bedeutet immer einen Mangel an Vitalität und findet sich bei Menschen, die es schwer haben, sich im Leben durchzusetzen. Wo überdies der Daumenballen schwach ausgeprägt ist, ist eine biologische Schwäche vorhanden und, in ihr

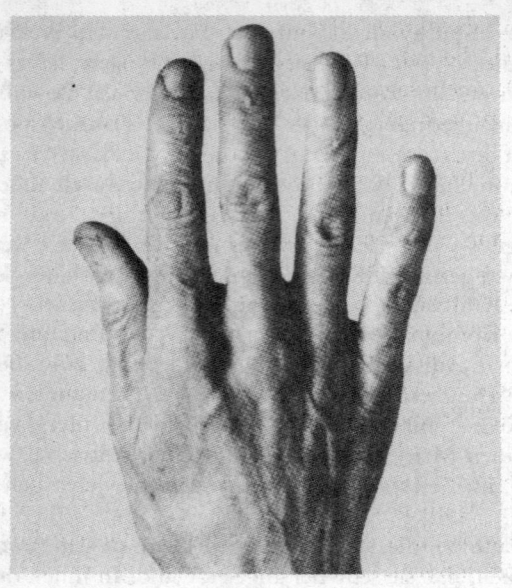

12 Hochangesetzter Daumen

begründet, eine allgemeine Labilität. Ist einem ausgesprochen starken Wurzelberg ein kleiner Daumen zugeordnet, so bedeutet dies eine bedrängende Gestautheit der elementaren Kräfte. Der unterste Teil des Daumens muß immer mit dem Daumenballen zusammen gedeutet werden, denn hier liegt sein Ausdrucksfeld und der Übergang der rein biologischen zur bewußt eingesetzten Vitalität. Auf eine Schwäche der vitalen Potenzen weist auch ein aufs Ganze gesehen, dünner Daumen hin, während der massige, breite Daumen eine starke vitale Potenz zum Ausdruck bringt. Die Breite des Daumens drückt auch das Maß der vorhandenen Potenz aus, die Länge dagegen, wieweit das vorhandene Maß zur Verfügung steht. Wie weit also eine latent vorhandene Substanz zur natürlichen Auswirkung kommt, wird von einer entsprechenden Länge des breiten Daumens angezeigt.

Im breiten, aber kurzen Daumen verkörpert sich zusammenge-
ballte Kraft, die sich nicht auszuwirken vermag. Der lange, aber
schmale Daumen dagegen verrät die Tendenz, sich hemmungslos
«spontan» zu äußern, ohne daß viel Äußerungsmöglichkeit vorhanden ist.

Sehr aufschlußreich ist beim Daumen die Weise, wie er sich abspreizen läßt. Normal ist etwa der rechte Winkel. Ein Daumen,
der sich kaum von den anderen Fingern abbiegt, weist auf einen
Menschen hin, der nicht frei über seine natürlichen Kräfte verfügt
und es oft nicht wagen wird, sich in der rechten Weise durchzusetzen oder sich zu behaupten. Ein Daumen dagegen, der sich ohne
weiteres über den rechten Winkel hinaus abspreizen kann, wird
einen Menschen widerspiegeln, der seinen elementaren Kräften zuviel Freiheit läßt und leicht die Schranken der Konvention durchbricht.

Etwas anderes als diese Unterschiede, die sich auf die Lage des ab-
gespreizten Daumens beziehen, sind die verschiedenen Möglichkeiten, den Daumen nach hinten zurückzubiegen. Eine gewisse
Biegsamkeit ist normal und zeigt Geschmeidigkeit und Beweglichkeit der elementaren Triebe, kraft deren die natürlichen Impulse
sich den Situationen des Lebens störungslos anpassen. Von dieser
normalen Biegsamkeit unterscheiden sich sowohl ihr Fehlen wie
auch die Überbetonung.

Im ersten Falle ist der Daumen starr und nicht aus der Geraden
herauszubringen. Dieser unbiegsame Daumen (Abb. 13) kennzeichnet einen Menschen, der gewissermaßen stur seinen Trieben
folgt. Ohne alle Anpassungswilligkeit und Elastizität rennt er gegen jeden Widerstand an. Ist der Daumen obendrein noch breit
und groß, so kann dies auf Brutalität hindeuten. Läßt sich der
Daumen dagegen leicht nach hinten abbiegen, so, als falle er aus
dem Gelenk, bedeutet dies, daß der Mensch der ihn bewahrenden
Erdgebundenheit ermangelt und leicht sein vitales Gleichgewicht
und seinen natürlichen Halt verliert.

Es gibt Daumen, die sich überhaupt nicht gerade strecken lassen,
bzw. immer in sich gebogen bleiben und etwas Krallenartiges ha-

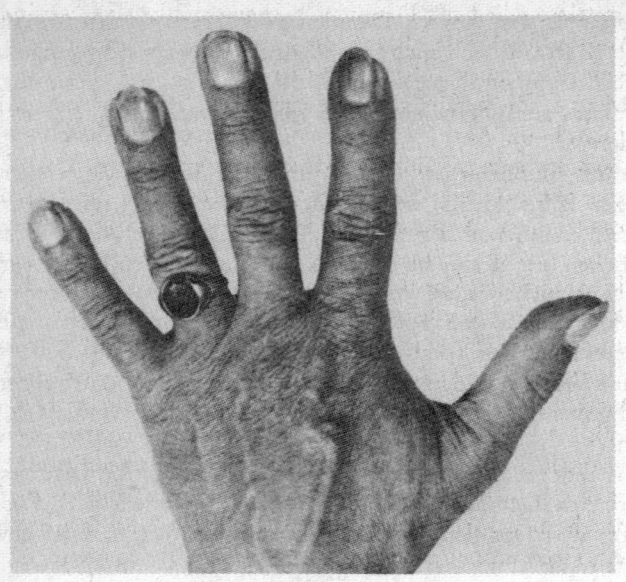

13 Starrer Daumen

ben. Dies weist auf eine Verspannung im Triebleben hin. Das natürliche Verhältnis von Nehmen und Lassen-Können ist gestört. Es sieht so aus, als sei der Mensch immer auf dem Sprunge zuzufassen oder aber, als könne er – ein Bild des Geizes – was er hat, nicht mehr loslassen.

Entscheidend für die Bedeutung des Daumens ist die Länge und das Längenverhältnis beider oberen Glieder. Wie sich im normalen Menschen im Bereich des Elementaren Antrieb und Anziehung, Trieb und Sog die Waage halten, so auch in der normalen Hand die Ausgeprägtheit dieser beiden Daumenglieder.

Das oberste gleichsam in die Welt vorstoßende Glied des Daumens verkörpert die natürliche Antriebskraft der elementaren Impulse, jene natürliche Mächtigkeit, kraft derer der Mensch sich ursprünglich durchzusetzen vermag und anderen seinen Stempel aufdrückt.

Das mittlere Glied des Daumens dagegen spiegelt die Sensibilität, die Ansprechbarkeit für Reize, die Empfindlichkeit der Natur und das Reflektieren des Aufgenommenen.

Ein Mensch mit verhältnismäßig langem oberem Daumenglied ist gleichsam in die Aktivität getrieben. Ist hierbei das Glied breit und voll, so sind noch die nötigen Aktionskräfte vorhanden. Ist dagegen das obere Glied kurz, wird dem Menschen die natürliche Stoßkraft fehlen. Wenn das Glied überdies schmal ist, weil wenig Schwung vorhanden ist, oder, wenn es breit und voll ist, weil Blockierungen den Vorstoß hemmen.

Ein kurzes, aber breites Glied weist auf eine gehemmte, innere Spannung erzeugende Triebkraft hin. Eine starke Potenz wird in ihrer natürlichen Äußerungs- und Verwirklichungsmöglichkeit blockiert. Die Folge davon ist oft eine dunkle Verhaltenheit, eine verdeckte Aggressivität, die sich nicht zu entladen vermag, sondern unterirdisch ihr Unwesen treibt und plötzlich explodieren kann. Oft richtet sie sich dann gegen den Träger selbst und kann, im Widerspruch zu natürlichem Ausdrucksverlangen und Ausdrucksfähigkeit, Depressionen und Neurosen auslösen.

Während ein langes oberes Glied eine spontane Getriebenheit nach außen anzeigt, so drückt ein ausgesprochen langes mittleres Glied ein Anziehen der Eindrücke und ihr Hineinnehmen in das Innere aus. Letzteres kann bedeuten, daß die Eindrücke des Lebens ein besonderes Gewicht im Unbewußten bekommen und sich so, ohne gleich nach außen abreagiert zu werden, in der Innerlichkeit entfalten können. Sie klingen lange nach. Ist das Mittelglied aber zu lang, dann weist es darauf hin, daß dieses Nachklingen zuviel Gewicht bekommt, der Mensch alles zu schwer nimmt und eben dieses Schwergewicht des nachhaltigen Eindrucks auch die Kraft der Äußerung hemmt.

Die Verdickung des mittleren Gliedes bedeutet einen Mangel an Subtilität des Empfindens. Hier sprechen nur undifferenzierte grobe Reize an. Das Gegenteil besagt die taillenförmige Einschnürung. Als Ausdruck sensibler Ansprechbarkeit zeigt sie, daß man von jedem leisen Reiz berührt und gelockt werden kann. Ist dies Glied zugleich kurz, so besteht die Gefahr, daß die Eindrücke keinen rechten Nachklang finden, und der Mensch schnell reizbar und sprunghaft in seinen Reaktionen ist.

Hat der Daumenballen im Außen eine leichte Abrundung, wenn er zum Daumen übergeht, dann sind Vorstoß und Zurücknahme, Aktivität und Passivität schon in ihrer natürlichen unmittelbaren Auswirkung harmonisch aufeinander abgestimmt. Tritt dagegen eine mehr oder weniger harte Ausbuchtung hervor, dann ist die Harmonie gestört. Dies bedeutet im positiven Sinn eine schon im Unbewußten vorhandene «Gezieltheit» der Sinneskraft. Im Negativen ist es Zeichen eines hart vorstoßenden Lebensimpulses, meist als Folge einer schweren Kindheitssituation, die verdrängt oder zerstört werden soll.

Mehr als bei anderen Fingern ist es beim Daumen aufschlußreich, ihn einerseits von vorn, von der Nagelseite her, und andererseits im Profil zu betrachten. In den sich hier zeigenden Charakteren spiegelt sich das Verhältnis statischer und dynamischer Komponenten der vorhandenen Vitalität. Von vorn zeigt sich, was der Mensch an elementarer Kraft besitzt, von der Seite, was er damit bewirkt. Es ist der Unterschied zwischen latenten und aktivierbaren Lebenskräften.

Daumen, die von der Nagelfläche aus gesehen keulenförmig breit wirken, sind Ausdruck einer latenten vitalen Potenz. Vom Profil aus gesehen aber kann das oberste Glied abgeflacht, fast platt erscheinen, ein Zeichen, daß die zusammengeballten latenten Triebkräfte im Augenblick, wo sie sich auf die Welt zu entladen sollten, in sich selbst zusammenfallen und, vielleicht nach einem kurzen Aufbrausen, nicht weiter hervorkommen. So vergröbern sie die an sich schon gegebene Gefahr der verdeckten Aggressivität und Spannung gegen sich selbst. Dagegen bekundet das volle Profil die natürliche Aktivierbarkeit der in der Vorderansicht ausgedrückten vitalen Möglichkeiten und bedeutet, auch wenn diese schwach sind, die Verfügbarkeit der vorhandenen Kraftpotentiale.

Der Daumen zeigt die Willenskraft an, mit der ein Mensch aus einer vitalen, noch nicht bewußten, natürlichen Eigenmächtigkeit in die Welt eingreift. Der Gestalt des Daumens entspricht das unmittelbare Auftreten und das noch nicht differenzierte triebbestimmte Verhalten. Der Mensch mit seinem großen, breiten Daumen wird einen weiten Raum der Selbsterhaltung und Daseinsbehauptung für sich beanspruchen und zu verteidigen wissen. Der Mensch mit dem kleinen, schmalen Daumen dagegen wird sich unterordnen und instinktiv dem Stärkeren beugen. Die Länge des Daumens zeigt immer den vitalen Ausgriff in die Welt an, während Breite oder Schmalheit die hierfür zur Verfügung stehende natürliche Selbstbehauptungskraft erkennen läßt.

Kraft und Triebmächtigkeit, die aus dem Daumen sprechen, sind dem Menschen von Natur her gegeben. Sie bedeuten noch nicht die Fähigkeit zu bewußtem, planmäßigem Handeln, sondern die Triebgerichtetheit und elementare Antriebskraft, die ungehemmt und ungerichtet in Erscheinung tritt.

Eine bewußte Verhaltensweise zeigt sich erst im Zeigefinger. In ihm wie auch in den weiteren Fingern ist schon der subjektive Lebenswille und das persönliche Verhalten angezeigt.

Der Zeigefinger

Im Zeigefinger erscheint das menschliche Verhalten im Zeichen des bewußten Ichs, in dem der Mensch seinen Lebenswillen und seine Kräfte, vor allem in der Auseinandersetzung mit der Umwelt, bezeugt und auf Eigenständigkeit hinzielt.

Der Zeigefinger steht auf der männlichen aktiven, von den Trieben der Natur zeugenden Seite der Hand und ist der erste Finger, der in der Innenfläche oberhalb der Kopflinie liegt. Er verkörpert das dem Menschen eigene gegenständliche Bewußtsein. In seinen drei Gliedern spiegelt er die Haltung des Menschen wider, der selbstbewußt auftritt, der sich in der Welt durchsetzt und behauptet.

Charakteristisch für die Gesten des Zeigefingers ist die hinweisende Gebärde, mit der der Mensch fragt: «Was ist das?» oder feststellt: «Das ist das.» Er fixiert die Welt nach seinen Begriffen und setzt ihr gegenüber seine Autorität ein. Ebenso droht er mit dem Zeigefinger kraft eigener Machtvollkommenheit oder in starrer Anwendung des von ihm aufgestellten und ausgeführten Gesetzes. Er erhebt den Zeigefinger zum Schwur als Zeichen, daß er für das Beschworene eintritt.

Der Zeigefinger verkörpert den Menschen, in dem sich die Triebe der Natur zu Willenszielen wandeln. Die Haltung in diesem beginnenden Selbstbewußtsein des Menschen ist aktiv tätig nach außen gerichtet, extravertiert und sucht sich in der Welt und dem Du gegenüber durchzusetzen und zu behaupten.

In der vom Zeigefinger verkörperten Sinnrichtung des menschlichen Lebens ist die Welt auf das Ich bezogen. Sie wird rational erfaßt und ichgemäß geformt. So ist dieser Jupiterfinger das Ausdrucksfeld der im Menschen verkörperten und ihn zum konkreten Dasein befähigenden Natur, die er meistert und schließlich überwindet. Im Bilde des Zeigefingers gewinnt der Wille zum Dasein das Bewußtsein, das ihn vom Tier unterscheidet.

In welcher Weise sich die Sinnrichtung dieses Fingers vor allem verwirklicht, zeigt die Größe der Fingerglieder. Ist das unterste Glied am längsten, so ist der Mensch vor allem auf seine Ichnatur angewiesen und verlangt, seinen unmittelbaren Willen durchzusetzen. Wieweit ihm dies gelingt, zeigt seine Breite oder Fülle. Ist das mittlere Glied am größten oder breitesten, so bedeutet dies, daß der Mensch mit Wollen und Bewußtsein das «Material» der Welt rational gestalten will. Ist das obere Glied am größten, so wird der Mensch seine ihm gestellte Aufgabe weder im Raum der Natur noch im Feld der Welt bewahren oder gestalten, sondern zu einem Höheren durchdringen.

Jede in einem Menschen lebendige Sinnrichtung erzeugt in ihm unwillkürlich den Anspruch, ihr auch zu genügen. So ist die Größe des Jupiterfingers nicht nur Ausdruck für das Gewicht, sondern auch für die besonderen Ichansprüche des Menschen. In welcher Art sich diese ausbreiten, ist am Größenverhältnis der Glieder abzulesen.

Die normale Größe des Zeigefingers entspricht der des Ringfingers und reicht bis zur Hälfte des oberen Gliedes des Mittelfingers. Die von diesem Normalmaß abweichende Größe ist Ausdruck für die Rolle, die das Ich im Rahmen des Ganzen spielt, und ob sein Grundtyp extravertiert oder introvertiert, seiner Länge entsprechend, ist.

Etwas anderes als Sinnrichtung und Anspruch sind die zu ihrer Erfüllung vorhandenen Kräfte, die in der relativen Schmalheit und Fülle der Finger erscheinen. Relation ist kein Wertmaßstab, sondern eine Beziehung, die jeweils verschieden ist und nicht als Rezept festgelegt werden kann.

Das unterste Glied des Zeigefingers, dem Feld der Natur und des Unbewußten am nächsten, verkörpert die ins Bewußtsein tretende elementare Kraft. Was im Daumen noch unbewußte und naive Stoßkraft ist, wird im Zeigefinger Fundament jenes bewußten Selbstgefühles und Machtanspruchs, über die der Mensch als Ich verfügt.

Zugleich aber bildet die sich im untersten Gliede spiegelnde Kraft die elementare Grundlage zur Verwirklichung des sich im mittleren und im obersten Gliede ausdrückenden Sinnes. Das mittlere Glied bezieht sich auf den Geltungsanspruch, die dem Menschen gestellten Aufgaben bewußt zu lösen, das heißt die Welt im Sinne des Ichs zu erkennen und zu meistern. Das oberste Glied des Zeigefingers verkörpert Autoritätsbewußtsein, Ethos und Ritterlichkeit und die dem Menschen vom Ich her nahe gelegte Beziehung zur Transzendenz.

Das Selbstbewußtsein des Menschen ist – in der Sphäre des «Ichs» – gegründet auf das Maß vorhandener und zugleich auch verfügbarer, im Vergleich zu anderen, größerer oder geringerer Kraft des Selbstgefühls. Je größer die Kraft ist, die dem Menschen für sein Ich zur Verfügung steht, desto größer das natürliche Selbstbewußtsein; je kleiner, desto geringer und «verletzlicher» ist es. Etwas anderes als das faktische Selbstbewußtsein ist der Anspruch, den das Ich in der Welt auf Anerkennung und Bestätigung erhebt. Das Ich will immer in der Mitte stehen. Mangelt es ihm an Kraft, gleicht es dies mit einem gesteigerten Geltungsanspruch aus.

Die Neigung zu einem überstarken Geltungsanspruch wird in einem übergroßen Zeigefinger versinnbildlicht, da er die im Rahmen der anderen Finger (Abb. 14) an sich natürliche Funktion des Ichs über die Gebühr betont. Reicht die Länge etwa zur Hälfte des oberen Mittelfingergliedes, kann dies in Relation zum Ringfinger betonte Extraversion bedeuten. Darüber hinaus sind Menschen mit überlangem Zeigefinger geneigt, ihr Ich zu wichtig zu nehmen, übermäßigen Anspruch zu haben und sich zu überschätzen. Sie versuchen, ihre eigenen Forderungen zu einem allgemeinen Gesetz zu machen und nur die eigene Autorität anzuerkennen.

Die Berechtigung zu dem im langen Finger ausgedrückten Geltungsanspruch liegt im Maß der zur Verfügung stehenden Kraft. Tatsache aber ist, daß meist ein Mangel an Kraft und ein damit einhergehender Mangel an Selbstbewußtsein durch einen starken Geltungsanspruch kompensiert wird.

Je größer der Zeigefinger ist, je mehr Gewicht also das Ich hat, um so größer müßten, um die Harmonie des Lebensgefühls sicherzustellen, auch die seiner Rolle entsprechenden Potenzen sein. Diese Potenzen erscheinen in der Fülle und Breite der Glieder. Fehlt es einem langen Zeigefinger an der entsprechenden Fülle der Glieder, so wächst mit dem Mißverhältnis der Teufelskreis: Minderwärtigkeitsgefühl–Geltungsstreben. Umgekehrt: Ist der Zeigefinger klein und zugleich massig, entsteht ein anderes Mißverhältnis. Die im Ich aufgefangene Kraft der Natur ist gestaut und aus der Hemmung, die Rechte des Ichs wahrzunehmen, droht die Gefahr jener Spannungen, die aus der Stauung verhaltener Ichkräfte kommen, unter ihnen die Gefahr des Neides und des Ressentiments.

Das seelische Potential eines Menschen, das im Wurzelbereich eines jeden Fingers liegt und dem Daumenballen entspricht, ist die Fingerwurzel, die von der Innenhand aus als Berg in Erscheinung tritt. Diese mehr oder weniger reliefartigen Berge im oberen Bereich der Hand zeigen die Fülle des Seelischen.

Wo immer das Maß des seelischen Potentials gering und der Berg klein ist, ermangelt das geistige Verhalten der inneren Fülle. So ist der Geltungsanspruch eines Menschen, bei dem der Zeigefinger

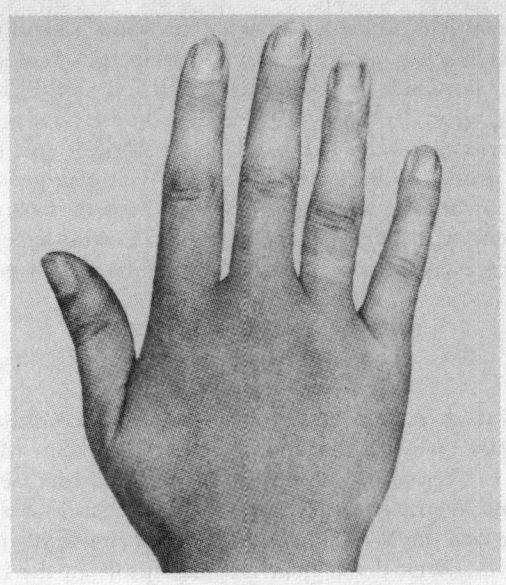

14 Langer Zeigefinger

fehlt oder klein ist, leer – die typische Kompensation eines seelischen Mangelbewußtseins. Ist dagegen das unterste Glied groß und kräftig, der Anspruch also mächtig und überdies von Durchsetzungswillen getragen, so ist der Mensch bei einem langen Zeigefinger in der Gefahr, ein Angeber zu werden.

Man muß deshalb unterscheiden, ob der Ichanspruch eines Menschen von seiner natürlichen oder seiner seelischen Kraft unterstützt oder im Stich gelassen ist. Zeigt ein kleiner Zeigefinger zugleich einen stark erhöhten Wurzelberg, dann liegt nicht ein natürlicher Drang, sondern eine schmerzliche Sehnsucht vor, die Welt im Sinne des Ichs zu meistern und in ihr eine Rolle zu spielen und ernst genommen zu werden. Diese Sehnsucht aber birgt die Gefahr, sich selbst etwas vorzutäuschen, denn wie der kleine Zeigefinger zeigt, liegt der Auftrag dieses Menschen gerade nicht in der Linie des Ichs, sondern hat dem Sinn seines Lebens in anderer Weise nachzugehen. Je größer der Wurzelberg, um so größer die Gefahr der Illusionen, die der Mensch sich von seinen Möglichkeiten macht, wenn der Größe des Berges nicht die Größe des Fingers entspricht. Je stärker der Berg eines kleinen Zeigefingers ausgeprägt ist, um so größer ist die Sehnsucht, in der Welt wahrgenommen zu werden, obwohl die angelegte Sinnrichtung ganz woanders liegt, um so mehr wird der Mensch unter dem Gefühl leiden, aus der Welt ausgeschaltet zu sein und mit ihr nicht fertig zu werden.

Der Mittelfinger

Während in dem vom Zeigefinger symbolisierten Ausdrucksfeld das subjektive Ich im Mittelpunkt steht, ist es beim Mittelfinger das objektive Verhältnis gegenüber der Welt in seiner Gegenständlichkeit und Wertigkeit. Im Bilde des Zeigefingers ist das Selbst der Herr, dem sich die Welt unterzuordnen hat. Im Bilde des Mittelfingers ist die Welt des Objektiven die Autorität, der das Ich zu dienen hat. Die Sache, die Welt und die Werte sind hier das Bewährungsfeld des Menschen. Auf diesem sucht er die in der Welt verborgenen Eigenwerte und Eigengesetze. Er dient ihnen und gestaltet ihnen gemäß die Welt ebenso wie sich selbst. Aktiv und passiv ist er Handelnder und Empfangender zugleich und verlangt in einem gültigen Werk die Verwirklichung, Verantwortung und Bewährung in der konkreten Welt. Im Zeichen der vom Mittelfinger verkörperten Geistigkeit geht es letzten Endes um den Sinn, der sein Auftrag ist.
Der Zeigefinger stellt den Menschen dar, der der Welt ein Gesetz aktiv aufdrückt; der Mittelfinger sagt etwas über den Menschen aus, der die Welt in ihrer Eigengesetzlichkeit annimmt und sie einem objektiven Gesetz gemäß gestaltet.
Während der Zeigefinger den Menschen darstellt als den Eroberer, den Machthaber, als den Souverän mit seinem Geltungsanspruch und seinem Selbstgefühl, oder auch als den starren Rechthaber,

zeigt der Mittelfinger ihn als Hüter eines objektiven Gesetzes oder einer gesammelten Erfahrungsfülle. Alle Kräfte der Natur und der Seele sind hier auf die Möglichkeit eines gültigen Werkes bezogen, das um seiner selbst, nicht um des Ichs willen, Bestand haben soll und in Verantwortung und Pflicht ausgeführt wird.

Wie es seiner Stellung als Mittelfinger entspricht, begegnen sich in den von ihm verkörperten Funktionen die Sinnrichtungen des Lebens, die einerseits vom Zeigefinger und Daumen, andererseits vom vierten und fünften Finger ausgedrückt werden. In der Geistigkeit des Mittelfingers vereinigen sich die Kräfte der dem Ich dienenden Natur mit den Kräften der Seele zum menschlichen Werk.

Im Mittelfinger spiegelt sich die Fähigkeit des Menschen, sich in der konkreten Situation zu entscheiden, seinem Gewissen zu folgen und Verantwortung für sein Tun zu übernehmen. Aus ihm spricht das Maß der Treue, zu der ein Mensch fähig ist, seine Zuverlässigkeit und sein Pflichtbewußtsein. In ihm spiegelt sich der Zusammenhalt des Selbstes aus der Verantwortlichkeit für die Welt und die ihr sinngebenden Werte. In welchem Maße er sich einem inneren Gesetz verpflichtet fühlt und den ihm gegebenen Forderungen genügt oder Schuldgefühle ihn belasten, darüber geben die Gestaltvarianten des Mittelfingers Aufschluß.

In der Normalhand überragt der Mittelfinger die etwa gleich langen Nachbarfinger zumindest um eine halbe Länge seines oberen Gliedes. Je länger der Saturnfinger ist, desto stärker dominiert das von ihm ausgedrückte Verantwortungsgefühl. Je kleiner er ist, um so mehr neigt der Mensch zu Leichtsinn.

Die Grundtendenz «Dienst am Werk» kann ihren Akzent sowohl aus dem natürlichen Impuls oder der sinnlich-seelischen Fühlung gewinnen wie auch aus dem Raum des erkennenden und gestaltenden Vermögens. Dieses drückt sich aus in der Länge der einzelnen Glieder und ihrem Verhältnis zueinander. So wie für den Zeigefinger die Betonung des untersten Gliedes ist für den Mittelfinger die Betonung des mittleren «normal», das heißt dem Sinn dieses Fingers gemäß.

Im allgemeinen weist übertriebene Breite dieses Gliedes auf Schwere, Lebensernst und Langsamkeit hin; Schmalheit dagegen auf bewegliches Denken und leichtes Konzentrieren. Ein breites unteres Glied zeigt ein Gefühl der Belastung, während das betonte Nagelglied ein verantwortungsvolles Gewissen ausdrückt.

Die Breite des gesamten Mittelfingers, die im Gegensatz zu den anderen Fingern steht, weist auf einen Menschen von mehr bedächtigem Typus hin. Er wird schwer zum Zuge kommen, in Vorbereitungen und Erwägungen steckenbleiben und Material ansammeln oder durch Grübeln und Nachdenken über die Unvollkommenheit, Problematik und Schwere des Daseins in Depressionen und Schwermut verfallen. Ein schmaler Mittelfinger dagegen läßt einen Menschen mit wenig Konzentration vermuten, der ohne genügenden Ernst leichtfertig mit dem Wort umgeht oder vorschnell und ohne genügende Grundlage ein Werk beginnt. Seine Verantwortlichkeit ist ohne Tragkraft, sein Gewissen nicht fundiert. Je kleiner der Mittelfinger, desto geringer ist der Bezug zur objektiven Realität. Es fehlen dem Menschen Zuverlässigkeit und Pflichtgefühl, häufig auch Geduld und Konzentriertheit.

Im Gegensatz hierzu sind beim überlangen Mittelfinger die Forderungen, die der Mensch vom Objektiven her empfängt, so ausgeprägt, daß Sachgewissen und Rechtsempfinden überbetont sein können. In Verbindung mit einem langen Zeigefinger schlagen diese ins Subjektive um, was Rechthaberei bedeutet. Ist der übermäßig lange Saturnfinger ausgesprochen breit, so wird die Tatkraft gelähmt durch die Forderungen der Welt und das Gewicht wie die Last der eigenen Verantwortung.

Verbindet sich dieses Bild mit einem schwachen Zeigefinger, dann kann der Wunsch entstehen, sich von der Welt und ihren Belastungen zurückzuziehen. Er kann in Selbstquälerei ausarten und zu Schuldgefühlen führen, wenn der Saturnberg betont, das heißt die Verantwortlichkeit gegenüber dem Seinsollenden zu mächtig ist. In gleichem Sinn unterstreicht ein fehlender Berg den im kleinen Mittelfinger ausgesagten Mangel an Verantwortung gegenüber der Welt.

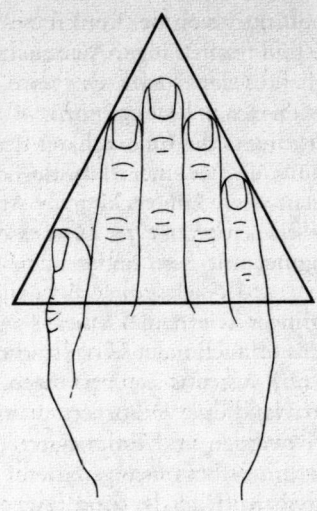

15 Dreieck über den Fingern

Die Gewichtigkeit des Saturnfingers läßt sich in seiner überragenden Stellung zu den anderen erkennen. Bei angelegten Fingern bildet der Raum von seinem Ansatz aus ein Dreieck. Die unterste Linie, das Fundament dieses Dreiecks, ist der Ansatz der übrigen Finger, sein höchster Punkt die Mittelfingerspitze. Wenn man das Dreieck vergrößert, werden der angelegte Daumen und der kleine Finger miteinbezogen. Der Lebensweg des Menschen zeichnet sich in der Stufenfolge der Finger und in ihrer Dynamik ab (Abb. 15).

Der Ringfinger

Während der Mensch sich in den vom Zeige- und Mittelfinger verkörperten geistigen Tendenzen und Vermögen primär auf das

69

Ich-Gewollte und objektiv von der konkreten Welt Gesollte fest-legt, sind der vierte und fünfte Finger Ausdrucksfelder der passiven Empfänglichkeit, die aus den Tiefen der Seele erwacht und Ein-flüsse wie Erfahrungen in sich hineinnimmt.

Der Ringfinger verkörpert die Innerlichkeit der Seele in Gemein-schaft von Ich und Du und in einem künstlerischen Werk, das die von der Seele empfangenen Eindrücke zum Ausdruck bringt. Im Lebensraum seiner Seele empfängt der Mensch den ihm gegebenen Auftrag in Vereinigung mit dem anderen, in Gemeinschaft und Kunst.

Sowohl dem Ringfinger wie dem kleinen Finger fehlt die aktiv zugreifende Kraft. Sie erfassen nicht selbst, sind ohne Initiative und Impuls. Sie tragen nur aus, was sie empfangen. Sie liegen auf der weiblichen Seite der Hand und verkörpern primär weibliches Ver-mögen: das Ergriffenwerden und Empfangen, das Austragen und Hervorbringen einer im verborgenen gereiften Frucht.

Während der Mensch im Bild des Zeigefingers von sich ausgeht und nach Transzendenz strebt, erwartet er im Zeichen eines positiv zu deutenden kleinen Fingers die geistige Befruchtung, und wäh-rend er im Bilde des Mittelfingers bezogen ist auf die Welt der Lei-stung, bewegt ihn im Zeichen des Ringfingers das beseelte Verhält-nis von Ich und Du.

Das vom kleinen Finger verkörperte Vermögen liegt in der Bereit-schaft des Menschen, ergriffen zu werden. Es steht im rein passiven Zeichen. Dieses vollendet sich erst in der Antwort auf ein Du und in der Erfüllung einer sich zu ihm hinspannenden Sehnsucht; inso-fern ist der Ringfinger aktiv-passiv. Dies zeigt sich auch in der hier verkörperten weiblichen Produktivität, die eine «reaktive» ist – im Unterschiede zur männlichen Schaffenskraft der im Mittelfinger verkörperten aktiv wirksamen Leistung.

Je weniger der Mensch aus seinem Ich heraus lebt oder sachlich auf das eigenständige Werk bezogen ist, um so mehr kann sich ihm der Seelenraum öffnen. Dann spürt er, daß er für sich allein nicht er-füllt ist, und es erwacht in ihm der Drang zur Ergänzung durch den anderen, der Wunsch nach Einswerdung mit ihm. So sucht der

Mensch das zu ihm gehörige und ihm antwortende Du. Die im Ringfinger ausgedrückte Sinnrichtung des Lebens weist demnach den Menschen auf den Weg der Entfaltung seiner individuellen Seele und auf ihre Einswerdung in und mit dem anderen.

Nicht zufällig trägt der Ringfinger den Ehering. Der «andere» aber braucht nicht ein Mensch zu sein; es kann irgendein Ding sein, ein Eindruck, ein Bild, eine Idee. Immer aber gewinnt im Blickfeld der vom Ringfinger verkörperten Seele das «andere» den Charakter eines zu ihr passenden oder nicht passenden «Wesens». Im Zeichen des Ringfingers sieht der Mensch die Welt nicht objektiv wie im Mittelfinger. Sie spricht ihn bildhaft lebendig an, zieht ihn an oder stößt ihn ab, je nachdem, ob er zu ihr Sympathie oder das Gegenteil empfindet. Sie dringt bildstark und sinnennah ein in sein inneres Erleben, und dies um so tiefer, je stärker er der Hingabe des eigenen Ichs fähig ist.

Das Erlebnis der seelischen Innerlichkeit findet einen Ausdruck im künstlerischen Werk. In diesem Sinn ist der Ringfinger auch das Ausdrucksfeld des künstlerischen Bezuges zu Leben und Welt. Im künstlerischen Erleben wird der bildhafte Eindruck der Sinne in die Innerlichkeit der Seele hineingenommen, und im künstlerischen Gestalten gewinnt er den von ihr erfüllten geistigen Ausdruck.

In der normalen Hand sind Ringfinger und Zeigefinger etwa gleich lang. Das weist hin auf die ursprüngliche Gleichgewichtigkeit der von ihnen verkörperten Sinnrichtungen menschlichen Lebens. Gleichgewichtig sollen einander gegenüberstehen: die Fähigkeit der Selbstbehauptung und die Selbsthingabe, das Aktive und Passive, die Fähigkeit, auf sich selbst zu stehen, und die Möglichkeit, sich zu lassen, die Gabe der Eigenständigkeit und die Fähigkeit zur Einswerdung, die nach außen gerichtete Extraversion und die der Innerlichkeit zugewandten Interessen.

Überwiegt in einem Menschen das Gewicht der «Seele» (Abb. 16), dann besteht die Gefahr, daß er in einem übertriebenen Nach-innen-Gerichtetsein den Sinn für die Realität der äußeren Welt verliert. Der Kraft zur Ichbehauptung wie auch der Kraft zum Wahr-

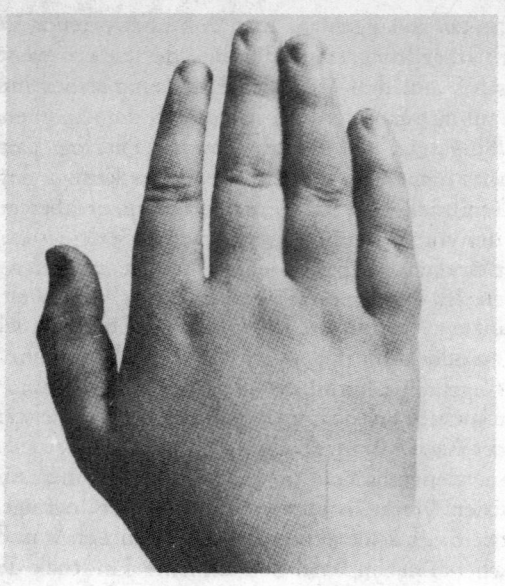

16 Langer Ringfinger

nehmen der Eigengesetzlichkeit der Welt ermangelnd, wird er leicht zu einem Spielball der Mächte, die ihn im Ansturm der Gefühle und Bilder bedrängen. Sich dem Gewicht und dem Verlangen der Seele ohne Gefahr hinzugeben, vermag der Mensch nur in dem Maße, wie er sich zu behaupten und die Welt in ihrem Eigen-Sinn wahrzunehmen vermag. Er ist auch nur in dem Maße wirklich gemeinschaftsfähig, als er ein Ich ausgebildet hat und den anderen in seiner Eigenheit, das heißt nicht nur im Einklang oder Widerspruch zu seinem eigenen Wunschbild zu sehen vermag.

Der überlange Ringfinger bedeutet ganz allgemein das Übergewicht der von ihm bekundeten Sinnrichtung des Lebens. Überragt der Ringfinger den Zeigefinger, sei es, daß er zu groß oder der Zeigefinger zu klein ist, so bedeutet dieses eine Verschiebung des Gleichgewichtes durch Überbetonung der Bildempfänglichkeit und ein Hingabeverlangen auf Kosten der natürlichen Ichbehauptung und ihrer zweckhaften Weltsicht. Es besteht die Gefahr einer übermäßigen Hinneigung zu einem passiven, auf Empfangen eines vom anderen her bezogenen Lebens.

Der Mensch ist in Gefahr, sich in einem Ausmaß selbst aufzugeben, das seinen Stand in der Welt auflöst. Er hat es schwer, sich dem Leben zu stellen und Widerstände zu brechen. Leicht sucht er in der Hingabe und im Sicheinfügen der Auseinandersetzung mit der Welt zu entfliehen, indem er sich in seine Innerlichkeit zurückzieht oder den Halt beim anderen sucht.

Ist das Längenverhältnis zum Mittelfinger hin unstimmig, der Ringfinger also zu groß oder der Mittelfinger zu klein, so droht die Gefahr, den Eigen-Sinn der Welt zu übersehen. Der Mensch wird dann leicht das Opfer seiner Illusionen und der ihn verführenden Projektionen seiner bilderträchtigen und liebebedürftigen Seele. Ihm fehlt der Wirklichkeitsblick in bezug auf den anderen. Unfähig, ihn zu sehen, wie er ist, fällt er in den mitmenschlichen Beziehungen von Enttäuschung zu Enttäuschung; denn der andere ist nicht das, was in ihn hineinprojiziert wird. Wo die Widerspiegelung der eigenen Wünsche die Grundlage einer Beziehung ist, entsteht eine Illusion, die früher oder später enttäuscht werden muß.

Wie der zu große Ringfinger ein Übergewicht des Ausdrucksverlangens und der Hingabeneigung der Seele anzeigt, so läßt der kleine Ringfinger zu wenig Innerlichkeit erkennen. Je kleiner er ist, desto mehr rückt notwendig im Gefüge des Lebens die Selbstbehauptungstendenz in den Vordergrund. In solchem Falle bleibt in allen Beziehungen zur Welt der Ausdruck des Seelischen geschwächt. Es fehlen mitmenschliches Verständnis und Liebe. Das Verhältnis zum anderen wird allzu einseitig von ichhaften Tendenzen bestimmt und beschattet. Der Wunsch nach Gemeinschaft hat dann mehr eine Werk- oder Kampfgemeinschaft im Sinne, und oft auch dient ihre Erfüllung ebenso wie die verbleibende Fähigkeit zu künstlerischem Ausdruck nur der Selbstgefälligkeit und Eitelkeit des Menschen.

Bei einem langen Unterglied ist der Mensch zur Durchführung der vom Ringfinger ausgedrückten Gesamttendenz nach Innerlichkeit und künstlerischem Ausdruck auf das natürliche Verlangen und die Erfahrung seines eigenen Lebens angewiesen. Das lange Mittelglied vermag seine seelische Eindrucksempfänglichkeit zu leben und den Innenraum zu gestalten. Da der ganze Finger vorwiegend das Seelische bekundet, so ist für den Ringfinger das oberste Glied das wichtigste als Aufnahmefähigkeit und innerliche Einfühlsamkeit, seelische Bindung und Idealismus.

Unterschiede im Zeichen des Gegensatzes breit-schmal, dick-dünn beziehen sich auf die Gaben, die dem Menschen zur Erfüllung des im Ringfinger ausgedrückten Lebenssinnes zur Verfügung stehen. Auf das Ganze gesehen, drückt ein allzu schmaler magerer Ringfinger eine Dürftigkeit der erforderlichen Potenzen aus. Ist der Ringfinger als Ganzes ohne Fülle, so bedeutet dies, daß es dem Menschen an der seelischen Kraft gebricht, die Welt bildhaft zu schauen, ausdrucksvoll zu beseelen und auch echte Gemeinschaft zu verwirklichen. Ist der Finger obendrein schmal, so hat der Mensch es zwar leicht, zum anderen hinzufinden, aber seine Hingabe ist ohne Kraft, Tiefe und Bestand. Seine Beziehung zum «Schönen» hat mehr ästhetische als im tieferen Sinne künstlerische Möglichkeiten. Der Mensch wird schnell beeindruckt oder hat ein leichtes Ausdrucksvermögen, aber die Bilder sind flach, und ihre Aussagen sind leer. Solche Mangelerscheinungen werden noch unterstrichen, wenn der Berg unter der Wurzel des Ringfingers fehlt oder dürftig ist.

Dieser Berg bedeutet die Innerlichkeit, die, aus den Leiden und Freuden der Seele wachsend, den Menschen erst zu sich selber und zur Liebe führt. Ein wenig erhöhter Berg drückt Gefühlsleere aus und eine schwache Seelentiefe, die Leere und Einsamkeit schmerzlich erfahren läßt.

Je schmaler der Ringfinger und zugleich stärker der Berg, desto größer ist die Gefahr, daß die allzuleicht erweckte Innerlichkeit sich ohne Tiefe vergeudet oder die seelische Empfänglichkeit um Selbstdarstellung und Eitelkeit kreist.

Im Gegensatz zum schmalen und dünnen Ringfinger verrät der breite und volle, nicht aber massige Finger eine breit aufnehmende Eindrucks- und Ausdrucksfähigkeit, das heißt eine wirkliche Beziehung zum Künstlerischen, sowie ein echtes Einfühlungsvermögen und ebenso eine wahre Liebesfähigkeit. Aus der Struktur eines Ringfingers aber auf eine tatsächlich vorhandene künstlerische Begabung zu schließen, ist nur dann möglich, wenn auch der Berg unter dem Ringfinger erhöht ist; denn nur wo die Innerlichkeit des Menschen sich auf die Geistigkeit hin versammelt, die der Ringfinger zum Ausdruck bringt, steht dem Menschen für sein Ausdrucksverlangen auch das nötige Material der Seele zur Verfügung. Eine künstlerische Potenz im vollen Sinne ist nur vorhanden, wenn der Mensch, außer der im Wurzelberg des Ringfingers gesammelten Innerlichkeit, auch die im Daumenballen verkörperten Kräfte der Natur in reichem Maße besitzt.

Der kleine Finger

Bezeichnend für die im Ring- und kleinen Finger zum Ausdruck kommende Einstellung dem Seelisch-Geistigen gegenüber ist die weiblich empfangende Tendenz. Diese drückt sich im vierten Finger noch mit einer gewissen Aktivität aus. Sie erwartet die Bindung an ein Du und reagiert auf künstlerische Anregungen. Die Haltung des kleinen Fingers ist vorwiegend passiv und gibt nur das Empfangene und Aufgenommene weiter. Symbolisch erweist er sich als Vermittler, dessen Botschaften im Durchgang keine festen Konturen empfangen.

Während der Daumen das Leben des Menschen noch vor seinem Erwachen im Ich bekundet, steht am anderen Ende im Zeichen des kleinen Fingers, der Mensch in seinen Erkenntnissen als Antenne alles dessen, was er aufgenommen hat, was ihm zugesprochen oder zugewandt wurde. In der Normalhand sind Daumen und kleiner Finger gleich lang, so wie es Zeige- und Ringfinger sind. Denn im Bild der Hand entspricht dem triebhaften Ausgriff aus dem Na-

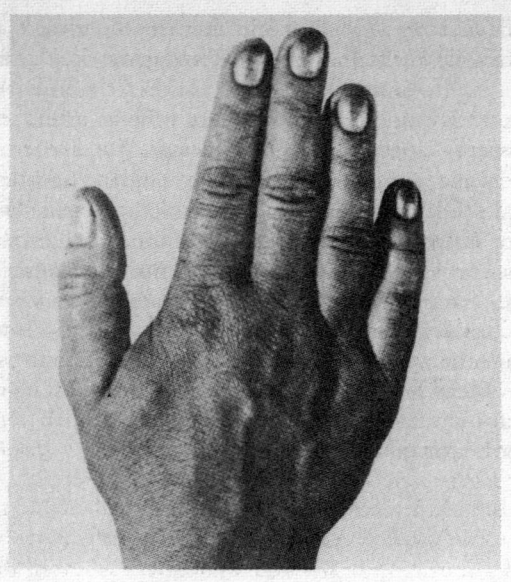

17 Kurzer kleiner Finger

turhaften die Bereitschaft zum Angezogenwerden und Aufgenommensein von oben.

Auf der aktiven Seite der Hand, also im Daumen und Zeigefinger, dringt der Mensch in die Welt ein und drückt ihr seinen Stempel auf. Im Zeichen der passiven Seite der Hand, im Ring- und kleinen Finger, nimmt er die Welt in sich auf und läßt sie in der Fülle ihrer Eindrücke auf sich einwirken.

Der kleine Finger ist Zeichen von Anpassung, Interessiertheit und Empfangsbereitschaft für das noch nicht begrifflich Fixierte, Antenne für das noch nicht Konkrete, Gegenständliche. Die materielle Grundlage ist in einem kleinen anpassungsfähigen Finger weniger festgelegt als im großen.

Sehnsucht nach dem Freien, Ungebundenen, nicht Geordneten gibt dem kleinen Finger seine Freizügigkeit. Auf diese Weise ist er auch Zeichen von Beweglichkeit, Gewandtheit und Kontaktfreudigkeit, doch ihm fehlt zeitweilig der Bezug zum Konkreten.

Die größte Bewegungsfreiheit des kleinen Fingers liegt zum Außen hin. Er kann sich mehr oder weniger weit, ähnlich dem Daumen, aus seiner Verbindung mit den anderen Fingern entfernen. Im Gegensatz zum Daumen aber kann er kaum zugreifen. Es fehlt ihm der hierfür notwendige anziehende Muskel, das heißt, der Mensch ist in seinem Bild nicht aktiv oder selbstbewußt und sich selbst behauptend. Der kleine Finger ist nicht mehr Ausdruck der Ichkräfte, die sich in der Welt durchsetzen und sie gestalten, sondern Medium, Antenne, die Einflüsse, Eindrücke und Schwingungen aufnimmt, Ausdrucksfeld einer unreflektierten Anpassung oder inneren Gelöstheit.

Ist der kleine Finger (Abb. 17) zu kurz, so daß er das Nagelglied des Ringfingers nicht erreicht, dann besteht die Gefahr, daß er sich von konkreten Situationen und Verbindlichkeiten absetzt und flüchtigen Einflüssen überläßt. Im Märchen heißt es, daß der kleine Finger alles hört, aufnimmt und weitergibt. Wieweit der Mensch des kurzen kleinen Fingers sich hierbei noch an die Wahrheit hält oder durch seine leichte Anpassungsfähigkeit und Beweglichkeit den eigenen Standort verliert, liegt an dem Gesamtbild seiner Hand.

In einem übergroßen fünften Finger, der hoch an das Nagelglied des Ringfingers ragt, zeigt sich die Tendenz, zu weit hinauszugreifen und die eigene Mitte zu verlieren. Bildlich bringt dies zum Ausdruck, daß der Mensch mehr empfangen will als ihm zusteht und sich in seiner Beweglichkeit und Gewandtheit von anderen aneignet, was ihm selbst nicht gehört.

Seinem natürlichen Einfühlungsvermögen entsprechend, müßte das Nagelglied des kleinen Fingers am längsten sein und der ganze Finger nicht dicker als die übrigen. Jede Überbetonung des untersten Gliedes dagegen wird, ebenso wie eine übertriebene Fülle des ganzen Fingers, die Gefahr vermuten lassen, daß die vom kleinen Finger verkörperten Möglichkeiten in den Dienst materieller Tendenzen genommen werden. Ist das mittelste Glied am besten ausgeprägt, wird bei einem genügend langen, vielleicht auch eckigen kleinen Finger, Gewandtheit und Redebegabung vorhanden sein.

Die Durchlässigkeit und Empfangsbereitschaft, die der kleine Finger bekundet, kann Vielfältiges bedeuten. Ist er kurz, herrscht ein Mangel an geistiger Empfänglichkeit; mit einem langen Nagelglied verbunden ist große Beeindruckbarkeit und Beeinflussung vorhanden. Hat ein langer kleiner Finger ein betontes Mittelglied, dann werden Redegewandtheit und vielseitiges Interesse auf wissenschaftliche Begabungen schließen. In einer materiellen Hand geht es eher um ein wirtschaftliches Organisationstalent.

Bereits bei der Betrachtung des Daumens fiel auf, daß dieser tief im Handrumpf verankert sein kann. Ebenso kann auch der kleine Finger, weil er tiefer in den Rumpf hinabreicht, kürzer erscheinen, als er ist. Dies bedeutet eine besondere Verbundenheit mit dem Raume naturhafter Elemente. Es kann aber auch auf eine Hemmung des geistigen Auftrages durch die stärkere Verhaftung im Stofflichen hinweisen. Auch hier ist wieder das ganze Handbild einzubeziehen.

Beim Zeigefinger besagt ein besonders tiefer Ansatz, daß es der Ichbehauptung leicht an menschlicher Würde und bewußter Haltung fehlt, weil das Triebhafte zu stark dominiert oder aber, daß das natürliche Selbstbewußtsein weniger auf Wissen und Können als vielmehr im Vertrauen auf die elementare Wurzelkraft gründet. Beim Mittelfinger ist der tiefe Ansatz Anzeichen dafür, daß der von ihm bekundete Auftrag zum Dienst an der Welt sich nur schwer und zähflüssig erfüllen läßt, weil er zu stark am Stofflichen hängt, oder aber sich im besonderen Ausmaße in Formen triebbedeutsamer und sinnennaher Objekte erfüllt.

Beim Ringfinger, dessen elementare Wurzeln wie auch die des kleinen Fingers weniger die aktive Triebkraft als vielmehr die passive Sinnenhaftigkeit bedeuten, kennzeichnet der tiefere Ansatz einen Menschen, dessen Beziehung zum Du – mehr als vom seelischen Angesprochenwerden – vom triebhaften Verlangen bestimmt ist und dessen künstlerische Fähigkeiten mehr aus dem Innenraum der bilderträchtigen Seele als von dem Bedürfnis nach Gestaltung der empfangenen Eindrücke bestimmt sind.

Die Fingerknoten

Außer ihren Formen, Endungen und Gliedern fallen die Finger noch durch andere Merkmale auf, die in ihre Deutung miteinbezogen werden müssen. So können sie fest, starr, dick, fleischig oder geschmeidig, weich, zart und entspannt erscheinen. Diese Zeichen entsprechen dem Charakter des betreffenden Menschen. Es gibt auch geknotete und glatte Finger. Glätte verleiht ein zarteres, geschmeidig gelöstes Aussehen, und solche Menschen werden sich leicht anpassen und beeinflussen lassen. Mit intuitivem Gespür nehmen sie Einflüsse und Atmosphäre auf, leben aber auch in der Gefahr, durch Leichtgläubigkeit und Unmittelbarkeit unüberlegte und spontane Reaktionen auszulösen.

Finger mit Knoten an den Gelenken zwischen unterem, mittlerem und oberem Glied, die mehr oder weniger stark ausgeprägt sind, können krankhafte Ursachen haben, in ihrer symbolischen Bedeutung aber hemmen sie den unmittelbaren Fluß, der von den Fingern weitergeleitet oder aufgenommen wird. In manchen Fällen sind sie nur angedeutet, ein Merkmal von Prüfung, Analyse, Kritik und Überlegung.

Knoten zwischen dem unteren und mittleren Teil, die von außen die Gelenke verstärken, sind Ordnungsknoten. Das heißt, daß solche Menschen oft zu stark abwägen und kleinliche Kritik üben. Es fehlt ihnen an ursprünglicher Initiative und Freizügigkeit. Überbetont können die unteren Knoten Mißmut und Kleinlichkeit zum Ausdruck bringen. Die oberen Knoten dagegen, die zwischen dem mittleren und oberen Fingerglied liegen, treten häufig bei Philosophen, Theoretikern oder bei mißtrauischen Menschen auf, die genau überprüfen, was sie tun oder wie sie reagieren. Erschei-

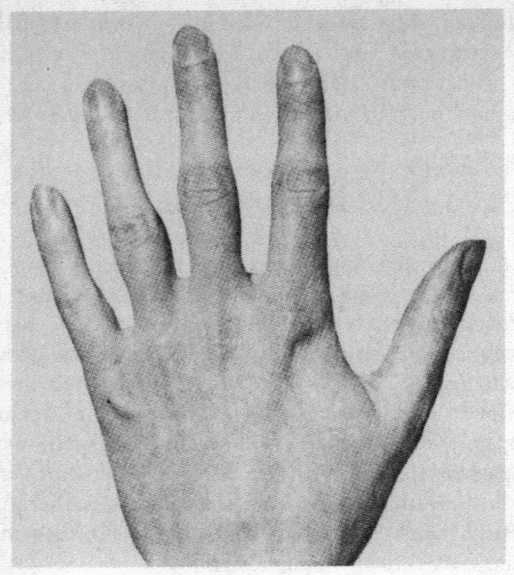

18 Fingerknoten

nen Knoten nur an einigen Fingern, müssen sie diesen entsprechend gedeutet werden. (Abb. 18)

Knoten werden von verschiedenen Linien umrandet. Man könnte sie als das Kreisen um Probleme und als analysierendes Denken deuten. Wenn diese Linien aber von der Innenseite betrachtet werden, verringern sie sich oft zu einer einzigen oder neue verästeln sich im Fingeransatz, an dem die Finger den Rumpf übersteigen. Man sollte ihnen nicht zuviel Interesse zuwenden – sie können auch aus Fingerbewegungen entstehen –, aber ein Merkmal sollte ernst genommen werden: Je unruhiger die Innenzeichnungen der Gelenke und der Fingeransätze, auch beim Übergang des Daumens zum Handrumpf, sind, um so weniger spontan handelt und reagiert ein Mensch. Seine Überlegungen vertiefen sich zu Zweifel und innerer Unruhe.

Auf der Innenseite der Nagelglieder zeichnen sich häufig kleine Fleischballen oder «Wassertropfen» ab, die von der Mitte des obersten Gliedes herunterzufallen scheinen. Sie sind am besten sichtbar, wenn die Finger in Augenhöhe horizontal gegen das Licht gehalten werden. Die sogenannten «Augen der Blinden» zeigen Feinfühligkeit und Empfindlichkeit, Einfühlung, inneres Spüren und Taktgefühl.

Zwischenräume zwischen den Fingern

Finger können so eng aneinanderliegen, daß sie übermäßig gehalten und zusammengedrückt erscheinen. Andere lassen beim Zusammenlegen kleine Zwischenräume frei, die Zwanglosigkeit und Unabhängigkeit ausdrücken.

Der Zwischenraum vom Daumen zum Zeigefinger wurde bereits als Zeichen von Freiheitsverlangen und Selbstbehauptung gedeutet. Neigt sich aber der Zeigefinger zum Daumen hin, wird sich vor allem materielles und egoistisches Verlangen durchsetzen. Das Ich sucht eine überragende Rolle zu spielen, und der Eigenwille sich ohne jede Toleranz zu behaupten.

Ein ursprünglicher, nicht forcierter Zwischenraum zwischen Zeige- und Mittelfinger läßt einen großzügigen Menschen erkennen, der nicht von Konventionen beengt ist und leicht Kontakt zu anderen gewinnt. Er ist unabhängig in seinem Tun und Wollen. Versucht aber der Mittelfinger den Zwischenraum zum Zeigefinger zu verengen, dann werden Gefühle von Angst und Schuld den Unabhängigkeitswunsch und das Selbstbewußtsein, das der Zeigefinger symbolisiert, belasten oder einschränken.

Überläßt der Mittelfinger dem Ringfinger einen Spielraum, behält dieser seine Leichtigkeit und Harmonie, während eine Annäherung von Mittel- und Ringfinger eine seelische Belastung oder Bremsung des Freiheitsgefühles erwarten läßt.

Engegengesetzt zu solchen Hemmungen, verfügt der kleine Finger über eine große Beweglichkeit und vermag die Handbegrenzung

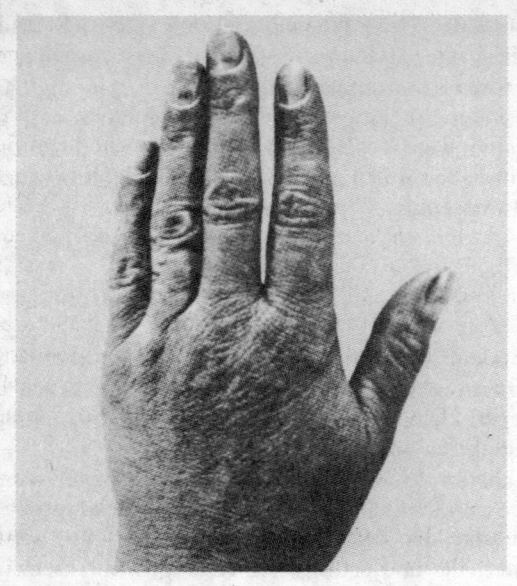

19 Neigung des kleinen Fingers zum Ringfinger

zu überschreiten. Der Kontakt mit der Umwelt, Empfänglichkeit, Offenheit und Aufnahmefähigkeit aber verlieren ihre Ursprünglichkeit, wenn der kleine Finger ängstlich und schüchtern Anlehnung an den Ringfinger sucht. (Abb. 19)

Abgesehen von den vorhandenen Zwischenräumen der Finger, die sie gleichsam mit einem Lufthauch umgeben, können sich auch die Fingerendungen allein zueinander hinbiegen, als suchten sie Kontakt im Austausch ihrer jeweiligen Eigenschaften. Ebenso ist eine ganzheitliche Zuwendung verschiedener oder aller Finger zu einem einzigen hin möglich, der ihnen gleichsam Halt und Standort gibt. Richten sich die Finger nach dem Zeigefinger – ein seltener Fall –, steigert sich das Selbstbewußtsein zu übermäßigem Ehrgeiz. Der Betreffende ist intolerant, und sein Eigenwille dominiert. Auf den Mittelfinger hingerichtet, werden alle angelegten Möglichkeiten unter Pflichtbewußtsein und Verantwortlichkeit gestellt. Eine Hinwendung zu Ring- und kleinem Finger verstärkt Kontakt und Empfänglichkeit.

Aus den Nägeln sind vor allem Entsprechungen zu Krankheiten festzustellen. Sie gehören jedoch in den medizinischen Bereich, der experimentell noch nicht erforscht ist. Aussagen über psychologische Entsprechungen könnten aus eigenen Überlegungen insoweit erkannt werden, als die für die ganze Hand geltenden Aussagen auch auf die Nägel übertragen werden können. So wird ein breiter, langer und leicht gewölbter Nagel harmonische Ausgeglichenheit ausdrücken, während kurze Nägel auf Widerspruchsgeist, Kritik und Erregbarkeit schließen lassen. Ein sehr enger oder trapezartiger Nagel läßt Traurigkeit und Depressionen erkennen. Flache Nägel zeugen von zarter, ängstlicher Scheu. Konvexe Nägel können, Klauen ähnlich, Neid, Gier oder Nervosität bedeuten, auch eine ständige Furcht, etwas loslassen oder abgeben zu müssen.

Für die symbolische Deutung der Hand werden solche Entsprechungen vorerst noch unwichtig sein. Doch soll dieser Hinweis anregen, die Möglichkeit der Handdeutung auch in ärztliche Forschungen einzubeziehen.

ZWEITER TEIL
DIE INNENHAND

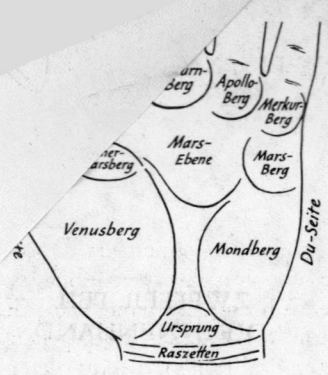

20 Berge der Hand

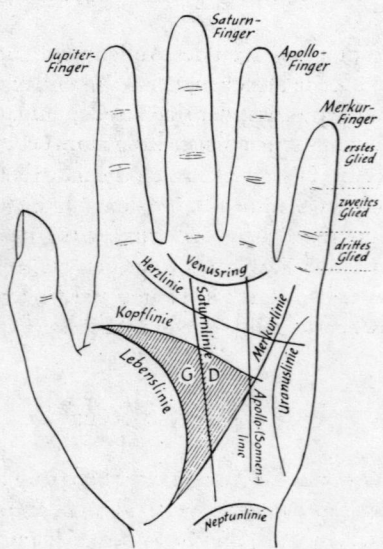

21 Linien der Hand

I
GLIEDERUNG DER INNENHAND

Im Innenraum der Hand zeichnet sich das subjektive Erlebnisfeld des Menschen ab, das von ihm persönlich zu Leistende und das, was ihm in bezug auf seinen inneren Weg, der eine Entwicklung zur seelischen Reife hin bedeutet, mitgegeben und aufgegeben ist. Die Schwierigkeiten und Hilfen, die auf diesem subjektiven Erlebnisfeld erwachsen, werden in diesem Raum sichtbar, aber auch die Spannungen und Auseinandersetzungen, die Begabungen und Möglichkeiten, die diesen Weg leidvoll oder glücklich, schwer oder leicht machen.

Im Gegensatz zu den Aussagen der Außenhand, die sich auf sachliche und objektive Ziele beziehen, ist die Innenfläche Ausdrucksfeld des persönlichen Charakters, der sich aus den Anlagen und Kräften des Menschen und aus seiner Einstellung zum Leben ergibt.

In den Bergen (Abb. 20) drücken sich die natürlichen, die bewußten und die seelischen Kräfte aus, die dem Menschen zur Verwirklichung seiner inneren Lebensform zur Verfügung stehen. Im Gezüge der großen Linien (Abb. 21) zeigt sich die Art und Richtung, in der sich diese Lebensform ausprägen wird oder – dem inneren Gesetz des Menschen folgend – ausprägen sollte.

Dreifache Gliederung

Der Sinn der Berge wie der Linien erschließt und verdeutlicht sich im Hinblick auf die einerseits vertikale, andererseits horizontale Gliederung der Innenhand, und zwar bei jener im Zeichen des Gegensatzes bewußt-unbewußt, bei dieser im Zeichen der Gegensätze aktiv-passiv, männlich-weiblich, Ich und Welt.

In der vertikalen Gliederung ist die Aussage der Schicksalslinie von größter Bedeutung. Als Mittelachse der Innenfläche entspringt sie zwischen Venus- und Mondberg im untersten Teil der Hand und durchzieht diese bis zum Saturnberg hinauf. Die durch die Schicksalslinie verursachte Zweiteilung, die die Hand in eine Daumen- und eine Kleinfingerseite aufgliedert, ist Ausdruck der polaren, allem Geschaffenen innewohnenden Spaltung in Ich und Du, Subjekt und Objekt, Aktives und Passives, in männlich schöpferische Kraft und weibliche Empfänglichkeit.

In der vertikalen Struktur liegen übereinander: der dem Handgelenk nahe Handraum als das Ausdrucksfeld der dem Bewußtsein fernsten kosmischen Natur, der mittlere Handraum als das Ausdrucksfeld des in seinen Einstellungen und Kräften schon bewußtseinsnäheren gestaltenden Geistes, der obere Handraum als das Ausdrucksfeld der der Bewußtwerdung nächstliegenden seelischen Innerlichkeit.

In der horizontalen Gliederung zeichnet sich der Weg aus der Bindung an die Triebnatur in die Freiheit des bewußten eigenmächtigen Selbstes ab und darüber hinaus in die Loslösung von der Gebundenheit an die Mächte der Seele. Die aktiv-männlichen Kräfte und Impulse verkörpern sich auf der Daumenseite der Hand, die passiv- weiblichen, von der Welt und Überwelt her angesprochenen Kräfte und Impulse auf der Kleinfingerseite.

Die Berge der aktiv-männlichen Triebe liegen vertikal übereinander. Es sind der Venusberg (Daumenballen), der darüberliegende kleine Marsberg und der an der Wurzel des Zeigefingers sich abzeichnende Jupiterberg. Auf der gegenüberliegenden passiv-weiblichen Seite treten hervor: zuunterst der Mondberg, darüber der große Marsberg und zuoberst Apollo- und Merkurberg. Zwischen diesen beiden Seiten verläuft die sogenannte Schicksalslinie von der Handwurzel zum Saturnberg hinauf. Ist diese Linie am stärksten betont, wird ein dynamischer Zug den Menschen zur Leistung oder geistigen Entwicklung drängen. In ihrem Bild werden die Triebkräfte in einer das Ich übersteigenden Tat zusammengefaßt oder zu Antrieben für die Verwirklichung seelischer Möglichkeiten.

In der horizontalen Gliederung der Hand umgrenzt die Lebenslinie den Daumenballen, den untersten Raum der Vitalität, der triebhaften Kräfte und Impulse und trennt oder verbindet ihn mit dem unbewußten Bereich der Phantasie- und Traumbilder. Den mittleren Raum der Hand durchquert die Kopflinie. In ihrem Bild erwacht der Mensch zur Eigenständigkeit und Formgebung seines Lebens. Seine Kräfte treten ins Bewußtsein, wenn die Kopflinie vom Ort der Lebenslinie aus die Ich-Seite in horizontaler

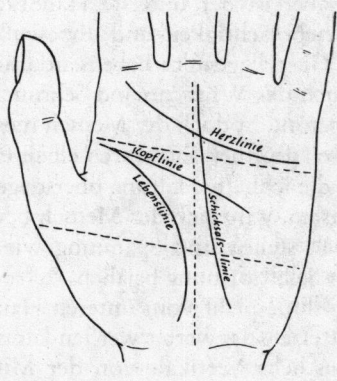

22 Drei Bereiche der Innenhand

Richtung auf das Ausdrucksfeld der Umwelt hin durchläuft und die Begegnung von Ich und Du, von aktiven und passiven Kräften erkennen läßt. Entgegengesetzt zur Kopflinie verläuft im obersten Handbereich die Herzlinie, in der sich der Antrieb zur Transzendenz verkörpert. Sie umschließt den Raum der Innerlichkeit, in dem die seelisch-geistigen Kräfte sich verdichten.

Das Ausmaß dieser drei Bereiche ist in der Innenhand auf folgende Weise festzustellen (Abb. 22): Man zeichnet eine fiktive, zum Handgelenk parallel laufende Querlinie vom Ansatz des Daumens,

89

der im Außen als Knöchel hervortritt, zum gegenüberliegenden Handrand hin. Dies ist die Begrenzung des unteren Raumes. Eine entsprechende Parallele wird vom Beginn der Kopflinie zum Beginn der Herzlinie gezogen. Der zwischen diesen beiden liegende Raum ist die von Marskräften erfüllte Ebene der Auseinandersetzung und bewußten Lebensgestaltung. Der oberste Bereich, der vom Ansatz der Finger begrenzt wird, läßt die seelischen Kräfte der Sehnsucht und Liebesfähigkeit erkennen.

Im Normalfall sollte jeder Bereich ein Drittel der Innenfläche einnehmen. Zumeist aber ist der unterste Handraum am längsten. Denn die vitale Triebmächtigkeit und unbewußte Bildempfänglichkeit bilden die Grundlage aller Lebensentfaltung und Daseinsbehauptung wie auch der Wünsche und Sehnsucht. Nur selten ist die oberste Ebene betont, ist doch der Mensch meist nicht von Natur aus dem Höheren geöffnet. Erst durch einen Prozeß der Leiden und Reifung wird die ichhafte Haltung überstiegen. Ist der mittlere Bereich am längsten, wird sich der Mensch bewußt den Forderungen der Umwelt stellen und Spannung wie Auseinandersetzungen als Weg der Selbstformung bejahen.

Wenn die Schicksalslinie nicht vom unteren Handraum aufsteigt, somit nicht als Mittelachse gewertet werden kann, muß in der Innenfläche eine künstliche Vertikale von der Mitte des untersten Bereichs aufwärts gezogen werden. Von dieser aus ist abzulesen, ob die Schicksalslinie als Bild des Lebensweges eines Menschen mehr von den aktiven Ich-Trieben oder stärker von den Forderungen des Du, von eigenen Anstrengungen oder von Zufällen bestimmt wird.

Durch Kopf- und Schicksalslinie oder durch die künstlich gezogenen Achsen wird die Hand symbolisch in vier große Quadranten eingeteilt, die den Himmelsrichtungen zuzuordnen sind. Der Norden wird vom oberen Handraum umschlossen. Alle dorthin aufsteigenden Linien deuten auf Kräfte und Bewegungen hin, die zur Verwirklichung, zur Konzentration und Klarheit drängen. Sie zeigen einen Zuwachs an Energie, aktivierte Möglichkeiten, Erfolge oder materiell befriedigtes Begehren an.

In der unteren Handhälfte liegt der Süden, das Bild der Ruhe und Beschaulichkeit. Linien, die in diesem Raum hinabfallen, lassen Spannungskraft und Entwicklungsmöglichkeit vermissen. Sie sind Zeichen für Untätigkeit, Kraftlosigkeit, für Verlust, Mißerfolg, Verfall oder tatenlose Verträumtheit.

Der Osten der Hand wird von der Ichseite gebildet und ist das Ausdrucksfeld des Drängens, der Aktion und Impulsivität, während der Westen zum Zeichen der Entstofflichung oder des Untergangs der Ichantriebe wird. Auf die vier Quadranten bezogen bedeuten diese Aussagen:

	N	
Zuwachs an seelischer Energiefülle		Ich-Verlust durch Verschmelzung mit dem Du
O	┼	W
Tatkräftige materielle Befriedigung	S	Verlust an Impulsen durch Sog des Unbewußten

Linke und rechte Hand

In die Einteilung von Ich- und Duseite, von aktivem Drängen und passiver Empfangsbereitschaft gehört auch die Aussage der rechten und linken Hand. Venus- und Mondberg gehören zum Reich der linken Hand; ebenso die Herzlinie als Zeichen weiblicher Aufnahmefähigkeit und Hingabebereitschaft. Mars- und Saturnberg dagegen sind ebenso wie Kopf- und Schicksalslinie ausgesprochen männliche Elemente und gehören vor allem in den Aussagebereich der rechten Hand. Sind diese in der linken Hand stärker entwickelt, heißt es, daß die unbewußte passive Natur durch starke Antriebskraft und aktive Leistungen aus ihrer Ruhe aufgescheucht und belastet wird. Im umgekehrten Fall, wenn die weiblichen Bereiche in der männlichen Hand ausgeprägter sind, läßt dies auf eine gefühlsmäßige Lebensgestaltung oder ein passives Verhalten den Forderungen der Wirklichkeit gegenüber schließen.

In die linke Hand ist das noch Ungeformte, Unbewußte eingezeichnet, der Keim, der in den Menschen gelegt ist und in der rechten Hand sich zur Blüte entfalten soll. Sie zeigt die Anlagen, das Angelegte, das in der rechten Hand ausgeführt wird. Was links nur Möglichkeit war, wird rechts zur Notwendigkeit. Links liegt das Vorgeprägte und Empfundene, rechts das Handeln und Vorwärtsdrängen.

Um dieser selbstgeschaffenen Leistungen, um dieser gestalterischen Kräfte und Ordnungen willen trägt die rechte Hand die väterliche Erbmasse des Menschen, während in der linken Hand das Erbgut der Mutter in noch unbewußten Tiefen liegt.

Diese Erbanlagen aber dürfen bei Betrachtung der persönlichen Hand nicht in einem realen, rein physischen Sinn verstanden werden. Am ehesten ließe sich sagen, daß die Außenhände typische, von Vater und Mutter übernommene Merkmale aufzeigen, aus deren Ähnlichkeit oder Verschiedenheit auf eine mehr oder weniger unterschiedliche Konstitution und Veranlagung beider Erbteile zu schließen ist. Die Außenhand ergibt in ihrer Form ein unwandelbares, statisch festgelegtes Bild, in dem auch die mütterliche und väterliche Erbmasse als festgelegte Gegebenheit aufgezeichnet ist. (Dabei muß beachtet werden, daß bei dem Mann die linke Hand mütterliche und die rechte väterliche Züge trägt, während die polare Ergänzung bei der Frau umgekehrt ist. Für sie ist die Mutter der «Typus ihres bewußten geschlechtsmäßigen Lebens», wie C. G. Jung es definiert.)

Das Bild des Typischen aber kehrt in jedem Einzelwesen nur als ein Werdendes, der Wandlung Unterworfenes wieder. So kann im persönlichen Leben des Menschen kein Raum sein für eine abgeschlossene, ganz in und auf sich beruhende väterliche oder mütterliche Erbmasse. Wie alles im menschlichen Leben dem Fluß der Wandlung und Gestaltung unterworfen ist, so ist auch das Erbteil der Eltern dem eigenen Rhythmus des Menschen unterstellt. Er wird sich ihm anpassen, es abstoßen, es in diesem oder jenem Sinn überwinden. Deshalb kann sich die Innenhand nie auf Vater oder Mutter in ihrer tatsächlichen Gestalt beziehen, sondern nur auf die Rolle, die diese im Leben des Kindes spielen.

In manchem Leben deckt sich das weibliche und männliche Prinzip mit der von Vater und Mutter vererbten Veranlagung; sicher aber liegt für jeden die mütterliche Potenz in der Vermittlung leiblich-stoffhafter Kräfte, in der Gemeinschaft mit anderen Lebewesen, in der passiv erhaltenden und empfangenden Natur. Das im Menschen lebendige männlich-väterliche Erbteil aber führt zu einer Herauslösung des Eigenseins aus der Herrschaft der Natur. Es befreit das persönliche Wesen aus den stofflichen Bindungen, um ihm in der geistigen Tat ein Denkmal zu setzen.

In der linken Hand liegt ein noch ursprüngliches Wissen um die verborgenen Bezirke der Natur und des Lebens, in der rechten Hand die Macht, sie zu beherrschen. Links ruht die Nacht mit ihren Geheimnissen, rechts zwingt der Tag zu Klarheit und Gestaltung. Oft haben bei Tag Geborene eine ausgeprägtere rechte, bei Nacht Geborene eine stärker gezeichnete linke Hand.

Wird die linke Hand durch die rechte aufgelockert, so daß sich ihre Linien klarer und ruhiger gestalten und in ihrer Prägung und Fülle verstärken, dann gelangt der Mensch zur Erfüllung der im Bild der linken angelegten Möglichkeiten. Ist aber die eine der beiden Hände stärker oder bewegter gezeichnet als die andere, so ist dies Ausdruck einer Spannung, die ausgetragen werden muß, damit sie nicht als ungelöstes Problem über dem Leben liegt oder schicksalhafte Auswirkungen hervorruft.

Der Mensch, dessen linke Hand stärker gezeichnet und in ihrem Linienbild bewegter erscheint als die rechte, wird mehr im unbewußten Gefühlsmäßigen wurzeln und wird teilhaben an den Bildern und Geheimnissen der Natur, die ihn überwältigen oder seine Schau vertiefen. Er wird auch mehr im Wunschbild seiner selbst als in der Auseinandersetzung mit der Wirklichkeit leben.

Wer dagegen in den ausgeprägten Zügen der rechten Hand sein Schwergewicht findet, wird Einfluß auf seine Umgebung zu gewinnen und die Natur seinem Willen zu unterwerfen suchen. Für ihn gilt nur die Wirklichkeit und das eigene Können, das er in seinen Handlungen herauszustellen sucht. Das Gegenständliche allein bedeutet ihm Leben, nur das Erkennbare ist ihm sinnvoll.

Für Linkshänder gilt das Umgekehrte. Bei ihnen wird die rechte Hand linienreicher sein. Wir finden Linkshänder oft unter Männern mit künstlerischem, leicht weiblichem Einschlag und bei tatkräftigen Frauen mit einer männlichen Note.

In den Händen kleiner Kinder ist häufig – vor allem links – ein verzweigtes Liniennetz zu finden. Mit der Bewußtwerdung des Ichs aber schwindet ein Teil der Linien. Häufig tritt auch eine Verstärkung der aktiven Daumenseite auf.

Jede Verworrenheit und Unruhe im Linienbild der rechten Hand zerstört die eindeutige Klarheit, Zielsetzung und Zentrierung der Impulse, während die linienarme linke Hand nicht die Tiefenschichten der Bildwelt in das Leben einläßt. Meist aber ist diese naturnahe linke Hand linienreicher und bewegter als die rechte. Denn Leistung und Verwirklichung im Bild der rechten Hand bedürfen der Anlagen und Möglichkeiten, die aus den Zeichen der linken Hand in das tätige Leben hineingeführt werden. Sie setzen auch eine größere Fülle an innerer Kraft und Einsatzbereitschaft voraus, damit die Tat verwirklicht werden kann.

Linke und rechte Hand verkörpern die beiden Pole des Lebens, in denen sich der Kreis des Daseins – Beginn und Ende, Geburt und Tod – vollendet; in der linken Hand liegt das unbewußte, noch ungeformte Erleben, in der rechten Tat und Ziel und die bewußte Beziehung zur Umwelt. Beide Möglichkeiten ergeben das Bild des Menschen, das sich in ihnen erst zu einem Ganzen gestaltet. Sie lösen Spannung und Gegensatz, sie vereinen Männliches und Weibliches zu einem ausgereiften Menschen, der teil hat am Überirdischen und doch im Irdischen wurzelt.

Darum muß der Mensch die beiden Seiten seines Wesens bejahen und leben. Er ist ein Zweifaches: männlich und weiblich, gebend und empfangend, bewegt und ruhend – ein Ich und ein Du. Eine stärker ausgeprägte linke Hand ist einem künstlerischen und phantasiebegabten Menschen zuzuschreiben, während eine Frau mit klarem Linienbild in ihrer rechten Hand dem Kampf des Lebens gewachsen ist.

Je ungleicher das Linienbild beider Innenhände ist, um so verschiedenartiger ist der Charakter des Menschen, um so stärker sind auch die Probleme, die ihn beschäftigen. Er wird meist spät zum Kern seines Wesens durchdringen, da viele unterschiedliche Begabungen und Möglichkeiten in ihm angelegt sind, die nach Verwirklichung drängen. Dagegen schließt sich der Kreis des Lebens früher, wenn die Zeichnung beider Hände wenig voneinander abweicht. In solcher Ausgeglichenheit aber liegt meist nicht echte Harmonie, sondern ein Mangel an Spannung und Entwicklungsmöglichkeit. Fruchtbares Leben wird aus Kampf und Reibung geboren. Darum hat der Vorwärtsstrebende, der um die Probleme des Daseins ringt, nie völlig gleichgezeichnete Hände.

Noch unterschiedlicher sind die Hände des Menschen, der aus innerer oder äußerer Notwendigkeit heraus die Probleme des Lebens bezwingen will, gleichgültig, ob er in diesem Zwang unterliegt oder siegt.

Wie die linke Hand die Anlagen des Menschen ausprägt, so wird sie auch zum Symbol seiner Jugend. Aufnahmefähig und empfangsbereit ist die Jugend, weniger festgelegt und entschieden. Aus den noch ungeformten und nicht ausgeführten Möglichkeiten aber entstehen Notwendigkeiten. Der Empfangende wächst heran zum Handelnden, zum Schaffenden, der ein Lebenswerk vollbringt. Doch auch der reife Mensch ist nicht frei von den Erfahrungen seiner Jugend. So verläuft sein Dasein, bildhaft gesprochen, zwischen den Aussagen der linken und rechten Hand, die ineinander übergehen, sich ausgleichen oder Spannungen auslösen.

II
DIE HANDBERGE

Nach den allgemeinen Gesichtspunkten, die sich aus der Einteilung der Hände in ein Ich und Du, in eine aktive und passive Seite ergeben, seien die besonderen Merkmale aufgezeigt, die vor allem aus den Bergen und Linien hervortreten. Diese Kennzeichen bedeuten nicht, daß ein Mensch, der die eine oder andere Eigenschaft oder Fähigkeit in besonderem Maße aufweist, nicht auch andere Qualitäten besitzt. Sie führen nur dazu, daß man einen Menschen mit diesem Merkmal, dieser Eigenschaft, wesensgemäßer erfaßt als jenen, der andere Charaktereigentümlichkeit besitzt. Da jeder Mensch aber in seiner Ganzheit sowohl aus der Stärke einer vorhandenen Kraftfülle wie aus dem Mangel der fehlenden seine Persönlichkeit bildet und seinen Lebensweg geht, müssen alle Anzeichen der Hand miteinander in Beziehung gebracht und die Verteilung der Gewichte im Gesamtgefüge seines Wesens betrachtet werden.

Die Berge drücken die vorhandene Potenz aus, die Linien sind Kanälen zu vergleichen, die die Kraft von der Quelle in die verschiedenen Bereiche hineinführen und ihnen die Möglichkeit zur Auswirkung geben. Der Raum der Verwirklichung wird von der Innenhand angegeben. Ihr Handrumpf zeigt die Fülle des Natürlichen, die Finger und ihre Glieder lassen den Auftrag erkennen, das Materielle zu übergreifen.

Betrachten wir die Berge in Beziehung zur Handform, so ist die untere Bergfülle vor allem maßgebend für die ovale Hand, das heißt für die Hand, deren breiteste Ausdehnung im mittleren Handrumpf liegt. Denn in ihr bezeugt sich die natürliche Kräfteanlage im Menschen. Für die eckige Hand ist die Entwicklung des Handtellers mit seinen Bergen wesentlich. Er zeigt den Antrieb zur

Verwirklichung des Gestalthaften, zur Bewußtwerdung des Inbildhaften. Für die konische Hand dagegen geben die oberen Berge die wichtigsten Aussagen, da sie als Fingerwurzel den Zug zum Geistigen und die Überwindung des Materiellen, Stofflichen darstellen.

Kann man bei den Händen nicht eine eindeutige Gesamtgestalt herausfinden, so müssen Rumpf und Finger in ihren Formen gesondert betrachtet werden. Dabei sind für die unteren Berge vor allem die Form des Rumpfes, für die oberen jene der Finger, und für den mittleren Bergbereich Rumpf- wie Fingerform zugleich gültig.

Interessant hierbei ist die Tatsache, daß die Rumpfform immer auch der gesamten Handgestalt entspricht. Der breite Rumpf ist kennzeichnend für die ovale Hand, der eckige für die eckige, der konische Rumpf für die konische Hand.

Im Gegensatz hierzu kann die Fingerform eine andere sein als die Gestalt der Gesamthand. So kann eine ovale Hand eckige oder konische Fingerendungen haben, eine eckige Hand spatelförmige oder konische, während die Finger einer konischen Hand eckigen oder breiten Einschlag aufweisen können. Dies könnte heißen, daß der Antriebsdrang des natürlichen Lebens auf eine entsprechende Entfaltung im Geistigen angelegt ist und im natürlichen Leben schon eine diesem entsprechende Richtung vorhanden ist.

Im Bewußtseinsbereich – den Fingern – aber liegt die Differenzierungsmöglichkeit, die Ziel und Auftrag aus der Freiheit, nicht aus natürlichem Drang oder elementarer Schwerkraft übernimmt. Die Fingerglieder zeigen hierbei den Raum an, in dem der Auftrag, der sich in der Fingergestalt ausdrückt, Verwirklichung finden soll. So können schwache Berge im unteren Handraum – im natürlich Elementaren – kompensiert werden durch starke untere Fingerglieder, wenn eine im Seelischen vorhandene Kraft – erhöhter Wurzelberg – sich dem Naturraum zur Erfüllung des geistigen Sinnes zur Verfügung stellt. Oder es wird die Schwäche der Fingerberge kompensiert durch lange obere Fingerglieder, wenn sich an ihnen die kleinen Ballen, die sogenannten Tautropfen, als Anzeichen seelischer Kraft abheben. Solche Aussagen der Finger bedeuten Kompensierung eines Mangels an seelischer Fülle durch eine von geistigen Zielen getragene Kraft der Sehnsucht.

Die Erhöhung der unteren wie oberen Berge gibt der Innenhand ein reliefartiges Gepräge. Dies zeugt von vitaler Sinnenfreude und seelischer Erlebnisfülle. Ist die Hand dagegen flach und ohne Berge, verweist sie auf ein Leben, das nicht von Fülle und Kraft gespeist ist, sondern aus Gedachtem oder aus Erlebtem und Durchlittenem seine Daseinsform gestaltet. Von Bergen wird überall dort gesprochen, wo eine Erhöhung plastisch hervortritt. Überhöht ist eine ausgesprochene Ballenbildung, während der flache Berg eine glatte Ebene darstellt. Beides, das Übermaß wie der Mangel, sind negativ zu bewerten, da das Gleichgewicht in der Mitte liegt.

In der Normalhand sind die Berge weder zu hoch noch zu flach, sondern leicht profilierte Erhöhungen, die den Raum ausfüllen, der ihnen sinngemäß zusteht. Was «zu hoch» oder «zu flach» bedeutet, läßt sich nur aus der Gesamthand ablesen, wie auch eine relative Ausgeprägtheit aller Berge oder die Betonung dieses oder jenes Bergbereiches, entsprechend dem Charakter der ganzen Hand, sinnvoll oder sinnwidrig, das heißt normal oder anormal sein kann. Eine elementare Hand ohne stark ausgeprägte Berge an der Handwurzel ist ebenso sinnwidrig wie eine konische Hand ohne Ausprägung der Berge an den Fingerwurzeln. Allgemein läßt sich aber sagen, daß gerade auch die Widersprüche zwischen dem geistigen Auftrag des Menschen und den Kräften, mit denen er sein inneres Leben meistert, zu seinem Schicksal gehören.

Die Berge zeigen Art und Ausmaß der Anlagen und Begabungen an, nicht aber ihre Erfüllung. Gerade begnadete Künstler oder Wissenschaftler haben es oft schwer, auf dem Wege des inneren Reifens mit sich selbst und der Welt zurechtzukommen. Manche «Herrschernatur» kann mit sich selbst nicht fertig werden, weil sie der Widersprüche im eigenen Inneren nicht Herr wird.

Das mehr oder weniger ausgeprägte Relief eines Berges ist abhängig von seiner Höhe oder Flachheit. Im Wurzelbereich der Hand betrifft dies die Berge, die zuunterst liegen, den Daumenballen,

Venusberg genannt, und andererseits die Mächtigkeit des den Menschen tragenden und behütenden unbewußten Urgrunds, den Mondberg.

Je stärker der Daumenballen hervorragt, um so größer ist die individuelle Impulsivität, der eigene Mut und entsprechend auch die Bereitschaft des Ichs, sich durchzusetzen. Je kleiner der Daumenballen in Erscheinung tritt, um so geringer ist die aktive Selbstbehauptung.

Ein kleiner, wenig erhöhter Mondberg zeigt geringes Eingebundensein in die weibliche Bildwelt, die der erhöhte Mondberg als archaischer Urgrund mit Erfahrungen erfüllt. Je größer aber der Mondberg bei gleichzeitig flachem Daumenballen ist, um so schwerer wird sich der Mensch von den behütenden Räumen des Kollektiven lösen und die von Urbildern gespeisten Überlieferungen verlassen.

Die Berge des unteren Handraumes

Der Venusberg

Im untersten Handraum, der das ursprüngliche noch vorpersönlich Naturhafte ausdrückt, liegt der Venusberg auf der aktiven, der

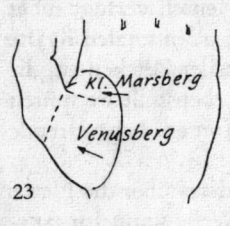

23

Mondberg auf der passiven Seite. Der Venusberg (Abb. 23) ist der Raum des Daumenballens. Er bildet die Wurzel des Daumens, der die natürliche Vitalität des Menschen, seine Kraft zur Lebensbehauptung ausdrückt. Bei einem großen Daumen wird die aus dem Venusberg strömende Kraft ungehemmt der natürlichen Daseinsbehauptung dienen im Gegensatz zum kleinen Daumen, durch den sie nicht hemmungslos vorstoßen kann, sondern den Weg über die Lebenslinie zum Du hinfinden muß.

Auf diesem Weg kann sie Einbuße erleiden oder zur Auseinandersetzung gezwungen werden. Im starken Daumenballen, dem besonders ausgeprägten untersten Handraum auf der aktiven Seite der Hand, versammelt sich die noch ambivalente Urkraft, die sowohl den beiden Daumengliedern ihre Intensität verleiht wie auch – zusammen mit dem Mondberg – das Fundament der gesamten Hand bildet.

Die Fülle des Venusberges zeigt Impulskraft, «Libido», Widerstandsfähigkeit, Durchsetzungswillen, Antriebsreichtum und das Kraftreservoir an innerer Gefühlswärme an, über die der Mensch verfügt. In der Triebfülle, im Lebensschwung und in den plötzlich aufbrechenden Impulsen liegen die natürlichen Kraftquellen, liegt die Dynamik aller Strebungen, aller Sehnsucht. Da im untersten Handbereich die vorbewußte Kraft der Natur aufscheint, sind die im Venusberg ersichtlichen Kräfte und Wirkungen in ihrem Wert und in der Richtung ihrer Entfaltung noch ganz unbestimmt. Sie können Lust oder Unlust wecken, können eindringen in Begierden und Angst, in Verlangen und Ekel, lebenserhaltend und lebenszerstörend.

Ist der Venusberg nach oben zum kleinen Marsberg verlagert, sind Mitgefühl, Vertrauen und Empfindundskraft angezeigt. Ist der Venusberg nach unten, zur Handwurzel hin, verschoben und abgedrängt aus seiner ursprüglichen Lage in der Mitte der Daumenwurzel, dann ist die ursprüngliche Triebmächtigkeit aus ihrem natürlichen Wirkungsbereich abgezogen. Der Mensch verfügt nicht mehr über die aus dem Unpersönlichen drängenden vitalen Kräfte und hat, wenn die Hand hart oder voll rationaler Zeichen ist, die Fähigkeit verloren – oder nie besessen –, die Lebensfülle zu spüren und sich elementarer Triebbefriedigung zu erfreuen. Lebensfreude und Sinnenhaftigkeit werden ihm fehlen.

Je nach der Handform sagt ein Berg etwas anderes über die Natur des Menschen aus. Das heißt: Auf dreierlei Weise kann im Ausdruck eines erhöhten oder abgeflachten Berges die Natur dem Menchen Kräfte und Antrieb zur Verfügung stellen oder die Wurzelkraft ihn im Stich lassen.

In der ovalen Hand, der es vor allem um die Lust am Dasein und um Lebensfreude, um Arterhaltung und Selbstbehauptung geht, zeigt der Venusberg die hierzu vorhandene Kraft, Lebensfülle, Instinktsicherheit und Triebfähigkeit an. Im Bild des normal erhöhten Venusberges verspürt der Mensch der ovalen Hand einen starken Lebenstrieb und Lebensschwung in sich und stößt in der Freude am Verschwenden und im Verlangen nach Befriedigung der sinnlichen Gefühle mit der Fülle seiner Trieb- und Lebenskraft in die Welt vor. Die Stärke seiner natürlichen Verwurzelung drängt ihn, sich triebhaft durchzusetzen und seinen Lebensraum zu behaupten. Aus dieser ursprünglichen Naturhaftigkeit strömt seine lebendige Wärme, die besitzergreifende, gleichsam magnetische Anziehung hat.

Ist aber der Venusberg in der ovalen Hand übermäßig erhöht, dann wird solche Besitzergreifung übermächtig, und Jähzorn wie heftige Leidenschaft dominieren. Wird ein solcher Berg nicht von Linien aufgelockert, handelt es sich um ein dumpfes Triebverfallensein und um die Gefahr magischer Verstrickungen und wollüstiger Triebwünsche.

Fehlt in der ovalen Hand der Venusberg, so muß dies als ein ohnmächtiges Versagen im Bereich der Lebenserhaltung und Trieberfüllung angesehen werden, eine Schwäche der Natur, die dem Menschen Freude und Lust am Dasein versagt. Aus dieser mangelnden Lebenskraft entspringt ein Gefühl von Lebensangst und Unsicherheit. Der Drang nach Daseinsbehauptung und nach einem Sichauswirken in der Welt ist solchem Menschen von Natur angeboren, ebenso die Bestimmung, sich an dem von der Welt Gebotenen anzureichern. Aber die hierfür notwendige Kraftfülle und der Antriebsimpuls fehlen. Es mangelt an gespeicherter Kraft, an Vitalität und Schwung. So bleibt ein unberechenbarer Lebenshunger, der nicht erfüllt werden kann. Es bleibt ein Drang in die Welt hinein, der sich vorschnell erschöpft, ein Durchsetzungswille, der leicht ermüdet. Der Mangel an Initiative und Widerstandskraft führt zu träger Apathie und Verhaltenheit.

Will ein solcher antriebsschwacher, von Natur aus nicht zu seiner Erfüllung im Dasein angelegter Mensch nicht in Unlust verfallen und an seiner mangelnden Vitalität verzweifeln, so muß er versuchen, diese auszugleichen und jenseits seiner natürlichen Schwäche die Hilfe zur Bewältigung der Welt finden. Das heißt, er wird das Natürliche im Bild des unteren aktiven Handraums übersteigen und aus dem Raum der Mitte oder des Oben die Kraft zum Dasein, die der breite Rumpf verlangt, aufrufen.

Während im mangelnden Venusberg der ovalen Hand ein Zeichen von Bedürftigkeit, von Schwäche und Ohnmacht liegt, läßt die eckige Hand, in deren Innenraum der Venusberg entwickelt ist, eine Kraft der Beherrschtheit und Gestaltung erkennen. In dieser Hand, deren Grundgesetz der Wille zur Formgebung ist, werden Triebfülle und Zeugungskraft zum Ausdruck eines gezielten Antriebes und eines beharrenden, doch lebendigen Ordnungswillens. Der Drang nach Zeugung und Schaffen wird einem natürlichen Lebensrhythmus eingebunden.

In solcher Bindung verliert auch der triebstarke Mensch nicht sein Maß und seine Ordnung, die im unteren Handraum vor allem der Familie, dem Heim und der Umwelt gelten. So stark auch seine Triebkräfte sind, so unmittelbar drängend sein Lebensschwung ist, mit der eckigen Hand wird er sie bewußt einsetzen und sich in Gesinnungstreue und natürlicher Widerstandsfähigkeit einem Gesetz einfügen.

Es kann aber auch sein, daß der Venusberg in der eckigen Hand übermäßig betont ist, daß mächtige Triebe und Impulse durch die eckige Begrenzung, das heißt durch Formungswillen und Ordnungsverlangen zwanghaft eingeengt, gestaut und zusammengeballt sind. Dann entsteht eine innere Spannung und Verkrampfung, die den natürlichen Fluß der vorbewußten Kräfte aufhält und auf sich selbst zurückwirft. Alles, was der Mensch von Natur aus an Kraft und Libido, an vitalem Schwung und an Lebensfülle einsetzen und durchsetzen könnte, muß um des Gesetzes und der Ordnung willen zurückgehalten werden. Nur bewußter Verzicht oder eine weise Einsicht kann dies ohne Verdrängungen leisten.

Ist der Venusberg in der eckigen Hand nicht erhöht, so wird der Wille zur Ordnung und der Wunsch nach Gestaltung durch die Armut an natürlicher Lebensfülle ermatten. Langeweile, Trockenheit, Kargheit, ein Haften an bürgerlicher Enge und kleinliche

Pedanterie können die natürliche Gestaltungskraft lahmlegen und in gleichgültigem Mechanismus oder in einförmiger Gewohnheit erstarren lassen. Es fehlen Antrieb, Schwung und Lebensfülle, die gestaltet, geformt und geordnet werden. In schablonenhaften Normen verflacht das Leben, das durch Abbremsen der natürlichen Antriebe gleichsam zum Stillstand kommt.

Nicht aus solcher inneren Kargheit, sondern aus bewußtem Verzicht wird der Mensch der konischen Hand die Triebfähigkeit aus seinem natürlichen Leben ausschalten. Er wird sie in den Dienst eines höheren Einsatzes stellen. Dieses «In-Dienst-stellen» ist die natürliche Bestimmung der konischen Hand. In ihrem Ausdruck ist der Mensch auf Einswerdung eingestellt. Der Verheißungsgrund der Sehnsucht, die nach Ergänzung, nach einem Ganzheitlichen jenseits des irdisch Gespaltenen drängt, wird, wenn der Venusberg erhöht ist, schon im Raum der Natur erfahren. In diesem ursprünglichen Kontakt mit der Natur, in ihrer sinnenhaften Umfassung liegt jene Kraft der Sehnsucht, die zur wahren Ganzwerdung in der Liebe hinführt. Denn solches Lieben kann nicht blutleer, ohne Schwung und Verwurzelung sein.

Mit einem starken Venusberg fühlen sich die Menschen der konischen Hand schon von Natur aus eins mit dem Leben und bezeugen diese Einheit selbst in ihrer triebhaften Liebe. Die Erfüllung der Sehnsucht wird zum ursprünglichen Erlebnis, die Einswerdung kann sich in der Hingabe vollziehen, da nichts einem flüchtigen Erlebnis überlassen wird. Der Mensch bleibt im Natürlichen, Elementaren verwurzelt und stellt seinen Reichtum an Lebendigkeit und Wärme dem Erlebnis, der Sehnsucht und dem Streben nach Vergeistigung zur Verfügung. So wird der seelische Schwung seiner Sehnsucht, an seine Natur gebunden, zur echten Gefühlstiefe.

Da es Ziel der konischen Hand ist, daß der Mensch über sich selbst hinauswächst, ist die Fülle des Venusberges eine Verheißung zu fruchtbarer Reife und zum schöpferischen Einsatz seelisch-geistiger Antriebe. Zu solcher Reife aber wird der Mensch der konischen Hand, in der ein übermäßig entwickelter Venusberg vorhanden ist, nur selten finden. Er wird vielmehr das Verlangen nach

Ganzwerdung durch ausschweifende Triebgier, durch unersättlichen Lebensdrang zu erfüllen suchen. Auf einer solchen primitiven Stufe aber wird ihm die Erfüllung seiner Sehnsucht nicht zuteil. So besteht die Gefahr, daß er Verlockungen verfällt, sich haltlos Ideologien ausliefert, Wahnvorstellungen nachjagt und ohne Stillung und Befriedigung immer weiter begierig nach Genuß drängt.

Fehlt dagegen die Erhöhung des Venusberges in der konischen Hand, dann wird sich das Streben nach Transzendenz mehr im theoretisch Abstrakten als in erlebter Erfahrung abspielen. Der seelische Schwung zur Einswerdung stammt nicht aus natürlichen Bereichen. Es mangelt dem Menschen bei flachem Venusberg· an ursprünglicher Wärme und triebhafter Potenz. Er fühlt sich in seinem Lebensgefühl vereinsamt und leidet, da er auf Einswerdung angewiesen ist, an diesem Mangel und an der Dürre seiner Lebenssubstanz. Schmerzhaft wird er seiner Bedürftigkeit und Not inne.

Bei der konischen Hand werden die Aussagen der oberen Berge besonders wichtig sein, da sich in ihnen die Kraft der Innerlichkeit, die Dynamik des Geistes ausdrückt. Doch wird ohne die vitale Grundlage des Venusberges der seelischen Potenz die natürliche Lebensfülle fehlen. Sie wird sich gleichsam selbst opferbereit zur Verfügung stellen, und die geistige Kraft wird aus «Leiden am Leben» gesammelt.

Meist ist der Venusberg stärker als andere Berge von Linien durchzogen. Diese zeigen, in welchem Maß und zu welchem Zweck der

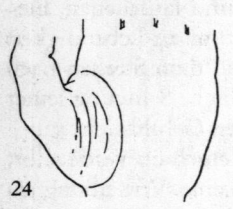

Mensch die ihm zur Verfügung stehenden Triebkräfte ausleben kann. Vertikale Linien (Abb. 24), die mehr oder weniger parallel zur Lebenslinie laufen, sind Zeichen der Umsetzungsmöglichkeit, des ungehinderten Ausschwingens. So lassen sie auf dem erhöhten Berg Gefühle, Impulskraft, verstärkte Aktivität und Vitalität erkennen. Sie

24

schützen gleichsam die in der Lebenslinie symbolisierten Kräfte vor rein triebhafter Auswirkung, setzen sie in seelische Antriebe um und verstärken das Lebensgefühl.

Auf dem flachen Venusberg aber werden vertikale Linien zum Zeichen von Unruhe und Gereiztheit. Denn in ihrem Bild zeigt der Mensch, daß er eine Trieberfüllung braucht, die seiner Anlage nicht gemäß ist.

Horizontale Linien (Abb. 25) sind Zeichen dumpfer Triebhaftigkeit. Denn immer deutet die horizontale Linie das an die Erde gebundene Schwere, Schwunglose an. Lie-

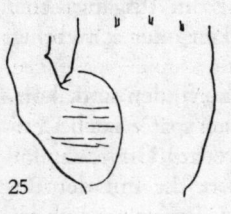

25

gen die horizontalen Linien nur im untersten Teil des Venusberges, kann der Trieb weder ausgelebt noch sublimiert werden. Er bleibt ein quälender unterschwelliger Drang. Kreuzen sich die horizontalen und vertikalen Linien, werden gleichsam Hürden genommen, Staudämme durchbrochen, Widerstände und Spannungen überwunden, so daß sich die in einem starken Venusberg ausgedrückten Triebkräfte ausleben können. Ist der Venusberg dagegen unentwickelt, dann deuten die Querlinien verstärkten Mangel an Vitalität und ein fehlendes Triebgefälle an.

Alle Linien, die großen wie die kleinen, weisen im Raum des Venusberges auf den Drang, Triebkräfte auszuleben, deren Stärke

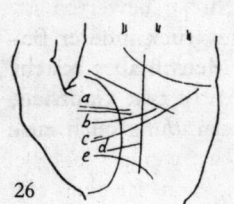

26

oder Schwäche aus der Fülle oder aus dem Mangel des Berges zu erkennen sind. Wenn Querlinien (Abb. 26) die Lebenslinie durchkreuzen und in die Handmitte hineindrängen, müssen Ausgangspunkt und Endpunkt miteinander in Verbindung gebracht werden.

Ursprungsort ist die mehr oder weniger stark vorhandene Triebfülle des Venusberges, die nach Verbindung drängt oder Einfluß auf ein Ziel gewinnen will, das von dem Endpunkt der Linie bestimmt wird. Ist dieses Ziel die Handmitte, das heißt das Marsfeld (a), werden solche Kontakte schmerzhafte Erfahrungen auslösen. Berühren die Querlinien Kopf- (b) oder Herzlinie (c), wird Kopf oder Herz in positivem wie negativem

Sinn belastet und das bewußte wie seelische Leben mit Triebkräften erfüllt.

Sie können auch die Schicksalslinie (d) berühren, als Zeichen, daß die Triebe bewußten Einsatz suchen oder an den Forderungen der Umwelt ihre Beschränkung finden. Sie fallen auch zum Mondberg (e) hinab, von unbewußten Bildkräften angezogen. Die Bedeutung der Linien ergibt sich aus dem Verständnis des Ausgangs- und Endpunktes und im Hinblick auf einen starken oder schwachen Venusberg.

Die vielen Zeichnungen, die auf den Bergen zu finden sind, können nicht einzeln besprochen werden. Es werden später noch Deutungen der Sterne, Kreuze, Dreiecke und anderer Zeichen gegeben, die mit der Bedeutung des jeweiligen Berges verbunden werden müssen. Vergitterte kleine Quadrate (Abb. 27), die den Venusberg übersäen, sind vor allem negativ zu beurteilen, da sie eine nicht in das Leben eingeordnete, oft pervertierte Triebhaftigkeit erkennen lassen.

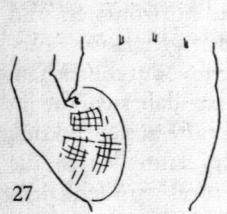

27

Wesentlich aber ist, daß man nur von solchen Zeichen Kenntnis nimmt, die klar sichtbar sind. Oft entstehen sie durch Verbindung verschiedener Linien, deren Bedeutung einzeln zu bewerten ist. Manchmal sind es nur Hautmuster, die als Ausdruck innerer Bewegung auftreten und wieder vergehen. Der Mensch aber besteht nicht aus solchen kleinen Einzelheiten, sondern ist eine Ganzheit, in die sich das Gesonderte harmonisch oder spannungsreich eingliedert.

Der Mondberg

Im untersten Handraum gegenüber dem Venusberg liegt auf der Seite des kleinen Fingers der Mondberg (Abb. 28). Seine Aussagen betreffen die noch unbewußten, in den Tiefenschichten des Menschen gesammelten Wirk- und Bildkräfte, die seine Phantasie befruchten oder ihn in Sog und Sucht hinabziehen. Es zeigt sich in diesem Mondbereich die Ansprechlichkeit des Menschen auf Urbilder und Zeichen, auf Vorstellungen, Einfälle und Einbildungen. Ebenso werden in diesem Raum Eindrücke, Wünsche, Träume, Erlebnisse bewahrt, die aus dem bewußten Leben in das vitale Gedächtnis der Seele verdrängt wurden, doch nichts an ihrer Lebendigkeit einbüßten. Man kann im untersten Teil des Mondberges auch den Ort für das kollektiv Unbewußte einordnen, der nach C. G. Jung die Urerfahrungen des Menschengeschlechts bewahrt.

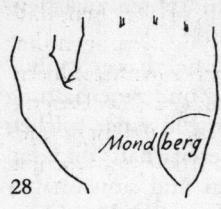

Mond|berg

28

Wer von den Kräften bestimmt wird, die sich im Mondberg ausdrücken, lebt in einer Welt, in der die klaren Umrisse sich verwischen und Sachlichkeit wie Begrifflichkeit fehlen. Hier haben die Dinge und Abläufe leicht den Charakter des Flüchtigen, Veränderlichen. Sie atmen noch ein vorbewußtes, unpersönliches, im Gattungshaften sich abspielendes Geschehen und gewinnen noch nicht ihre klare Gestalt.

In diesem Raum zeigt sich die mediale Aufnahmefähigkeit, die mütterliche Funktion des Empfangens und Austragens, die Einbildungskraft und fruchtbare Phantasie, innere Aufnahmebereitschaft und Wahrnehmung. Je höher der Mondberg zur Kopflinie, der untersten Horizontalen hin ausgeprägt ist und sich dem großen Marsberg verbindet, um so stärker werden die unbewußten Bildkräfte und noch nicht gestalteten Inhalte nach Bewußtsein und Formung drängen. Je tiefer der Berg zur Handwurzel herabsinkt, um so stärker wird der Sog des Unbewußten den Menschen in eine kollektive Welt oder einen archaischen Zustand herabziehen. Mond- und Marsberg zeugen bei guter Entwicklung von vitaler Gedächtniskraft. Mond- und Venusberg sind bei starker Ausprägung, zumal bei einem großen Daumen, Zeichen einer starken magischen Ausstrahlung.

Während der untere vorbewußte Naturraum, den der Venusberg auf der aktiven Seite der Hand einnimmt, die männlichen Kräfte der Zeugung und das aktiv Lockende des Triebes darstellt, drückt der Mondberg die weiblichen Kräfte aus, die als Gefäß, als aufnehmende Schale, als Schoß der Empfängnis im Unbewußten eine passive Anziehungskraft ausüben. Im Symbol des Mondeinflusses hat der Mensch Zeit, zu verweilen, auszutragen und reifen zu lassen. Er wartet, empfängt und gebiert.

In der ovalen Hand werden die unbewußten fruchtbaren weiblichen Kräfte der natürlichen Daseinsbehauptung und Arterhaltung dienen. Dies heißt, daß der erhöhte Mondberg in einer solchen Hand Mütterlichkeit, fruchtbare Empfangsbereitschaft und ein Aufnehmen unbewußter Bilder, Vorstellungen und sinnenhafter Anschauungen bedeutet. Dem Kollektiv verhaftet, sind diese Menschen Massensuggestionen ausgeliefert und reagieren unmittelbar auf alles, was ihre leicht romantische Einbildungskraft anspricht und ihnen Angst einflößt.

Mediales Einfühlen, Spürsinn und Einbildungskraft, die dem Urquell der organischen Natur entstammen und im Mondberg Ausdruck finden, werden in der ovalen Hand nach praktischem Einsatz verlangen. Im rechten Instinkt für das organisch Gemäße wird unmittelbar gehandelt und mit unbewußter Sicherheit reagiert, wenn der Verstand ausgeschaltet bleibt.

Ist der erhöhte Mondberg nur von wenig Linien durchzogen, besteht ein starkes Naturempfinden und ein organischer Instinkt. Stärkste Anziehung hat für solche Menschen das Wasser, in dessen Fluß und Tiefe das Unbewußte sein vertrautes Element findet. Zugleich schenkt diese natursichere Einbindung in den kosmischen Kreislauf auch das Gefühl der Geborgenheit. Der Mensch fühlt sich noch nicht herausgefallen aus dem großen Ur-Wir, aus dem Mutterschoß der Natur.

Der übermäßig erhöhte Mondberg läßt in der ovalen Hand ein zu starkes Verlangen nach Geborgenheit und Schutz erkennen, das zu trägem Beharren in einem dumpfen Sog führen kann. Bei einem starken Venusberg kann ein erhöhter Mondberg zu fanatischer Übersteigerung von Einbildungen werden. In einer triebhaften Hand verstärkt diese Verbindung Begierde und Sucht.

Ist der Mondberg in der ovalen Hand nicht erhöht, so fehlt dem Menschen die ursprüngliche Geborgenheit. Nicht eingebunden in das große organische Gesamt des Lebens, auch nicht von einem Kollektiv gehalten, fühlt er sich unsicher, verlassen, schutzlos. Er steht der Natur und dem Ursprünglichen, Natürlichen fremd gegenüber, spürt sich nicht eingebettet in die fruchtbare Kraft des Kosmos und der vorbewußten Bilder. Die Welt, auf die er angewiesen ist, erscheint ihm kalt und nüchtern. Er möchte sich im Dasein bewahren, beheimatet sein und wohlfühlen; aber es mangelt ihm hierfür die notwendige Vorstellungsgabe und Phantasie; das sichere Erspüren des organisch Gewachsenen.

Am leichtesten vermag der Mensch mit der eckigen Hand die Bildfülle, die im erhöhten Mondberg zu erkennen ist, fruchtbar zu nutzen. Denn auf Formung und Einordnung angesetzt, wird er ganz unwillkürlich die unbewußten Bilder heben und umsetzen. Einbildungskraft, Phantasie und unbewußte Schau geben den Stoff zur künstlerischen Gestaltung.

Ohne erhöhten Mondberg ist zwar Formung aus abstraktem Denken oder pädagogischen Erwägungen, aus Gefühlen oder angelerntem Können möglich, künstlerisches Schaffen aber kann nur aus ursprünglicher Bildkraft und Phantasie zu voller Entfaltung ausreifen. Die Verbindung von gutem Mondberg und eckiger Handform zeigt die Gabe zu eidetischem, nachempfindendem Schauen, zu mythischem Denken, bildbestimmtem Gestalten an und eine Fähigkeit der Einfühlung und Beschaulichkeit, die selbst dem nicht ausübenden Künstler das Leben zum Kunstwerk werden läßt.

Ein solcher Mondberg drückt auch die Gabe der Beobachtung aus, die nicht einem bewußten Aufmerken, sondern einer instinktiven unterschwelligen Aufnahmefähigkeit entstammt und Eindrücke wie Erfahrungen bildhaft er-innert. Es wird bewahrt und genährt, gehütet und umsorgt, was im Unbewußten Dauer hat und dort als Vorgegebenes ruht.

Ist aber der Mondberg in der eckigen Hand übermäßig entwickelt, zeigt dies eine zu starke Wirkung des urtümlich Bildhaften an. Hier besteht die Gefahr, daß archetypische Vorstellungen auf einen Menschen oder ein Objekt übertragen werden, Eigenleben gewinnen und eine unheimliche Macht ausüben.

An die Stelle der Einbildungskraft tritt eine innere Dürftigkeit, wenn ein flacher Mondberg in der eckigen Hand liegt. Ein solcher Mensch wirkt dumpf und ermüdend auf seine Umwelt, da er jeder unbewußten Schwingung und Gelöstheit entbehrt. Das Leben scheint in ihm zu stocken. Nichts ist mehr im rechten Fluß, alles wird eingedämmt und begrenzt. Auch mangelt es an Empfangsbereitschaft und Aufnahmefähigkeit, da man sich nur im Gesicherten, fest Umrissenen bewegen will.

Ordnung und Begrenzung sind Veranlagungen der eckigen Hand. Bei einem erhöhten Mondberg fällt es ihr nicht leicht, das Gleichgewicht zwischen Nüchternheit und Phantasie, Wirklichkeit und Täuschung zu halten. Der Künstler vermag zwar, durch Eingebungen und Anreiz seiner Phantasie, Anregungen für seine künstlerische Gestaltung zu gewinnen. Der durchschnittliche, sicherungsbedürftige Mensch aber, der dem Wagnis aus dem Wege geht, wird von der Fülle und Lebhaftigkeit seiner Einbildungskraft in Angstzustände getrieben, wenn er die Spannungen nicht erträgt, die sein Unbewußtes in einen scheinbar unüberbrückbaren Gegensatz zu dem real Geforderten stellt oder wenn die angestauten Bildkräfte die Begrenzungen nicht zu durchbrechen vermögen.

Zeigt die eckige Hand die Bestimmungen zur Formgebung und Einordnung, so ist die konische Hand Ausdruck der Sehnsucht, die auf Einswerdung angewiesen ist. Für den erhöhten Mondberg bedeutet dies, daß sich der Mensch in der unbewußten Hingabekraft seiner Seele nach erfüllender Ganzwerdung und Liebe sehnt. Die ursprüngliche Veranlagung der Empfangsbereitschaft, Eindrucksempfänglichkeit und Einfühlung unterstützen die Sehnsucht nach mystischer Vereinigung. In dieser Einheit möchte der Mensch verweilen. Sie verspricht ihm Seelenruhe, Gelassenheit, bedeutet aber zugleich auch Verlockung und Verzauberung. Da bei konischen Händen die Substanz des Stofflichen sich aufzulösen sucht, zieht es den Menschen zum Transzendenten hin. Seine Fähigkeit, Gefäß und seelische Antenne zu sein, öffnet ihn der Wandlung und Verwandlung. In intuitiver Schau und in der Sammlung der Meditation kann er seine Ichhaftigkeit übersteigen.

Während dies die positiven Aussagen des erhöhten Mondberges in der konischen Hand sind, liegt die Gefahr dieser Verbindung, zumal bei einem schwach entwickelten Venusberg, in einem unstillbaren Suchen, in einem flüchtigen, undeutlichen Schweifen, einem Abhängigsein von Stimmungen, Ahnungen, Einfällen, im schwärmerischen Wunsch nach Ichauflösung und dem Zerfließen alles Gestalteten, aller festen Konturen.

Ist der Mondberg in einer konischen Hand übermäßig betont, so ist er Ausdruck einer gefährlichen Entrücktheit, in der der Mensch leicht dem übermächtigen Sog der unbewußten Bilder verfällt oder in Rausch und Sucht trügerische Erfüllung seiner Sehnsucht nach Einswerdung und Selbstaufgabe erhofft. Aberglaube, Wahnvorstellungen, Angstzustände, zumindest eine starke innere Unruhe und Launenhaftigkeit sind Folge solcher Haltlosigkeit. Auch liegt hier die Quelle hysterischer Symptome, das Zurückfallen oder Fliehen in unbewußte Instinktreaktionen, die durch eine Spannung zwischen ursprünglicher Veranlagung und ersehnter Zielsetzung ausgelöst werden. In Verbindung mit einem guten Saturnberg unter dem Mittelfinger würden eine stärkere Verankerung und Stabilität Beständigkeit und Halt anzeigen.

Wenn in der konischen Hand die Zeichen fruchtbarer Wunschkraft und Empfangsbereitschaft – im flachen Mondberg – fehlen, kann dieses schweifende Suchen auch Ausdruck einer inneren Leere und Gleichgültigkeit sein, die dem Mangel an Phantasie und Eindrucksfähigkeit entspricht. Die Sehnsucht nach Einswerdung und Liebe, die dem Menschen der konischen Handform aufgetragen ist, bleibt Schein, Utopie oder Theorie, wenn nicht die fruchtbare Kraft der Seele ihre unmittelbare Grundlage bildet. In der Anlage unempfänglich, teilnahmslos, ohne Einfühlung, ohne eine, wenn auch unbewußte Hingabebereitschaft ist der Mensch wohl der Liebe bedürftig, doch ihrer nicht fähig. Dies mag er als eine echte Not empfinden. Ein flacher Mondberg läßt Phantasie vermissen und zeigt einen Mangel an Wahrnehmungskraft und eine kühle Distanziertheit.

Linien, die im Mondberg eingezeichnet sind, lassen erkennen, daß unterschwellige Reaktionen oder unbewußte Kräfte am Werke sind, das reale Leben zu beunruhigen, oder daß Einbildungen, Wünsche, vielleicht auch vorbewußte Bilder in die Erscheinung drängen.

Steigen kleine, vertikale Linien aus dem unteren Mondberg (Abb. 29) auf, so wird die Unrast des Menschen nach Veränderung verlangen. Entsprechend der in der Hand-

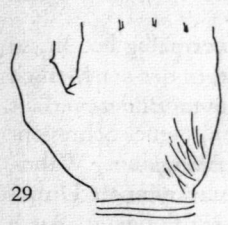

form ausgedrückten Veranlagung handelt es sich hierbei um Reisen oder materielle Abwechslungen, um geistige und seelische Anregungen oder um eine Flucht vor schwierigen Situationen, die hysterische Reaktionen auslösen kann. Manche solcher aufsteigenden Linien versacken schon bald, ein Zeichen, daß die unbewußten Eindrücke nicht dem persönlichen Leben eingefügt oder nicht verarbeitet werden.

Erreichen solche kleinen aufsteigenden Linien die Hauptlinien der Hand oder steuern sie zur Handmitte zu, werden die Einflüsse des kollektiv Unbewußten im persönlichen Bereich aufgenommen oder sie werden bewußt gestaltet. Bleiben diese Linien im «luftleeren» Raum ohne Kontakt mit anderen, irritieren sie als Unruhe, Unbeständigkeit und Erregbarkeit die Nerven. Nähern sich solche vertikalen Linien der Schicksalslinie oder nehmen Berührung mit ihr auf, wird der Mensch nach Klärung und Einsatz seiner unbewußten Möglichkeiten verlangen. Nehmen sie ihre Richtung zur Kopflinie, bedeutet dies den Wunsch nach Gestaltung. Alle aus dem Mondberg aufsteigenden Linien sind trächtig von unbewußten Kräften, die den Menschen faszinieren oder befruchten. Wer sich aus dem unbewußten Sog der Bilder zu befreien vermag, in dessen Hand werden solche klar geformten senkrechten – das heißt in Richtung auf die Finger zulaufenden – Linien aus dem unteren Mondberg aufsteigen.

Horizontale Linien dagegen zeigen Verstärkung der Sogkraft an, die im Unbewußten verborgen am Werke ist, um den Menschen in eine dumpfe Passivität hineinzuziehen und ihn dem vorbewußten Urgrund wieder einzubinden. Eine einzige Horizontale (Abb. 30) auf dem unteren Mondberg ist Ausdruck des kollektiven Unbewußten. Dieses ist Träger allgemein menschlicher und vererbter Instinkte sowie eingeborener Formen der Anschauung und Vorstellung, der Urbilder oder Archetypen, die inbildhaft dem Menschen eingeboren und vorgegeben sind. Das kollektiv Unbewußte ist nach C. G. Jung «psychischer Ausdruck der Identität der Gehirnkonstruktionen, jenseits aller Rassenunterschiede. Die verschiedenen seelischen Entwicklungslinien gehen von einem gemeinsamen Grundstock aus, dessen Wurzeln in alle Vergangenheit hinunterreichen. Es handelt sich um gemeinsame Instinkte des Vorstellens und des Handelns.» Deshalb werden Menschen, in deren Händen diese eine horizontale Linie isoliert im Mondberg liegt, oft symbolische Träume haben oder Bilder und Visionen schauen, die allgemeinen kosmischen Bereichen entstammen und nicht in das persönliche bewußte Leben einzureihen sind. Die eine isolierte Querlinie darf aber nicht mit der Neptunlinie (Abb. 30) verwechselt werden – von ihr wird später gesprochen –, die ihren Ursprungsort nicht auf dem Mondberg, sondern zwischen Venus- und Mondberg hat. In diesem Zwischenraum, der sich zeitweilig als ein selbständiger kleiner Berg am Handgelenk abhebt, drückt sich ein unbewußtes Erbgut aus, das dem persönlichen Leben zugrunde liegt. Die Chinesen nennen diesen Bereich Palast der Grube, der Gruft. Man kann auch sagen: Ort des Ursprungs, aus dem der Mensch erwächst, die Gruft der Erbmasse, der Tradition, des Volksgutes und Zeitgeistes, die er überschreiten muß, um in den eigenen Lebensbereich einzutreten.

Die Raszetten (Abb. 20), Armringe, die das Handgelenk umschließen und der Tradition entsprechend in guter Ausprägung langes Leben und Gesundheit bedeuten, sind aus der Kraftquelle dieses «Grabens» der Erbmasse gespeist.

Den Mondberg erfüllen nicht Kräfte der Erbmasse oder Tradition,

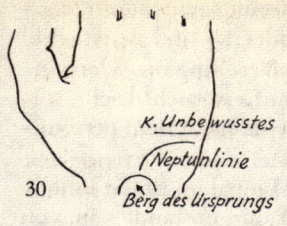

30

K. *Unbewusstes*

Neptunlinie

Berg des Ursprungs

113

sondern kosmische Bildkräfte, die noch in keiner Form gesammelt sind. Deshalb werden alle Linien auf diesem Berg vorpersönliche Mächte in ihrer Wirksamkeit und Beeinflussung ausdrücken. Laufen die Linien längs und quer durcheinander, so sind sie ein Bild von Erregbarkeit und Unruhe, die durch Verdrängung oder Eindrücke des Unbewußten ausgelöst werden. Es ist nicht leicht, solche unbewußten Inhalte zu klären, solange sie nicht dem persönlichen Leben eingeordnet sind.

Ist der Mondberg stark erhöht, aber ohne Linien, so ist die Einbildungskraft überspannt; der Mensch wird kaum imstande sein, von einem Wunsch oder einer Idee, die unbewußt Macht über ihn gewonnen haben, frei zu werden. Eine dumpfe Trägheit läßt die Impulse, die Widerstand leisten könnten, wieder im Unbewußten versacken.

Ist der linienlose Mondberg flach, so deutet dies auf einen Menschen hin, der sachlich, nüchtern und zugleich empfänglich ist für Inhalte, die aus dem Unbewußten aufsteigen. In einer Welt wie der unseren aber, in der die dämonischen Kräfte geweckt sind und sich des einzelnen immer stärker zu bemächtigen suchen, in der das Unbewußte nicht ruhig und tragend das Gleichgewicht wahrt, sondern aufgescheucht, beunruhigt, verwirrend wirkt, sollte der Mensch mit dem linienlosen Mondberg achtgeben, daß er nicht hinterrücks aus dem nicht verarbeiteten Unbewußten angefallen wird.

Es gehört zur Entwicklungsstufe unserer Zeit, bisher Unbewußtes immer stärker in das Leben einzubeziehen und der Gestaltung zuzuführen. Seitdem die Tiefenpsychologie dieses Unbewußte entdeckt und bekanntgemacht hat, ist es nicht mehr möglich, sich der Auseinandersetzung mit ihm zu entziehen. Es wird darum die persönliche Aufgabe des heutigen Menschen sein, sich den im Mondberg ausgedrückten Kräften zu stellen und ihre fruchtbaren Energien in das bewußte Leben einzubeziehen.

Zur bewußten Einstellung kann auch ein Gewährenlassen gehören, das sich den einströmenden Einflüssen öffnet. In einer materiellen Hand werden sie aus dem reinen Naturbereich eindringen, in einer geistigen Hand wird es sich um einen Einstrom tieferer Schichten handeln.

Zuweilen prägen sich auf dem Mondberg kleine Linien aus, die Papillarlinien, von denen später noch gesprochen wird. Eine innerlich kreisende Bewegung dringt nach außen. Das Lebensprinzip beginnt einer dynamischen Wucherung zu verfallen. Oft tritt diese Linienströmung in breiten Händen bei impulsstarken, materiell eingestellten Menschen auf, deren unbewußte Kräfte nicht in das reale zweckhafte Leben einbezogen werden. In der Hand des Künstlers kann dieses Kreisen – als Urtrieb des Lebens – in seinem Werk Gestalt gewinnen. Solche Papillarlinien können auch innere Impulse bewegen, die in einem vegetativen, noch vorpersönlichen Bereich zur Quelle von Krankheiten werden.

Mond- und Venusberg bilden den unteren Handraum, die Grundlage, den natürlichen Boden, aus dem der Mensch zu seiner persönlichen Reifung und Bewußtwerdung emporsteigt. Über dieses persönliche Sein sagt das Bild des unteren Raumes noch nichts aus. Doch da die vorbewußten männlichen und weiblichen Triebkräfte die notwendige elementare Voraussetzung und Vorbedingung zur Gestaltung und Personwerdung sind, liegt in diesem unteren Handraum auch die Aussagemöglichkeit für die Tragfähigkeit des bewußten Lebens.

Die Berge des mittleren Handraumes

Die ganze Mitte der Hand nimmt in der Breitenausdehnung der Marsbereich ein (Abb. 31), das Ausdrucksfeld geistiger Bewußtseinskräfte, die dem Leben Richtung und Gestaltung geben. Dies geschieht oft im Widerspruch zur natürlichen Daseinsbehauptung und -bewährung, immer aber auf dem Weg zur Bewußtseinsentfaltung. Im Bild der Hand gesprochen: von unten nach oben steigend, steht der Mensch mit den

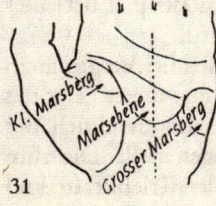

31

Gaben seines Denkens und Gestaltens einer gegenständlichen Welt gegenüber, mit der er sich auseinanderzusetzen, die er in eine gültige Form zu bringen hat. Die Kraft, die für diesen Einsatz zur Verfügung steht, läßt sich aus dem Bild des Marsbereiches erkennen.

Der kleine Marsberg

Der Marsbereich beginnt auf der aktiven Seite der Hand im sogenannten kleinen Marsberg, der oberhalb des Venusberges innerhalb der Lebenslinie liegt (Abb. 31). In seinem Bild wird der an sich noch undifferenzierten Triebkraft, die dem reinen Instinkt der Lebensbehauptung und Arterhaltung dient, ein spezifisch männliches Element hinzufügt. Vom kleinen Marsberg drängen die Impulse in die Welt hinaus. Er wird sinngemäß in der chinesischen Handsprache Palast des Blitzstrahles, Energie der Liebe und Arbeit genannt.

Erhöht ist er Ausdruck des Zugriffs, des unmittelbaren Impulses und der Kameradschaft. In seiner ursprünglichen Bereitschaft zum Einsatz und aus einer natürlichen Sicherheit heraus stellt sich der Mensch – vor allem wenn der kleine Marsberg in einer ovalen oder eckigen Hand liegt – den Anforderungen des Lebens und der Welt und ist bereit, für ein Ideal zu kämpfen, wenn der obere Handraum mit seinen Bergen dies voraussetzt.

Im Bild des überstarken kleinen Marsberges wird das Gefühl der angeborenen bedenkenlosen Sicherheit übersteigert, und der vorhandene Kraftüberschuß wird leicht aggressiv, hemmungslos und unbedacht eingesetzt.

Der flache Marsberg dagegen zeigt einen Mangel an Einsatzbereitschaft und Impulskraft an, so daß der Mensch sich leicht überfordert fühlt, im Lebenskampf ermüdet und, zum Beispiel bei einer zu geraden Kopflinie, resigniert oder zynisch wird.

Fülle oder Mangel des Krafteinsatzes aber müssen im Vergleich zu dem großen Marsberg gewertet werden. Denn erst dieser zeigt das Maß an Willenskraft und den Wagemut an, mit dem sich der Mensch der Wirklichkeit und ihren Forderungen stellt. Die zum großen Marsberg auf der Du-Seite hindrängenden Triebkräfte und

Impulse des kleinen Marsberges nehmen – bildhaft gesprochen – ihren Weg durch die Handmitte, jene Marsebene, die von den Chinesen sinnvollerweise «Audienzsaal» genannt wird. In diesem «Saal» der Mitte treffen sich die Mächte, die von den verschiedenen Seiten zusammendrängen, um Befehle entgegenzunehmen oder selbst Forderungen zu stellen, sich abwärtsneigend oder aufwärtsstrebend.

Die Marsebene
Die Marsebene (Abb. 31), der Bereich der Mitte, sollte glatt und eben sein, so daß die vom kleinen Marsberg ausgehenden Antriebe ihren Fortgang ungestört zum großen Marsberg hin nehmen können. In manchen Händen aber liegt hier eine Vertiefung. Bleiben wir im Bild: Die Triebkräfte, die von der aktiven Seite her vorstoßen, können nicht gleichmäßig zur Du-Seite hinüberströmen, sondern fallen in ein Loch hinein, aus dem sie sich mühsam wieder herausarbeiten müssen. Dies bedeutet im menschlichen Leben, daß ein Abgrund von Mühen und Schwierigkeiten überwunden werden muß, bis die eingesetzten Kräfte ihr Ziel erreichen und die Ich- Du-Auseinandersetzung geleistet ist.
Diese Mitte der Hand, die der Kreuzpunkt zwischen Kopf- und Schicksalslinie ist, zeigt gleichsam das persönliche Zentrum des Menschen an und ist Ausdrucksfeld seiner Entscheidungs- und Entschlußkraft. Man könnte die Marsebene auch den Bereich der Erde nennen. In ihn ist der Mensch in seinem Sosein hineingestellt. In ihm müssen die Schwierigkeiten zwischen Subjekt und Objekt, zwischen der aktiv drängenden Ich-Welt und der vom Du geforderten Wirklichkeitsbezogenheit ausgetragen werden. Viele wirr durcheinanderlaufende Linien drücken hier Unruhe, Spannungen oder Streitigkeiten aus, die innerer Unzufriedenheit entspringen und Wehrlosigkeit zeigen.

Der große Marsberg
Im großen Marsberg (Abb. 31), der den Mondberg nach oben fortsetzt, liegen die Aussagen über die dem Menschen von der

117

Umwelt zur Verfügung gestellten Bedingungen und Formkräfte, die ihm den Stoff zur Bewährung, Bezeugung und Gestaltung liefern und seinen Willen zu Einsatz und Kampf aufrufen. Im Bild des erhöhten Berges sucht der Mensch solche Auseinandersetzungen; hier wird seine Kraft der Daseinsbehauptung von der Welt der Gegenstände und des Du her zum bewußten Einsatz herausgefordert.

Dies bedeutet in einer ovalen Hand Selbstverteidigung, Wagemut, Geistesgegenwart und schnelle Reaktionsfähigkeit. «Rückenstark» setzt ein solcher Mensch seine passive Widerstandskraft gegen Angriffe der Umwelt ein. Zusammen mit einer im gut entwickelten Venusberg sich ausdrückenden Stoßkraft und Lebensfülle wird er über eine Entfaltungsweite verfügen, die Du und Umwelt in ihren Bann zwingt. Das Messen seiner Kräfte in Wettkampf und körperlicher Betätigung ist ihm lebensnotwendig.

Übermäßig erhöht, kann der Marsberg Zeichen einer gefährlichen Grausamkeit werden. In seinem Bild zerstört der Mensch, ruft er in Wut und Aufruhr oder mit sadistischer Quälerei die dunklen Mächte der Vernichtung auf. Dies geschieht nicht nur in der eigenen Triebnatur, sondern auch in der Welt, die ihm willig zur Verfügung steht. Fühlt er sich im Kampf um sein Dasein beeinträchtigt, kennt er keine Grenzen, keine Überlegungen, die ihn daran hindern könnten, alle ihm verfügbaren Möglichkeiten der Selbstverteidigung in aggressiver Gegenwehr und harter Brutalität einzusetzen und die Umwelt herauszufordern.

Die ovale Hand, die auf Daseinsbehauptung angelegt ist, hat im Bild des stark erhöhten Marsberges genügend Stoff zur Verfügung, um im elementaren Daseinskampf den Sieg davonzutragen. Ist bei solcher Konstellation der kleine Marsberg nicht entwickelt, so wird das aus mangelndem Antrieb selbst nicht zu Leistende vom anderen verlangt. Darum werden diese Menschen oft in Situationen geraten, in denen etwas Gewaltsames, Zerstörendes geschieht und andere ausführen, wozu sie selbst nicht den Mut haben.

Ist der große Marsberg in einer ovalen, auf das Praktische, Diesseitige gerichteten Hand nicht entwickelt, so wird dies als quälender

Mangel empfunden. Denn es fehlen die für jeden sinnvollen Einsatz notwendigen Umweltbedingungen. Auch mangelt es an der geeigneten Wirklichkeitsbeziehung und Geistesgegenwart, um auf die Forderungen der Umwelt in rechter Weise zu reagieren. Zugleich aber leidet der Mensch unter dem Bewußtsein, dem Lebenskampf nicht gewachsen zu sein. Denn nach der ovalen Handform zu urteilen, spielt die Behauptung im Dasein die entscheidende Rolle. Ist überdies der kleine Marsberg erhöht, als Zeichen der nach Einsatz und bewußter Entscheidung bereiten Triebkräfte, werden Neid und Selbstvorwurf ausgelöst durch ein Mißverhältnis zwischen dem vorhandenen Durchsetzungstrieb und den von der Umwelt nicht genügsam zur Verfügung gestellten Bedingungen, die eine Ich-Du-Auseinandersetzung ermöglichen.

In der eckigen Hand bedeutet der erhöhte große Marsberg gezügelte Spannkraft, Selbstbeherrschung und Kaltblütigkeit. Der Mensch mit der eckigen Hand, dem Ordnung zu wahren und eine gültige Form zu finden bestimmt ist, wird zwischen dem Subjektiven und Objektiven das Gleichgewicht zu halten wissen und, wenn notwendig, auch die triebgebundenen natürlichen Wünsche in Schach halten. Er will am Ende nicht die Umwelt bewältigen und sich in ihr behaupten, sondern will in seinem Wissen um Harmonie und Gesetzmäßigkeit die Grenzen aufrichten, denen er sich selbst einzuordnen gewillt ist. Neben der Kraft zur Gestaltung sind auch Mut zur Entscheidung und Auseinandersetzung, Entschlußkraft, Wachsamkeit und Zähigkeit vorhanden. Der Mensch stellt sich den Problemen des Lebens und vermag am Widerstand, der ihm von der Umwelt her geboten wird, seine eigene Kraft zu messen und seine Form zu finden.

Zu solcher Formgebung gehört auch die Bildung einer «Persona», einer nach außen angelegten Maske, die es dem Menschen erlaubt, sich zu schützen und die Forderungen, die ihm die Welt setzt, ohne inneres Berührtsein so zu beantworten, wie man es von ihm und seiner Stellung erwartet. Dies vermeidet Reibungen, die eine subjektive Reaktion hervorrufen würde. Da eine solche Persona als Resultat eines Leitbildes unbewußt gewonnen wird, sollte auch der Mondberg mit dem Marsberg zusammen erhöht sein. Ist überdies der kleine Marsberg entwickelt als Zeichen starker Impulskraft und Einsatzbereitschaft, dann liegt im Wahren von Haltung und Form ein Antrieb zu entschlossener Gestaltung.

Je mächtiger der Marsberg ist, desto bereiter wird das Ich sein, sich kampfesfreudig der Welt zu stellen, und dies um so eigenwilliger und eigensinniger, je ausgeprägter und gerader die Kopflinie und je kleiner der Mondberg ist. Wenn dagegen der Mondberg im Verhältnis zum Marsberg stärker erhöht ist, wird das Ich von der Umwelt abhängig und beeinflußbar sein vom Du, aber auch bereit, Ideen, die von außen zu ihm dringen, ernst zu nehmen und die Kraft seiner Rationalität mit den Bildern der Seele zu befruchten.

Der in der eckigen Hand überbetonte Marsberg ist ein Zeichen, daß die von einem Objekt oder Du herausgeforderten Auseinandersetzungen mit Energie und angeblicher Gerechtigkeit geführt werden. Der Mensch wird von Ressentiments und Aggressionen gedrängt, seinen Kampftrieb für etwas einzusetzen, was ihm als objektiv gültig gilt. Es besteht aber die Gefahr, daß im Übersteigern seiner Kräfte das Maß zerstört wird und die Form zerbricht. Die Gegenschläge, die solche Haltung in der Welt hervorruft, werden dann mit Trotz, Widerspruch und Mißmut, aber auch mit Spott und Sarkasmus beantwortet.

Ist der große Marsberg in der eckigen Hand nicht erhöht, herrscht Mangel an Selbstbeherrschung und Kaltblütigkeit. Feige in Auseinandersetzungen und in der Angst vor Entscheidungen, weicht der Mensch der Problematik wie den Spannungen und Unsicherheiten des Leben aus. Er fügt sich gehorsam Gewohnheiten, geprägten Formen und einförmigen Mechanismen ein. Ist auch der kleine Marsberg flach, dann wird das Fehlen dieser Eigenschaften weniger als Mangel empfunden. Bei schwachem Antrieb, der zu keinem mutigen Einsatz aufruft, erscheint die Unterordnung unter eine gegebene Form naturgemäß.

Eine besonders starke innere Spannung entsteht dort, wo der in der Handform ausgeprägte typische Grundcharakter in andere Richtung führt als die in der Innenhand sich ausdrückende Weise des persönlichen Erlebens. Dies trifft für den Menschen mit der konischen Hand zu, in der kleiner wie großer Marsberg erhöht sind.

Ein solcher Mensch wird seine Sehnsucht nach Einswerdung und Vergeistigung nur im Kampf mit seiner persönlichen Veranlagung erreichen können, da seine starken Antriebe einen intensiven Widerhall aus der Umwelt hervorrufen. Es bedarf also eines persönlichen Opfers und Verzichtes, um gegen die natürlichen Vorbedingungen die seelisch-geistige Erfüllung zu erstreben. Dies kann geleistet werden, weil der Mensch von von seinem Wesen her den Mut des Dienens, die Demut besitzt, sich selbst zu überwinden und die ihm gestellten Forderungen zu erfüllen.

Der Mensch der konischen Hand besitzt die Fähigkeit, den Stoff in mehr oder weniger feinfühliger Weise auf die Ganzheit des Seins hin durchsichtig werden zu lassen. Daß dies nicht zu einer Verflüchtigung des Gegebenen, zu einer unerfüllten Sehnsucht wird, sondern eine Verwandlung ermöglicht, findet Ausdruck in dem erhöhten Marsberg. Immer liegt in seinem Bild der Drang zum Stirb und Werde, das Annehmen des Lebenskampfes, auch wenn dieser Leiden hervorruft.

Ist der große Marsberg in der konischen Hand stark erhöht, dann soll die Verwandlung, auf die der Mensch seiner Veranlagung nach angewiesen ist, vorschnell erzwungen werden, ein Paradox an sich, das Rückschläge bewirkt.

Ein flacher Marsberg dagegen entzieht sich der Verwandlung. Es liegt ein Ausweichen und Verflachen der Lebensproblematik in seinem Bild.

Da sich im Marsberg die Auseinandersetzung mit der Welt, ihren Forderungen und Formkräften ausdrückt, ist es seiner Bedeutung gemäß, daß er von Linien durchzogen wird. Diese lassen eine notwendige Auflockerung und Entspannung der Widerstände erkennen.

Nur wenige stark ausgeprägte horizontale Linien (Abb. 32) sind Zeichen von Belastung. In ihrem Bild drückt sich ein statisches Moment aus, das jeden Zustand verfestigt. Dies bedeutet auf dem erhöhten Marsberg eine Verstärkung der Lebensproblematik, auf dem flachen Gereiztheit und schnelle Erregbarkeit.

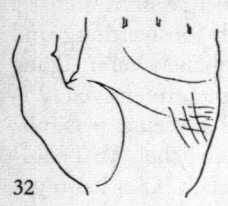

Die vertikal aus dem erhöhten Marsberg in die Handmitte einströmenden oder aufwärts gerichteten Linien (Abb. 32) führen die von der Umwelt zur Verfügung gestellten Formkräfte der geistigen oder seelischen Verwirklichung zu. Mühen aber und Arbeit liegen auf jedem Weg, der aus dem Du-Bereich der Mitte, dem Raum der Auseinandersetzung, entspringt. Ist der erhöhte Marsberg linienlos, so ist dies Zeichen für eine übermäßige Stauung der in ihm gesammelten Energien. Dies bedeutet Gefahr für explosive Ausbrüche, für Jähzorn und heftige Angriffe, da man zu plötzlich und unüberlegt auf Widerstände und Anforderungen reagiert. Bei solcher mangelnden Auflockerung kann Aggressives, Gefahrvolles und Schädigendes sich entladen.

Okkulte, dunkle Fähigkeiten, die durch den Menschen oder in ihm Gestalt gewinnen, haben ihr Ausdrucksfeld in einem überentwickelten Marsberg, wenn eine Betonung der Saturnkräfte als Fähigkeit der Sammlung und Verwirklichung hinzukommt. Wenn ein stark erhöhter Marsberg im Raum zur Kopf-, Herz- und Schicksalslinie hin unbelebt und linienlos ist – manchmal durch einen Kreis von Papillarlinien unterminiert –, finden die aufgespeicherten aggressiven Kräfte des Betreffenden keine Ausbruchsmöglichkeit und sammeln sich zu geballten Spannungen.

Die Berge des oberen Handraumes

Während die unteren Berge, Venus- und Mondberg, die natürlichen Triebe und Antriebe des Menschen und seine tragende Wurzelkraft, seine männlich zeugerische und weiblich fruchtbare Fülle ausdrücken, während im Bild der Handmitte die Auseinandersetzung zwischen Ich und Du ausgetragen wird, zeigen die Finger-

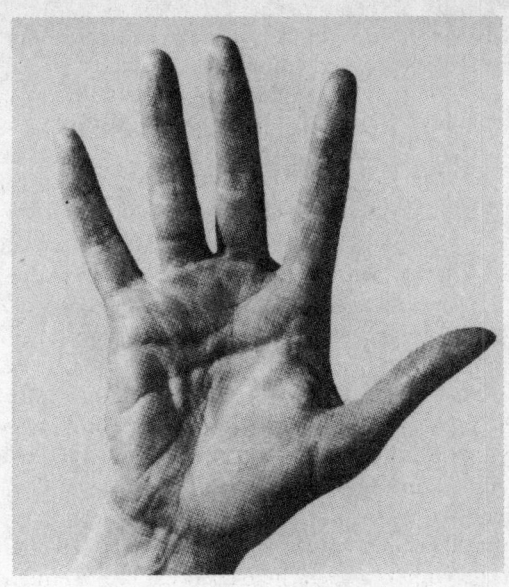

33 Betonter Mars- und Mondberg

berge, Erhöhungen unter den Fingern, die Wunschkraft des Menschen an, die nach der im jeweiligen Finger ausgedrückten Sinngebung des Lebens verlangt. Gleichzeitig lassen die Wurzelberge auch das für diesen geistigen Auftrag des Menschen zur Verfügung stehende Potential an seelischer Innerlichkeit erkennen. Ohne Erhöhung der unteren Berge, ohne die Kraft der ursprünglichen Anlagen, aber blieben die Wünsche nur im Bereich der Sehnsucht und fänden keinen Antrieb zur Verwirklichung.

Die Berge des unteren und mittleren Handraumes machen Aussagen über die Kraft der Daseinsbehauptung und den Drang zur Bewußtwerdung und Gestaltung. Die Fingerberge aber sind Zeichen der Sehnsucht, in der sich die Innerlichkeit der Seele – der oberste Handraum – als Wunschkraft verdichtet und sich dem in den Fingern gemeinten geistigen Auftrag zur Verfügung stellt.

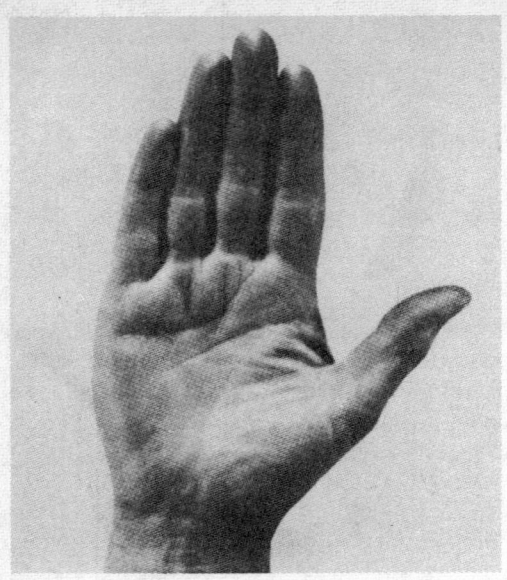

34 Betonung von Venusberg und oberen Berge

Das Ziel, dem die Finger zustreben, wird anlagemäßig unterbaut und begründet, wenn ihr Wurzelberg entwickelt ist. Trifft dies nicht zu, dann fehlt die seelische Kraftfülle, um den geistigen Auftrag auszuführen. Dies mag als Bedürftigkeit oder als Not empfunden werden.

Während die unteren Berge ihre Triebmächtigkeit aus dem vitalen Raum empfangen, werden die oberen Berge von den Fingern und ihrer Sinnrichtung angezogen. So muß zunächst die Bedeutung des Fingers erkannt werden, bevor etwas von der Bedeutung seines Wurzelberges ausgesagt werden kann; ebenso müssen die Glieder des Fingers betrachtet werden, da sie die Richtung angeben, in der sich der in den Fingern bekundete Auftrag verwirklichen soll.

Das unterste, dem Handrumpf nächste Glied bedeutet die im Ich gesammelte Fülle der dem bewußten Menschen zur Verfügung ste-

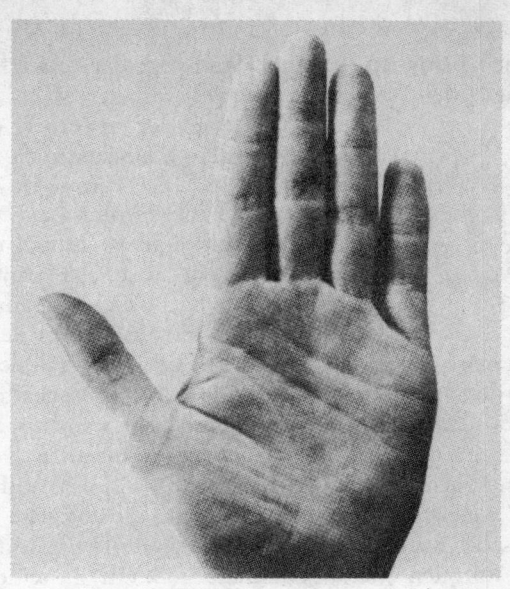

35 Abgeflachte obere Berge

henden Natur, das mittlere Glied Gestalt und Ausmaß des dem Menschen gegebenen wertbezogenen Denkens und das oberste Glied die ihn zur Erfüllung seines geistigen Lebensauftrages befähigende Seele.

Um eine klare Unterscheidung zwischen erhöhten, übermäßig ausgeprägten und flachen Bergreliefs zu ermöglichen, wird auf Abb. 33 ein überbetonter Mars- und Mondberg, auf Abb. 34 ein stark erhöhter Raum der oberen Berge und des unteren Venusberges gezeigt. Die Berge unter Ring- und kleinem Finger fallen oft zusammen, so daß ihre Aussagen oder die anderer Überschneidungen von Wurzelbergen miteinander kombiniert werden müssen. Der Mensch ist in seiner Innerlichkeit eben kein abgezirkeltes Wesen, sondern steht in einem dynamischen Fluß. Die Hand (Abb. 35) ist gespannt und hat im oberen Teil abgeflachte Berge.

Der Jupiterberg

Auf der ich-betonten Seite der Hand liegt der Jupiterfinger, der selbständige Meisterung und Bewältigung der Welt ausdrückt.

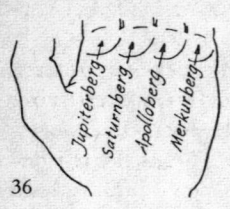

Sein Wurzelberg, der Jupiterberg (Abb. 36), zeigt an, ob dem Menschen auch das hierzu notwendige seelische Vermögen – Ich-Bewußtsein und Selbstgefühl – zur Verfügung steht. Die besondere Richtung, in die das Selbstbewußtsein und der Antrieb zur Weltbewältigung hinzielen, ergibt sich aus der Form des Fingers. Wenn der Jupiterberg weit nach unten verschoben ist und die Herzlinie zur Seite drängt, will sich das Ich Autorität und Geltung verschaffen.

Handelt es sich beim erhöhten Jupiterberg um einen spatelförmigen Finger, drängt es den Menschen zu Herrschaft und Erfolg im konkreten Leben. Macht und Bestätigung will der Weltfinger auf einer materiellen Ebene erlangen. Er ist auf die stoffliche Wirklichkeit angesetzt, die er bewältigen und meistern will. Mit selbstbewußtem Auftreten vertraut er auf die Stoßkraft, die seinem Willen zugrunde liegt, stellt er Ansprüche und verlangt, seine Macht nach außen hin zu entfalten.

Ist der Zeigefinger eckig geformt, so bedeutet der erhöhte Wurzelberg, daß Sinn und Auftrag dieses Menschen auf eine ethische und rechtliche Lebensgestaltung gerichtet sind. Seines Wertes – Standesbewußtsein, Autoritätsempfinden, ritterliche Haltung oder innere Bildung – bewußt, wird er bei allem Bewältigungsdrang doch die Würde in sich selbst und im anderen zu wahren wissen.

Ist der Zeigefinder konisch geformt, verfügt der Mensch über weniger Ehrgeiz und Machtanspruch an der Welt. Dies kann ebenso Stoffentbildung und Ich-Verlust bedeuten wie Sehnsucht, die Welt zu transzendieren. Nicht mehr im Daseienden und Soseienden beheimatet, ist das Bewußtsein seiner selbst zugleich Auftrag, das Ich zu überschreiten.

Wesentlich aber bei allen diesen Fingerformen ist die Unterscheidung der verschiedenen Fingerglieder. Während die Fülle eines

Berges die dem Menschen zur Verfügung stehenden innerseelischen Kräfte – unter dem Zeigefinger die Quelle des bewußten Selbstgefühls – erkennen läßt, zeigt sich der Raum, in dem sich die Potenz zu entfalten, die Richtung, in der sie sich auswirken kann, im Verhältnis und in der Größe der Fingerglieder.

Dies bedeutet, daß bei einem besonders stark entwickelten unteren Fingerglied der Raum natürlichen Ich-Anspruchs erweitert wird; bei erhöhtem Jupiterberg also das Selbstgefühl verstärkte Auswirkungsmöglichkeit verlangt. Das Ich – in seinem Wunsch nach Bewältigung der Welt und in seinem Willen zu leben – fühlt sich im Mittelpunkt und empfängt die hierzu notwendige Kraft aus der Sicherheit eines unbeirrbaren Selbstvertrauens. Ein schwaches unteres Glied, das taillenförmig eingeschnürt ist, läßt Selbstgefühl vermissen und übertreibt ein taktvolles Sich-Zurückziehen.

Ist das mittlere Glied stärker entwickelt, dann werden Verstand und Autoritätsbewußtsein die dem Ich gestellten erfaßbaren und praktischen Aufgaben bewältigen. Ehrgeiz und Anspruch auf Geltung sind ausgeprägt.

Beim längeren oberen Fingerglied setzt der Mensch die ethischen Anlagen zur Bewältigung einer gegebenen Lage ein und hat auch die Möglichkeit, das Geistige im Irdischen, Stofflichen durchscheinen zu lassen.

Ist der Jupiterberg bei einem spatelförmigen Finger nicht erhöht, so prägt sich hierin ein Unvermögen aus, den Anspruch an das Leben eigenständig zu bewältigen. Die seelische Kraftfülle, die dazu nötig wäre, ist nicht vorhanden. Andererseits aber bleibt der Anspruch als ich-bezogenes Verlangen bestehen, zumal wenn das untere Glied entwickelt ist. Da er sich nicht auf eine sichere, selbstbewußte Weise durchsetzen kann, wird nach außen der Schein von Unterwürfigkeit gewahrt. Er verbirgt nur zu oft ein würdeloses, grobes, ich-süchtiges Verhalten. Zugleich besteht ein Teufelskreis zwischen Minderwertigkeitsgefühl und Geltungsdrang.

Beim eckig geformten Zeigefinger läßt die Erhöhung des Wurzelberges Ordnung und Organisationstalent erkennen. Dem Menschen eignet eine innere, bewußt zielende Kraft zur Gestaltung.

127

Darum sollte auch das Mittelglied am stärksten ausgeprägt sein. In diesem Fall wird der Mensch der Welt eine Form und Ordnung geben, in der sein Ich Sicherheit findet und das gesetzmäßig Notwendige seiner persönlichen Meinung entspricht. Er wird, wenn auch vorwiegend von sich aus, die Welt in ihrer Bedeutung erkennen und in Gesetze, Formen, Ordnungen einbinden.

Ist das unterste Fingerglied des eckigen Fingers das entwickeltste, so sind Ehrgeiz und Ichanspruch in oft eigenwilliger Form gegeben. Auch besteht starkes Verlangen nach Auszeichnungen, Ehren und Sicherungen zur Wahrung des Geltungswillens.

Bei einem längeren oberen Fingerglied drückt der eckige Zeigefinger das Hinstreben auf eine größere Ordnung und Harmonie im Absoluten aus. Der seelische Drang, sich über das rein Irdische zu erheben, sucht die Erfüllung in und vor der Instanz einer höheren Ordnung, der er sich beugt.

Eine Überbetonung des Berges unter dem eckigen Zeigefinger deutet ein übertriebenes Verlangen nach Ordnung und ein rechthaberisches Überschätzen der eigenen Wichtigkeit an.

Der Mangel an seelischer Fülle, der sich in einem unentwickelten Jupiterberg unter dem eckigen Zeigefinger ausdrückt, zeigt eine karge, ernüchternd kalte und skeptische Einstellung zur Welt. Inneres Versagen durch mangelndes Selbstbewußtsein wird das Wichtignehmen von Gesetz und Ordnung übersteigern.

Beim konischen Zeigefinger sollte das oberste Glied am stärksten ausgeprägt sein. Dies entspricht der Sehnsucht, sich weder im Raum der Natur noch in der Welt aufzuhalten, sondern das Daseiende und Bestehende zu durchdringen und mit innerer Kraft zu erfüllen. Das Bild eines solchen Fingers mit einem gut entwickelten Jupiterberg bringt die Fülle seelischer Kraft zum Ausdruck, die das Materielle nicht als Bestätigung des Selbstgefühls braucht.

Ist das unterste Glied das stärkste, so ist der Wunsch nach Überwindung des Stofflichen von ich-haftem Machtwillen getragen. Selbstverherrlichung oder Hochstapelei liegt nahe. Oft wird hier der Geltungsanspruch des Ichs verschleiert und unter Vortäuschung höherer Ideale Machterweiterung des Selbstgefühls verlangt.

Ist das mittlere Glied verhältnismäßig stark entwickelt, dann wirkt sich die Sehnsucht nach einem Überstofflichen vor allem im Raum des Erkennens und Gestaltens aus. Dem Geistigen wird mit Hilfe des Verstandes die Möglichkeit einer gesicherten Grundlage gegeben. Somit wird die Gefahr der Subjektivität gebannt.

Im übermäßig erhöhten Jupiterberg liegt die Gefahr der Irreführung und Illusion. Die im Ich-Raum gesammelten Seelenkräfte werden leicht zu Scheinheiligkeit führen. Wenn das untere Fingerglied am stärksten entwickelt ist, verbirgt sich oft unter scheinbar idealistischen Forderungen nach einer utopischen Weltverbesserung der Wunsch nach eigener Machterweiterung. In der Verbindung mit einem erhöhten Venus- und Marsberg ist die Anlage zu Abenteuerlust gegeben.

Ist der Jupiterberg nicht entwickelt, wird der Mangel an seelischer Fülle unter dem konischen Finger zu einer Sehnsucht ohne Taten. Der Versuch, die Welt vom Geistigen her zu durchdringen, bleibt Theorie oder Flucht aus der vom Ich her zu bestimmenden Welt.

Bei solchen Unterscheidungen sind auch Länge oder Kürze des Zeigefingers zu beachten. Sie lassen erkennen, ob dem Menschen der Auftrag gegeben ist, die Welt zu meistern, zu ordnen oder zu durchdringen.

Ist zum Beispiel der Jupiterberg erhöht, der Zeigefinger dagegen kurz, dann ist es dem Menschen versagt, die vorhandenen Ich-Kräfte dem Außen zuzuführen. Dies kann eine qualvolle Sehnsucht nach Anerkennung in der Welt hervorrufen, die nie erfüllt wird. Oder die zusammengeballten Ich-Kräfte des Menschen richten sich in Neid und Groll – den Unfähigkeitsgefühlen entsprungen – gegen die Welt, die seine Ich-Ansprüche nicht erfüllt.

Das Gegenteil wäre ein langer Zeigefinger, dem der unentwickelte Wurzelberg keine seelischen Kräfte zur Verfügung stellt, um einem Ich-Anspruch zu genügen. Es fehlt einem solchen Menschen die Fähigkeit, sich in seiner erstrebten Stellung verantwortlich zu behaupten. Zutiefst ist er sich dieses Mangels bewußt, überdeckt ihn aber durch verstärkten Machtanspruch.

Alle Aussagen der oberen Berge betreffen die innerseelische gesammelte Kraft des Menschen, die seinem geistigen Auftrag zur Verfügung steht. Die seelische Kraftfülle ist etwas anderes als die elementare, naturbedingte, die sich im unteren Bereich der Hand ausdrückt. Darum ist es notwendig, Fülle und Mangel der unteren Handberge mit einzubeziehen.

Ein entwickelter Venusberg zum Beispiel besagt für den erhöhten Jupiterberg, daß eine natürliche Antriebskraft vorhanden ist, die sich bei langem Finger oder ausgeprägtem Oberglied zur Sehnsucht verwandeln kann. Vor allem aber bedeutet er ein Fundament an natürlicher Herzlichkeit und Wärme, die dem Umgang mit den Mitmenschen eine persönliche Atmosphäre verleiht. Fehlt die Wurzelkraft, die der erhöhte Venusberg ausdrückt, dann ist das im Jupiterberg ersichtliche Selbstgefühl nicht von naturhaften Kräften getragen, sondern entstammt einer seelischen Kraftquelle, die allein aus der Innerlichkeit gespeist wird. So kann der entwickelte Jupiterberg bei mangelnder Betonung des Venusberges das Zeichen jenes persönlichen Verhaltens werden, das sich unter Leid und Verzicht oder aus innerer Dankbarkeit zu einer gläubigen Haltung durchgerungen hat.

Der Saturnberg

Der Saturnberg (Abb. 36) liegt zwischen der aktiven Ich-Seite und der passiven Du zugewandten Seite der Hand. Er nimmt die Schicksals- oder Saturnlinie auf und hat seinen Sinnbezug zum Objekt hin. Im Bild des Saturn ist der Mensch nicht nur vom Ich, sondern von der objektiven Leistung her bestimmt. Die Werte um ihrer selbst willen haben in seinem Ausdrucksfeld maßgebende Gültigkeit und müssen bewußt mit Sinn erfüllt werden. In welcher Weise der Mensch dies zu tun hat, ist aus der Fingerform zu erkennen, unter der sich der erhöhte Saturnberg befindet. Der Saturnfinger zwischen dem Weltfinger und dem der seelischen Entfaltung ist der wichtigste. Er ist der Finger zwischen Ich und Du.

Im Saturnfinger dient das Werk als Spiegel und Zeugnis der gesammelten Fülle an Handlungen und Erfahrungen und verbindet persönliche Leistung und seelische Innerlichkeit. Der spatelförmige

130

Mittelfinger zeigt Kraft und Anstoß, eine Leistung zu vollbringen und Stoff zu sammeln, um ein festgegründetes Werk zu errichten. Das konkrete Leben, das unmittelbar Gegebene soll praktisch bewältigt und dem Erlebten, Erfahrenen und Erlittenen Ausdrucksmöglichkeit im Stofflichen gegeben werden. Um dies zu leisten, bedarf es des erhöhten Saturnberges.

Für den Menschen der eckigen Fingerform verweist ein solcher Berg auf das Vermögen, der Welt Form und Ordnung zu geben. In einer sinnvollen Verpflichtung gegenüber Werten und Sinnvollzügen liegt die Voraussetzung, Gültiges zu schaffen.

Alles sachgemäße Leisten und Formen vollzieht sich am Material eines «Stoffes». So soll auch im Bild des Saturnberges unter dem konischen Mittelfinger der geistige Auftrag im Stofflichen seine Verwirklichung finden. Hier aber bedeutet der Bezug zur Welt, daß sich der Mensch nicht in einer Leistung verwurzelt, sondern daß er sich nur zur Verfügung stellt und Verantwortung übernimmt.

Die Aussagen der Fingerformen finden ihre nähere Bestimmung je nach dem Längenverhältnis der Fingerglieder. Sie erst geben die Richtung an, in der sich die seelische Kraft für ihre geistige Aufgabe einsetzen wird und zeigen den Raum ihrer Verwirklichung an.

Das lange untere Glied des Spatelfingers besagt bei erhöhtem Saturnberg, daß die Menge an seelischer Kraft vorhanden ist, gestellte Aufgaben mit abwägender Sachlichkeit und praktischem Sinn zu bewältigen. Die dem Menschen bewußt zur Verfügung stehende Natur drängt dazu, sich in einer verantwortlichen Leistung im Dasein zu behaupten. Das Werk, das geschaffen werden soll, gleicht dem Bau eines Hauses, der Pflege eines Gartens, bedeutet, das Seiende und Gegebene zu hüten und zu bewahren.

Das lange mittlere Glied zeigt den Menschen des Spatelfingers voller praktischen Zweckdenkens, den Forscher, der sich auf realen Sachgebieten bewährt; den Bildhauer, der den schweren Stoff in durchdachter Ordnung gestaltet; den Denker, der aus gesammelter Erfahrungsfülle sein Weltsystem aufbaut. Der entwickelte Saturnberg läßt das hierzu notwendige seelische Vermögen erkennen.

Das lange oberste Glied, dem der erhöhte Saturnberg die seelische Kraft zur Erfüllung seines Auftrages gibt, verlagert den Auftrag in das, was über das Stoffliche hinausgeht. Das Werk, das dem Menschen aufgegeben ist, soll einer geistigen Aufgabe dienen, die sich zugleich im stofflich Formbaren bezeugt.

Ist der Saturnberg unter dem Spatelfinger übermäßig erhöht, bedeutet dies, daß der Mensch zu stark an das im Stoff zu Verarbeitende gebunden ist. Die übermächtige Kraft der Konzentrierung und Verdichtung ballt sich zusammen, wenn sie sich nicht in einem Tun Luft machen kann und führt zu einer inneren Überbelastung, die die Tatkraft lähmt, in Vorbereitungen stecken bleibt und in Mißtrauen und Vorsicht vor jeder Leistung in der Welt zurückschreckt. Der Stoff scheint den Menschen zu erdrücken.

Dagegen läßt der flache Saturnberg unter dem Spatelfinger die Kraft zur Sammlung vermissen. Dies kann Unzuverläßlichkeit und mangelnde Verantwortlichkeit einer konkreten Situation und Aufgabe gegenüber bedeuten.

Unter dem eckigen Mittelfinger, dessen unterstes Glied das längste ist, zeigt der erhöhte Saturnberg die Fähigkeit an, das seelische Vermögen bewußt auf ein vorbildliches Leben auszurichten, das sich sachlichen Gesetzen unterstellt. Hierdurch ergibt sich ein Haushalten der Kräfte bei verstärkter Gründlichkeit, die bis zum Geiz führen kann.

Bei langem mittlerem Glied weist der erhöhte Berg auf die seelische Voraussetzung hin, dem Leben Klarheit, Vertiefung, gültige Form und Ordnung zu geben. Mit Hilfe des erkennenden Verstandes werden Wertmaßstäbe mit objektiver Gültigkeit aufgestellt: Pflichttreue, Zuverlässigkeit und gewissenhafte Arbeit suchen das Bestehende einem Rhythmus, einer vollendeten Form, einem festen Gefüge einzubinden und der Tradition einzufügen. Eine Gefahr dieser Konstellation ist bei gespannten Fingern und Enge des Handmittenraumes bürokratische Pedanterie.

Dem im langen obersten Glied des eckigen Fingers verkörperten Auftrag wird bei erhöhtem Saturnberg die seelische Fülle zuteil, die der Sehnsucht nach einer transzendenten Sinnerfüllung entspricht. Sie beruht nicht auf subjektiven Gefühlen und Wertschätzungen, sondern auf objektiver Erkenntnis.

Der übermäßig erhöhte Saturnberg unter dem eckigen Mittelfinger deutet den Antrieb zu übermäßiger Verhaltenheit und Verantwortung an. Hieraus können Schuldgefühle oder Hemmungen entstehen, die den freien Drang zur Gestaltung unterbinden. Auch ein Zug zur Enthaltsamkeit liegt in der Überbetonung des Pflichtgefühls und des Lebensernstes oder ein zu starkes Mißtrauen, das Verbitterung auslösen kann.

Der fehlende Saturnberg läßt einen Antrieb zur Verantwortlichkeit und Verpflichtung vermissen. Es fehlt das Vermögen, die Hemmungen zu spüren, die von objektiven Werten und Ordnungen dem Eigenwillen des Ichs und der Seele auferlegt werden.

Beim konischen Mittelfinger, dessen Wurzelberg erhöht ist, handelt es sich um die Verantwortung gegenüber einem sinnvollen Auftrag. Wo die innere Beseelung und Transparenz des Daseins auf einen Sinn hin nicht gelingt, bleibt ein Gefühl des Unerfülltseins im Menschen zurück, das ihn in Depressionen und Selbstquälerei verstricken und sein Gleichgewicht stören kann.

Ist das unterste Glied am längsten, so wirkt sich die hier verdichtete innere Erfahrung weniger in einer Sachleistung als in der Innigkeit aus, mit der etwas erlebt, vollzogen und beseelt wird. Sinn und Transparenz, die eine Sache im geistigen Vollzug gewinnt, sollen sich im Raum der Natur erfüllen. Hierdurch kann die Beziehung zum Stoff an Zuverlässigkeit und Verantwortlichkeit einbüßen.

Ist das mittlere Glied am längsten, dann ist bei erhöhtem Saturnberg die Möglichkeit gegeben, Leben und Welt sach- und wertgemäß zu erkennen und nach einem höheren Gesetz zu gestalten.

Ist das oberste Glied am längsten, so soll und kann sich die im Saturnberg geballte seelische Kraft nicht für eine Leistung einsetzen; sowohl im Bild der konischen Form wie des obersten Fingergliedes soll das im Stoff zu Leistende überschritten und der Stoff auf das Transzendente hin durchsichtig werden. Das Gleichgewicht zwischen Geist und Erde wird dadurch gestört.

Das schmerzhafte Gefühl unerfüllter Sehnsucht muß erwachsen, wenn der Mensch seine Ohnmacht einer ihm gestellten Aufgabe gegenüber erfährt oder sich der Verantwortung für eine sachliche Leistung entzieht, die mit dem Auftrag des Mittelfingers in jeder seiner Möglichkeiten verbunden ist.

Ist der Saturnberg unter dem konischen Finger übermäßig stark entwickelt, so ist eine Anlage zu Depressionen gegeben. Die Seelenkräfte finden nicht genügend Raum sich auszubreiten. Der Mensch versinkt in Traum und Einsamkeit.

Der fehlende Saturnberg dagegen steigert die Tendenz zum Leichtsinn und zur überstarken Durchlässigkeit, die sich im konischen Finger ausdrückt. Ihr steht in der Seelenwelt keine Kraft der Verdichtung gegenüber, kein Drang und keine Verpflichtung einen gültigen Sach- und Wertgewinn anzuerkennen.

Ist der Mittelfinger, unabhängig von seiner Form, kurz, so daß er Ring- und Zeigefinger kaum überragt, dann liegt die Dominanz des menschlichen Lebens nicht darin, die Welt von objektiven Wertmaßstäben aus zu betrachten und das eigene Leben einem sachlich Gültigen zu unterstellen. Ist der Wurzelberg des kurzen Fingers entwickelt, dann ist der Impuls vorhanden, sachlich Verantwortung zu übernehmen, doch steht der Auftrag hierzu nicht im Vordergrund. So kann ein Teufelskreis zwischen dem Drang, etwas Sinnvolles zu leisten und dem Unvermögen, Forderungen zu erfüllen, entstehen. Ein Gefühl innerer Bedrücktheit und quälender Belastung folgt.

Ist der Mittelfinger lang, der Saturnberg dagegen flach, fehlt dem Menschen die seelische Tragkraft und die innere Resonanz, um die Verantwortung auf sich zu nehmen, die von ihm verlangt wird; er kann in seinen Leistungen unzuverlässig und leichtsinnig werden.

Wie bei allen Fingerbergen ist auch für den Saturnberg die Erhöhung des Venusberges eine positive Unterstützung, da in diesem Fall die zur Erfüllung der Sachforderungen einzusetzenden Kräfte in natürlicher Fülle verwurzelt sind. Die Erhöhung des Mondberges würde zeigen, daß im Raum der Bilder ein Gespür für die Forderungen sachlicher Wertsetzungen besteht.

Der Apolloberg

Die Erhöhung unter dem Ringfinger wird seit altersher «Apolloberg» genannt (Abb. 36). Die traditionelle Übersetzung: Sonnenberg oder Sonnenlinie kann nicht die Entsprechung zur Sonne im ganzheitlichen Sinn meinen, sondern nur einen ihrer Aspekte. Dieser ist die Entfaltung der seelischen Kräfte, so daß die Bezeichnung für diesen Handbereich der der seelischen Innerlichkeit sein sollte.

Der Sinn, der sich im Apollofinger ausdrückt, führt über das irdische, raumzeitlich Begrenzte hinaus. Nicht das Ich, noch auch das Werk stehen hier auf der passiven Seite der Hand im Vordergrund. Es geht vielmehr um die Innerlichkeit der Seele, die nach Identität mit sich selbst und nach Einheit mit dem Du verlangt.

Ist der Wurzelberg des Ringfingers, der Apolloberg oder Berg der Innerlichkeit, erhöht, bedeutet es, daß der seelische Kraftgehalt des Menschen und die in der Innerlichkeit gesammelten Energien auf Auswirkung und Verwirklichung im Selbst- und Du-Bezug drängen. Es besteht die Sehnsucht, ein seelisches Verhältnis zu allen Dingen zu gewinnen.

Die im Apolloberg sich bekundende Kraft beruht auf dem weiblichen Charakter: zu empfangen, zu lösen, sich einzufühlen und hinzugeben. Auch die künstlerische Komponente, die sich im Bild des Apolloberges abzeichnet, ist nur Ausdruck eines seelischen Erlebens, eines inneren Ergriffenseins und des Sinnes für Schönheit und Freude.

Unter dem spatelförmigen Ringfinger wird die Erlebnisfähigkeit des Menschen vor allem auf erfaßbare Gegebenheiten reagieren. Die Welt spricht den Menschen bildhaft und sinnennah an. Ist der Apolloberg unter diesem Finger entwickelt, dann ist eine starke seelische Kraft vorhanden und der Wunsch nach Begegnung ausgeprägt.

Unter dem eckigen Ringfinger bedeutet der erhöhte Apolloberg, daß der Mensch über das seelische Vermögen verfügt, sich und das ihm antwortende Du liebend zu empfangen. Dies muß nicht immer ein Mensch sein, es kann auch ein Gegenstand, ein Bild, ein Eindruck oder Erlebnis sein.

Unter dem konischen Ringfinger bedeutet der erhöhte Apolloberg die Sehnsucht der Seele, vom Leben ergriffen zu werden und es liebend in sich aufzunehmen. Die Welt wird in die Innerlichkeit der Seele hineingenommen, zur Antwort auf die im Innern aufsteigenden Bilder und Träume.

Nach Länge oder Kürze der einzelnen Fingerglieder ergibt sich, ob der Mensch dazu bestimmt ist, den vom Ringfinger ausgedrückten und mit der seelischen Kraft der Innerlichkeit – der erhöhte Apolloberg – gespeisten Auftrag zu erfüllen. Dies geschieht in verschiedenster Weise.

Ist das unterste Fingerglied das längste, dann ist es die Bestimmung des Menschen, die seelische Erlebnisfähigkeit im Raum der Natur zu entfalten und auf sinnliche Eindrücke zu reagieren. Das Verlangen nach Freude und nach den Schönheiten des Lebens, auch nach Genuß, ist ausgeprägt.

Der Mensch wird sich in den natürlichen Lebensbezügen wohlfühlen und sein Glücksgefühl im irdischen Dasein steigern wollen.

Ist das Mittelglied des Spatelfingers das längste, so steht dem Menschen bei ausgeprägtem Apolloberg die notwendige Kräftefülle der Seele zur Verfügung, um auf empfangene Eindrücke in konkreter Form zu antworten. Es handelt sich hierbei vor allem um künstlerische Gestaltung, die aber einer Ich-Du-Ergänzung zu ihrem Gelingen bedarf.

Das lange oberste Glied das Spatelfingers läßt, bei erhöhtem Apolloberg, das Bedürfnis nach einer Vereinigung erkennen, in der die Seele sich aus ihrem begrenzten kleinen Dasein herausgehoben und geborgen fühlt, doch das vertraute Weltbild nicht überschritten wird. Auch Großzügigkeit wird hier aufgezeigt.

Ist der Apolloberg unter dem Spatelfinger übermäßig erhöht, so besitzt die Seele ein zu starkes Verlangen nach «Glück»-Erlebnis und Du-Erfüllung in eitler Selbstbespiegelung. Dies bedeutet einen Hunger nach Anregungen, nach Gemeinschaft und gefühlsmäßigen Erlebnissen, der fast unstillbar ist und zu einer gefährlichen Gier werden kann.

Dagegen wird der fehlende Apolloberg unter dem Spatelfinger

einen Mangel an seelischer Innerlichkeit anzeigen. Es fehlt die Freude eines Erlebens, das in tiefere Räume hinabreicht als in die rein vitalen der Sinnlichkeit und Daseinsbehauptung. Leicht bleibt das Du nur Objekt zweckhafter Ausnutzung, um der Meisterung und Lusterfüllung des eigenen Daseins zu dienen.

Dem eckigen Ringfinger ist im Gegensatz zur Spatelform die Gestaltung aufgegeben. Dies bedeutet: Entfaltung der ihm eigenen Innerlichkeit in einer Gemeinschaft oder einem Kunstwerk.

Ist das unterste Glied das eckigen Ringfingers das längste, so besagt der erhöhte Apolloberg, daß die Welt den Menschen in lebendiger Bildhaftigkeit anspricht. In ihr sucht er den Ausdruck seiner Seelenkräfte und die Wahrnehmungen, die seine künstlerischen Fähigkeiten befruchten. Materielle Erwägungen aber werden in bezug auf Kunst oder Ideale nicht außer acht gelassen.

Beim langen Mittelglied bedeutet der entwickelte Apolloberg das Verlangen, die Gegensätzlichkeit von Subjekt und Objekt in einer gültigen Form zu überwinden. Eindruck und Ausdruck formen sich zu einem ganzheitlichen Bild, das in harmonischer Liebe oder im Kunstwerk seinen vollendeten Ausdruck findet. Künstlerische Interessen können praktischen Notwendigkeiten eingeordnet werden.

Das oberste Glied des eckigen Ringfingers zeigt – bei erhöhtem Apolloberg – Verlangen nach Vereinigung. Ganz einfühlend und aufnehmend, doch ohne seine eigene Identität zu verlieren, erwartet der Mensch die Entfaltung seiner Seele in der Hingabe an ein Du oder ein Ideal. Auch Toleranz und Harmonie sind in dieser Haltung angezeigt.

Ist der Apolloberg unter dem eckigen Ringfinger übermäßig erhöht, so wird die innere Empfangsbereitschaft von Projektionen im Spiegelbild des Du überdeckt. Das aus dem Innern hervordrängende Bild der Seele sucht sich selbst im Partner, dessen Wesen es zugleich mit Übertragungen eigener Wünsche und Vorstellungen erdrückt. Im künstlerischen Bezug bedeutet dies, daß der gestalterische Ausdruck nicht dem inneren Eindruck gerecht wird, sondern daß Selbstdarstellung oder die Vergötzung eines Idealbildes

137

Triebfeder der Darstellung sind. Im menschlichen Bereich wird die Hingabe fehlen, und der andere wird nur insofern und insoweit geliebt, wie er erfüllt, was man von ihm erwartet.

Der zu stark entwickelte Apolloberg kann auch übermäßige Ruhmsucht und übertriebenes Reagieren auf Schmeicheleien anzeigen.

Eine starke und liebende Hingabe bezeugt sich in dem konischen Ringfinger, dessen Sinnrichtung das Durchlässigwerden und Durchschreiten des Stofflichen, ein Transzendieren der irdischen Begrenzung bedeutet. Ist das unterste Glied eines solchen Fingers der Innerlichkeit am längsten, spricht der Mensch auf jenseitige Erlebnisse an, wird aber sein Eingebundensein in das Raumzeitliche nicht lösen. Doch besteht die Verlockung, mit billiger Reklame das Innerseelische zu offensichtlich zu machen und auf primitive Weise Glück zu erwarten.

Das mittlere Glied des konischen Ringfingers läßt beim betonten Apolloberg die Sehnsucht nach Vereinigung mit einem Menschen oder nach einer inneren Schau erkennen, in der ein Idealbild wahre Erfüllung und gültige Form findet. Hierbei aber bleibt die eigene Gestalt und Gesetzlichkeit gewahrt. Es kann sogar kritischer Abstand gehalten werden.

Ist das oberste Glied des konischen Fingers am längsten, ist dieses Zeichen der Sehnsucht nach einem beschaulichen Leben, das auf Empfangen und Erwarten eingestellt und nur passiv auf den anderen bezogen ist. Hier aber liegt auch die Gefahr, daß der Mensch mit dem Sinn für die Wirklichkeit der Welt die Fähigkeit einbüßt, in ihr zu bestehen und zum Spielball seiner Gefühle und Bilder wird. Herzlichkeit wird ohne Saturneinfluß zur Unverbindlichkeit.

Im künstlerischen Bereich ist ein starkes ästhetisches Empfinden vorhanden, wie Freude am Schönen und Idealen, doch es besteht Mangel an praktischem Sinn und aktivem Schaffen. Dies führt zur Versuchung, daß der Mensch sich über das wahre Du hinwegtäuscht, Trugbildern und Enttäuschungen unterliegt oder leichtsinnig und haltlos wird.

Ähnliche Gefahr bekundet die übermäßige Entwicklung des Apolloberges unter dem konischen Finger, die eine übermächtige Hingabe erwartet. Durch die mangelnde Wirklichkeitsbezogenheit eines solchen Menschen, der nur aus der seelischen Bildwelt und aus inneren Vorstellungen heraus lebt, wird die echte Begegnung mit dem anderen gefährdet. Hörigkeit oder Verfallenheit treten an ihre Stelle.

Ist dagegen der Apolloberg unter dem konischen Finger nicht entwickelt, schließt dies auf innere Leere und kraftlose Hingabe. Die Unzulänglichkeit und Schwäche an seelischer Kraft löst ein Gefühl des inneren Mangels und der Glücklosigkeit, der Einsamkeit und der schmerzhaften Leere aus. Das Ich sucht sich in der Welt durchzusetzen auf Kosten der in seiner Innerlichkeit vorhandenen seelischen Kraft zur Hingabe. Dies wird schmerzhaft empfunden. Doch wer das Gefühl der Unterlegenheit und des Neides überwindet, erfährt eine Vertiefung der seelischen Kräfte.

Minderwertigkeitsgefühle – verbunden mit Neid und Ressentiment – können entstehen, wenn der Ringfinger klein, der Apolloberg aber erhöht ist. Je größer hierbei der Zeigefinger ist, um so mehr rückt die Neigung zur Selbstbehauptung in den Vordergrund.

Ist der Ringfinger lang, der Apolloberg aber nicht entwickelt, besagt dies das Gegenteil: Bildempfänglichkeit und Hingabeverlangen sind dem Menschen zuteil geworden; seiner Seele aber fehlt das Vermögen, Kräfte der Innerlichkeit herzuschenken. Echte Hingabe und Tiefe der Empfänglichkeit sind dürftig. Oder es werden – wenn der Jupiterberg erhöht ist – nur solche seelischen Erlebnisse Bedeutung haben, die dem Selbstgefühl und der Ich-Behauptung dienen.

Nachdem die Aussagen der Hand nicht nur auf Einzelelementen beruhen, sei ein Beispiel der Zusammensicht hinzugefügt:

Ist der Mondberg zugleich mit dem Apolloberg erhöht, so wird die Schau der Seele durch die Bildempfänglichkeit des Unbewußten angeregt. Ein Glanz humorvollen Lächelns liegt über dem Leben eines solchen Menschen – aus urmütterlicher Weisheit geboren.

Ist der Venusberg entwickelt, dann empfängt der erhöhte Apolloberg fruchtbare Verwurzelung. Mit lebendiger Wärme wird das Hingabeverlangen der Seele durchzogen. Eine Erhöhung des Marsberges ist als Zeichen von Einsatzbereitschaft und Wirklichkeitsbezogenheit notwendig, damit die Sehnsucht nach Einswerdung und Hingabe nicht als leeres Strohfeuer der Begeisterung zu schnell wieder in sich zusammensinkt oder nur verspielte Vorstellungen geweckt werden. Die genügende Fülle des Venusberges ist Voraussetzung für die Antriebsstärke aller im oberen Handbereich eingezeichneten Berge.

Häufig ist der Apolloberg mit dem Merkurberg, verbunden. Diese Nähe zeigt sich in den Händen von Künstlern, die ihre Begabung praktisch verwirklichen und auswerten. Ist bei einer solchen Konstellation aber der Marsberg erhöht, dann muß beachtet werden, ob eine starke materielle Einstellung in der Hand gegeben ist, so daß es dem Betreffenden vor allem um ein zweckhaftes Ausnutzen der Begabungen geht und kommerzielle Ausbeutung eine Rolle spielt.

Der Merkurberg

Der kleine Finger liegt auf der äußersten Handseite, die das rein Passive, das weiblich Empfangende in einer vorwiegend aufnehmenden und vermittelnden Haltung ausdrückt.

Der Auftrag des Menschen im Sinnbild des kleinen Fingers ist die Kommunikation zwischen oben und unten in einer Bewegung, die über den Stoff hinausführt und ihn durchsichtig werden läßt. Dies gibt den geistigen Interessen, die er vermittelt, wie auch seiner Gewandtheit und Geschäftigkeit das Flüchtige, Bewegliche, das in Wort und Begriff eingefangen wird.

Der Wurzelberg unter dem kleinen Finger, der Merkurberg (Abb. 36), beweist das Vermögen des Menschen, im seelisch Geistigen wie im praktisch Kommerziellen Vermittlungen zu übernehmen. Er zeigt die Fähigkeit an, das materiell Gebundene aufzulösen und zu durchdringen, es zu durchschauen und in seinen abstrakten übersinnlichen Bezügen zu erkennen. Im höchsten Fall bedeutet dies: Empfänger, Bote, Mittler höherer Erkenntnisse zu sein.

In ihrer vitalen Funktion äußert sich diese Empfangsbereitschaft als passive, lösende, aufnahmehungrige Sinnlichkeit. Rein materiell gesehen, kann die Begabung, sich Empfangenes anzueignen, sich anzupassen und zu vermitteln, auch negative Züge tragen.

Da der Sinn des kleinen Fingers über die erfaßbare Welt hinausführt, ist der Spatelfinger in seiner Tendenz, den Stoff zu meistern und zu bewältigen, am wenigsten geeignet, Mittler zu sein. Unter einem solchen Finger müßte sich das im Merkurberg angezeigte Verlangen in den Wunsch verwandeln, beweglich und gewandt, vielleicht auch mit einer gewissen Routine und Schlauheit, gegebene Situationen und an sich belanglose, unverbindliche Begegnungen auszunutzen.

Unter dem eckigen kleinen Finger besagt der entwickelte Merkurberg, daß dem Vernommenen und Aufgenommenen eine vernunftgemäße Antwort zuteil wird. Diese wird leicht zum Gegenstand pädagogischen Verhaltens.

Unter dem konischen kleinen Finger erfüllt sich die im erhöhten Merkurberg angezeigte Fähigkeit, alle Bereiche zu durchdringen und sich beweglich dem jeweils Gegebenen anzupassen. Hier wird der Mensch zur Antenne, die feinspürig Einflüsse, Eindrücke und Schwingungen aufnimmt und weiterleitet, ohne sich in festliegenden Begriffen und Ordnungen zu verfangen.

Es ist deshalb bei dem kleinen Finger besonders wichtig, die Glieder in ihrer Länge oder Kürze zu beachten. Sie zeigen den Raum und die Richtung an, in denen Botschaften aufgefangen und eingefangen werden sollen, wobei die Form deren Art angibt.

Ist bei erhöhtem Merkurberg das unterste Glied des Spatelfingers das längste, vermag sich der Mensch mit instinkthafter Sicherheit vorhandenen Lebenslagen anzupassen und die geeigneten Möglichkeiten zur Verwirklichung praktischer Ziele zu erspüren. Es liegt in der Beweglichkeit und Geschicklichkeit aber auch die Verlockung, Gewandtheit und Anpassungsfähigkeit mit List und Betrug in den Dienst der Daseinsbehauptung und materieller Ziele zu stellen. Die Möglichkeit, sich fremden Einflüssen anzupassen und auf Umweltreize zu reagieren, kann negativ als Diebstahl, Heuchelei und Lüge erscheinen. Hierin liegt eine dem geistigen Auftrag widersprechende Verhaftung im Ichhaften und Zweckgebundenen.

Ist das Mittelglied des spatelförmigen kleinen Fingers das längste, dann geht es um die Vermittlung abstrakter Erkenntnisse in wissenschaftlichen Formen oder Lehrsystemen. Häufig ist eine vielseitige Sprachbegabung vorhanden. Diese Menschen setzen die Kraft der Abstraktion zur Bewältigung konkreter Gegebenheiten ein. Körperliche Gewandtheit drückt sich auch in diesem Mittelglied aus.

Das lange oberste Glied vermag, bildhaft gesprochen, am meisten die im kleinen Finger ausgedrückte Aufgabe zu verwirklichen. Dem Sinnfeld dieses Gliedes entsprechend soll das Konkrete durchsichtig werden auf das Überstoffliche hin, um der reinen Wirksamkeit des Geistes ungetrübten und unverstellten Einlaß zu geben und die Wege der Kommunikation zu öffnen.

Verschiedenheiten, die sich aus der Verbindung von Fingerform und Gliedlänge ergeben, sind von großer Wichtigkeit für die Beurteilung der Kommunikation, die der Merkurberg verkörpert. Denn nur aus dieser Verbindung läßt sich erkennen, auf welche Art das Verlangen des Menschen zur Durchgeistigung des materiell Gegebenen sich auswirkt.

Wenn der Merkurberg unter dem Spatelfinger übermäßig entwickelt ist, dann besteht die Verlockung, die realen Bezüge und sozialen Zusammenhänge zu überspielen, was leicht zu Täuschung und Betrug führen kann. Denn die vorhandene Anpassungsfähigkeit und Gewandtheit entleert und durchbricht auch Verpflichtungen dem Du gegenüber und läßt zweckhafte Interessen widerstandslos das Übergewicht erlangen.

Ist der Merkurberg flach, fehlen Beweglichkeit, Mittlertum und Redegewandtheit. Der Mensch wird kaum das Bedürfnis für geistige Interessen empfinden, da er das Stoffliche nicht zu überschreiten vermag.

Im Bild des eckigen kleinen Fingers tritt die Frage nach den Sinnzusammenhängen des Lebens in den Vordergrund. Ist das unterste

Glied das längste, so zeigt der erhöhte Merkurberg nicht nur das seelische Vermögen an, auf den Rhythmus des organischen Lebens gefühlssicher zu reagieren, sondern auch die Gefahr, daß die seelische Antenne der Welt zu stark verhaftet bleibt.

Ist das Mittelglied das längste, drückt sich im erhöhten Merkurberg die Fähigkeit aus, geistige Erkenntnisse zu vermitteln und Sinnbezüge im Leben wahrzunehmen.

Unter dem langen oberen Glied des eckigen kleinen Fingers ist der erhöhte Merkurberg Zeichen einer Sehnsucht nach echter Kommunikation und mitmenschlicher Beziehung, die der Mitteilung des Wortes bedarf und die Gabe der Rede besitzt.

Ist der Merkurberg unter dem eckigen Finger übermäßig erhöht, wird das Vernommene und Aufgenommene allzu mechanisch eingeordnet, festgelegt und begrenzt. Dies kann fast zwangsneurotischen Charakter annehmen, wenn andere Züge in der Hand fixierte Sicherungstendenzen ausdrücken.

Ist dagegen der Merkurberg nicht entwickelt, so fehlt die Erkenntnis ordnender Sinnzusammenhänge und das Verlangen nach einer geistigen Kommunikation.

Der erhöhte Merkurberg unter einem konischen Finger, dessen unterstes Glied das längste ist, deutet auf die Sehnsucht, die empfangsbereite Natur dem Geist zur Verfügung zu stellen und im Konkreten das Dynamische der geistigen Durchdringung zu spüren. Positiv ist dies zu werten, wenn der Geist im Stoff Verwurzelung findet; negativ aber, wenn die Durchlässigkeit und Gelöstheit des Stoffes in den Dienst grober Sinnlichkeit gestellt wird oder Lüge und Verstellung Einlaß erhalten. Solche Unterscheidungen sind nur aus der Gesamtschau der Hand zu treffen.

Ist das Mittelglied des konischen Fingers am längsten, wird der Mensch im erhöhten Merkurberg zum Mittler des Geistes, dessen Botschaft er weiterzugeben vermag. Wort und Antwort ermöglichen den echten Kontakt zwischen oben und unten. Logische Begabung oder musikalisches Talent sind hier angelegt.

Unter dem konischen Merkurfinger, dessen oberstes Glied am längsten ist, bedeutet der entwickelte Merkurberg, daß der Mensch die Fähigkeit besitzt, eine Wahrnehmung zu empfangen, die zugleich Schau und Erkenntnis ist. Die Seele wird zur Antenne von Intuitionen, die das Denken übersteigen. Die Beredsamkeit, die solchen Menschen eignet, ist von mitreißender Kraft und weckt Begeisterung.

Ist das Medium der menschlichen Antenne aber getrübt, liegt eine gefährliche Verlockung im Wort und im schillernden Glanz, den solche Menschen vermitteln. Wenn es ihnen an Eigensubstanz mangelt, besteht die Gefahr, daß sie sich rasch beeindrucken und beeinflussen lassen. Darum sollten andere Zeichen der Hand Merkmale der Eigenständigkeit aufweisen.

Der übermäßig entwickelte Merkurberg drückt unter dem konischen Finger aus, daß die elementare Sehnsucht zum Empfangen übersinnlicher Eindrücke zu stark wird und den kritischen Sinn ausschaltet. Der Mensch ist dann schutzlos vielfältigsten Einflüssen geöffnet und stellt sich widerstandslos allen Einströmungen, Verführungen und Verlockungen zur Verfügung. Ohne unterscheidenden Verstand – der aus einer klaren Kopflinie spricht – ist solche Aufnahmefähigkeit schwankend und unsicher. Die schnell einsetzende Kontaktfähigkeit kann leicht verantwortungslos und unverbindlich sein.

Ist dagegen der Merkurberg unter dem konischen kleinen Finger flach, so zeigt dies Mangel an Empfangsbereitschaft. Die Kontaktfähigkeit ist erschwert, der Seele fehlt das Vermögen, das Überzeitliche in das Irdische einzulassen. Da aber in der konischen Form diese Durchlässigkeit als Sinnrichtung vorhanden ist, wird sie sich in Verstellungen und Ausflüchten äußern.

Ist bei einem wenig entwickelten Merkurberg der kleine Finger verhältnismäßig lang, so fehlen dem Menschen, der seinem Auftrag gemäß auf Mittlerschaft und Geistigkeit angelegt ist, hierzu Kraft und Verlangen. Dies kann ein Gefühl der Unzulänglichkeit und des ewigen Ungenügens hervorrufen, das ihn mit Unrast erfüllt und zur Flucht treibt, damit ihn der Anruf von oben, für den er besonders bestimmt ist, nicht trifft.

Ist dagegen der kleine Finger besonders kurz, der Merkurberg aber entwickelt, so ist dem Menschen das Vermögen des Horchens, des Aufnehmens, der Mittlerschaft zuteil geworden, aber es fehlt ihm die Verbindlichkeit des Weiterführens. Dies mag als Not und Bedürftigkeit empfunden werden. Oder es steigen, wenn der Mondberg entwickelt ist, Bilder aus den Tiefen des Unbewußten auf, und die Phantasiewelt zieht die empfangenen Kräfte ab, ohne sie fest zu binden.

Das Verhältnis des Mondberges zum Merkurberg läßt das Gleichgewicht zwischen unbewußten und überbewußten Kräften erkennen. Aber auch Marsberg und Saturnberg sind wesentlich für die Beurteilung des Merkurberges. Denn den von ihm angezeigten Möglichkeiten der Ablösung vom Stoff gibt die Unterscheidungskraft und Wirklichkeitsbezogenheit – der Marsberg – ein notwendiges Gegengewicht, während Verantwortlichkeit und Sachgewissen – der Saturnberg – der Entgrenzung und Verflüchtigung Einhalt gebieten. Ist der Venusberg entwickelt, so wird der erhöhte Merkurberg natürliche Verwurzelung empfangen und die Bereitschaft, auf Umweltreize zu reagieren, wird zu einer Anziehungskraft für erotische Einflüsse.

Verlagerung der Fingerberge

Zur normalen Hand des Menschen, so wie diese mit Daumen und vier Fingern gebildet ist, gehören der Daumenballen und die vier Handberge, die unter den Fingern liegen. In den meisten Händen aber sind diese Fingerberge verlagert, so daß oft der Eindruck entsteht, als gäbe es nur drei (Abb. 37). Diese Verschiebung liefert das Bild eines dynamischen Zusammenwirkens der Kräfte, die im menschlichen Leben in ständigem Austausch oder in Spannung zueinander stehen.

Nur bei einem Menschen, der in seinem inneren Leben keinen Schwankungen unterworfen ist, liegen diese vier Berge in ihrer genauen Raumverteilung. Ist aber das Spiel der inneren Kräfte nicht ausgewogen, sondern die Seele Ausdruck von Erlebnissen, Spannungen und Veränderungen, dann sind die Berge verschoben. Aus der Art dieser Verlagerungen ist auszusagen, welche Seelenpotenz oder Sehnsuchtskraft die stärkere ist, um das sie Umlagernde aufzunehmen oder zu beeinflussen.

Zieht der Jupiterberg den Saturnberg an und nimmt ihn in sich auf, wird der Geltungswunsch des Ichs oder die Sehnsucht, über sich hinauszuwachsen, besonders stark nach konkreter Verwirklichung streben; der Schwerpunkt der Persönlichkeit liegt in der Bewußtseinssphäre und realen Umsetzung.

Im umgekehrten Fall, wenn der Saturnberg den Jupiterberg anzieht, wird das Wertgewissen über die ich-haften Wünsche entscheiden, das Persönliche wird von der Leistung und den sachlichen Gesichtspunkten überdeckt. Diese Verbindung ist auch Zeichen ernster Verantwortlichkeit im Ausüben des Herrschaftsanspruches, der dem Jupiterberg zugemessen ist.

Eine Verschiebung des Saturnberges zum Apolloberg hin, läßt meditative Beschaulichkeit und eine Neigung zur Verwirklichung innerseelischer Erfahrungen erkennen, auch eine ernste Note im künstlerischen Schaffen.

Der zum Saturnberg drängende Apolloberg unterstellt die Bindung zum Du einer objektiven Beurteilung und löst sie damit aus der Gefahr von Täuschung und Übertragungen.

Eine Verschiebung des Apollobergs zum Merkurberg hin deutet an, daß der Mensch stärker auf flüchtige Anregungen und unverbindliche Beziehungen eingestellt ist als auf die Tiefe zwischenmenschlicher Bindungen. Doch ist er Einflüssen des Innen wie Außen geöffnet.

Im Bild des Merkurberges, der den Apolloberg anzieht, liegt dagegen ein Verlangen nach Bindung des Flüchtigen, Abstrakten, ein Wunsch nach Zärtlichkeit und Anlehnung, zugleich aber innere Scheu und Zurückhaltung. Je weiter der Merkurberg zum äußeren Handrand verschoben ist, um so mehr sucht der Mensch sich seinem Auftrag als Mittler und «Bote» zu entziehen. Aus diesen Beispielen, die nur Anregungen geben sollen, zeigt sich das Fließende, Dynamische, das niemals eine einseitige Festlegung des Lebendigen erlaubt.

Zeichnungen der Fingerberge

Jupiterring – Saturnring
Neben Fülle und Lage der Fingerberge ist auch die Auflockerung ihrer Kräfte durch Linien oder die in ihrer Linienlosigkeit angezeigte Stauung in die Betrachtung einzubeziehen. Wenn wir von Fülle oder Mangel sprechen, von der Kraft, die im Zeichen der Fingerberge aus der Innerlichkeit der Seele dem Menschen zuströmt oder ihn als Mangel im Stich läßt, so bezieht sich diese Aussage auf den übermäßig erhöhten oder flachen Berg, der entweder zu linienreich oder auch zu linienarm ist. Bei einem zu stark erhöhten Berg bedeutet die Linienarmut eine Stauung und Ballung, die zu Starre und Hemmung führen kann. Ein starker seelischer Gehalt ist anlagemäßig gegeben, der Mensch vermag ihn aber nicht in rechter Weise einzusetzen, nicht mit ihm umzugehen. So wird er sich plötzlich in explosiven Ausbrüchen Raum schaffen oder in inneren Verspannungen verkrampfen.

Linienfülle auf einem nicht entwickelten Berg ist dagegen ein Zeichen, daß ein Kräftemangel Unruhe auslöst oder das geringe Potential an seelischer Kraft sich schnell erschöpft.

Senkrechte Linien, die nicht durchstrichen sind, müssen auch auf den Fingerbergen positiv gewertet werden. Auf dem Jupiterberg als Zeichen, daß sich das Selbstbewußtsein ungehemmt auswirken und psychologische wie pädagogische Begabung die Äußerungen des Ichs gewichtig machen; auf dem Saturnberg als Ausdruck von Lebenserfahrungen, die sich in der Tat bezeugen. Auf dem Apolloberg lassen kleine senkrechte Stücke der Apollolinie künstlerische Neigungen und seelische Aufgeschlossenheit erkennen; auf dem Merkurberg sind sie Ausdruck einer inneren Lauterkeit und eines unmittelbaren Kontaktes in mitmenschlichen und geistigen Beziehungen.

147

Waagrechte Linien sind auf den Fingerbergen, wie überall sonst, Zeichen von Störungen und Hindernissen. Auf dem Jupiterberg werden sie aus der persönlichen Sphäre erwachsen und sich in ihr auswirken. Auf dem Saturnberg zeigen sie Depressionen oder Schuldgefühle an, die aus einem Versagen objektiven Forderungen gegenüber entstehen. Auf dem Apolloberg lassen sie Enttäuschungen und Hemmungen in Bindung oder künstlerischem Schaffen erkennen, meist hervorgerufen durch eitle oder falsch gerichtete Einbildung. Auf dem Merkurberg sind sie Zeichen von Störungen oder Gewissenlosigkeit in mitmenschlichen Beziehungen.

Eine Ausnahme bilden die ganz am Handrand liegenden kleinen Querlinien oberhalb der Herzlinie am Ende des Merkurberges (Abb. 38), die Kontaktlinien sind und Bewegungen des Seelenlebens ausdrücken.

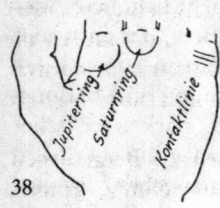

38

In manchen Händen liegt ein Halbkreis auf dem Jupiterberg, der Jupiterring (Abb. 38). Dieser umschließt einen Teil des Berges, in dem sich die ihm zugeteilte Kraft sammeln kann, Zeichen eines erhöhten Selbstgefühls, das wie ein Schutz das persönliche Ich umschließt – im materiellen oder religiösen Sinn, je nach der Bedeutung der Handform.

Anderes sagt der Saturnring (Abb. 38) aus, der als Halbkreis den Berg des Mittelfingers, manchmal in Einbeziehung des Apolloberges, umschließt und abschließt. Er ist nicht mit dem Venusring zu verwechseln. Der Saturnring ballt, im Bild gesprochen, die Kraft des Berges zusammen. Es ist die schwerblütige Kraft der Verantwortung, des Sachgewissens, in der sich der Mensch unzufrieden, bedrückt, vom Schicksal umklammert fühlt. Nur ein religiöses Gefühl oder eine ernste Du-Beziehung können die Belastung überwinden, die einem Erlebnis innerer Abgeschlossenheit und Einsamkeit entspringt. Auf den anderen Fingerbergen sind solche Ringe kaum anzutreffen. Doch würden sie auch dort eine Ansammlung der in diesen Bergen ausgedrückten Kräfte bedeuten.

Negativ sind alle Zeichen zu werten, die auf Unruhe und Verwirrung hinweisen wie kreuz und quer durcheinanderlaufende Linien, die ein Gitter bilden. Diese sind immer Ausdruck von innerer Verwirrung, von Störung, Verbrauch oder Zersplitterung. Wenn sich aber durch solche Verquerung senkrechte Linien durchringen, so bedeutet dies – vor allem auf dem Saturnberg (Abb. 39a) –, daß sich der Mensch durch stets erneute Kraftanstrengung befreien und durch Hemmnisse und Rückschläge hindurch seinen Weg fortführen wird.

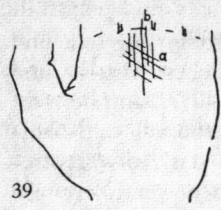

39

Wenn die senkrechten Linien in das untere Fingerglied (Abb. 39b) einschneiden und gleichsam die Mitte des Berges und dadurch ihr eigentliches Ziel überrennen, sind sie Zeichen zu starker Impulsivität und einer gewaltsamen Durchsetzung, die zuletzt ins Negative umschlagen wird.

Während sich die Form der Finger, unter denen die Berge liegen, nicht ändert, es sei denn durch krankhafte Entstellung, können sich Erhöhung wie Zeichnung der Berge, entsprechend der inneren Wandlung des Menschen, im Verlauf seines Lebens verändern. Vor allem tritt dies bei Entspannung und Auflockerung ein. Durch diese verschiebt sich auch die Ansatzlinie der Finger, die zugleich das Ende der Handfläche ist. Die Ansatzlinie in der Innenhand ist eine andere als der Knöchelabsatz des Außenrumpfes. Reicht sie stark in die Innenfläche herein, so daß die Finger tief verwurzelt sind, wird ein zu starkes Verhaftetsein im Unbewußten die geistige Bewegung hindern. Beim Zeigefinger bedeutet solcher tiefe Ansatz ein Minderwertigkeitsgefühl, da das Selbstbewußtsein sich nicht frei genug entfalten kann. Beim Mittelfinger ist er Anzeichen, daß die Verantwortung dem Werk gegenüber und die Leistung in der Welt zweckgebunden sind. Der Ringfinger sinkt übermäßig tief in den Handraum hinein, wenn die Seele zu stark von unbewußten Bildern erfüllt wird. Ist der kleine Finger niedrig angesetzt, so daß die Ansatzlinie zwischen Rumpf und Fingern zum Merkurfinger

149

hin absackt, dann wird der Kontakt mit dem Du das Seelen- und Triebleben belasten. Sowohl der Beziehung zur Welt wie der Ausdrucksmöglichkeit in ihr fehlt die Leichtigkeit.

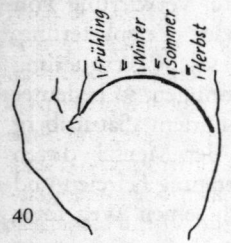

Die Ansatzlinie sollte kreisförmig sein und der höchste Bogen zwischen Mittel- und Ringfinger liegen (Abb. 40). Dann herrscht Harmonie zwischen Triebnatur und seelischer Innerlichkeit, und das Aufwärtsstreben bleibt im Stofflichen verankert. Zu welchem Finger die Höhe dieser Ansatzlinie sich hin verschiebt oder wo sie absinkt, dort liegt jener Punkt, an dem der Mensch zu ungebunden und flüchtig nach Stoffentgrenzung strebt oder zu tief dem Stofflichen verhaftet ist.

Fülle der Fingerglieder

Die Fingerberge bilden die oberste Begrenzung der Innenfläche, aus der sich Leben und Erleben eines Menschen bestimmen lassen. Zu diesen aber gehören gleichfalls die Finger, soweit mehr aus ihnen zu erkennen ist als Länge und Form, den typischen Merkmalen der Außenhand.

Im Bild der Außenhand führt der Weg des Menschen von den natürlichen Wurzeln zum seelischen Erleben und geistigen Sehnen hinauf, das heißt vom Handrumpf zu den Fingern. In der Innenhand könnte man von einem umgekehrten Weg sprechen. Dort sucht das Seelisch-Geistige seine Verwurzelung und Verwirklichung in den Bergen, die Substanz und Fülle bereithalten oder deren Mangel anzeigen.

Um noch einige Aussagen über die Fingerglieder zu machen, muß an der Fülle oder Schmalheit – von innen ausgesehen – ihrer Konsistenz die Stärke der Aufnahmefähigkeit oder ihr Mangel festgestellt werden. Dies geschieht im Hinblick auf die den Fingern zugesprochenen seelischen Eigenschaften, im Hinblick also auf das Transzendente in der Persönlichkeit – im Jupiter –, auf das soziale

Verhalten – im Saturn –, auf die Innerlichkeit – im Apollo – und auf die seelisch-geistige Beziehung – im Merkur.

Im Gegensatz zum Handrumpf aber liegt im Bild der Finger keine vitale Substanz. Sie sind vielmehr Ausdruck der Sehnsucht nach Gelöstheit vom Stofflichen und Empfänglichkeit für Schwingungen aus einer unstofflichen Welt, die sie ertasten und erfühlen. Diese seelische Kräfte aufzunehmen und den Wurzelbergen zuzuführen ist als innere Sehnsucht umso stärker, je intensiver die Fülle der obersten Fingerglieder in den kleinen «Tautropfen-Ballen» ausgeprägt ist, die vom Profil aus herunterhängen oder wie Wassertropfen herabfallen. Diese «Augen der Blinden», mit denen sie die Welt ertasten, lassen in übertragener Bedeutung Empfindsamkeit der Nerven und seelische Feinfühligkeit erkennen. Betrachtet man die Finger als Einfallstor für überstoffliche Kräfte, dann besagen diese kleinen Ballen, daß sich die Einflüsse im Gemüt sammeln, ehe sie weitergeleitet werden und das Gefälle in den Stoff eindringt.

Die mittleren Glieder zeigen in ihrer Fülle, daß der Mensch Sinn und Wert des Lebens erkennen und bewußt formen will. Er verfügt über die Gaben des rationalen und gestaltenden Geistes. Kraft seines Verstandes und seiner wertenden Klärung greift er tätig in die Welt ein und reagiert bewußt auf ihre Forderungen und Anregungen. Die Auseinandersetzung und Gestaltung vollzieht sich primär nicht in einem stofflichen, sondern in einem geistigen Akt.

Die untersten Glieder lassen die Fülle der dem bewußten Menschen zur Verfügung stehenden Natur erkennen. Zu Fleischballen verdickte Wurzelglieder sind Ausdruck materieller Gesinnung. Hierin liegt die Gefahr, daß der Wille zum Dasein sich in die seelische Haltung einschleicht und der Mensch auch in der geistigen Einstellung sich nicht von seiner Befangenheit im Stofflichen zu lösen vermag.

Breite oder Schmalheit der Fingerglieder zeugen von der Schwere oder Leichtigkeit, mit denen sich vorhandene Kräfte verwirklichen. Schmalheit des Gliedes bedeutet Auflockerung, damit die inneren Kräfte nicht gehemmt werden. Breite ist immer ein Zeichen von Stoffverhaftung und geringer Ausdrucksfähigkeit. Ist zum Beispiel das unterste Glied des Zeigefingers voll, doch eingeschnürt, so ist der Ich-Anspruch vorhanden, nicht aber die Fähigkeit, ihn wirken zu lassen. Das Verlangen, die Welt vom Ich her zu bestimmen, bleibt gestaut oder verkrampft sich im Innern. Dies kann Rückwirkungen auf das natürliche Selbstgefühl auslösen.

Ein anderes Beispiel: Das oberste Glied des Mittelfingers ist durch den Tautropfenballen erhöht und zugleich breit. Dies bedeutet, daß sich das, was im seelischen Raum zu leisten ist, nur schwerfällig verwirklichen kann, was zu einer inneren Verhaltenheit führen muß.

Oder es fehlt dem in seiner Fülle ausgeprägten obersten Glied des Ringfingers die Schmalheit, dann wäre die Kraft der Hingabe groß, doch ohne Bestand, da sie zu schnelle Äußerungen verlangt. Ist das unterste Glied des kleinen Fingers dagegen voll und zugleich eingeschnürt, so spräche hieraus die leidvolle Erfahrung, daß der Mensch sich ablösen muß von dem, was ihm seiner Natur nach am vertrautesten ist.

Die Vielfalt an Linien, die die Fingerglieder durchziehen, sind sehr verschiedenartig und nicht unter einen Sammelbegriff zu stellen. Sie zeigen an, wie der Mensch seine geistigen Gaben persönlich einsetzen und seinen vom Übersinnlichen her gegebenen Auftrag auf eigene Weise erfüllen wird. Alle quer gezeichneten Linien lassen, da die waagerechte Richtung die Entfaltung im Raum, das Statische, aussagt, die Zuständigkeit, das Soseiende im Menschen erkennen. Die senkrechten Linien dagegen bekunden einen dynamischen Zug nach aufwärts, entsprechend dem Sinn der vertikalen, zur Zukunft hin gerichteten Bewegung nach oben. Diese Unterscheidungen müßen im Zusammenhang mit den Aussagen der verschiedenen Fingerglieder betrachtet werden.

Breite und schwere Linien auf den Fingergliedern lassen Mangel an Antrieb erkennen. Das Fließende, Bewegte fehlt solchen Menschen, die Problemen und Grübeleien verhaftet sind und sich aus der Bedrückung und Starrheit ihrer seelischen oder geistigen Gestimmtheit nur unter Qual und Leiden lösen können.

Zarte, hin- und herfließende Linien sind Zeichen von Empfindsamkeit und Eigenart. Liegt aber in ihrem Durcheinanderlaufen keine Ordnung und Klarheit, so werden sie zum Ausdruck innerer Verwirrung und Ziellosigkeit.

Die Linien und Zeichen auf den Fingergliedern müssen im Zusammenhang mit der Bedeutung des jeweiligen Fingers betrachtet werden. Auf dem Jupiterfinger stehen sie in Bezug zu Selbstgefühl und Machtanspruch. Linien auf dem Saturnfinger sind mit Pflichtgefühl und Verantwortung, aber auch mit Belastung durch Leistungszwang, mit Schwere, Erstarrung und Kälte verbunden.

Auf allen Gliedern des Apollofingers sind vertikale Linien Zeichen für künstlerisches Empfinden und für ein echtes Gefühl der Freude. Solche Aussagen – ebenso wie die negativen – ergeben sich aus der Bedeutung des Ringfingers für die innerseelische Empfänglichkeit.

Auf dem Merkurfinger sind aufsteigende Linien als wissenschaftliches Interesse und Beredsamkeit zu deuten. In materiellen Händen aber können alle auf dem Merkurfinger liegenden Linien Zeichen von Gewandtheit, Beweglichkeit und Labilität sein, die zu egoistischen Zwecken eingesetzt werden.

Rezepte für Linien auf den Fingergliedern sind aber nicht zu geben und wären auch unseriös, wenn nicht das ganze Handbild und besonders die Fingerformen einbezogen werden.

Häufig treten Kettenlinien auf dem unteren Daumenglied auf, die es fest umschließen. Diese zeigen eine Beengung und Störung des rein triebhaften, unbewußten Lebenswillens oder seiner Reaktionen an. Ein verstärkter Halbkreis (Abb. 41) um das zweite Daumenglied am Rand des Venusberges kann eine Hemmung der natürlichen Impulse ausdrücken, die auf die Eltern zurückgeht.

Wesentlich sind kleine Linien und Zeichen nur dann, wenn sie – wie in der Innenfläche – klar und deutlich hervortreten. Oft entstehen sie nur als Zeichen augenblicklicher Unruhe und Verwirrung und verlöschen nach einiger Zeit. Sie müssen dem Gesamtbild eingeordnet werden.

Nach alter Tradition werden bestimmten Fingern und Bergen Aussagen über die Temperamente zugeschrieben. Dies sollte zwar mit Vorsicht übernommen werden, doch wären solche Entsprechungen des Nachprüfens wert. Offensichtlich wird der Sanguiniker einen erhöhten Venusberg haben, als Zeichen einer frohen Lebensgrundstimmung. Zugleich aber müssen auch der Jupiter- und Apollofinger mit ihren Bergen entwickelt sein, um ein erhobenes Selbstgefühl und sorglose Heiterkeit anzukünden.

Der Melancholiker könnte einen langen Saturnfinger und erhöhten Saturnberg aufweisen. Aber hierzu müßte noch eine zur Lebenslinie abwärts geneigte Herzlinie kommen, die das Bedrücktsein der Gemütsregungen sichtbar macht. Der Choleriker hätte nicht nur einen erhöhten Marsberg als Zeichen der Gereiztheit, sondern auch einen langen Merkurfinger und erhöhten Merkurberg, die die schnelle Ansprechbarkeit der Stimmungen erkennen lassen, während der Phlegmatiker neben dem erhöhten Mondberg eine weiche Handkonstitution aufweisen wird und einen langen Apollofinger und -berg.

Eine andere Überlieferung legt den zwölf Fingergliedern eine Entsprechung zu den Jahreszeiten (Abb. 40) bei. Diese Überlieferung wurde ohne Erklärung gegeben. Doch erscheint sie sinnvoll: Dem Zeigefinger ist der Frühling zugeordnet, da in dieser Jahreszeit das Leben seine ersten Spuren zeigt, der Mensch gleichsam zu seinem Ich erwacht. Dem Ringfinger wird der Sommer zugeschrieben, die Zeit des Aufblühens und Entfaltens. Der Herbst gehört zum Bereich des kleinen Fingers, da er die Zeit der Reife, des Wissens, der Einholung und Ernte ist. Daß der Winter dem mittleren Finger entsprechen soll, ergibt sich aus der Schwere, dem Verhaltenen, Todnahen, auf Vollendung Hinweisenden, das im Bild dieses Fingers liegt. Jupiter- und Merkurfinger, die in der Innenfläche der Hand durch die Herzlinie zusammengeführt werden, stellen die Jahreszeiten dar, die sich im Aufgehen und Absteigen entsprechen.

Ring- und Mittelfinger, die durch den Venusring im Handinnenraum zusammengehalten werden können, umschließen die beiden Sonnenwenden im Sommer und Winter.

Vom Alter des Menschen (Abb. 41) aus betrachtet, könnte man dem Zeigefinger Zeugung und Kindheit zusprechen; dem Ringfinger die sommerlich frohe Jugend; dem kleinen Finger den Herbst der Mannesreife; dem Mittelfinger den Winter des Alters und des Sterbens.

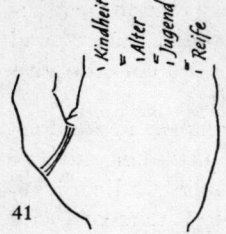

Die Chinesen nennen die Finger den Drachen, die Handfläche den Tiger, der den Drachen verschlingen kann. Der Tiger aber kann den Drachen nicht verzehren. Dies besagt, daß der Mensch im Bild der Finger die seelisch-geistige Kraft der Stoffüberwindung besitzt. Wie die Knochen des Drachens lang, die des Tigers aber kurz sind, so wäre die Verbindung harmonisch, wenn die Finger ein wenig länger sind als die Innenfläche der Hand. Beide aber gehören zusammen. Die geistige Bestimmung, Sinnrichtung und Zielsetzung kann nur auf natürlichen Anlagen und Gegebenheiten aufbauen und die stoffgelösten, aus dem Übernatürlichen einströmenden Kräfte können nur in stoffhafter Bindung sich verwurzeln und gestalten.

DIE HAUPTLINIEN

Beschaffenheit der Linien

Konsistenz der Innenfläche

Während die Berge Stärke oder Schwäche der Kraftfülle anzeigen, die dem Menschen gegeben ist, lassen die Linien die Möglichkeiten zur Verwirklichung der Kräfte erkennen, die sich im Bereich der bewußten Natur und der seelischen Innerlichkeit gestalten können. Auch der Weg, den der Mensch, seiner Anlage entsprechend, in der Auseinandersetzung mit eigenen Erlebnissen und den Einwirkungen der Umwelt zu gehen hat, gewinnt in ihnen Ausdruck.

Im Bild der Linien spiegelt sich dreierlei: Der ursprüngliche Impuls, der sich aus dem Ursprung der Linie ergibt, die Richtung, die er in der Zeichnung der Linie nimmt, und sein Ziel, das sich aus dem Ende der Linie erkennen läßt. Überdies trennt oder verbindet jede Linie, was zu ihren beiden Seiten liegt, in schwächerer oder stärkerer Weise, je nachdem ob ihre Spur breit oder schmal, tief oder oberflächlich gezeichnet ist. (Abb. 42).

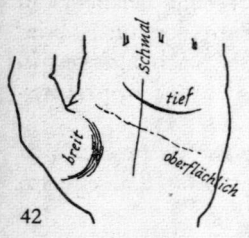

Breite Linien deuten auf ein großes Maß an Stofflichkeit, auf Trägheit und den Wunsch, im Gegebenen zu verweilen, das Vorhandene auszukosten und zu genießen. In ihrem Bild zeigt sich die Langsamkeit eines Menschen, der seine Kraft erst aus überwundenen Widerständen und Hemmungen zum Einsatz bringt.

Schmale feine Linien dagegen lassen Aktivität und dynamisches Vorwärtsstoßen erkennen. Diesen aber fehlt jede rohe Gewalt, da zugleich Feinfühligkeit und Anpassung aus solcher Linienzeichnung spricht.

Nicht zu verwechseln ist die schmale Linie mit einer tiefeingegrabenen Spur, die Energie, Widerstandskraft, Konzentration und Selbstkontrolle anzeigt. Solche Eigenschaften lassen auf Tiefe und Erlebnisfähigkeit schließen.

Gegenteil der eingegrabenen ist die oberflächliche Linie, die unregelmäßig und schwankend wirkt, weil ihr Festigkeit und Tiefe fehlen. So ist sie Ausdruck eines wankelmütigen, schwachen Menschen ohne Ausdauer und Widerstandskraft, dessen Denken unstet, dessen Eindrücke flüchtig und ohne Nachhalt sind; seinen Handlungen fehlt die Eindeutigkeit und Intensität.

Aus den verschiedenen Verbindungen von Breite und tief eingegrabener Spur, von Schmalheit und Oberflächlichkeit lassen sich die ersten charakteristischen Merkmale einer Linie feststellen. So ist eine breite oberflächliche Linie, die verwaschen erscheint, Zeichen haltloser Triebhaftigkeit und wird oft bei Kriminellen angetroffen. Breit und tief, ist sie Ausdruck starker Triebkraft, die von oft grober und nachhaltender Leidenschaftlichkeit ist.

Schmale und oberflächlich gezeichnete Linien sind Zeichen von Zartheit oder mangelnder Tiefe, von Unentschlossenheit oder Launenhaftigkeit. Eindrücke prägen sich ohne Nachhaltigkeit in solchen Linien aus. Schmale und tiefe Linien drücken Konzentration, Ausdauer, Klarheit und Tiefgründigkeit aus.

Gerade Linien, die die schnellste Verbindung zweier Punkte ausdrücken, sind als Zeichen von Zielstrebigkeit und Konsequenz, aber auch als Mangel an Phantasie zu werten.

Auch die Farbe der Linie ist von besonderer Bedeutung. Ihre normale Färbung ist, ebenso wie jene der Hand, von einem zarten Rosa. Ausgesprochene Röte läßt auf einen leidenschaftlichen, affektbetonten Menschen schließen, während die blasse Farbe Egozentrik, Zurückhaltung und Kälte erkennen läßt. Die übrigen Farbunterscheidungen – sei es ins gelbliche oder bläuliche hin – sind auf gesundheitliche Schädigungen, auf Galle-Leber-Erkrankungen oder Kreislaufstörungen, zurückzuführen. In Händen

Sterbender, deren farblose Durchsichtigkeit und müde Blässe das Ende der Lebenskräfte und das Hinschwinden der triebhaften Wünsche offenbaren, vergehen auch die Linien in der Hand oder verlieren an Farbe. Jede Schwächung im Ausdruck einer Linie ist Zeichen, daß die Widerstandskraft im körperlichen oder die Intensität im seelischen Erleben nachläßt.

Auch die Konsistenz der Hand sagt etwas über das Maß an vorhandener Widerstandskraft aus. Zugleich gibt sie die ersten Hinweise auf die charakterliche Anlage des Menschen. Je fester die Hand, desto stärker sind Selbstbeherrschung, Tatkraft und Ausdauer. Hart und knochig, zeigt Zähigkeit, Sparsamkeit bis Geiz. Zwischen Zeigefinger und Daumen ist die Konsistenz spürbar.

Grobe, derbe Hände deuten auf einseitige materielle Einstellung, während weiche Hände verträumten, sensiblen Menschen zugehören, die anpassungsfähig und bis zur Haltlosigkeit beeinflußbar sind. Weich und weiß gefärbt, lassen sie träge Sinnlichkeit und Begehrlichkeit erkennen. Sind die Hände zart und fein, weisen sie auf geistige und körperliche Sensibilität; dagegen haben energielose, faule, sinnliche Genußmenschen dicke, schwammige Hände.

Ist eine weiche Hand im Innern faltenreich, ist dies Zeichen starker Eindrucksfähigkeit. In einer harten Hand bedeuten viele Falten Streitlust und leichte Reizbarkeit. Ist die Innenfläche rauh, sind die Grundelemente des Charakters so stark, daß äußere Eindrücke fast spurlos an dem Menschen vorübergehen. Dies bedeutet in einer gefühlsarmen, harten Hand Verstärkung der Empfindungslosigkeit, in einer sensiblen weichen Hand aber Durchsetzung des Grundwesens, ungeachtet einer starken Eindrucksfähigkeit.

Schon beim kleinen Kind, das sich noch nicht mit der Welt auseinandergesetzt hat, das noch nicht auf sie reagiert oder in ihr agiert, ist das Linienbild der Hand so ausgeprägt, daß es Spiegel ist des sich entwickelnden Menschen, seiner Anlagen und seiner Möglichkeiten. Aus ihrer Zeichensprache – nicht aus Gebärde oder Haltung – tritt das einmalige Wesen in Erscheinung, auf das hin der Mensch angelegt ist. Sie zeigt, wie er sich, dieser Anlage gemäß, verhalten sollte, nicht, wie er sich in einem gewissen Zustand verhält.

Die Konsistenz der Hand vermag sich im Laufe des Lebens zu verändern, ebenso wie die kleinen Linien an Ausdruckskraft verlieren oder sich verstärken. Die Hauptlinien aber bleiben in ihrer Zeichnung bestehen. Sie sind die großen Wegstrecken, auf denen sich das Leben des Menschen vollzieht und die Verwirklichung seiner Anlagen und Möglichkeiten sich abspielt.

Die Lebenslinie

Marslinie, Angstlinie
Die Lebenslinie (Abb. 43) läuft im unteren Bereich der Hand. Sie beginnt zwischen Daumen und Zeigefinger und umgrenzt den

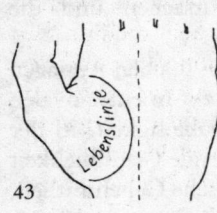

43

Daumenballen, den Raum der Vitalität und triebhaften Natur in einem Halbkreis, der gut geschwungen am Handgelenk enden und die ganze untere Ichseite einschließen sollte. In ihr drückt sich die Bewegung der lebendigen Triebkräfte aus, die im natürlichen Kraftfeld beginnt, dort, wo das Geschöpf noch in vorbewußter dumpfer Gefühlserregtheit auf Ziele der Lebenserhaltung und Lebensbehauptung hingelenkt wird.

Zugleich mit der Lebenslinie beginnt die horizontale, die Hand durchquerende Kopflinie, in deren Bild die dynamische Bewegtheit des Ich zur Auseinandersetzung mit der Umwelt drängt. Der Ursprungsort zwischen Daumen und Zeigefinger ist also Ausgangspunkt, sowohl der reinen unpersönlichen Triebe wie der vom Ich gelenkten Triebfedern.

An der Entwicklung der Triebe ist das Ich unbeteiligt. Es vermag sich nur um ihre Beherrschung und Einordnung zu bemühen. In den Triebfedern aber tritt die Einzigartigkeit und Einmaligkeit des Menschen zutage, so daß Aussagen über sie nur aus der Handmitte möglich sind, also aus dem Bereich der Kopflinie. Und doch sind Triebe und Triebfedern aneinander gekoppelt, wie dies aus dem

159

Bild des gemeinsamen Ursprungs von Lebens- und Kopflinie deutlich wird. Von diesem Ursprungsort aus schwingt die Lebenslinie in einem Bogen der Handmitte, dem Leben in der Welt zu, um dann wieder zurückzufließen zum Handgelenk, dem Ausdrucksfeld der Natur, in die das Einzelwesen im biologischen Sinn wieder eingeht. Von alters her wird diese Linie auch Naturalis oder Vitalis genannt.

Sind Lebens- und Kopflinie am Anfang länger als bis zur Mitte des Zeigefingers miteinander verbunden (Abb. 44), so können sich die

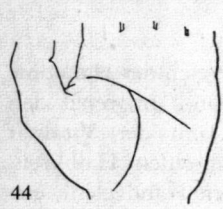

Triebe nicht unmittelbar ausdrücken, sondern werden von Überlegungen und bewußtem Gestaltungswillen gehemmt. Dies kann den Antrieb der Impulse erschweren, ängstliches Zögern verursachen und die Entschlußkraft lähmen.

44 Immer aber kommt es bei solchen Aussagen auf die Form der Hand an. In einer ovalen Hand bedeutet dies eine schwerfällige Entschlußlosigkeit, in der eckigen eine die Stoßkraft und Initiative hemmende Gründlichkeit und Bedächtigkeit, in der konischen Hand seelische Gehemmtheit, die Minderwertigkeitsgefühle auslösen kann.

Im Gegensatz zu dieser Verschmelzung läßt ein weit getrennter Beginn (Abb. 45) der beiden Linien dem Einfluß des kleinen

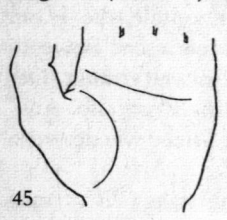

Marsberges einen großen Spielraum, ein Zeichen, daß Triebmächtigkeit und rationale Überlegungen nicht zusammengeschaltet sind. In der ovalen Hand bedeutet dies unbegründetes Selbstvertrauen, unbedachtes Handeln; in der eckigen Hand Aggressivität gegen das Du; in der konischen Hand ziellosen Leichtsinn. In jedem Fall

45 aber ist der unmittelbare Lebenslauf nicht auf eine Ich-Du-Beziehung eingestellt.

Der Normalfall wäre ein kurzes Zusammengehen beider Linien, als Zeichen sicherer und überlegter Lebensreaktionen, die sich auch mit den Forderungen der Welt auseinandersetzen. Dieser Beginn sollte in der Mitte zwischen Daumen und Zeigefinger liegen (Abb. 46a).

In der Hand des einzelnen aber kann sich der Ursprungspunkt der Lebenslinie verschieben. Liegt er stärker zum Zeigefinger hin, be-

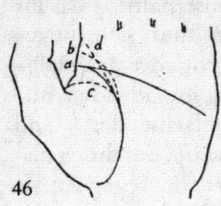

46

deutet dies, daß ehrgeizige Pläne und Geltungsdrang den Lebenslauf bestimmen und der Mensch von Natur aus auf Führung und Meisterung des Daseins angelegt ist (Abb. 46b). Er wird ganz natürlicherweise eine starke Autorität über andere haben. Reicht die Lebenslinie nur mit einem Zweig in den Jupiterbereich hinein (Abb. 46d), wird solches Verlangen nach Geltung und Ich-Bestätigung die natürlichen Lebensäußerungen empfindlich berühren. Im Wunsch, Autorität zu wahren und das Selbstgefühl zu steigern, ist man stets auf dem Sprung und leicht verletzbar. Die unmittelbaren Reaktionen verlieren ihre ursprüngliche Kraft.

Liegt der Beginn der Lebenslinie dagegen nicht in der Mitte zwischen Daumen und Zeigefinger, sondern stärker zum Daumen hin (Abb. 46c), wird die Antriebskraft nur zur Befriedigung triebhafter Wünsche eingesetzt.

Das Maß an vorhandener Lebens- und Sinneskraft ist aus Schwung und Zeichnung der Linie zu erkennen. Ist sie zart gezeichnet, läßt sie auf schwache Vitalität schließen, die sich nicht zu stark verausgaben darf, während die breitere Linie eine gesunde und starke Triebkraft erkennen läßt. Je tiefer sie in die Hand einschneidet, um so anhaltender und ausdauernder ist die Lebensdynamik. Eine nur oberflächlich gezeichnete Linie dagegen ist Bild schnell erlahmender Vitalität.

Die Lebenslinie kann sich in ihrem Verlauf ändern, so daß in ihrem Bild Zeiten von starker Vitalität mit denen einer geschwächten Gesundheit abwechseln. Auch ist der Bogen, den sie um den Handballen schlägt, nicht immer gleich geschwungen. Im normalen Verlauf dringt er in die Handmitte ein als Zeichen, daß das triebhafte vitale Drängen seine Lebensbehauptung in der Welt sucht und ihr gegenüber unmittelbar äußert. Noch nicht an das

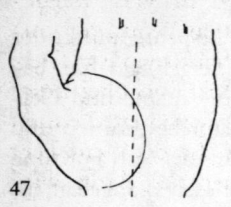

persönliche Entscheiden oder Gestalten gebunden, greift die Triebhaftigkeit so weit in den Raum der Welt hinaus, wie es ihr möglich ist, um der Lebenserhaltung das ihr Notwendige zuzuführen und sich ungehemmt zu entfalten. Reicht aber der Halbkreis in einem übermäßig ausladenden Bogen weit über die Mittelachse der Hand hinaus (Abb. 47), dann überschreiten die Triebkräfte das ihnen zugehörende und ihrer Entfaltung gemäße Gebiet. So begegnen sie Anforderungen oder Gegenkräften der Umwelt, die sie in ihre Schranken zurückweisen oder ihnen eine Abwehr entgegenstellen. Solche Menschen werden die Welt und das Du schon von ihrer natürlichen Anlage aus herausfordern. Denn der eigene Raum wird ihnen zu eng und beschränkt sein.

Handelt es sich hierbei um eine Hand, deren Venusberg entwickelt ist, wird dieses Hinausgreifen der naturhaften Triebimpulse mit großem Schwung und natürlichem Selbstvertrauen geschehen. Bei einem schwachen Venusberg aber wird der Ausgriff in die Welt das Maß an vorhandener Lebenskraft übersteigen und starke Erschöpfung verursachen.

Verläuft die Lebenslinie, einen engen Halbkreis bildend (Abb. 48), nahe dem Daumen, wird auch dies Zeichen von Ermüdung und

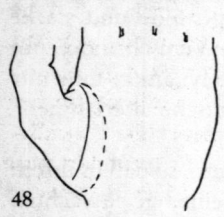

vitaler Schwäche sein. Doch ein solcher Zustand der Erschöpfung entspringt einer mangelnden Kraft zur Daseinsbehauptung, einer natürlichen Unsicherheit, die den Ausgriff in die Welt nicht zu unternehmen wagt. So ist zu beachten, ob der Berg nicht genügend Kräfte besitzt, um eine Linie zu speisen, oder ob ein zu großer Raum vorhanden ist, der mit Energien erfüllt werden soll. Ersteres ist immer Ausdruck eines Mangels an Kraftfülle, letzteres eines zu großen

Anspruches, der in diesem unteren Handraum ein übertriebenes Ausmaß an Lebenserhaltung fordert. Da die Befriedigung eines Triebes Lustgefühle auslöst, werden sich diese in einer weitgeschwungenen Lebenslinie äußern, die einen guten Venusberg umkreist. Unlustgefühle aber werden hervorgerufen, wenn ein Trieb, der sich in dem entwickelten Venusberg ausdrückt, nicht befriedigt wird, weil er durch eine zum Daumenballen hingedrängte Lebenslinie keine Möglichkeit des Auslebens findet. Ist der Venusberg schwach, die Lebenslinie dagegen stark gezeichnet, dann wird selbst der geringste Antrieb ausgeführt.

In manchen Händen verliert die Lebenslinie ihre Halbkreisrundung und verläuft nur leicht abgeschrägt in den unteren Handraum hinein (Abb. 49), zeitweilig sogar nach innen eingehalten. Dies bedeutet Erschöpfung und Absacken der Lebenskräfte oder ist Zeichen von Kälte, Zurückhaltung und Vorsicht, die jeden aktiven Impuls zurückhalten.

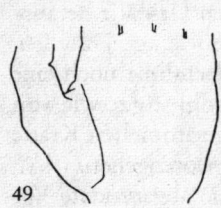

49

Die Bewegung, die sich im Kreislauf der Linie ausdrückt, entspricht der natürlichen Dynamik des Menschen. Wie sie im Bild der Hand zu Ende geführt wird, so endet sein vitales Dasein. Je weniger Schwung die Lebenslinie aufzeigt, um so weniger verträglich und verbindlich ist auch die natürliche Lebensweise des Menschen, um so mehr Härten und Aggressionen werden die Triebe herausfordern. Dies ist vor allem in der weiblichen Hand ein negatives Zeichen. Es mag sich hierin auch eine angeborene Triebhemmung ausdrücken, die dem freien Lebenslauf schon anlagemäßig Grenzen setzt.

Von Natur aus geht das einzelne kleine Geschöpf im Tode wieder ein in die große Natur. Je klarer und vollkommener die Lebenslinie am Ende den Venusberg umschließt, um so organischer und harmonischer wird sich das Lebensende gestalten. Der alt gewordene Mensch kehrt in die naturhafte Geborgenheit zurück. Die Wurzelkraft des Lebens, die vorbewußte Natur, nimmt ihn wieder auf. Dies bedeutet zugleich, daß die natürliche Grundlage die tra-

163

gende Kraft seines Lebens war und dieses Halt und Verwurzelung fand. Was immer auch dem Menschen an Schwerem und Leidvollem begegnet, er bleibt in der Umfassung der großen Natur.

In manchen Händen ist es nicht mehr die Lebenslinie selbst, die sich um den Daumenballen herumschwingt, sondern die Fortsetzung durch eine neu gebildete Linie (Abb. 50). Aber auch in diesem Fall ist eine starke Wurzelkraft vorhanden, die der natürlichen Erbmasse entspricht und dem Menschen zur Verfügung steht. So wird er, selbst wenn das eigene Leben von schwächerer Vitalität ist, eine starke biologische Naturkraft besitzen und nicht aus dem großen Ur-Wir herausfallen, was ihm natürliche Sicherheit verleiht.

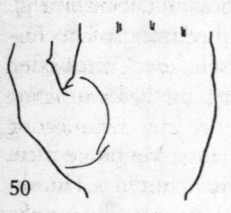

50

Fehlt solch tragender Grund, ist weder die Lebenslinie noch eine andere vorhanden, die den Daumenballen sowohl stützt wie von unten her begrenzt, dann können die in ihm gesammelten Kräfte abströmen und somit dem natürlichen Leben verlorengehen.

Der in sich gehaltene und durch die Lebenslinie abgerundete Venusberg sammelt seine Gesamtkräfte zu einer magischen Kraftfülle, und was sich in diesem umschlossenen und in sich selbst abgeschlossenen Naturraum abspielt, bleibt dem Zugang des Denkens, aber auch dem persönlichen Eingriff des Menschen vorenthalten. Die selbsttätige Naturkraft, beladen mit der schöpferisch zeugerischen Kraft des Geschöpflichen, wirkt aus diesem bildhaften Raum bluthaft magischer Vitalität auf das persönliche Leben ein. Auch im Bild einer Lebenslinie, die den Daumenballen nicht umkreist, sondern senkrecht in den unteren Handraum einmündet (Abb. 51), fließt das Leben wieder in die Wurzelkraft der großen Natur ein, nur mit dem einen Unterschied: Diese Kraft wird nicht als tragender Ursprung unmittelbar erfahren, sondern muß in einer neuen Weise zurückgewonnen werden.

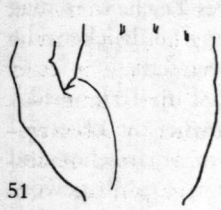

51

164

Dies bedeutet, daß der alternde Mensch Wurzel in der Geborgenheit der Natur zu schlagen sucht, im Schoß der heimatlichen Erde oder im Schutz eines Menschen. Wird einem so veranlagten Menschen das Schicksal der Heimatlosigkeit zuteil, erträgt er es nur in Mühsal.

Schwerer noch wird sich jener verwurzeln, dessen Lebenslinie in den Mondberg hinab sinkt (Abb. 52). Wohl bedeutet solche Endung ein Geschehenlassen, ein Einmünden in die Welt der Träume, der beschaulichen Bilder oder das Erwachen der Erinnerung an eine immer gegenwärtige Vergangenheit. Doch meist wird ein Mensch, der nicht bereit ist, sich fallen zu lassen, vom unbewußten Sog der Traumwelt erfaßt, entwurzelt, aus seiner Ich-Mitte fortgezogen. In einer eckigen Hand ist dies als Zustrom phantasiegeladener Kräfte positiver zu deuten als in der ovalen, deren Antriebe im Unbewußten versacken. Der Mensch mit der konischen Hand aber wird in seiner ursprünglichen Tendenz zur Entwurzelung am leichtesten von der Bildwelt überschwemmt.

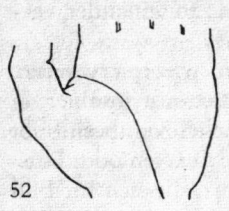

52

Löst sich nur ein Zweig am Ende der Lebenslinie ab, um in den Mondberg herabzufallen (Abb. 53), bedeutet dies einen harmonischen Ausgleich zwischen Selbstbehauptung und Sichgehenlassen, zwischen Leben und Traum, ein natürliches und organisches Bereitwerden zum Sterben. Doch wenn der Ast zum Mondberg hin stärker betont ist als die Lebenslinie, wird – vor allem in einer weichen Hand – der Sog der Traumwelt keine Gegenkraft im natürlichen Leben finden. So werden unberechenbare Launen, Zerstreutheit und niederdrückende Stimmungen ausgelöst. Bei allen Aussagen aus dem Mondbereich ist die ganze Beschaffenheit der Hand einzubeziehen. Die Trägheit einer weichen Hand verstärkt den Einfluß unbewußter Wunschträume, die alle Stoßkräfte auffangen.

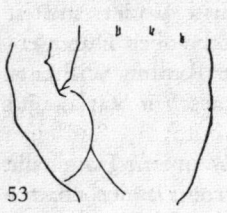

53

Die Endung der Lebenslinie entspricht oftmals ihrem Beginn: wie der Mensch naturhaft in die Welt hinaustritt, geht er auch wieder ein in die vorbewußte Natur. Im Keim der Jugend liegt schon das Zukünftige eingeschlossen, und was sich den Spuren des Alters eingeprägt hat, ist – wenn Denken und Wollen verblassen – äußerst stark von Jugenderfahrungen erfüllt. Man könnte auch sagen, daß sich der Bogen der Lebenslinie im Kreislauf des physischen Werdens und Vergehens schließt, Anfang und Ende miteinander verbindend in Wiederkehr des immer Gleichen.

Was der Mensch erlebt, erkämpft, durchlitten, was er erworben, worin er versagt und Not gelitten hat, wird sich nur insoweit in seine Lebenslinie eingraben, wie es sein natürliches Sein beeinflußt hat. Oft haben sich die Erfahrungen nur in das Denken oder Fühlen eingeprägt, nicht aber in die Lebenssubstanz, die sich im Bild der Lebenslinie ausdrückt.

Haben sich Unterbrechungen, Inseln, Ecken, aufwärtssteigende und abfallende Zweige oder Querlinien in eine klare Lebenslinie eingegraben als Zeichen von erfreulichen oder belastenden Erfahrungen und Erlebnissen, die der Natur einen Zuwachs oder einen Verfall zufügten, so mag der Mensch gekämpft und gelitten, Freuden oder Niederlagen erfahren haben, seine Vitalität aber, sein Wunsch nach Lebenserhaltung und Seinsbehauptung ist von diesen Erfahrungen nicht beeinträchtigt worden. Sein Widerstand ist nicht gebrochen, sein Lebenswille ist zäh und voller Durchsetzungskraft geblieben. Dies ist kein Zeichen der Reifung und Entwicklung, sondern nur Ausdruck einer biologischen Stärke und Triebkraft.

Eine ungestörte Lebenslinie gehört an sich zur ovalen Hand, die vor allem auf Lebenserhaltung und dynamische Daseinsbehauptung eingestellt ist. In der eckigen Hand kann sie, als Zeichen kräftiger Triebkraft, dem künstlerischen Gestaltungswillen schöpferische Kräfte zur Verfügung stellen. In der konischen Hand aber liegt in solchem Zeichen die Gefahr, daß der Mensch seinem Gesetz der Verwandlung ausweicht, weil er sich in der Materie zu fest eingefügt hat, weil er zu bewahren sucht, was ihm nicht als Besitz, sondern als Möglichkeit zur seelischen Reifung mitgegeben wurde. Dem Menschen einer solchen Hand, dem es anlagemäßig aufgegeben ist, in Sehnsucht und Liebe sich selbst zu überschreiten, entspricht eine Lebenslinie, die zarter gezeichnet ist, vielleicht auch mit manchen Unterbrechungen. Denn solche durchlässigen Stellen sind Ausdruck für die eigene Durchlässigkeit, für die Unzulänglichkeit, die der Ergänzung bedarf. Auf solche Unterscheidungen ist achtzugeben, denn die Lebenslinie nimmt die Potenz des Venusberges, den Handformen entsprechend, auf dreierlei Weise in ihre Verwirklichungstendenz auf: als Kraft zur Daseinserhaltung, als Stoff zur Formung oder als seelischen Gehalt.

Wenn auch die klargezeichnete Lebenslinie eine ungestörte Triebmächtigkeit ausdrückt, so ist sie doch vom Standpunkt der menschlichen Zielsetzung aus betrachtet kein positiv zu bewertendes Zeichen. Denn in ihrem Bild wird sich der Mensch nicht über das rein Naturhafte, über die Wünsche der Lebenserhaltung und Daseinsbehauptung erheben. Sein Leben wird nur von der materiellen Seite aus ansprechbar sein. Für die geistige Entwicklung und seelische Reifung des Lebens ist die Aussage einer solchen Linie, zumal wenn sie breit und rot ist, nicht vorteilhaft.

Ist die Lebenslinie in ihrem Verlauf unterbrochen, ist dies ein Zeichen, daß Einflüsse und Einbrüche aus der Welt in das Triebleben eindringen und Kräfte aus der elementaren Natursphäre, die Dämme der natürlichen Begrenzung durchstoßend, Spannungen in der Umwelt auslösen. Jeder Bruch ist Zeichen eines Ausbruchs oder Durchbruchs, der nicht ohne Gefahr ist und nur aus anderen als natürlichen Kräften zu überwinden ist.

Es trifft aber nicht zu, daß die gebrochene Lebenslinie, wie oft befürchtet wird, Zeichen eines plötzlichen Todes ist. In ihrem Bild wird vielmehr eine Umstellung verlangt, da der Mensch zu dieser Zeit durchlässig und sein natürliches Leben offen und bereit ist, die Schleusen zu öffnen, um die eigene Dynamik herausströmen zu lassen und Einflüsse der Welt aufzunehmen. In solchen Zeiten lebt der Mensch nicht mehr aus seiner physischen, sondern aus seiner geistigen und seelischen Kraft. Fehlt diese, weil sein Verhalten materiell und triebhaft ist, dann erkaltet oder stirbt ein Kräftestrom in ihm – ausgedrückt in der gebrochenen Lebenslinie – und vermag nicht mehr in die Verwandlung eines neuen Seinszustandes einzugehen.

Übernimmt beim plötzlichen Abbruch der Lebenslinie, seitwärts verschoben, eine neue Linie den weiteren Verlauf (Abb. 54), dann

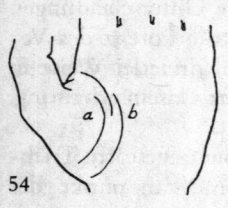

bedeutet dies, daß sich der Mensch in seiner natürlichen Lebensveranlagung umstellt oder umstellen muß, um weiterleben zu können. Geschieht diese Verschiebung zum Daumenballen hin (a), wird sich der Lebenswille begrenzen müssen. Im anderen Fall, wenn die neu angefangene Linie einen weiteren Bogen spannt (b), wird eine neue Fülle in das Dasein hineingenommen.

Aber auch wenn die Lebenslinie in der Mitte der Hand abbricht und keine Hilfslinie ihren Weg fortsetzt, ist dies nicht als Todeszeichen zu bewerten. Der Tod ist in der Hand nicht abzulesen. Seine Stunde ruht im Geheimnis und bleibt dem Menschen verborgen. Es wird im Leben manchen Augenblick geben, in dem der Mensch erschöpft ist und sein Lebenswille erlahmt, was sich in der Lebenslinie durch Unterbrechungen, abfallende Zweige oder andere Zeichen äußert. Wann aber die unwiderruflich letzte Stunde eintritt, wird kein Zeichen der Hand offenbaren.

Oft liegt am Ende der Lebenslinie eine mehr oder weniger große

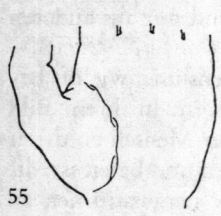

Insel (Abb. 55). Überall wo solche Inseln auftreten, ist Unsicherheit und Auswegslosigkeit angezeigt. Auf der Lebenslinie besagen sie, daß der Mensch, um sich und seine Probleme kreisend, scheinbar keinen Ausweg findet. Im Bild kleiner Inseln können sich auch physische Kreislaufstörungen ausdrücken, deren Ursache in einer inneren Verspanntheit liegt, die den Lebenskräften keinen rechten Fluß mehr ermöglicht.

168

Wenn aber die natürliche Kraft versagt, stehen dem Menschen noch andere Möglichkeiten zur Überwindung solcher Störungen zur Verfügung. Sind diese überwunden, das heißt im Bild der Hand: hat die Lebenslinie ihren Fortlauf durch die Insel hindurch gefunden oder sie umgangen, dann ist der Mensch reifer und wissender geworden, wenn auch unter Einbuße körperlicher Kräfte.

Für den Menschen, dessen konische Hand oder dessen überwiegend lange Finger die Sehnsucht bekunden, den Stoff zur Transzendenz hin zu durchschreiten, wird es leichter sein, die durch eine Insel oder Unterbrechung in der Lebenslinie angezeigten Schwierigkeiten und Störungen im materiellen Bereich zu überwinden. Denn ihm stehen Kräfte zur Verfügung, die sich auch gegen die Natur durchzusetzen vermögen. Für den Menschen der eckigen Hand wird jede Veränderung und Behinderung des Lebensweges zu einer Möglichkeit der bewußten Auseinandersetzung, zum Zwang, eine neue Lebensform zu schaffen. Die ovale Hand aber wird so sehr vom Daseienden her bestimmt, daß in ihrem Bild jede Veränderung, die nicht mit Lust verbunden ist, schwer ertragbar ist. Mit Angst und Unsicherheit wird der Mensch in ihrem Bild auf jeden Abbruch, jede Schwierigkeit reagieren, die seine auf Geborgenheit angelegte ursprüngliche Lebenshaltung verändern.

Alle Störungen auf der Lebenslinie bedeuten Einwirkungen auf die Vitalität und den ungehemmten Fortlauf der natürlichen Lebensbedingungen. Sie können Anzeichen sein für Krankheiten, für physische Erschöpfungen oder traumatische, schreckhafte Erlebnisse, die das körperliche Gleichgewicht stören. Ganz allgemein mag gelten: Wenn eine Lebenslinie sehr zart, gekettet, unruhig gezeichnet, durchkreuzt, unterbrochen oder verwirrt ist, dann sollte der Mensch die geringsten Zeichen von Schwäche und Erschöpfung ernst nehmen und seine Natur nicht überfordern.

Wichtig ist vor allem die Zeichnung des Anfangs der Lebenslinie, da sich hier Kindheit und Jugend ausprägen. Ist er verwirrt und gekettet, so belasten Jugenderlebnisse den Menschen und ziehen Kräfte aus dem vitalen Bereich ab. Steigen Linien in diesem Raum auf (Abb. 56), dann drängen Kräfte nach Befriedigung des Ehrgei-

169

zes (Jupiterberg a), nach Leistung (Saturnberg b), nach Du-Beziehung (Apolloberg c), oder nach geistiger Erkenntnis (Merkurberg d).

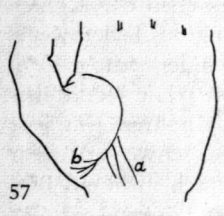

Dagegen lassen abfallende Linien Enttäuschungen und gesundheitliche Schädigung schon in frühen Jahren erkennen. Es mögen sich solche Aussagen aber auch auf Ereignisse in der Familie beziehen, die das junge Leben beschatten.

56

Im mittleren Raum der Lebenslinie sind aufsteigende oder abfallende Zweige, die den Marsbereich durchqueren, Zeichen, daß die zum Daseinskampf eingesetzten schöpferisch-zeugerischen Kräfte verstärkt oder geschwächt werden. Im unteren Raum kommt die Lebenslinie mit den im Mondberg gesammelten Kräften in Berührung und nimmt durch ihre Äste (Abb. 57) – bildhaft gesprochen – teil an der fruchtbaren Beschaulichkeit und unbewußten Bildfülle dieser untersten Du-Seite.

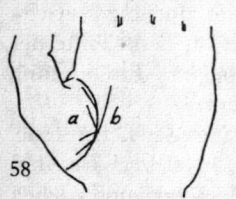

57

Die in den Mondberg einmündenden Linien (a), die in schräger Richtung verlaufen, sind aber nicht zu verwechseln mit den senkrecht herabfallenden kleinen Haarstrichen (b), die einen Verlust an vitaler Kraft und ein langsames Versanden des Lebensstromes anzeigen.

Die meisten Äste und Abzweigungen lösen sich auf der Außenseite von der Lebenslinie ab und stehen in Beziehung zur Welt. Steigen sie aber innerhalb des Venusberges, also im Innenraum der Lebenslinie, auf oder fallen sie dort ab, dann beziehen sie sich auf die innere Gestimmtheit des Menschen und sind Zeichen einer lustvollen Gehobenheit oder einer von Unlustgefühlen hervorgerufenen Schwächung der Dynamik (Abb. 58a). Eine stark gezeichnete Linie, die mit aller Schwere aus

58

der Marsebene (Abb. 58 b) auf die Lebenslinie herabfällt oder sie durchkreuzt und nicht zu verwechseln ist mit einer aus dieser aufsteigenden und darum am Anfang verstärkten Linie oder mit der Schicksalslinie, ist Zeichen eines schwerwiegenden, das Leben belastenden Ereignisses.

Die Querlinien (Abb. 59), die die Lebenslinie durchkreuzen, entspringen dem Venusberg und sind Zeichen triebhafter Energien,

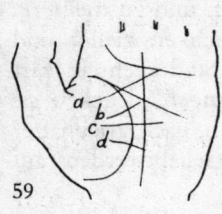

59

die sich zur Umwelt hin ausladen oder – je nach ihrer Endung – Herz (a) und Kopf (b) beeinflussen. Enden sie im Marsbereich (c), drücken sie Erlebnisse aus, die sich mit dem Todesproblem beschäftigen oder zerstörende Aggressionen hervorrufen. Halten sie an der Schicksalslinie an (d), so werden die Impulse erlahmen oder zurückgehalten, ehe sie den Du-Raum erreichen. In manchen Händen durchquert im unteren Handraum eine übermäßig lange Horizontale aus dem Venusberg (Abb. 60) die Lebenslinie und mündet in den Mond-

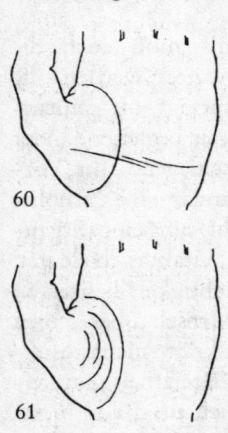

60

61

berg ein. Dies zeigt ein triebhaftes, Sinne und Phantasie belastendes Drängen an, das den alternden Menschen mit vitaler Heftigkeit überfällt, weil es unbefriedigt blieb.

Eine parallel zur Lebenslinie verlaufende Linie ist nur dann als doppelte Lebenslinie zu werten, wenn sie in ihrer unmittelbaren Nähe liegt und gleichgeschwungen ist (Abb. 61). In diesem Fall – auch wenn sie nur ein Stück vorhanden ist – verstärkt sie Triebkraft und Widerstandsfähigkeit. Auch betont sie den Wunsch nach Lebenserhaltung und Daseinsbehauptung, der sich mit großer Kraft durchsetzen wird, wenn diese Parallellinie stark gezeichnet ist. Sie gleicht Schwächen und Unterbrechungen der Lebenslinie aus und zeigt einen Zuwachs an Dynamik und Triebkraft an.

Da es sich bei allen Linien im unteren Handraum und auf der aktiven Seite der Hand um die Dynamik der vorbewußten Naturkräfte handelt, ist es notwendig, daß der Mensch über die Fähigkeit der Gestaltung, der Ordnung und bewußten Zielsetzung verfügt – ausgedückt durch eine eckige Handform oder eine gute Kopflinie –, und daß er genügend Verantwortung besitzt – ein Zeichen des entwickelten Saturnberges oder der langen Schicksalslinie –, um die Triebe auf ein Ziel hinzulenken und zu meistern. Im anderen Fall wird eine überstarke Sinnlichkeit ziellos und unverantwortlich den Menschen bedrängen. Sind mehrere zart gezeichnete parallele Linien (Abb. 61) vorhanden, drücken sie nicht die Kraft, sondern allein das Verlangen nach triebhafter Befriedigung aus, die Abhängigkeit vom Geliebtwerden auf einer rein sinnlichen Ebene.

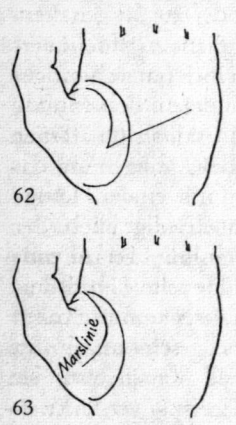

62

63

Eine starke Parallele kann am Ende die Lebenslinie zum Außenrand hin durchqueren (Abb. 62) als Zeichen übermäßiger Triebkraft, die nach ungehemmtem Ausleben drängt.

Als doppelte Lebenslinie muß auch die Marslinie (Abb. 63) gewertet werden, die im Daumenwinkel entspringt, oft gemeinsam mit der Lebenslinie, sie begleitend, oder einen eigenen Weg einschlagend. Ihr Vorhandensein drückt immer eine erhöhte Triebkraft aus, die nicht nur eine Ergänzung der natürlichen Vitalität bedeutet, sondern eine eigene Mächtigkeit besitzt. In ihrem Bild wird der Mensch über seinen Schatten springen, wenn die natürlichen Lebenskräfte nicht ausreichen, oder er wird in einem Zustand innerer Gereiztheit seine vitale Gesundheit von innen aufzehren. Was sich im Bilde dieser Marslinie ausdrückt, spielt sich in der innersten Natur des Menschen ab und findet keinen unmittelbaren Zugang zur Welt. So kann es einen fast unstillbaren Reiz ausüben, der von Natur aus

172

ohne Erfüllung bleibt. In einer ovalen oder weichen Hand kann die Marslinie auch Kampf gegen Trägheit und dumpfe Sinnlichkeit bedeuten.

Mit diesen Parallelen ist eine allein im Venusberg liegende isolierte Linie nicht zu verwechseln, die sogenannte Angstlinie (Abb. 64).

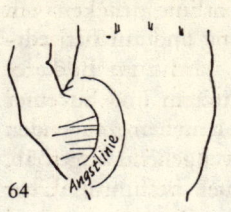

Sie hält die aus dem Venusberg zur Lebenslinie und durch sie hindurch drängenden Linien ab und zwingt sie, sich zurückzuziehen oder zu versacken. Dies bedeutet, daß kein Austausch stattfinden kann zwischen dem magisch-naturhaften Bereich und der Welt, daß die lebensvollen Antriebe, in unbewußter Angst gehemmt, nicht einbezogen werden in die lebendige Bewegung. Da ihnen das Ventil nach außen fehlt, müssen sie sich selbst aufzehren. Das Gefühl der Verdrängung und Einengung dringt bis hinein in die Sphäre des Leibgefühls und wird zu einer quälenden Belastung. Es hat sich oft gezeigt, daß bei einer guten Analyse solche Angstgefühle vergehen und damit auch die Kräfte frei werden, die im Bild der Querlinien nun weiter in die Lebenslinie einströmen oder durch sie hindurchfließen können.

Eine andere Belastung, die das Leben beunruhigt, zeigt sich in den kleinen Linien, die kreuz und quer im unteren Handraum zwi-

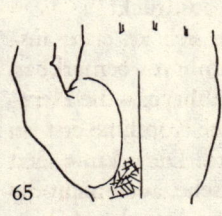

schen dem Ende der Lebenslinie und dem Beginn der Schicksalslinie verlaufen (Abb. 65). Konflikte und Schwierigkeiten mit den Eltern, die in der Jugend den Schicksalsweg des Kindes belastet hatten – die Schicksalslinie beginnt in der Handwurzel –, sind auch im späteren Verlauf des Lebens nicht ausgelöscht oder überwunden.

Sie beunruhigen das Alter des Menschen, wenn seine Willenskraft erlahmt und er nicht mehr die Möglichkeit hat, durch Willenszucht oder Ablenkungen diese frühen Kindheitseindrücke abzuschalten. Solange solche Linien und Zeichen nicht aus der Hand

173

ausgelöscht sind, zeigen sie, daß die von ihnen ausgedrückten Erfahrungen noch das Leben belasten.

Der Mensch vermag nicht aus vorbewußten Naturkräften heraus solche Belastungen zu überwinden oder seine Triebe zu meistern und zu lenken. Hierzu braucht er bewußte, in der Kopflinie sich abzeichnende Gestaltungskräfte. In der Lebenslinie drücken sich nur die Triebe aus, die sich auf Lebenserhaltung und auf Befriedigung der Sinne richten. Die Kopflinie aber wird zum Bild der Triebfedern, die den vitalen Bereich überschreiten und zu einer höheren, von der geistigen Existenz des Menschen zeugenden Wirklichkeit streben. Das Ziel der Triebe ist weitgehend artgemäß, die Ziele der Triebfedern aber sind individuell bestimmt. Über diese persönliche Zielsetzung, über die geistige Bestimmung und die bewußte Gestaltung des Lebens gibt erst die Kopflinie Aufschluß.

Die Kopflinie

Die Kopflinie (Abb. 66), die unterste Horizontale, die die Hand von der Daumenseite aus durchzieht, ist die der menschlichen Bestimmung gemäßeste Linie. Die Chinesen nennen sie die «Linie des Menschen», während die Lebenslinie «Linie der Erde» genannt wird und die Herzlinie bei ihnen «Linie des Himmels» heißt, da sie das Überschreiten des Natürlich-Menschlichen ausdrückt.

Es ist beobachtet worden, daß die Lebenslinie sich als erste ausprägt. Sie ist schon bei 25 bis 33 mm großen Embryos bemerkbar. Dann zeichnet sich – bei etwa 40 mm großen Embryos – die Herzlinie ein, während als letzte dieser drei Linien die Kopflinie erst bei 60 bis 70 mm großen Embryos erkennbar wird. Diese Linie setzt die längste Entwicklung voraus. Nicht das Irdische, auch nicht das Himmlische ist das dem Menschen Gemäße, sondern die Verbindung von beiden, die sich in seinem Wesen vollzieht und den Weg zu seiner Entwicklung und Reifung ermöglicht.

Der Impuls, der die Grundlage und Voraussetzung der Auseinandersetzung mit der Welt bildet, ist im Ichbewußtsein verankert.

Von ihm her, im rationalen Erfassen und Gestalten, stellt sich der Mensch der Welt gegenüber. Die Verkörperung dieses Impulses ist die «Kopflinie». Sie entspringt in der normalen Hand gemeinsam mit der Lebenslinie auf der aktiven Daumenseite und läuft zur Kleinfingerseite hin.

Die Kopflinie kennzeichnet den Weg, den das Ich zur gegenüberliegenden Welt zu gehen hat. Erst in einer zusammenfassenden Form und im Verfolg dieses Weges kann das von Kräften der Natur und der Seele erfüllte und gedrängte Menschenleben im Selbst Gestalt gewinnen. Das Liniengefüge als Ausdruck der einem Menschen schicksalhaft vorgegebenen Möglichkeiten zu einer eigenständigen, haltbaren Lebensform ist vor allem in dem von der Kopflinie durchzogenen Mittelraum angezeigt. Ursprung, Länge und Richtung dieser Linie lassen die schicksalhafte Vorgeformtheit des inneren Weges erkennen, der dem Menschen als Möglichkeit und Chance gegeben ist, um zu ordnen und zu gestalten.

Die Kopflinie, die in der normalen Hand in gerader oder leicht nach unten gebogener Richtung verläuft, kennzeichnet die Eigenständigkeit des Menschen und seine Fähigkeit der Unterscheidung. Sie entspringt am gleichen Ort wie die Lebenslinie. Ihr Ende liegt etwa in der Mitte der Kleinfingerseite und versinnbildlicht das rechte Verhältnis in der Begegnung von Ich und Welt, von rationalen und irrationalen, von aktiven und passiven Kräften. Dieses Ende der Kopflinie kennzeichnet das Ich, das auf die Welt zugeht, ohne sie zu überrennen und rational zu vergewaltigen und das andererseits die Welt zuläßt, ohne sie ganz abzuwehren. Es ist das rechte Verhältnis von begrifflichem Denken und schauendem Hinnehmen, von rationaler Eigenständigkeit und Bereitschaft, sich mitbestimmen zu lassen von der Welt nicht rationaler Bilder.

Während die Lebenslinie die innere Bestimmung anzeigt, das Leben in der Spanne zwischen Geburt und Tod zu erhalten und zu behaupten, drückt sich im Bild der Kopflinie die Auseinandersetzung zwischen Ich und Welt aus, die zur Bildung des selbständigen Wesens führt und in der Begegnung mit der Welt fruchtbaren Austausch und Formgebung empfängt.

Die Kopflinie umschließt keinen eigenen Bereich, sondern trennt das Unten vom Oben, während sie Ich und Welt miteinander verbindet. Sie ist die große Scheide zwischen den im Unbewußten verharrenden und ins Bewußtsein tretenden Kräften und vermittelt zugleich den Austausch zwischen dem aktiven Drängen und dem passiven Empfangen, zwischen männlichem Zugriff und weiblichem Ergriffenwerden, zwischen dem Eigenstand und dem Gegenüber, das Gegenständliche verständlich machend. Bildhaft wird durch sie die Denkfähigkeit charakterisiert, die Erfahrung, Anwendung, Deutung und Herstellung von Beziehungen und Sinnzusammenhängen ermöglicht, die scheiden und zugleich entscheiden muß.

Oberhalb der Kopflinie sind es die seelischen Energien, die in das Sosein des Menschen eindringen und an der Eigenständigkeit des Ich ihre Bindung und Gestaltung erfahren. Im Trennen und Unterscheiden gewinnt der Mensch seine Freiheit und Lebensform, wird er seines Menschseins in einer ganz persönlichen Weise bewußt. Indem sich der Mensch in dieser Art auf die Welt zubewegt, sich mit ihr auseinandersetzt und sich zugleich von ihr abhebt, gewinnt er seine eigene Form, die aus dem Eingebundensein in noch vorbewußte, naturhafte Handlungsweisen zu einer persönlichen Stellungnahme führt.

Liegt die Kopflinie tiefer in der Hand als in Abb. 66, zeigt sie, daß der Mensch mit seinen rationalen Erwägungen und seinem Gestal-

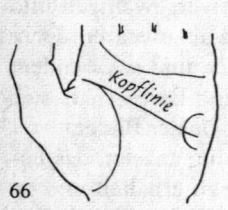

66

tungswillen in die Triebsphäre eindringt und damit den natürlichen Fluß des Lebens schon frühzeitig in Ordnungen einzufügen sucht. In der ovalen Hand wird eine solche tiefe Lage der Kopflinie Spannungen zwischen den unmittelbaren Triebwünschen und den bewußten Überlegungen hervorrufen. In der konischen Hand wird hierdurch dem abstrakten Denken und der Verinnerlichung ein großer Raum gelassen. In der eckigen Hand aber wird die Methodik und Rationalisierung dem Lebendigen gefährlich sein und eine zu schnelle Fixierung – besonders bei einem geraden Verlauf der Linie – verursachen.

Ist dagegen die Kopflinie hoch eingezeichnet (Abb. 67), so daß sie den Raum der Triebhaftigkeit und Lebensbehauptung übertrieben

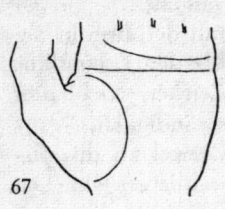

vergrößert, dann ist die rationale Gestaltung des Lebens und die Einordnung der natürlichen Instinkte in eine klare Zielsetzung erschwert. Auf der anderen Seite wird ein solcher Mensch seine Verstandeskräfte und seine denkerischen Leistungen mit triebhafter Daseinsbehauptung und mit Lustverlangen erfüllen.

67

Die Kopflinie, die mit der Lebenslinie zusammen im Daumenballen beginnt, läuft in horizontaler Richtung auf das Ausdrucksfeld der dem Menschen von innen und außen begegnenden Welt zu. Im Daumenwinkel, dem aktiven Ich-Bereich des kleinen Marsberges, entspringen die Triebimpulse, die Grundlage und Voraussetzung sind für die Wahrnehmung, Auseinandersetzung, Gestaltung und bewußte Erfahrung der Welt.

Die vitale Energie drängt im Bild der Kopflinie zur Bewußtwerdung. Ihr Anfang sollte ein kurzes Stück mit der Lebenslinie verbunden sein, als Zeichen, daß sich diese bewußte Gestaltung des Lebens mit natürlichem Selbstvertrauen und vitaler Antriebskraft durchsetzen kann (vgl. Abb. 44, 45, 46).

Ein langes Zusammengehen der beiden Linien ließe Schüchternheit, Minderwertigkeitsgefühle oder Antriebsschwere und Unsicherheit erkennen, die hemmend und verzögernd auf die Entschlußkraft wirken. So belastend dieses mangelnde Selbstvertrauen an sich ist, so kann in einer breiten Handform, die aktives, unmittelbares Selbstbehaupten ausdrückt, solche Zurückhaltung auch positiv gewertet werden. Langes Zusammengehen trifft man aber meist bei Menschen an, die Minderwertigkeitsgefühle, durch Bindung an ein Elternteil, negativ empfinden.

Entschlußfreudig, einsatzbereit, aber auch sorglos, übereilt, undiszipliniert und impulsiv in seinen Handlungen ist der Mensch, in dessen Hand ein weiter Zwischenraum zwischen Lebens- und Kopflinie frei bleibt. Liegt der Beginn der Kopflinie zum Jupiter-

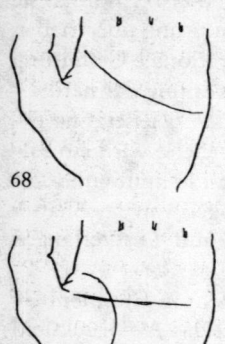

berg hin verschoben (Abb. 68), wird das Denken in den Dienst der Selbstbestätigung und des Geltungswillens gestellt.

Im Gegensatz hierzu kann der Beginn der Kopflinie auch innerhalb der Lebenslinie liegen (Abb. 69), ein Zeichen triebhafter Belastung, die auf Unbeständigkeit, Wankelmut, Unruhe und Mangel an disziplinierter Gestaltungskraft schließen läßt. Das bewußte zielgerichtete Denken ist mit triebhaften Instinkten und ungeordneten Impulsen belastet. Hier kann auch ein Haften an der Vergangenheit, ein sentimentales Zurückkehren zu Jugenderinnerungen zum Ausdruck kommen.

Ist der Anfang der Kopflinie ein Stück vom Daumenwinkel entfernt (Abb. 70), läßt dies auf eine Schwäche des Denkens schließen, da die Impulskraft die rationale Begegnung mit der Welt nicht

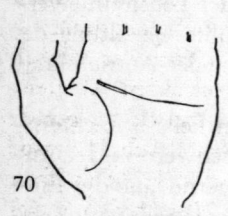

unterstützt. Das Ich steht gleichsam von seinen Triebwurzeln abgeschnitten und von Natur aus unsicher der Auseinandersetzung mit der Welt gegenüber und vermag nur langsam sich bewußt zu orientieren. Beginnt die Linie erst unter dem Mittelfinger, ist eine Belastung vorhanden, die den gestaltenden Kräften des Ich ihren Einsatz erschwert.

Der Verlauf der Kopflinie sollte ein wenig abwärts geneigt und nicht zu hart und gerade sein (Abb. 66). In diesem Fall besteht ein rechtes Verhältnis in der Begegnung von Ich und Welt, von aktiven und passiven Kräften, von triebhaften und in der Auseinandersetzung sich gestaltenden Energien, die die unbewußte Bildwelt einbeziehen und die Anregungen der Phantasie verarbeiten.

Der leicht abwärts geneigte Verlauf der Kopflinie kennzeichnet das Ich, das auf die Welt zugeht, ohne sie zu überrennen oder rational zu vergewaltigen, und andererseits die Welt in ihrer Vielfältigkeit zuläßt.

Begriffliches Festlegen und schauendes Hinnehmen, rationale Selbständigkeit und die Bereitschaft, sich bestimmen zu lassen, ichbetontes, drängendes Wollen und sachlich gültige Zielsetzung sind harmonisch aufeinander bezogen. In seiner Fähigkeit, bewußt und zielgerichtet zu handeln, tritt der Mensch als Subjekt der Welt gegenüber. Hierbei wahrt er, der Wirklichkeit zugewendet, in allem Wandel von Raum und Zeit seine Identität. Hier meint der Mensch immer nur sich selbst und erfährt sich als der, der erkennend und gestaltend auf gültige Form zielt. Doch er läßt auch das andere gelten, dem er einen eigenen Sinn zuerkennt und dem er in verantwortlicher Weise zu dienen hat. Er fühlt sich als Träger und Verwalter einer geistigen Welt.

Als ein Ich bewahrt der Mensch die Ursprungs-, das heißt Daseinskraft des Seins, insofern er sein zuständliches Dasein mit Bewußtsein genießt, sich mit Willenskraft im Dasein durchsetzt und behauptet. Er bewahrt ebenso die ihm wesenhaft eingeprägte inbildliche Ordnung des Seins, insofern er schauend und schaffend auf Formen und Werte bezogen ist, denen er sich verpflichtet fühlt.

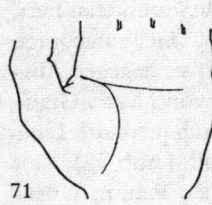

71

In mancherlei Weise aber kann der Mensch im Bild der Kopflinie von diesen Werttendenzen abweichen. So kann sie zu gerade und unbewegt verlaufen (Abb. 71), was nüchterne Erwägung und kalte Sachlichkeit ausdrückt. In der ovalen Hand bedeutet dies ein willensgesteuertes und bewußtes Einsetzen der Triebfedern zur Behauptung des Daseins. Doch wird in diesem geraden Verlauf eine klare und gespannte Haltung gegenüber den Forderungen der Umwelt und eine vom Verstand unterstützte zielstrebige Bewältigung diesseitiger Aufgaben ausgedrückt.

In der eckigen Hand kann die Unbewegtheit zur Erstarrung und

179

Verkrampfung führen. Denn Ordnung und Methodik werden übertrieben, es fehlt die Fruchtbarkeit der Bilder und die Lebendigkeit des Denkens. Die gültige Form, die sich ein solcher Mensch erdenkt und zu verwirklichen bestrebt ist, wird wenig auf die Wünsche des anderen eingehen, dafür aber von sachlicher Klarheit, scharfer Logik und unbestechlicher Objektivität sein.

Im Bild der konischen Hand verleiht die Nüchternheit – die gerade Kopflinie – den unverwurzelten seelischen Kräften ein ordnendes Gleichgewicht. Doch dieser Ordnung werden auch die seelischen Erlebnisse unterworfen, eine Gefahr, durch die das zu höherer Entwicklung angelegte Leben vom Gegenständlichen und von kalten Zweckerwägungen abgezogen wird.

Im Ausdruck der geraden Kopflinie wird sich der Mensch über die eigenen Fähigkeiten ebensowenig täuschen wie über die Forderungen, die die Welt an ihn stellt. Er wird keinen Illusionen verfallen und auch niemals seinen Gefühlen nachgeben.

Liegt das Ende einer solchen Kopflinie im gut entwickelten Marsberg, zeigt dies vernünftige klare Überlegung und Schlagfertigkeit, Selbstbeherrschung und Kaltblütigkeit an. Durch den Widerstand und die Forderungen, denen die Triebkräfte in der Auseinandersetzung mit der Welt begegnen, werden diese gestaltet, gebunden und einem bewußten Einsatz zugeführt.

Ist die Linie unscharf gezeichnet, bedeutet dies unbeständiges, schwaches Denken, auch Mangel an Sachlichkeit. Tief eingeprägt,

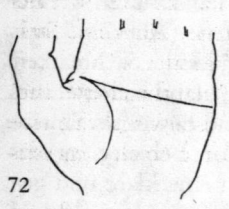

72

wie ein Degen wirkend, ist sie dagegen Ausdruck von Aggressionen, von Härte, Grausamkeit und Schärfe. Durchquert die Linie zusätzlich die ganze Hand (Abb. 72), läßt sie der Welt des Du keinen Raum. Unerschrocken und klug nützt man jede Möglichkeit selbstsüchtig aus. Mit einer solchen Linie wird der Mensch – vor allem in einer

eckigen Hand – versuchen, mit fanatischem Willen und Härte seine Umwelt zu vergewaltigen. Eine innere Starre und Verkrampfung entbehrt nicht zwangsneurotischer Züge.

180

Ist eine solche übermäßig lange Kopflinie nicht ganz so scharf gezeichnet, zeigt sie zwar auch Kälte und unnachsichtige Pflichterfüllung wie egoistische Berechnung an, aber es liegt in ihrem Bild eine stärkere Einbeziehung des Du, das nicht gewaltsam bedrängt wird. Eine gerade Kopflinie, die ein Stück weit die Mittelachse überschreitet, zeigt einen gesunden Menschenverstand. Das Ende einer klaren Kopflinie, die leicht geschwungen unter dem Ringfinger anhält, deutet auf künstlerische Formgebung. Wissenschaftliche Interessen enthüllt eine Kopflinie, die unter dem kleinen Finger ohne Härte endet. Ihr gegabeltes Ende unter Apollo- oder Merkurfinger ist Ausdruck von konstruktivem und kritischem Denken.

Ist die Kopflinie so kurz, daß sie schon vor der Mittelachse endet (Abb. 73), dann wird das Denken von keinem gegenständlichen Ziel angezogen, und das bewußt eingesetzte Wollen überschreitet nicht den Ich-Bereich. Die Impulskraft vermag nicht den Forderungen der Welt zu begegnen und sich mit ihnen auseinanderzusetzen. Das im Ausdrucksfeld des Du Verkörperte aber dringt mächtig auf den Menschen ein, unbewußte Bilder überfluten ihn. Vor diesem Ansturm und Einfluß geht ihm der eigene Atem aus, zumal wenn die kurze Linie zart oder unruhig gezeichnet ist. In solcher Linie liegt auch ein infantiles, ein unentwickeltes Zurückziehen, das sich in einer kindlichen Bewußseinshaltung bewahren möchte, um keine Stellung zu sachlichen Anforderungen nehmen zu müssen.

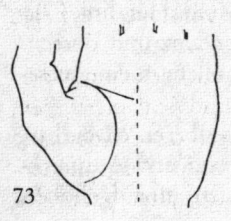

73

Greift die Kopflinie, aufwärts geneigt, an der Kleinfingerseite zum Apolloberg hinauf, empfangen Denken und Gestaltungskraft eine künstlerische Note. Doch im Bezug zum anderen spielen egoistische oder geschäftliche Interessen eine Rolle.

Der Raum, den die Kopflinie unter der Du-Seite frei läßt, ist wichtig für das Spiel der unbewußten wie der seelischen Kräfte. Er wird verengt, wenn sich die Kopflinie am Ende aufwärts biegt und die Herzlinie berührt (Abb. 74), oder wenn sie diese zum Merkur-

181

berg hin schneidet, ein Zeichen, daß mit Denken und Willenskraft seelische Bindung oder geistige Beziehungen erreicht werden sol-

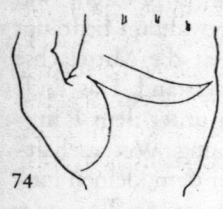

74

len. Diese Einengung kann auch durch eine löffelförmige Endung entstehen (Abb. 75), die gleichsam als Greifarm sich der Herzlinie zu bemächtigen sucht und somit in die seelischen Bereiche eingreift und diese mit stofflichen Bedürfnissen – in der ovalen Hand – oder mit kleinlichen Vorurteilen – die eckige Hand – belastet.

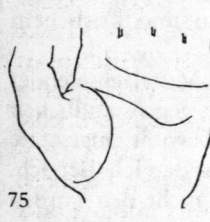

75

In der konischen Hand bedeutet ein solcher Greifarm bedrängende Angst, die nach rationaler Sicherung der Gefühle verlangt. Angst liegt auch in einem engen Zwischenraum zwischen Kopf- und Herzlinie, der auf Enge, Bewahrungstendenz und Berechnung schließen läßt, vor allem in einer eckigen Hand.

Endet die Kopflinie leicht abwärts geneigt im oberen Mondberg (Abb. 76a), sind gute Beobachtung, Orientierung und Aufmerksamkeit vorhanden. Unbewußte Bilder werden hinaufgehoben, bewußt gemacht und gestaltet.

Sinkt die Linie aber übermäßig tief in den Mondberg (Abb. 76b)

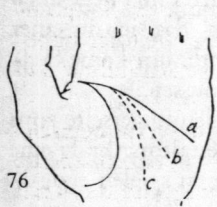

76

hinab und verliert ihr Eigengewicht, so wird die Gestaltungskraft vom Sog des Unbewußten abgezogen. Das Bewußtsein kann die einströmenden Bilder nicht formen. Unklare Vorstellungen und Einbildungen bemächtigen sich des Lebens, oder die Gedanken verfallen dumpfen Depressionen und verlieren die Verbindung zur Objektivität.

Für einen solchen Menschen ist es schwer, den Weg zur Wirklichkeit zu finden; vor allem, wenn die Kopflinie sehr nah an der Lebenslinie hinabfällt und damit kaum den Ich-Bereich überschreitet (Abb. 76c). So wird die Wunsch- und Bildwelt das tätige Leben in ihren Bann ziehen und die Aktivität vom Du und den sachlichen Forderungen der Welt abwenden.

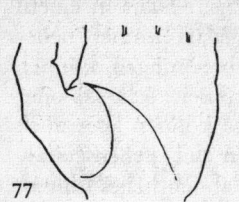

Eine tief herabfallende Kopflinie, die in die unterste Du-Seite einmündet (Abb. 77), kann auch bei visionär begabten Menschen angetroffen werden oder bei Mystikern, für die bewußtes Denken und Wollen keine hemmende Schranke mehr zwischen oben und unten bilden.

77

In der ovalen Hand, die auf Daseinsbehauptung eingestellt ist, zeigt die herabfallende Kopflinie, daß sich der Mensch der Begegnung mit der objektiv gegebenen Wirklichkeit entzieht und sachlichen Anforderungen gegenüber versagt, oder daß ungewisse, oft magische Mittel angewendet werden, um irdische Wünsche zu erfüllen.

Die eckige Hand vermag am ehesten die im Bild der fallenden Kopflinie ausgedrückten unbewußten Kräfte einer Ordnung oder Gestaltung einzufügen. Denken und Bewußtsein vertiefen sich im Unbewußten und im Bereich der Phantasie. Dies aber bedarf einer bewußten Willensanstrengung, da in jeder sinkenden Kopflinie die Möglichkeit liegt, den gestellten Forderungen auszuweichen. Ist der Saturnberg erhöht, wird ein solcher Abwärtszug eine depressive Stimmung erwecken.

In der konischen Hand kann die sinkende Kopflinie das Entgrenzen des bewußten Ichs und sein Eintauchen in die Welt der unbewußten Bilder bedeuten, aber auch eine überstarke Sensibilität und Gleichgewichtsstörung.

Bei jeder Beurteilung der Kopflinie muß der Daumen mitbetrachtet werden, um die natürliche Willenskraft einzubeziehen, ebenso die Schicksalslinie, die das Maß an Verantwortung und die Kraft der Konzentrierung erkennen läßt. Ist zum Beispiel eine klare, aus der Handwurzel aufsteigende Mittellinie vorhanden, dann kann die aus dem Mondberg einfallende Bildwelt verdichtet werden.

In der eckigen Hand wäre dies Zeichen einer Fähigkeit zur Meditation, in der konischen Hand zur Kontemplation.

Ist die Kopflinie in ihrem Verlauf unterbrochen (Abb. 78), dann wird die Welt nur stückweise begriffen, und der Mensch setzt sich

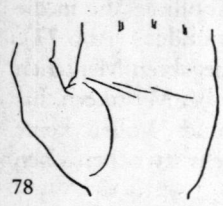

mit dem objektiv Gültigen nicht in einem Zug auseinander. Es bedarf immer neuer Ansätze. Solche Unterbrechungen können durch körperliche Krankheit, Schocks oder Unfälle bedingt sein; sie können aber auch eine Ungeordnetheit in der Lebensgestaltung bedeuten oder ein absichtliches Unterbrechen der bewußten Auseinandersetzung

78

und Stellungnahme zur Welt, immer von neuem abbrechende Entschlüsse, da die ursprüngliche Impulskraft nicht durchhält.

Auch eine schwach gezeichnete schmale Kopflinie läßt Mangel an Gedankentiefe erkennen. Das Denken ist nicht bluthaft getragen. Es bedarf der Anregungen oder Hilfen des Du, um in Gang zu kommen. Die breite Linie dagegen ist Ausdruck eines gewöhnlichen, anspruchslosen Denkens, dessen Urteilskraft nicht tiefgehend, dessen Ausdrucksweise grob ist.

Nicht immer ist die Linie in ihrem Verlauf einheitlich gezeichnet. Eine wellenförmige Linie (Abb. 79) läßt Unentschlossenheit und

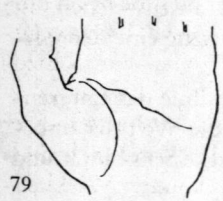

Beeinflußbarkeit erkennen. Auch diplomatisches Ausweichen, das in einer labilen oder materiellen Hand zu Lüge und Täuschungsversuchen führen kann. Jeder Versuch der Kopflinie, ihren ursprünglichen Verlauf zu verändern und von der eingeschlagenen Richtung abzugehen, bedeutet ein Ausweichen, ein Versteckspielen, einen Mangel an

79

fester Zielrichtung. Wesentlich ist es, auf welcher Seite solche Verschiebungen liegen. Denn alles, was sich im Ich-Raum abspielt – dies betrifft auch die verschiedenen Zeichen –, bezieht sich auf das eigene Denken, während Angaben auf der Du-Seite die Auseinandersetzungen mit der Welt betreffen.

Eine Kopflinie kann am Anfang eine große Insel aufzeigen, nach der Mitte aber in einem harten Strich weiter verlaufen. Dann ist der Mensch in seinem Ich-Gehäuse eingefangen, und seine Gedanken kreisen um sich selbst; in seinen Forderungen an die Welt aber und in seinem Wunsch, diese zu gestalten, ist er von einer rücksichtslosen Härte. Oder das Gegenteil: Eine Kopflinie ist unter oder jenseits des Saturnbereiches gekettet und verwirrt. Dann wird die Welt dem Menschen Schwierigkeiten bereiten und die Klarheit seines Denkens beeinträchtigen.

Kettenbildungen am Anfang der Linie oder zwischen Lebens- und Kopflinie sind Zeichen von Unruhe oder Hemmungen, die, durch Erfahrungen in der Kindheit ausgelöst, Entschlußkraft und Denken beschweren.

Insel und Kreuze auf der Kopflinie lassen Kopfschmerzen, mangelnde Konzentrationsfähigkeit oder Erschütterungen erkennen, die den Kopf körperlich und seelisch belasten und ihren Niederschlag in der Ich-Du Auseinandersetzung finden. Eine lange, sich selbst umschließende Insel kann das Eingekreistsein in eine Idee oder ein Drehen um sich und seine Gedanken zum Ausdruck bringen.

Ist die Kopflinie in der Handmitte gespalten, so daß schon vor der Mittelachse ein Zweig in den Mondberg herabfällt (Abb. 80), ist

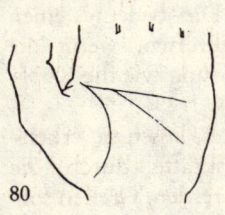

80

ein zu frühes Absacken der Bewußtseinskräfte angezeigt. Eine solche Unausgeglichenheit wird oft in Händen von Schizophrenen gefunden.

Sie braucht aber nicht schon Zeichen einer geistigen Krankheit zu sein, sondern bedeutet nur, daß der Mensch von der Wirklichkeit abgezogen wird und nicht in objektiver, sondern in gespaltener Weise der Welt gegenübersteht. In einer eckigen Hand wird dies weniger gefährlich sein als in der konischen Hand. Liegt die Spaltung erst jenseits der Mitte, also nicht mehr im Saturnbereich, dann zeigt sie ein kritisches Urteil und seelisches Einfühlungsvermögen an. Das Denken eines solchen Menschen ist nicht einseitig gerichtet wie im Bild der unverzweigten Kopflinie, sein Impuls ist nicht eingleisig. Darum vermag er sich auch in andere Menschen oder in verschiedene Lebenslagen hineinzudenken, um von ihnen aus die Wirklichkeit zu betrachten.

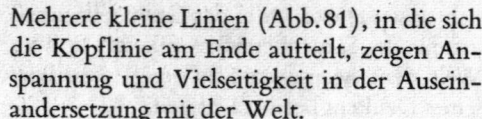

Mehrere kleine Linien (Abb. 81), in die sich die Kopflinie am Ende aufteilt, zeigen Anspannung und Vielseitigkeit in der Auseinandersetzung mit der Welt.

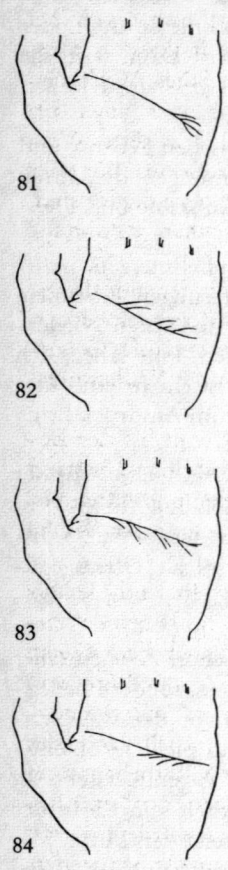

81

Die kleinen Äste, die aus der Kopflinie aufsteigen, das heißt sich zur Herzlinie erheben, sind positiv zu bewerten, wenn sie in der Laufrichtung der Kopflinie liegen (Abb. 82). Denn es werden in diesem Bild Gedanken und Willensziele über das eigene Fassungsvermögen und die selbständige Gestaltung hinausdrängen. Rückwärts gerichtet aber werden die Gedanken des Menschen an der Vergangenheit hängen und verlorenen Möglichkeiten nachtrauern.

82

Fallen die kleinen Äste von der Kopflinie herab, nehmen die Gedanken Kontakt mit dem Unbewußten auf. Dies bedeutet einen Zuwachs an Phantasiekräften, wenn die Zweige in gleicher Richtung wie die Kopflinie verlaufen (Abb. 83).

83

Nach rückwärts gerichtet, lassen sie erkennen, daß Bewußtseinskräfte durch die Traumwelt abgezogen werden. Greifen solche Zweige bei einer geraden Kopflinie zum Marsbereich zurück (Abb. 84), dann drücken sie Erinnerungen an vergangene Erfahrungen aus, die bittere oder kämpferische Gedanken wecken.

84

Ist die Kopflinie verdoppelt und verläuft die Parallele nahe der ursprünglichen langen Horizontalen, kann dies das rationale Denken verstärken. Nimmt die Parallellinie aber einen anderen Verlauf –

manchmal beginnt sie schon innerhalb der Lebenslinie (Abb. 85) –, dann müssen beide Linien für sich betrachtet werden. Auf alle Fälle aber wird es sich um ein zweifaches Denken handeln. Eine solche verdoppelte Kopflinie findet sich bei Künstlern, die sich in ihre Rolle so hineindenken, daß sie ihnen ein Stück Wirklichkeit bedeutet; manchmal aber auch bei Menschen, die die Dinge auf zweierlei Weise betrachten können oder die aus Not oder betrügerischer Gesinnung gezwungen sind, in anderer Richtung zu denken, als dies ihrer bewußten Einstellung entspricht.

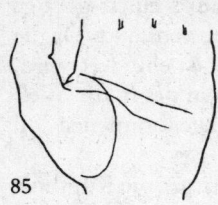

85

Bei den Alten wurde die Kopflinie media naturalis genannt. In ihrem Bild steht der Mensch in der natürlichen Mitte des Lebens, zwischen Erde und Himmel. Wie die Kopflinie verläuft, so verläuft seine Begegnung mit der Welt, seine bewußte Willensrichtung, sein Denken.

Der Zwischenraum, der Kopf- und Herzlinie trennt, ist der Bereich, in dem der Mensch atmet, in dem er sich selbst spürt und seiner Eigenständigkeit als Geschöpf zwischen oben und unten bewußt wird. Darum ist dieser Raum auch von besonderer Wichtigkeit.

Das «Aus und Ein» des Atems ist ein lebendiges Hin und Her für das Hinaus- und Hineinschwingen, in dem sich das Leben bekundet. Wesentlich ist, in welchem Ausmaß der Mensch dem Gesetz des Atems entspricht: Dem Hin und Wider von Aus und Ein, von Herauslassen und Hereinnehmen, von Eindringen und Aufnehmen, von Abwehr und Annehmen. Hier spiegelt sich der Rhythmus von Entfaltung und Einfaltung, von Selbstbehauptung und Selbsthingabe, vom Willen zu selbstmächtiger Form und Bereitschaft zu selbstentäußernder Hingabe des Gewordenen, von Streben nach Eigenständigkeit und Fähigkeit zum Anheimgeben, von Gestaltungskraft und Liebe, von Ichbetonung und Dubezogenheit, von Lebenwollen und Sterbenkönnen, von nur Menschsein-Wollen und Gott meinen.

187

Ist der Raum zwischen Kopf- und Herzlinie überhaupt nicht vorhanden, weil beide großen Horizontalen zusammenfallen, dann ist dies ein Zeichen von innerer Verkrampfung und Sperrung. Die Kräfte der Natur werden abgeschnitten, und seelisch-geistige Möglichkeiten bleiben auf ihren eigenen Raum beschränkt. Da die gegenläufige Bewegung von Kopf- und Herzlinie behindert wird, ist der lebendige Rhythmus zwischen den Kräften des in die Welt vorstoßenden Ichs und des aus der Welt hineingenommenen Du gestört.

Je nachdem ob diese gesperrte Linie (Abb. 86) primär die Kopflinie ist – also tiefer in der Handfläche liegt – oder von der höher liegenden Herzlinie gebildet wird, die sich der unteren Horizontalen bemächtigt, werden Kopf oder Herz das Gleichgewicht stören, wird der Mensch berechnend kalt oder hemmungslos im Gefühl sein.

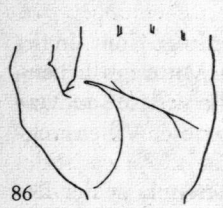

86

Eine solche gesperrte Linie ist in den Händen begabter, oft auch ungewöhnlicher Menschen zu finden, die mit großer Heftigkeit und gegen alle Widerstände ihre Gedanken oder Gefühle durchsetzen. Sie kennen kein Maß und werden, wenn die Schicksalslinie vorhanden ist, erreichen, was sie triebhaft verlangen.

Wenn diese Linie als sogenannte Affenfurche auch in Händen mongoloider, schwachsinniger Kinder auftritt, so ist dies ein Zeichen, daß bei geistig zurückgebliebenen Kranken die Gegenkräfte nicht stark genug waren, um solches mangelnde Gleichgewicht auszutragen. Wenn aber diese Gegenkraft vorhanden ist, ringt der Mensch so sehr um seine Eigenständigkeit, daß er das gewöhnliche Maß des Alltäglichen durchbricht. Darum lehnt er sich von Jugend an gegen jede Bindung und Abhängigkeit auf. Er hat genug an sich selbst zu tragen, um noch von außen Begrenzungen aushalten zu können.

Ist der Zwischenraum zwischen Herz- und Kopflinie unverhältnismäßig groß (Abb. 87), so liegt auch in diesem Bild eine Gefahr.

Denn man kann abgespaltet und getrennt nach beiden Seiten hin leben – nach der verstandesmäßigen wie nach der gefühlsmäßi-

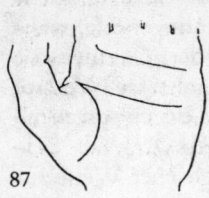

gen –, wird aber beide nicht in Einklang miteinander bringen. In diesem Bild sind die Kräfte der Erde und des Himmels getrennt, und der Mensch hat es schwer, sein eigenständiges Selbstsein in ihrer Mitte zu finden, oder fühlt sich von beiden isoliert.

87

Das Gegenteil wäre ein sehr kleiner Zwischenraum (Abb. 88), der auf Sicherungsbedürfnis, auf innere Enge, Bedrängtheit und Angst schließen läßt und, daraus folgend, auf körperliche Krankheitserscheinungen, wie

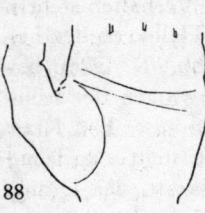

Angina pectoris oder Asthma. Ein solcher Mensch will sich sichern, sich ängstlich bewahren und verliert dadurch jede spontane Lebensäußerung. Erweitert sich die anfängliche Enge zum Handrand hin, erwacht der Wille, sich des Du zu bemächtigen, während die auf der Ich-Seite vorhandene Wei-

88

te, die zur Du-Seite hin sich verengt, eine kleinliche Selbstkontrolle und sichernde Bewahrung im Umgang mit der Welt erkennen läßt.

Der gut angelegte Raum zwischen den beiden großen Querlinien, der sich nach der jeweiligen Hand richtet und nicht auf ein genaues Maß festgelegt werden kann, ist Zeichen einer lebendigen Bewegung zwischen Kopf und Herz, zwischen der Auseinandersetzung mit der Welt und dem Hineinnehmen der in der Welt gemachten Erfahrungen und Begegnungen. Es herrscht Gleichgewicht zwischen bewußter Sachlichkeit – Kopflinie – und innerer Erlebnisfülle – Herzlinie –, zwischen klarer Unterscheidung und liebender Hingabe.

Die oberste Horizontale der Hand verläuft in umgekehrter Richtung wie die Kopflinie. Sie beginnt auf der Kleinfingerseite, während die Kopflinie auf der Daumenseite

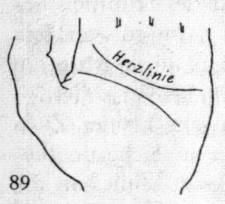

89

entspringt. Im entgegengesetzten Verlauf dieser beiden Linien sollte ein entsprechender Rhythmus liegen (Abb. 89), als Zeichen, daß der Mensch in gleicher Weise zur Welt hinschwingt, wie er aus ihr Antriebe und Anregungen erhält, und daß die auf Gegenständlichkeit bezogenen Kräfte zur seelischen Innerlichkeit in einem harmonischen Verhalten stehen. Es kann auch der Schwung der Herzlinie dem Halbkreis der Le-

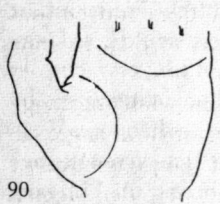

90

benslinie entsprechen (Abb. 90). Dann bedeutet dies ein Gleichschwingen der seelischen und triebhaften Impulse. Die Kraft der Sehnsucht und Liebe steht ergänzend und erlösend der Lebenskraft, der Drang, ins Unbegrenzte aufzusteigen, dem natürlichen Abstieg gegenüber.

Überdies ist für jede Weise des Lebensweges von Bedeutung, ob ein Mensch mehr von der Ich-Seite getrieben oder mehr von der Du-Seite her gezogen ist, ob er im ganzen eine mehr aktive, männliche oder mehr passive, weibliche Natur ist. Das heißt, ob der Mensch mehr von der Kopflinie oder Herzlinie her zu erfassen ist und ob die für ihn wesentlichen Antriebskräfte sich mehr im Ausdrucksfeld von Daumen, Zeige- und Mittelfinger oder aber vom Ringfinger und kleinen Finger zeigen. Eine gute Herzlinie beginnt am Kleinfingerrand unter dem Merkurberg und endet im Raum des Jupiterberges.

Die Herzlinie ist Ausdruck der Liebesfähigkeit, die die seelische Kraftfülle des Menschen – der obere Handraum – aufnimmt und der geistigen Sinnrichtung – die Finger – zur Verfügung stellt. Auch die höhere Erkenntnis wird in diese Liebeskraft hineingenommen. Das Herzdenken aber ist im Bild der Herzlinie, die die Fingerberge unterstützt, vom Verstand und seinem Bewußtseinsbereich – der Kopflinie – abgetrennt. Denn wirklich kennen und erkennen wird man nicht, was man verstandesmäßig begreift, sondern was man liebt.

Der Verlauf der Herzlinie läßt die Fähigkeit zur Hingabe erkennen, deren Ziel – der Jupiterberg – auf der Ich-Seite liegt. Denn in der Liebe und Erkenntnis geht der Mensch nicht seines Selbstes verlustig, sondern wird, indem er sein Ich übersteigt, erst wirklich er selbst.

In der Herzlinie kommen die mitmenschlichen Gefühle und die Umweltsbeziehungen zum Ausdruck, die in das innere Erleben einbezogen und beseelt werden. Der Mensch ist nicht für sich allein gedacht, sondern auf Gemeinschaft angelegt. Aus seiner Herzlinie läßt sich erkennen, wieweit er menschliche Beziehungen und Bindungen – die betonten «Du-Berge» – verantwortlich in seine Innerlichkeit aufnimmt.

Im Ausdruck der Herzlinie wird die geistige Entwicklungsmöglichkeit und die Begabung zur seelischen Reife zusammengefaßt. Wenn in der linken Hand die Herzlinie meist länger und besser geschwungen ist als in der rechten, bedeutet dies, daß der Mensch auf solche Reife in Hingabe und Liebe angelegt ist. Der Weg hierzu aber muß in der Auseinandersetzung mit der Umwelt und im Kontakt mit ihr bewußt geleistet werden. Die Weise, wie dieser Weg verläuft und der Grundveranlagung des Menschen entspricht, ist aus seiner Außenhand zu erkennen.

Im Bild der ovalen Hand führt er aus der Naturgebundenheit heraus und wird von der Notwendigkeit, vielleicht auch Not bestimmt, eine Möglichkeit zum Dasein zu finden. Ist aber die Herzlinie schlecht gezeichnet, entsteht auch in Zeiten der Unbefriedigtheit nicht das Verlangen, das natürlich Gegebene zu durchschreiten und zu vergeistigen.

Im Bild der eckigen Hand ist die Reifwerdung ein Vorgang der Zeugung, der dem Wunsch nach Formgebung und fruchtbarer Auseinandersetzung entstammt. Ehrfurcht vor dem anderen, Ethos und Ritterlichkeit suchen Gesetz und Würde in der mitmenschlichen Beziehung zu wahren. Ist aber die Herzlinie schlecht gezeichnet, wird dem Verlangen nach Gestaltung keine persönliche Note, keine seelische Befruchtung gegeben.

In der konischen Hand, die der inneren Reifung am leichtesten. zugänglich ist, wird Erfüllung einer fast unstillbaren Sehnsucht in der Liebe gesucht. Ist aber in einer solchen Hand die Herzlinie schlecht gezeichnet oder endet sie hart auf dem Jupiterberg, gegebenenfalls schon früher unter dem Mittelfingerberg, so besteht die Gefahr, daß der Mensch gegen seine ursprüngliche Veranlagung lebt. Aus persönlichem Ehrgeiz oder aus Machtwillen wird er den Anruf der Liebe und zur Liebe, der ihm entgegengebracht wird, nicht aufnehmen oder seine Hingabefähigkeit nicht einsetzen.

Ist die Handform nicht einheitlich, dann müssen kleiner Finger und Zeigefinger betrachtet werden, die meist die gleiche Gestalt haben. Da unter ihnen Beginn und Ende der Herzlinie liegen, zeigen sie die Weise des Anrufs und der Antwort, aus der die wahre menschliche Begegnung erwächst. Diese geschieht als eine faßbar wirkliche – die breiten Finger –, eine bewußt sittliche – die eckigen – oder eine religiöse – die konischen Finger.

Neben solcher Fingergestalt oder neben der einheitlichen Handform ist die Entwicklung der oberen Berge maßgebend für die Aussagen der Herzlinie, denn diese trägt und unterstützt den in den Fingern verkörperten Bereich der Seele, den Raum der Innerlichkeit, in dem Glück und Leid des Lebens sich begegnen und der Welt des Geistes fruchtbare Beseelung geben.

Die Kräfte, die sich in den oberen Fingerbergen ausdrücken, geben dem seelischen Leben keine feste Verwurzelung, sondern empfangen Befruchtung aus seiner Innerlichkeit. Diese verdichtet sich zur Sehnsucht, die den im Ich verankerten Menschen zur Ganzwerdung über sich selbst hinausführt.

Bei einem entwickelten Merkurberg fällt der geistige Anruf in den Menschen ein, der im Ausdruck des erhöhten Jupiterberges – sich selbst übersteigend – die Antwort gibt. Von der Du-Seite zur Ich-Seite hinführend, zeigt die Herzlinie, daß der Mensch in der Liebe angetrieben, aufgerufen wird und nicht aus eigenem Vermögen die erlösende Ganzheit empfängt.

Im Bild der Herzlinie vereinen sich Liebender und Geliebter. Vielleicht wurde darum diese Linie von den Alten mensalis genannt. Auf dem Altartisch – mensa-Tisch – vollendet sich im gegenseitigen Opfer die Einswerdung in der Liebe, die der Weg der Herzlinie vom Merkur- zum Jupiterberg andeutet.

Ist der Apolloberg, den die Herzlinie im weiteren Verlauf berührt, erhöht, dann erfüllt die Sehnsucht nach Bindung und Ergänzung den Menschen. Ein Du, ein Ideal oder auch das Bild künstlerischer Schau kann solche Ergänzung sein. Die im erhöhten Saturnberg dargestellten Kräfte der Verantwortung und Konzentrierung geben den Gefühlen Treue und Beständigkeit.

Ist der gesamte Raum der Berge erhöht, so ist die seelische Kraftfülle vorhanden, die sowohl der Wirksamkeit des Geistes – die Finger – bereitsteht wie auch der Sublimierung des Natürlichen – oberste Begrenzung der Handfläche. Ist aber das Maß an seelischer Fülle gering – nicht entwickelte Fingerberge –, findet der geistige Auftrag keinen seelischen Widerhall oder nur dort, wo sich bei diesem oder jenem Fingerberg eine Erhöhung zeigt. Bei langen oberen Fingergliedern bedeutet dies Neigung zu Abstraktion und intellektueller Theorie. Wenn neben den ausgesprochenen oberen Fingergliedern die Fülle des unteren Handraumes vorhanden ist, kann aber auch in der mangelnden Erhöhung der Fingerberge die Möglichkeit zur Sublimierung liegen.

Der entwickelte Venusberg schenkt der Liebesfähigkeit jene Kraft und Fülle, jene gemütvolle Herzlichkeit, die notwendig ist, um die Sehnsucht mit Wurzeln auszustatten. Denn der Mensch verlangt auch in der geistigen Liebe das Geliebte zu schmecken, zu tasten, zu spüren und zu schauen.

Die gute Herzlinie ist nur kraftvoll in ihrer Wirkung, wenn die Sinnenfülle des entwickelten Venusberges sie verwurzelt. Auch ein erhöhter Mondberg vermag der Liebesfähigkeit, die in der Herzlinie sich ausdrückt, fruchtbare Fülle zu geben. Durch Phantasie wird das Feuer der Liebe am Glühen gehalten und die Zuwendung zum Geliebten durch intuitives Einfühlen verstärkt. Der Raum der Marskräfte unterhalb der Herzlinie unterstützt die seelische Liebesfähigkeit mit Wirklichkeitssinn, der notwendig ist zum Einsatz und Durchhalten.

Die allein auf sich gestellte Herzlinie, der die Verwurzelung im unteren Handraum mangelt, drückt Gefühlsregungen aus, die nicht von Naturkräften gespeist oder von Wirklichkeitsbezogenheit gehalten werden. Deshalb besteht die Gefahr, daß sich das seelische Leben in Höhen der Sehnsucht verflüchtet, denen die ideale Grundlage fehlt. Entspricht die Erhöhung des unteren Handraums jener der Fingerberge, dann ist eine ausgeglichene, harmonische

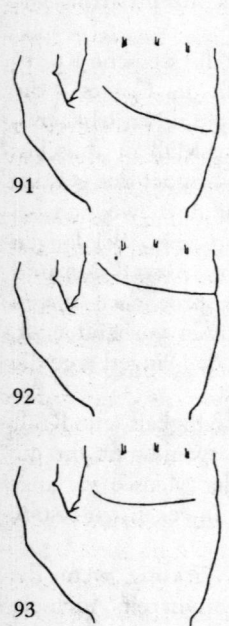

91

92

93

Entsprechung zwischen Sinnenhaftigkeit und Sehnsucht, zwischen Naturkraft und seelischer Innerlichkeit vorhanden. Auch die Lage der Herzlinie läßt solche harmonische oder disharmonische Verbindung von «Unten» und «Oben» erkennen. Je tiefer (Abb. 91) sie in der Hand liegt und dadurch der Raum der Sehnsucht und Innerlichkeit Auswirkungsmöglichkeit erhält, um so tiefer reicht die Innerlichkeit in den Naturraum hinein.

Mitgefühl und Menschlichkeit, Opferbereitschaft und Hingabefähigkeit werden entwickelt sein. Dagegen verlängert eine hochliegende Herzlinie (Abb. 92) den Vitalbereich und läßt auf eine starke Triebverhaftung der Gefühlswelt schließen. Im harmonischen Verhältnis entspricht der Raum oberhalb der Herzlinie einem Drittel der Handfläche.

Beginnt der Anfang der Herzlinie nicht am Handrand, sondern weiter in die Handfläche hinein (Abb. 93), dann werden vom Du her weniger seelische Kräfte im Menschen angesprochen – ein Zeichen verringerter Liebesfähigkeit. Ist die Linie noch weiter in die Innenfläche hereingeschoben, so daß ihr Anfang ausgelöscht scheint, dann ist ein körperlich oder seelisch bedingter Schaden, ein Trauma, vorhanden, das den Liebesschwung hemmt. Fehlt die Herzlinie überhaupt in der Hand – ein sehr seltenes Zeichen –, bedeutet dies auf materieller Ebene gefühlsarme Zweckhaftigkeit, in einer sehr ausdrucksvollen Hand aber Verlust an Liebeskraft durch leidvolles Erleben.

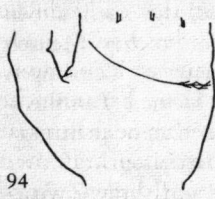

Ist der Beginn der Herzlinie unruhig, verwirrt oder gekettet (Abb. 94), dann ist die Kindheit belastet; ein frühes Leid kann Ursache psychischer Komplexe werden.

Am kraftvollsten ist die Herzlinie, wenn sie in einem dynamischen Schwung zum Jupiterfinger hinaufführt und dort endet. Es sollte sich in ihrem Verlauf der Zug nach oben ausprägen, eine Bewegung zum Übersteigen des nur Ichhaften. Die Schwingung ist Ausdruck für das Gewicht der seelischen Innerlichkeit, die – bei entwickelten Fingerbergen – als Fülle oder – nicht erhöhte Berge – als Sehnsucht besteht. Ist bei mangelnder Erhöhung das oberste Glied des Jupiterfingers unentwickelt, wird solche Sehnsucht nach Liebe ungestillt bleiben, da ihr auch die geistige Schwungkraft fehlt.

Endet die Herzlinie geschwungen in der Mitte des Jupiterberges, ist dies Zeichen von Ehrfurcht in der mitmenschlichen Beziehung, von tiefer Liebesfähigkeit und Hingabebereitschaft. Auch das Ende

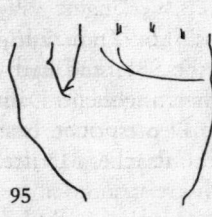

der Linie zwischen Jupiter- und Saturnberg läßt auf Innerlichkeit schließen und bezeugt eine Liebesfähigkeit, die mit Treue und Beständigkeit verbunden ist.

Schickt die Herzlinie nur einen Zweig in den Zwischenraum von Zeige- und Mittelfinger (Abb. 95), während sie selbst zum Jupiterberg aufsteigt, dann drückt eine solche Verbindung von Sehnsucht und Verwirklichung, von Hingabefähigkeit und Leistungswillen eine nachhaltende Intensität der Liebeskraft aus.

Schneidet die Herzlinie in den Zeigefinger ein, wird eine übertriebene Liebeserwartung den Partner überfordern.

Gibt das Ende der Herzlinie im Zwischenraum zwischen Zeige- und Mittelfinger dem Jupiterberg einen zu weiten Raum frei

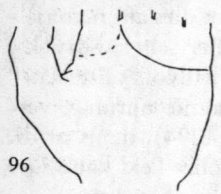

(Abb. 96), dann liegt hierin die Gefahr übertriebener Ich-Betonung. Der Geltungsdrang steht im Vordergrund und läßt vorwiegend nur Gefühle zu, die nach außen hin sichtbar werden. Ein solcher Mensch kann große und karitative Leistungen vollbringen, in seinem kleinen Familienkreis aber wird er wenig echte Gefühlswerte einsetzen oder mit tyrannischem Besitzwillen das Du im Eigenraum festhalten.

Anders ist die Einstellung, wenn die Herzlinie mit ihren Zweigendungen nach verschiedenen Seiten ausgreift, ein Bild, daß die

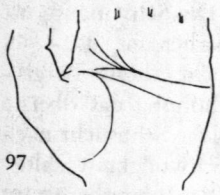

Gefühle sich nach verschiedensten Seiten hin entfalten (Abb. 97). Nur wenn ein solcher Zweig auf die Lebenslinie herabfällt, so daß sich im Daumenwinkel Herz- und Lebenslinie, oft noch in Verbindung mit der Kopflinie, treffen, ist dies ein Zeichen von Egoismus und Kälte (Abb. 97). Die Gefühle sollen dem Ich und seiner Befriedigung dienen; der Sog eigensüchtiger Gedanken und vitaler Triebe zieht auch die Innerlichkeit der Seele in seinen Bannkreis.

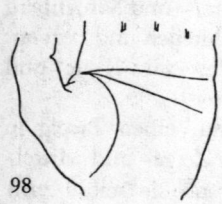

Fällt die Herzlinie selbst am Ende zum Daumenwinkel herab (Abb. 98), sind Egoismus und Selbstbezogenheit angezeigt. Daß dies auch eine Anlage zu Depressionen bedeutet, ergibt sich aus der Tatsache, daß der Mensch allein um sein Ich kreist, aus dem er keinen Zugang mehr zu Höherem findet und hierdurch Sehnsucht und Hoffnung erlöschen. Durch seine Ich-Bezogenheit fühlt er sich auch leicht in seinem Eigenwertgefühl verletzt, was zur Quelle der Eifersucht werden kann.

196

Die Herzlinie kann auch gerade und hart die Hand durchqueren und schwunglos auf der Daumenseite enden (Abb. 99). Auch dies

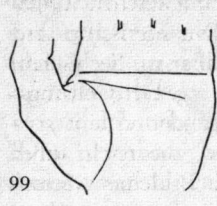

ist Zeichen übermäßiger Ich-Bezogenheit, die voller Aggressionen und Qualen ist. Von leidenschaftlichem Besitzwillen oder tyrannischer Eifersucht erfüllt, vermag der Liebende sein ichhaftes Verlangen nicht zu übersteigen. Er sucht vielmehr voll quälender Angst das Objekt seiner Liebe mit allen Mitteln festzuhalten und seinem Eigenwillen einzufügen. Hierbei ist er auch zu Opfer und Leiden fähig.

Nicht weniger selbstsüchtig, wenn auch ohne das Leid einer solchen Ich-Bezogenheit, ist der Mensch, dessen Herzlinie schon unter

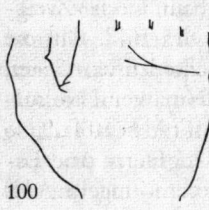

dem Mittelfinger endet oder zu ihm aufsteigt (Abb. 100). Beide Male wird der Einfluß der Saturneigenschaften vorwiegen, so daß sachliches Pflichtgefühl oder kalte Zweckhaftigkeit die Gefühle beherrschen. Innere Resignation oder mißtrauische Zweifel werden die Kraft der Liebe und Sehnsucht zurückhalten.

Je tiefer die Herzlinie in den Saturnfinger eindringt, um so kälter sind die zweckhaften Überlegungen. Endet die Herzlinie mit

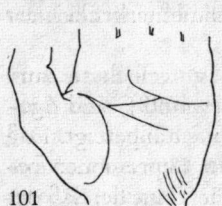

einem Zweig auf dem Saturnberg, während ein anderer auf die Kopflinie herabfällt (Abb. 101), führt zwiespältiges Denken und Fühlen zu Täuschungen und Enttäuschungen, zumal wenn der Mondberg, von vielen Linien durchzogen, wirre Einbildungen erkennen läßt.

Liegt die Herzlinie wie ein Sack in der Hand (Abb. 102) oder wie eine geöffnete Schale, die darauf wartet, daß sie gefüllt wird, ist dies ein Zeichen, daß der Mensch nicht die Sehnsucht der Liebe als eine dynamische, aufwärts schwingende Kraft verspürt, sondern von anderen Erfüllung seines Verlangens

197

erwartet. Manchmal sackt die Herzlinie nur an bestimmten Stellen ein. Immer aber ist dies Zeichen einer Erwartung, eines Stillstandes,

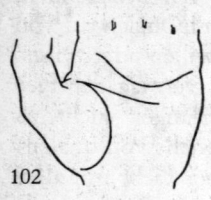

den die eigene Liebesfähigkeit nicht zu überbrücken vermag. Solche Menschen sind sentimental und ansprechbar im Seelischen, aber ihre Gefühle lassen schnell nach, und es bedarf eines anderen, der den Strom der Liebe und Hingabe wieder in Fluß bringt. So liegt in diesem Bild mehr Sehnsucht nach Erfülltwerden als echte Liebeskraft und Einsatz seelischer Gefühle.

102

Wird das Absacken der Herzlinie durch einen Sog der Kopflinie bewirkt, so daß sie, meist unter dem Saturnbe-

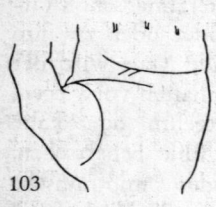

reich, diese zu berühren scheint – oder Zweige solche Annäherung bewirken –, während sie im weiteren Verlauf wieder aufwärtssteigt, so zeigt dies kalte, verstandesmäßige Zügelung der seelischen Regungen an (Abb. 103). Eine Einbiegung unter dem Ringfinger dagegen nimmt – bildhaft gesprochen – ideelle Anregungen auf und wird oft bei Malern angetroffen.

103

Ist eine Herzlinie nur zart und oberflächlich gezeichnet, werden die Gefühle trocken und nüchtern sein, wärend echte Bindung

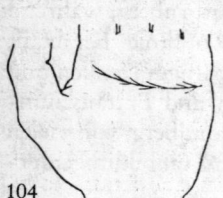

und Gefühlskraft aus der tief eingezeichneten Herzlinie spricht.

Eine nicht durch Zweige aufgelockerte, unverästelte Linie zeigt Härte und Gemütskälte an. Die Zweige lassen – bildhaft gesprochen – auf dem Weg des Herzens Gefühle zurück und füllen mit Herzblut den Raum aus, den sie berühren. Mit der Herzlinie

104

verlaufend (Abb. 104), sind solche Gefühlsäußerungen positiver Natur, während sie zurückfallend schmerzhafte Erfahrungen bedeuten. Oberhalb der Herzlinie dringen Zweige in den seelischen Bereich ein; zur Kopflinie herabfallend, berühren sie das Denken

198

und führen ihm seelischen Kummer zu, wenn sie zurückgewendet sind. Doch immer ist ihr Vorhandensein Ausdruck innerer Bewegtheit und Sensibilität.

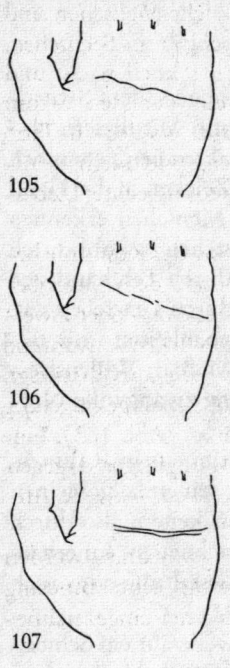

105

106

107

Wellenförmig gezeichnet, drückt die Herzlinie mangelnde Stetigkeit im Gefühl aus (Abb. 105). Auf die Liebe solcher Menschen ist wenig Verlaß. Das gleiche gilt, wenn sie nur aus Strichen (Abb. 106) besteht, das Herz gleichsam immer von neuem zum Lieben ansetzt und wieder ausläßt. Eine zeitweilige oder ständige Verdoppelung (Abb. 107), die die Herzlinie verbreitert, läßt seelische Beeindruckbarkeit erkennen, die aber den eigenen Herzensschwung verringert. Es wird gleichsam Liebe entfaltet, aber nicht mit dynamischer Kraft beseelt.

Zeichen auf der Herzlinie sind als Krankheitssymptome zu werten, die häufig durch seelische Ursachen bedingt sind. So wird sich ein seelisches Trauma, ein Schock, eine schwere Enttäuschung, die zu Herzleiden führen, in Brüchen und Punkten ausdrükken. Inseln gelten als Zeichen von Enttäuschungen, die das Herz schwer belasten, weil sie eine Zeitlang ausweglos erscheinen. Eine in viele Striche aufgelöste Herzlinie zeigt Verwirrung der Gefühle an, die das Herz beunruhigen. Jede solcher Belastungen ist für den Menschen leichter zu ertragen, wenn sein Gefühlsleben im Raum der Natur – der untere Handraum – verwurzelt ist, wenn er genügend physische Kraft besitzt, um die Leiden und Enttäuschungen des seelischen Erlebens aufzufangen. Ein Mangel im Ausdrucksfeld der Herzlinie aber besagt, daß nicht genügend Potenz vorhanden ist, um das Erlebte und Erlittene im Raum der seelischen Innerlichkeit mit Liebeskraft zu erfüllen und sich aus der Verstrickung in naturhafte und ich-gebun-

199

dene Lebensproblematik durch den Aufwärtsschwung der Sehnsucht und Hingabefähigkeit zu befreien.

Die Schicksalslinie

Saturnlinie

Die vertikale Linie, die zur Wurzel des Mittelfingers, dem Saturnberg, aufsteigt, wird auch Schicksalslinie genannt. Mit diesem Namen ist ihre Aussagefähigkeit am besten charakterisiert. Dennoch wäre es eine irrige Auffassung, ein gesondertes Zeichen in der Hand zu vermuten, aus dem sich das Schicksal des Menschen erkennen läßt. Denn Schicksal auslösende Ereignisse entstehen sowohl durch Spannungen und Auseinandersetzungen wie durch Fehlhandlungen und Schuld, durch Unterlassungen oder durch Getriebenheit. Andererseits ist dem Menschen trotz Vorgegebenheiten und Begrenzungen ein, wenn auch noch so kleines, Maß an Willensfreiheit gelassen, das jedem Schicksalseinbruch seine zwangvolle Notwendigkeit nimmt.

Das Leben eines jeden Menschen vollzieht sich in einem Rahmen, der durch Anlage und Bestimmung, durch seinen allgemeinen Grundcharakter wie durch persönliche Möglichkeiten, also durch Aussagen der Außen- wie Innenhand, vorgezeichnet ist. Innerhalb dieser Begrenzungen aber ist eine persönliche Gestaltung oder auch Veränderung des Schicksals für jeden möglich.

Die Schicksals-Saturnlinie kann lediglich Hinweise auf ein Schicksal oder Schicksal auslösende Triebfedern und Gegebenheiten enthalten, die zur Entwicklung der Selbstverwirklichung führen oder ein Versagen auf diesem Weg anzeigen.

Sie durchläuft als große Vertikale die Innenfläche vom Handgelenk bis zum Saturnberg hinauf. So verbindet sie – bildhaft gesprochen – den Naturbereich mit dem geistigen Bereich und führt die noch vorbewußten Antriebe und das im Unbewußten Angelegte in das Dasein erfaßbarer Wirklichkeit. Bei ihrem Aufstieg sammelt sie die verschiedensten Linien, die aus dem Ich- oder Du-Bereich in sie einströmen, und trennt zugleich diese beiden Räume voneinander ab. Eigene Erlebnisse und Ereignisse der Umwelt treffen im Ausdrucksfeld der Schicksalslinie zusammen und verdichten sich hier. So ist sie Bild des persönlichen Weges, auf dem der Mensch, sich loslösend von dem Befangensein in seiner Natur, die Sphäre bewußter Lebensgestaltung durchschreitet und emporsteigt zum Leben im Geistigen, in dem er verbindet oder auseinanderhält, was seiner Selbstwerdung zusteht und was Welt und Mitmensch von ihm fordern.

In diesem Sinn ist die lange, von unten aufsteigende, große Vertikale auch Zeichen einer starken Persönlichkeit, die durch Zusammenfassung aller ihrer Anlagen und Fähigkeiten ihre ausgeprägte Eigenart entwickelt und den Lebensweg in einer ganz bestimmten Richtung geht. Im Bild der Schicksalslinie ist der Mensch der Erde unterworfen und zugleich dem eigenen inneren Gesetz unterstellt. Ist sie in der linken Hand stärker gezeichnet, wird dies als Beengung empfunden. In der rechten Hand drückt eine stärkere Ausprägung soziales Verhalten, den Willen zur Leistung und bewußte Zielstrebigkeit aus.

Es ist die Bestimmung des Menschen, das rechte Verhältnis zwischen dem, was dem Ich zusteht und dem, was Welt und Mitmensch von ihm fordern, herzustellen. Die Kraft, die er besitzt, die Forderungen des Ichs und des Dus, des Rationalen und des Irrationalen, des eigenwilligen Individuums und der Gemeinschaft einerseits auseinanderzuhalten, andererseits zu verbinden, manifestiert sich in der Symbolik dieser die Hand senkrecht durchschneidenden Linie. Ihr Sinn ist zu trennen, zu verbinden und zu konzentrieren. Von der ursprünglichen Begabung, dieses zu können, hängt vor allem anderen das Schicksal des Menschen ab, und so heißt diese Linie Schicksalslinie. Selten nur ist sie durchgehend und verläuft in der ihr ursprünglich zugedachten Bahn. Sie zeigt in den Verschiebungen ihrer Lage, der Gebrochenheit ihres Verlaufs und anderen «Störungen» mehr als alle anderen Linien die Konflikthaltigkeit der menschlichen Lebensstruktur und somit den Weg zur Höhe als einen Weg, der schicksalhaft durch Irrungen und Wirrungen und viel Leiden führt.

Der Weg, den die Schicksalslinie ausdrückt, ist ein mühevoller, der keine Station des Lebens, seiner Leiden und Kämpfe ausläßt, sondern sammelt und zusammenhält, was an Möglichkeiten gegeben ist. Er zeigt Fähigkeit oder Unfähigkeit des Menschen, seinen Lebensweg mit den Anforderungen der Umwelt und des Berufs zwischen der inneren und äußeren Umwelt in Einklang zu bringen. Der begabte Mensch hat die Kraft, diesen Weg des stufenweisen Aufstieges durch künstlerische Leistung zu überbrücken. Der zum Geistigen Hingezogene wird ihn bewußt als Weg zur Höherentwicklung aufwärtssteigen. Der Durchschnittsmensch jedoch leidet unter dem Zwang der Begrenzung, der Mühen und Belastung, die ihm immer wieder auf diesem Weg begegnen. Sie dienen aber dazu, sein Verhalten der Welt gegenüber zu prüfen und seine innere Haltung unter Beweis zu stellen.

In der ovalen Hand ist die Schicksalslinie Zeichen eines starken Leistungswillens und Arbeitseinsatzes, der auf feste Ziele gerichtet ist und praktische Verwirklichung erstrebt. Ein starker Antrieb kann hierbei am Werke sein, der sich von dem Joch gegebener Lebenslagen, belastender äußerer Umstände oder innerer Unsicherheit befreien will.

In der eckigen Hand ist die Schicksalslinie Ausdruck für den Weg, der zur Verwirklichung einer Ordnung oder Gestaltung führt. Dies kann in einem künstlerischen Werk geschehen oder in einer geformten, geordneten und beherrschten Haltung. In einer solchen Linie – wenn es sich um eine sehr eckige Hand handelt – liegt auch die Gefahr zu starker Begrenzung und Beengung, die Verbitterung, Verkrampfung, Bedrückung oder Gefühle der Schuld und Vereinsamung hervorrufen.

Für den Menschen der konischen Hand ist der in der Schicksalslinie ausgeprägte Sinn für Verantwortlichkeit und Pflichterfüllung notwendig, damit der Mensch in seiner Sehnsucht nach Höherentwicklung nicht den von Natur gegebenen Aufgaben ausweicht. Wer sich von seinen erdhaften Wurzeln löst, muß die Welt des Selbstes durchschreiten, in der sein Wesen die endgültige Form empfängt und er sich mit der Umwelt auseinandersetzt. Erst dann kann das Ichhafte ohne Gefahr eines Selbstverlustes überwunden, können die triebhaften Bindungen gelöst werden.

Mehr als bei anderen Händen wird bei der Beurteilung der konischen Hand die Innenfläche von Bedeutung sein, vor allem in bezug auf diejenigen Zeichen, die sich auf den inneren Weg beziehen. Je ausgeprägter hier die Schicksalslinie ist, die große mittlere Vertikale, die das Vorhandensein einer inneren wegweisenden Stimme anzeigt, um so mehr wird dieser Mensch seine Weise des Weges geradlinig erfüllen können. Je gebrochener sie ist und von Querlinien durchkreuzt, um so schwerer wird gerade er es haben, seinen «Weg» zu gehen. Im Bild der konischen Hand wird sich dieser Weg zur Selbstfindung nicht aus einem ursprünglichen Verhalten heraus vollziehen, sondern gegen die natürliche Veranlagung; in der Kraft der Sehnsucht müssen mühsame Zwischenstationen übersprungen werden. Die Zielstrebigkeit der Schicksalslinie wird oft als Belastung empfunden.

Ist bei einer ausgeprägten Schicksalslinie der Saturnberg entwickelt, so ist genügend seelische Kraft zur Verantwortlichkeit vorhanden. Der Mensch wird in der Innerlichkeit seines Wesens den Weg zur Verdichtung aller Kräfte auf ein Ziel hin beschreiten.

Fehlt aber der Saturnberg, dann ist – trotz der Schicksalslinie – dem Menschen kein Brennpunkt zur Sammlung gegeben. Wird der Weg zur Höherentwicklung konsequent und pflichtbewußt gegangen, werden die einströmenden Einflüsse zusammengeführt und die Ich-Erlebnisse verdichtet, aber kein äußerer Höhepunkt bezeugt das erreichte Ziel. Weder in einer Leistung noch in einer sichtbaren Verwirklichung wird der Mensch die Bestätigung seines Weges und seines Arbeitseinsatzes erfahren.

Fehlt die Schicksalslinie in der Hand, so fehlen dem Menschen Zielrichtung und Sammlung der Kräfte. Er mag viele Begabungen und Möglichkeiten besitzen, aber sie werden keinen Mittelpunkt finden. Auch fehlt das soziale Verhalten, das den Menschen der Umwelt einfügt oder einem höheren Ziel unterordnet.

In der ovalen Hand wird die fehlende Schicksalslinie den materiellen und rein triebhaften Wünschen und Kräften einen weiten

Spielraum lassen. Denn ein solcher Mensch verspürt nicht den Drang, die der Erde verbundenen Kräfte zur Bewußtwerdung emporzuführen und einen Weg der Reifung zu gehen. Ihm erscheint nur das Gegenwärtige, das seine Sinne erfreut und seine Ich-Behauptung verstärkt, erstrebenswert.

In der eckigen Hand ist die fehlende Schicksalslinie weniger negativ zu bewerten. In ihrem Bild ist der Mensch an sich auf Gestaltung seiner selbst angelegt. Bei einer guten Kopflinie wird ihr Fehlen ein wenig Leichtsinn, doch zugleich eine größere Spannungsweite an Möglichkeiten bedeuten. Ein solcher Mensch wird weniger zielstrebig und verantwortlich sein, aber er wird auch weniger von der Schwere des Stoffes belastet und niedergedrückt.

In der konischen Hand läßt das Fehlen der Schicksalslinie auf Mangel an Verantwortlichkeit schließen. Dies kann zu Gewissenlosigkeit und Oberflächlichkeit führen. Für einen solchen Menschen gibt es genügend Möglichkeiten, um dem Anruf des Gewissens und der Selbstverwirklichung auszuweichen.

Ist bei der fehlenden oder wenig ausgeprägten Schicksalslinie der Saturnberg erhöht, dann sind zwar Begabung zur Verantwortlichkeit, Konzentrierung und fester Standpunkt gegeben, aber es fehlt dem Menschen der durch Erfahrungen, Sichten und Scheiden gewonnene Aufstieg zu einer klaren Haltung und Zielsetzung. Dies kann Gewissenskonflikte und Schuldgefühle auslösen. Oder der Mensch gerät in Spannungsbereiche, die ihn zu verantwortlichem Tun zwingen, mag er in diesen versagen oder im einsamen Verzicht über seine Triebbefangenheit hinauswachsen und auf eine andere Weise die von ihm verlangte Zielsetzung und Verantwortlichkeit erfüllen.

Fehlt dagegen bei mangelhaft gezeichneter Schicksalslinie auch der Saturnberg, dann muß dieses als Zeichen von Leichtsinn und Undiszipliniertheit, von nicht sozial eingeordnetem Verhalten oder innerer Leere gewertet werden.

Das Fehlen der Schicksalslinie ist nur in Händen geistiger Menschen positiv zu bewerten. Denn diese werden auch ohne äußeren Zwang ihren Weg der Selbstverwirklichung verantwortlich gehen und der Gemeinschaft dienen. Im anderen Fall ist ihr Fehlen immer eine Versuchung, daß der Mensch den Forderungen ausweicht, die sein Lebensweg ihm stellt, oder daß er zu keiner Konzentrierung gelangt. Oft läßt sich dieser Mangel bei Verbrechern oder asozialen Menschen finden, in deren Händen ein starker Venus- oder Mondberg triebhafte Wünsche und ein unstillbares Verlangen nach immer neuen Anreizen ausdrückt.

Es ist festgestellt worden, daß auch Affen eine ausgeprägte lange, nicht unterbrochene, starre «Schicksalslinie» besitzen. An sich ist es sinnlos, Menschen- und Affen«hände» miteinander zu vergleichen, da es sich beim Affen nicht um eine Fingerhand, sondern um eine Tatze handelt. Aber gerade die Tatsache, daß sich eine lange Schicksalslinie in dieser befindet, erhärtet die Bedeutung der zwanghaften Gebundenheit, Einengung und Begrenztheit, des Unvermögens, sich aus gegebenen Bedingungen zu befreien, die sich in der überstarken Betonung der Vertikallinie ausdrücken. Eine solche Unterjochung vermag nur der Mensch zu überwinden, der die Schwelle der tödlichen Erstarrung, Verfestigung und Verstockung überschritten hat und bereit ist, sich – im Bild einer guten Herzlinie – dem Schicksal im Sinn des amor fati hinzugeben.

Auch die Kopflinie muß im Zusammenhang mit der Schicksalslinie betrachtet werden, da sie die Intensität der Willenskräfte und die Klarheit des Bewußtseins ausdrückt, die notwendig sind, um Gegenkräfte einzusetzen. Man könnte sich den Menschen in den Kreuzpunkt zwischen Schicksalslinie und Kopflinie gestellt denken (Abb. 108). Mit beiden Armen ausgestreckt, umfaßt er Ich-Welt und Du-Bereich. In der Erde verwurzelt, den Kopf aufwärts erhoben, steht er im Schnittpunkt seines irdisch-geistigen Lebens, im Kreuz seines Menschseins. Je symmetrischer die Kreuzbalken sind, um so klarer zeichnet sich dieser Kreuzesstand ab, dieses Bürgersein zwischen Himmel und Erde, das unentrinnbar in die Entscheidung Gestelltsein.

108 Schicksalslinie

Mit einer geraden Kopflinie ist der Mensch im Bild einer starken Schicksalslinie einseitig von der Richtigkeit seines Tuns besessen oder von einem inneren Muß gedrängt.

Die Schicksalslinie, die aus der Mitte der Handwurzel oder nahe ihres Bereiches aufsteigt, symbolisiert die Verwurzelung des Menschen im Grund des Seins, seine Bindung an die Erde und seine Erbmasse. In ihr zeigt sich das Verlangen nach einem klaren Lebensweg, nach sozialem Verhalten und einer realen Verwirklichung der Anlagen und Möglichkeiten in einer praktischen Leistung oder einem geistigen Werk, der Handform entsprechend.

Wenn aber der Beginn der Schicksalslinie die Handwurzel und die sie begrenzende Raszette durchschneidet (Abb. 109), dann ist der

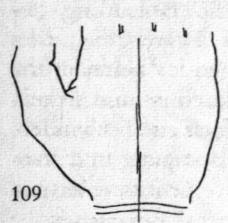

109

tragende Grund des Menschen angebohrt; verwirrende Kräfte der noch nicht gestalteten Natur suchen Eingang in seinen Lebensweg. Eine zerstörende Unruhe liegt in der Wesenstiefe eines solchen Menschen. Jede Verschiebung der Schicksalslinie aus ihrer ursprünglichen Bahn, jeder veränderte Beginn läßt die Problematik der menschlichen

Natur erkennen und bezeichnet somit den Weg zur Höhe als einen Weg, der schicksalhaft durch Irrungen und Wirrungen, durch Mühen und Leiden führt.

Beginnt die Linie im Ich-Raum, so wird der Mensch aus eigener Kraft sein Leben aufbauen und die Verwirklichung seiner Aufga-

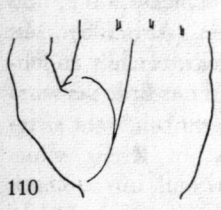

110

ben nicht anderen verdanken. Der Aufstieg aus der Lebenslinie (Abb. 110) ist Zeichen eines starken Lebensgefühles, das seinen Halt oft in der Familie findet, die seine Entwicklung unterstützt. Mit Willenskraft und Schwung wird er bewußt sein Leben nach außen hin gestalten und seine Ziele weit stecken.

Ist der Beginn der Schicksalslinie an die Lebenslinie gepreßt, dann wird das Ausleben der Triebimpulse beschränkt oder zurückgehal-

206

ten. Liegt er im Venusberg selbst (Abb. 111), bestimmen oder belasten die Triebimpulse den Lebensweg.

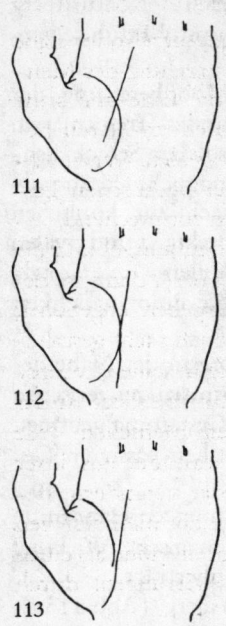

Beginnt die Schicksalslinie im unteren Handraum und verbindet sich dann ein Stück mit der Lebenslinie, um später wieder unabhängig von ihr aufwärtszusteigen (Abb. 112), wird der Lebensweg eine Zeitlang von Familienbindungen zurückgehalten, später aber durch persönliche Anstrengungen selbständig weiter fortgeführt.

Übernimmt die Schicksalslinie eine gebrochene Lebenslinie, so daß im untersten Teil der Vitalis nur eine Linie (Abb. 113) vorhanden ist, wird der Lebensantrieb unter einer zielgerichteten Schicksalsforderung stehen. Je reifer der Mensch ist, um so reibungsloser wird er solche Zeiten schicksalhafter Notwendigkeit bestehen, in denen nicht mehr der triebhafte Lebenswille vorherrscht, sondern eine persönliche Aufgabe oder objektive Leistung die Führung übernimmt. Identifiziert sich aber der Mensch nicht mit seinem Schicksalsauftrag, unterstellt er ihm nicht seine natürlichen Impulse, dann versiegen die vitalen Kräfte. Das Schicksal wird ihn unvorbereitet treffen und seine Lebenskraft überfordern.

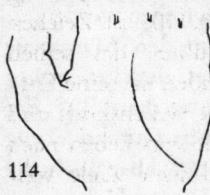

Es ist immer wichtig, das Abweichen der Schicksalslinie von der Mittelachse zu betrachten, da sich hierdurch eine Überbetonung der Selbstbehauptung oder der Umweltsgestaltung ausdrückt.

Beginnt die Schicksalslinie im unteren Mondberg (Abb. 114), dann werden nicht eigenwillige aktive Antriebe den Verlauf des Lebens bestimmen, sondern unbewußte Kräfte, plötzliche Einfälle, unklare Ahnungen und Stimmungen. Auch Zufälle und unvorhergesehene Einflüsse können den Schicksalsweg beeinflussen. In einer männlichen Hand liegt hierin eine weibliche Note. Wenn zugleich der Saturnberg entwickelt ist, wird das oft nur Erahnte oder intuitiv Erfühlte verwirklicht.

Während in der ovalen Hand die starke Mondbetonung der Schicksalslinie eine innere Trägheit und dumpfes Treibenlassen ausdrückt, ist der eckigen Hand im Bild einer solchen Schicksalslinie geduldiges Austragen fruchtbarer Einfälle möglich. Die mondbetonte Schicksalslinie gehört ihrem Sinn nach zur konischen Hand, die aus der Lebenslinie aufsteigende zur eckigen und ovalen Hand. Aber nur, wenn zugleich Zeichen von Willens- und Gestaltungskraft vorhanden sind, wird die unbewußte Empfänglichkeit nicht zu einem Zeichen labiler Beeinflußbarkeit.

Beginnt die Schicksalslinie im oberen Mondberg in der Nähe der Kopflinie, dann sind die an sich noch ungeformten zeugerischen Kräfte dem Bewußtsein nahe und fruchtbarer Gestaltung geöffnet. Es besteht eine harmonische Verbindung zwischen passivem Geschehenlassen und Gestaltungskraft.

Liegt der Ursprung der Schicksalslinie in der untersten Handmitte zwischen Venus- und Mondberg, wird eine magische Wirkung vom Menschen ausgehen, die sich der Umwelt überträgt.

Beginnt die Schicksalslinie erst auf dem Marsberg (Abb. 115a), dann liegen, zumal wenn dieser entwickelt ist, Kräfte zum Einsatz und zur Entscheidung bereit, die durch die Forderungen der Umwelt oder im Kampf mit ihr zur Tätigkeit gezwungen werden.

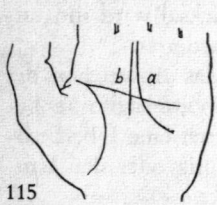

Entspringt die Linie in der Marsebene (Abb. 115b), dann findet der Lebensweg seinen Ausgangspunkt aus dem Tal der Mühen und Leiden, dessen Durchquerung

115

mutige Bereitschaft und Entschlossenheit verlangt, aber auch die inneren Kräfte zur Bewältigung der Lebensprobleme aufruft.

Manche Schicksalslinie beginnt erst spät in der Hand, von der Kopflinie oder von der Herzlinie aus aufsteigend. Das eine Mal werden spontane Gedanken und gestalterische Fähigkeiten zur Verwirklichung drängen, der Lebensweg wird aus bewußt eingesetzter Willenskraft aufgebaut; das andere Mal wird die Gefühlswelt eine Rolle für die Entwicklung des Lebens spielen. Solche späten Anfänge aber werden die Möglichkeit zur Reifung erschweren, während der Mensch im Bild der langgezeichneten Schicksalslinie schon früh den Weg zur Selbstverwirklichung und Sammlung seiner Kräfte beschreitet.

Im Verlauf ihrer Bahn kann die Schicksalslinie sich verschiedenen Richtungen (Abb. 116) zuwenden als Zeichen, daß sich der Lebensweg, entsprechend der Zielsetzung des Menschen, nach dieser oder jener Seite hin verändert. Die Richtung zum Jupiterberg (a) verstärkt das Geltungsstreben und stellt eigene Ziele in den Vordergrund. Im Bild der Schicksalslinie, die sich zum Apolloberg (b) hinwendet, werden die Kräfte zu einem ideellen Ziel oder zum Du hingeleitet, während ihre Richtung zum Merkurberg (c) das Ziel der geistigen Kommunikation in den Vordergrund stellt. Durchquert die Schicksalslinie ihr ursprüngliches Ziel, den Saturnberg, und dringt in den Mittelfinger (Abb. 117) ein, dann verfolgt der Mensch seine Ziele mit einer so starken Konzentration, daß er die notwendigen Grenzen übersieht und Widerstände herausfordert. Die Intensität, mit der er an alle Aufgaben herangeht, überfordert ihn und ruft nur zu leicht Rückschläge hervor.

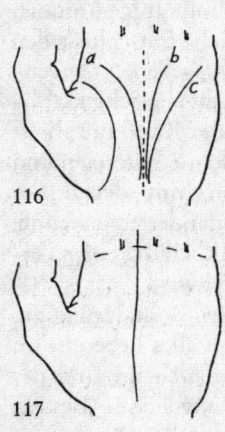

116

117

In vielen Händen sind Schicksalslinien eingezeichnet, die nicht ihr Ziel, den Saturnbereich, erreichen, sondern schon früher abbrechen. Der Ort, an dem dies geschieht, zeigt die Bruchstelle im Verlauf des Lebensweges an. Ein jähes Anhalten am Saturnring oder Venusring ist Zeichen plötzlicher Hemmungen durch Depressionen oder Nervenerregung. An der Herzlinie bedeutet ein Abbrechen Belastung durch Gefühle, vielleicht auch eine plötzliche Veränderung, die einem Kurzschluß der Gefühlsreaktionen entspricht oder ethische Grundsätze durchbricht. Nur wenn die Schicksalslinie

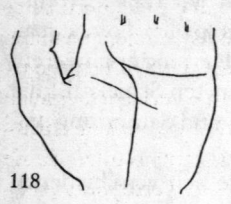

von der Herzlinie (Abb.118) aufgenommen und weitergeführt wird, läßt sie erkennen, daß Gefühle eine wesentliche Rolle für die Veränderung des Schicksalsweges spielen. Ein Anhalten der Schicksalslinie an der Kopflinie besagt plötzliche Entscheidungen, die zu Fehlschlüssen führen können und die Klarheit der Zielstrebungen schwächen.

118

Wenn aber die Schicksalslinie von der Kopflinie aufgenommen wird (Abb.119), dann werden klare und sachliche Entschlüsse den

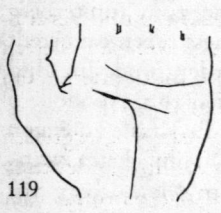

Lebensweg von einem gegebenen Augenblick an bestimmen. Bricht die Schicksalslinie im Marsbereich vor der Kopflinie ab, ist dies Zeichen von Kämpfen, Streitereien und anderen Schwierigkeiten, mit denen der Mensch sich erst auseinandersetzen muß, ehe der Weg zur Verwirklichung einer Leistung oder eines Zieles frei wird.

119

Jede Unterbrechung zeigt die Möglichkeit einer Veränderung an. Dies ist an sich nicht negativ zu bewerten. Denn alles Leben ist im Fluß und nicht einseitig starr fixiert. So sollte auch im Bild der Schicksalslinie eine Bewegung, eine Auflockerung liegen. Besteht ein größerer Zwischenraum zwischen den Bruchstellen, dann werden Zeiten eintreten, in denen der Mensch nicht einseitig und festgelegt seinen eingeschlagenen Weg verfolgt, sondern in einer mehr oder weniger passiven Haltung nach verschiedenen Seiten hin geöffnet ist. In solche Zwischenräume vermögen die Kräfte und Einflüsse von verschiedensten Richtungen aus einzuströmen. Dies kann zu einer Veränderung des Lebensweges führen: im positiven Sinn, wenn der Mensch bereit ist, dem Aufruf des Schicksals zu folgen; im negativen Sinn, wenn er nicht gewillt ist, geschehen zu lassen.

Beginnt an einer solchen Bruchstelle – seitlich verschoben – die neue Linie schon vor dem Ende der auslaufenden (Abb. 120), wird sich die Veränderung auf eigenen Wunsch vollziehen. Bei Frauen ist dies oft Zeichen ihrer Heirat, sofern diese

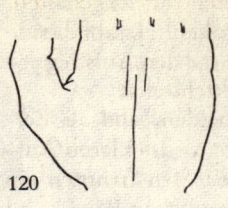

120

eine Umstellung des zuvor eingeschlagenen Lebensweges bedeutet. Ist die neu beginnende Linie zur Ich-Seite hin verlagert, spielen persönliche Wünsche und aktive Entschlüsse bei der Veränderung eine Rolle. Ist sie dagegen zur Du-Seite hin verschoben, bestimmen Rücksichten auf das Du oder seelische Gründe den Neubeginn des Lebensweges.

Die Schicksalslinie ist, bildhaft gesprochen, der Weg des Menschen, der aus den unbewußten Naturbereichen zur Klärung und verantwortlichen Leistung führt. Was an Unterbrechungen auf diesem Weg sich ereignet, bildet einen Aufenthalt, ein Umorientieren, ein Aufnehmen neuer Möglichkeiten und Anregungen.

Die Zweige (Abb. 121), die aus der Linie aufsteigen, ergreifen Möglichkeiten, die günstig für den Aufstieg sind. Ihre Bedeutung

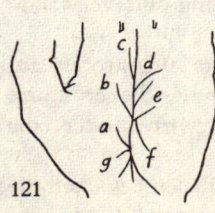

121

richtet sich nach ihrer Zielrichtung. Der Daumenseite zugewandt, betreffen sie die Ich-Behauptung, zur Kleinfingerseite hin, die Umweltgestaltung. In ihrem Bild werden Antriebe (zum Venusberg, Abb. 121a) oder Geltungsbewußtsein und Führungsanspruch gesteigert (zum Jupiterberg, Abb. 121b), vorhandene Möglichkeiten

und Fähigkeiten zur Verwirklichung geführt (zum Saturnberg, Abb. 121c), Bindungen angestrebt, künstlerische Gestaltung gesucht (zum Apolloberg, Abb. 121d) und geistige Beziehungen aufgenommen (zum Merkurberg, Abb. 121e). Lange aufwärtssteigende Zweige verstärken den Ehrgeiz nach eigenwilligen Leistungen und Erfolgen.

Fallen dagegen die Zweige abwärts, dann erschöpfen sich die Kräfte beim Aufstieg des Lebensweges. Der Mensch vermag nicht alle ihm zur Verfügung stehenden Möglichkeiten und Talente zu sammeln und zu verwirklichen. Sie werden von unbewußten Kräften abgezogen, wenn die Zweige die Richtung zum Mondberg (Abb. 121 f) nehmen, oder von Antriebskräften zurückgehalten, wenn sie zum Venusberg (Abb. 121 g) hinabsinken. Herabfallende Linien zeigen Kämpfe, Konflikte oder Mühen, die den Aufstieg erschweren oder den Leistungswillen zeitweilig erschöpfen.

Querstriche, die die Schicksalslinie durchschneiden, sind als Zeichen von Schwierigkeiten, von Durchkreuzungen des klaren Aufstiegs zu bewerten. Die Alten nannten ein Kreuz (Abb. 122), das zwischen Kopf- und Herzlinie auf der Schicksalslinie liegt, «das mythische Kreuz» und nahmen es als Zeichen okkulter Veranlagung. Man könnte vielleicht deutlicher sagen, daß dieses Kreuz in dem so wesentlichen Raum zwischen Kopf- und Herzlinie den Menschen in seiner Kreuzeshaltung darstellt – eine Wiederholung des großen, von Kopf- und Schicksalslinie dargestellten Kreuzes – und daß in dieser Haltung das menschliche Zeichen der Kreuzigung und Verwandlung liegt.

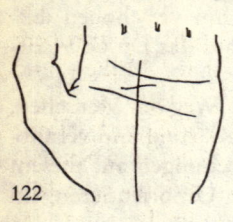

122

Eine Insel in der Schicksalslinie ist Zeichen einer Wegstrecke, auf der der Mensch ausweglos um Probleme kreist, die er kaum durchbrechen kann, die seinen Lebensweg verwirren oder eine Zeitlang hemmen.

Die Schicksalslinie wird meist von kleinen Parallelen begleitet, die eine Verstärkung ihres Antriebs zur Verwirklichung bedeuten. In ihrem Bild liegt eine Auflockerung, ein Vermeiden jeder Eingleisigkeit, die Gefahr einer unbegleiteten vereinzelten Linie. Die kleinen Linien im Bereich zwischen Lebens- und Saturnlinie betreffen den eigenen Lebensraum.

Wichtig unter solchen Begleitlinien ist eine aus dem Mondberg aufsteigende, die ein Stück lang neben der Schicksalslinie verläuft, um dann zu versacken (Abb. 123) oder in die große Vertikale einzumünden. Im Bild dieser Faszinationslinie suchen unbewußte Kräfte, Einfälle oder auch Verblendungen einen Zugang zur Ver-

wirklichung. So werden sie oft in Händen von Menschen angetroffen, die stark beeindruckt, gereizt, vom Unbewußten her er-

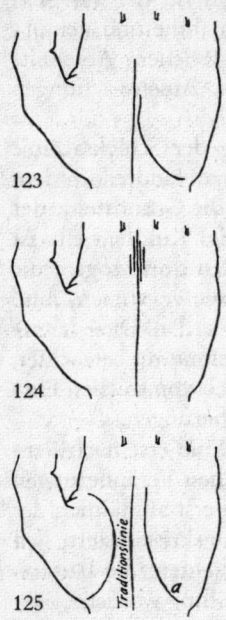

regt werden und ihre Begeisterungsfähigkeit
auf ihre Umwelt oder auf immer neue Anregungen übertragen. Je tiefer im Mondberg
der Ansatz einer solchen Linie liegt, um so
unbewußter und tiefgründiger, aber auch
unklarer und archaischer sind diese ihn be-
zaubernden Anreize.

Kleine Parallelstriche im Saturnberg
(Abb. 124) zeigen ein stetes Mühen und
Aufwärtsstreben an.

Liegt eine senkrecht aufsteigende Linie
(Abb. 125) zwischen Lebens- und Schicksalslinie, so ist diese als Traditions- oder Mi-
lieulinie zu deuten, da sie im Berg des Ursprungs beginnt. Sie besagt, daß der Mensch
in einer festen Bindung steht und sich einem
ethischen Imperativ unterwirft, den er zwar
sachlich anerkennt, persönlich aber oft als
Belastung und Hemmung empfindet, zumal, wenn die eigentliche Schicksalslinie
Selbständigkeit erkennen läßt – aus der
Handwurzel aufsteigend – oder aus dem
unbewußten Mondbereich entspringt (Abb. 125 a). Da die Traditionslinie die Vertikalspaltung der Hand verstärkt und somit die
notwendige Aufwärtsentwicklung des Menschen betont, auch
wenn diese unter einem gewissen, meist elterlichen Zwang steht,
wird sie nur in Händen von Menschen gefunden, die sich dem
Schicksal und seinen Forderungen stellen – in Bejahung oder auch
im Gegensatz zur Umwelt.

Dagegen werden Hände von Menschen, die dem Anruf des
Schicksals und der Arbeit an sich selbst ausweichen, die nicht die
Folgen ihres Tuns und Wirkens auf sich nehmen und verantwor-
ten wollen, denen das äußere Geschehen keine Antwort auf ihr Le-

213

ben bedeutet, eine gewundene, zerrissene, gestückelte oder nur zart gezeichnete Schicksalslinie aufzeigen. Da ihr Verlauf von unten nach oben Bild des menschlichen Lebensweges ist, der aus dem triebhaft Unbewußten zur bewußten Stellungnahme und verantworteten Leistung führt, ist es wesentlich, in welchem Abschnitt der Linie Veränderungen, Brüche, Parallelen, Abschwächungen auftreten.

Von besonderer Bedeutung ist die Zeichnung der Schicksalslinie am Anfang ihres Verlaufes, das heißt im unteren Handteil, in dem sie ursprünglich entspringt. Denn hier werden die Grundsteine der Entwicklung gelegt. Hier prägt sich das Bild der Kindheit ein. Ist dieser Teil von unruhigen, verzettelten Strichen durchzogen, die den Raum zwischen Schicksals- und Lebenslinie verwirren, muß auf belastende Kindheitserlebnisse geschlossen werden. Diese beunruhigen das ganze Leben, da sie, von der Lebenslinie aus betrachtet, an deren Ende liegen. Erst wenn sich der Mensch von solchen Eindrücken freigemacht hat, verlöschen die Schraffierungen.

In vielen Händen zeichnet sich die Schicksalslinie erst nach dem Kindheitsalter ein oder ist in der Jugend manchen Veränderungen unterworfen. So stellt sie bildhaft dar, daß sich erst allmählich der Lebens- und Schicksalsweg des Menschen herauskristallisiert, sich die Elemente erst langsam sammeln und verdichten, die bestimmend für seinen Weg der Entwicklung und Reifung werden.

Das Ende der Linie läßt das Alter erkennen. Ist die Linie ohne verwirrende Durchkreuzungen im Saturnberg eingebettet, ist der Mensch, in der Weisheit des Alters, am Ziele angekommen. Verwirrungen am Ende bedeuten ein unruhiges, mühevolles Alter, während die Schicksalslinie, die mit manchen Neuansätzen ihren Weg durch Querlinien hindurch aufwärts bahnt, erkennen läßt, daß der Mensch trotz mancher Mühen und Schwierigkeiten zur letzten Wegstation stetig und unbeirrt emporsteigt. Nicht ein leichtes Leben zeigt die Schicksalslinie an, wie immer sie auch gezeichnet ist; ihr Vorhandensein aber bezeugt, daß der Mensch die Verpflichtung auf sich nimmt, den Weg zur Reife und Selbstwerdung zu beschreiten.

IV
DIE NEBENLINIEN

Die Apollolinie

An sich gehört die Apollolinie, auch Sonnenlinie genannt, zu den Nebenlinien, wenn man vom Gesichtspunkt ausgeht, daß Daseins-behauptung – im Bild der Lebenslinie –, bewußter Gestaltungswille – im Bild der Kopflinie – und Sehnsucht nach Transzendenz – im Bild der Herzlinie – bestimmend im menschlichen Leben sind, und dieses sich – im Bild der Schicksalslinie – in einem ganz bestimmten Schicksalsablauf abzeichnet.

Doch in unserer Zeit, in der die psychischen Fähigkeiten des Menschen nach bewußter Gestaltung drängen, die seelische Verwurzelung aber besonders schwach ist, muß der Aussage der Apollo- oder Sonnenlinie ein wesentliches Gewicht beigemessen werden. Denn sie ist Ausdruck der innerseelischen Empfindsamkeit, die sich in ein Du hineinfühlt und zugleich von diesem Erfüllung und Ergänzung des eigenen Wesens ersehnt. Dies geschieht, indem unbewußte Wünsche in die seelisch-geistige Ganzheitlichkeit einer größeren Bindung hineinprojiziert oder gesonderte Inhalte des subjektiven Seins auf ein Objekt oder einen Menschen übertragen wer-

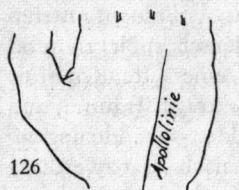

den. Der Ausdruck Sonnenlinie ist viel zu ausgeweitet für eine kleinere Nebenlinie. Eher spiegeln sich Aspekte des Apollo in ihr, wie dies auch für die von der Tradition als Sonnenberg bezeichnete Erhöhung gilt.

126

Auf der passiven Seite entspringend, führt diese Linie – im Idealfall – zum Apolloberg empor (Abb. 126). Ist dieser entwickelt, so ist seelische Kraft der Einfühlung und Bindung vorhanden. Ist überdies der Ringfinger lang, dann wird die Übertragung auf andere so groß sein, daß der Mensch seinen eigenen Wunschbildern hörig wird. Fehlt dagegen der Apolloberg in einer Hand mit ausgeprägter Apollolinie, dann sucht der Mensch mehr Spiel und Befriedigung eigener Lust als den Weg zum Du. Ist der Ringfinger, dessen Wurzelberg nicht erhöht ist, betont lang, dann verstärkt die Apollolinie die Neigung, in leichtsinnigem Spiel sich den Wechselfällen des Glücks auszuliefern.

Oberflächlich betrachtet, bedeutet eine lange Linie zum Ringfinger hin Erfolg und Glück, die dem Menschen ohne sein Zutun in den Schoß fallen. In Wirklichkeit aber ist solches Glück an die Fähigkeit gebunden, Wünsche und Traumbilder so stark in den anderen hineinzuprojizieren, einem Idealbild einzuverleiben oder in die eigene seelische Schau hineinzunehmen, daß sie als Verkörperung des Schönen, Edlen, Reinen ihrerseits wieder den Menschen anziehen und über seine Begrenzung emporheben. In einer weichen Hand drückt sich auch ein Zug der Eigenliebe und des Narzißmus aus.

In der ovalen Hand besagt die Apollolinie, daß der andere das eigene Lebensgefühl stärken und sinnenhafte Freude schenken soll. Im Bild der eckigen Hand liegt die Möglichkeit, unbewußte Erlebnisse in die seelische Schau hineinzunehmen und Sehnsuchtsbilder zu gestalten. Es besteht aber die Gefahr der Selbstdarstellung im Du oder Kunstwerk. In der konischen Hand enthüllt sich die Verlockung zur Eitelkeit und Verspieltheit wie auch die Sehnsucht, sich selbst zu idealisieren.

Liegt der Beginn der Apollolinie im unteren Mondberg, ist der Mensch subjektiv und kritiklos, wenn nicht eine gute Kopflinie vorhanden ist. Er überträgt Träume und Phantasien auf Idealbilder oder Ideologien, die seiner Sehnsucht nach Ganzwerdung scheinbare Erfüllung geben. Im oberen Mondberg beginnend (Abb. 127a), drückt sie das Verlangen aus, unbewußte Phantasien einem künstlerischen Bild einzuverleiben.

216

Es wäre aber eine Verkennung des schöpferischen Vorgangs, wollte man allein aus dem Vorhandensein der Apollolinie auf den produktiv Schaffenden schließen. Nur wenn die unteren Berge zugleich mit diesem entwickelt sind, wenn Kopf- oder Schicksalslinie die Kraft der Gestaltung und Verwirklichung bezeugen und die Form der Hand auf ordnende Kräfte schließen läßt, wird die Apollolinie tatsächlich zum Zeichen produktiven Schöpfertums. Im anderen Fall ist sie nur Ausdruck reproduzierender Begabung und einer Sehnsucht nach Harmonie und Schönheit oder nach Glück und Wohlleben.

Die Apollolinie, die aus den unbewußten Du-Bereichen aufsteigt, läßt immer die Gefahr erkennen, daß der Mensch nicht klar unterscheidet zwischen Sein und Schein und auf eine unbewußte, spielerische Weise eigene Ideale in andere hineinlegt, um der Arbeit am eigenen Charakter auszuweichen. Dagegen wird die auf der Ich-Seite beginnende Linie erhoffte Idealbilder in die persönliche Sphäre hineinnehmen und verarbeiten.

Liegt ihr Beginn im erhöhten Venusberg (Abb. 127 b), läßt sie einen Menschen von großem Charme und verführender Liebenswürdigkeit erkennen, der sein Idealbild mit fruchtbarer Wunschkraft beseelt. Entspringt sie der Lebenslinie, wird eine harmonische Gestaltung des Lebens ersehnt und die seelische Innerlichkeit, die nach Ganzheit verlangt, von vitalen Impulsen durchblutet. Steigt die Apollolinie aus der Schicksalslinie auf (Abb. 128), dann sucht der Mensch aus eigener Kraft und durch verantwortliche Arbeit Bindung und Ergänzung in einem Du.

Aus der Handmitte, der Marsebene aufsteigend (Abb. 129 a), besagt sie, daß der Mensch trotz mancher Rückschläge sich zu einem Idealbild hin entwickeln oder in einem geliebten Du Erfüllung seiner Wünsche finden wird. Vom Marsberg (Abb. 129 b) aufsteigend, ist die Apollolinie mit innerem Feuer, kämpferischer Durchsetzungskraft und zeugerischem Vermögen erfüllt. In ihrem Bild wird der Mensch durch Spannung und Auseinandersetzung seine seelischen Kräfte aufgerufen fühlen.

Beginnt die Linie erst nahe der Kopflinie (Abb. 130a), so verbindet sich der Wunsch nach einem Idealbild mit klarer Urteilsfähig-

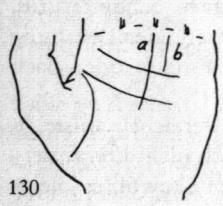

130

keit. Für den künstlerischen Menschen bedeutet dies Verwurzelung seiner Einfühlungsgabe in der Kraft klarer Gestaltung. Er unterscheidet bewußt zwischen dem projizierten und dem eingeborenen Bild.

Nimmt die Apollolinie ihren Ausgang von der Herzlinie aus (Abb. 130b), dann wird der dem Objekt einverleibte eigene Inhalt von starken seelischen Gefühlskräften getragen und nicht abgespalten vom eigenen Erleben. Im Gegenteil: Das Ich wird sich mit dem geliebten Du identifizieren und von ihm befruchten lassen. Nur in einer sehr konischen Hand birgt diese Identifizierung zugleich die Gefahr in sich, daß der Mensch durch zu große Anpassung oder durch den Wunsch nach gefühlsmäßiger Geborgenheit sich seinen eigenen Aufgaben entzieht.

In vielen Händen sind nur kleine Linien (Abb. 131) auf dem Apolloberg eingezeichnet. Diese Zeichen drücken seelisches Ein-

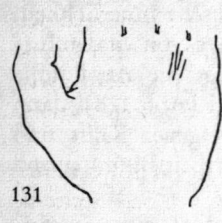

131

fühlungsvermögen, Freude am Künstlerischen und, bei erhöhtem Mondberg, am Sammeln von Kunstgegenständen aus.

Nicht immer liegt das Ende der Apollolinie auf dem Ringfingerberg. Oft bricht eine auf diesen Berg hin gerichtete Linie schon früher ab, ein Zeichen, daß die Übertragungskraft nicht genügend Anziehung besitzt, um das idealisierte Du mit Traumbildern zu erfüllen. Die Wünsche nach Bindung und Ergänzung ermangeln der seelischen Befruchtung.

Die Apollolinie sollte stets im Zusammenhang mit der Schicksalslinie betrachtet werden. Wie diese dem Leben Ernst und Verantwortung gibt, so ist die leichtere und beschwingte Seite des Lebens aus dem Bild der Apollolinie abzulesen. Ohne Schicksalslinie aber würde diese dem Zufall des Glücks zuviel Spielraum lassen, und der Mensch würde der Auseinandersetzung und Reifung ausweichen. Oder er würde sich in selbstgefälligen Vorspiegelungen eine Welt des Scheins und der Eigenliebe aufbauen. Dagegen vermag die Apollolinie einer zu starken Belastung des kategorischen Imperativs auflockerndes Gegengewicht zu geben.

Die Tendenz der Apollolinie, sich durch Selbstbespiegelung über die eigenen Schwächen hinwegzutäuschen, empfängt durch einen stark erhöhten Jupiterberg Stärkung an Eitelkeit und Selbstgefälligkeit. Da ein solcher Mensch mit sich selbst zufrieden ist und auch im äußeren Leben meist Glück hat, wird er der Arbeit an sich selbst und damit an seiner wirklichen Lebensaufgabe ausweichen.

Auf der anderen Seite würde der Mensch, in dessen Hand sich keine Apollolinie befindet, nur selten das Gefühl einer inneren Zufriedenheit und Fröhlichkeit verspüren. Die fehlende Linie ist von der Seite des «Glücks» her gesehen kein vorteilhaftes Zeichen. Auch mag einem solchen Menschen die Kraft der Einfühlung fehlen. Zugleich aber ist jede Gefahr genommen, eigene Bilder auf den anderen zu übertragen. Es werden nicht mehr Wunschträume auf den Partner projiziert, nicht Ideologien an die Stelle eigener Arbeit gesetzt, sondern mit klarer Nüchternheit wird der eigene wie der Wert des anderen erkannt. Sicher besitzt ein solcher Mensch weniger Sensibilität und künstlerisches Empfinden, aber er wird zwischen Sein und Schein zu unterscheiden wissen und bei einer guten Kopflinie seine klare Urteilskraft nicht verlieren.

Verbunden mit einer zum Mondberg herabfallenden Kopflinie würde die Apollolinie dagegen einen zu starken Übertragungswunsch in Verbindung mit Einbildungen, selbst Wahnideen anzeigen und damit die Gefahr des Ich-Verlustes. In Verbindung mit einer guten Kopflinie ist sie am günstigsten zu werten, da in diesem Bild Urteilskraft, bewußte Unterscheidung und gestalterische Fähigkeiten sich mit Einfühlungsvermögen und Idealismus verbinden. Durchquert sie in dieser Verbindung die Innenfläche in übertriebener Weise, wird man sich allein in den Blickpunkt stellen und sich im anderen spiegeln.

Nur selten ist die Apollolinie ohne Unterbrechung gezeichnet. Meist ist sie aufgegliedert, verschoben, durchkreuzt oder verzweigt.

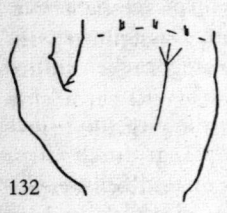

132

Positiv sind aufsteigende Zweige zu werten, vor allem, wenn sie zum Merkurberg oder Saturnberg gerichtet sind. Teilt sich die Apollolinie selbst auf dem Apolloberg und bleibt dort liegen, während ein Ast zum Mittelfinger, der andere zum kleinen Finger hin abzweigt (Abb. 132), deutet dies auf harmonischen Ausgleich und innere Befriedigung, die meist nicht Folge, sondern Ursache eines erfolgreichen und glücklichen Lebens sind.

Brüche und Kreuzungen zeigen Veränderungen, Zeiten seelischer Unbefriedigtheit, Störungen des inneren Gleichgewichts an, die notwendig sind auf dem Weg der seelischen Ganzwerdung, der in der «Sonnenlinie» Ausdruck findet.

Inseln sind Warnzeichen, daß sich der Mensch in einer inneren Disharmonie befindet – auch Lampenfieber kann sich in einer gro-

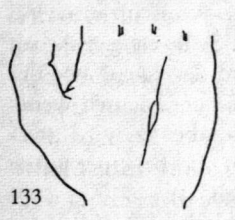

133

ßen Insel (Abb. 133) ausdrücken –, die seine Empfindsamkeit überreizt. Die gewundene Apollolinie ist Zeichen innerer Unruhe und Irritierbarkeit.

Alle Aussagen dieser Linie stehen in Bezug zur Fähigkeit des Menschen, ein Bild von sich zu übertragen und das persönliche Wesen in eine ganzheitliche seelische Welt hineinzulegen oder zum Wunsch, in eitler Selbstdarstellung eigene Inhalte auf das Du oder ein Idealbild von sich zu verlagern und in diesem sich selbst widerzuspiegeln.

Es sollte in der einzelnen Hand betrachtet werden, welche Nebenlinie durch gute Ausbildung oder Länge am meisten hervortritt. Sie wird Aussagen der Hauptlinien zusätzlich Gewicht geben.

Das große Dreieck

Die Merkurlinie (Abb. 134) ist die einzige Linie, die eine diagonale Richtung hat. Schon hierdurch beweist sie ihre Sonderstellung. Denn die Diagonale ist, wie Dionysios Areapagita in seiner Schrift «De divinis nominibus» schreibt: «Inbegriff der Vermählung von Hoch und Tief, eine Bewegung der himmlischen Geister, die in der Ausübung ihres Fürsorgeamtes das Gute und Schöne der höchsten Welt in der niederen zur Ausbildung und Entfaltung bringen.»

Im Chinesischen heißt diese Linie «Segnender Gruß des Herrn». Vom Merkurberg aus die Hand diagonal zur Lebenslinie hin

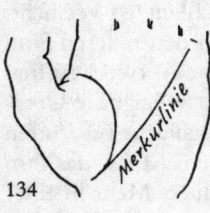

134

durchschneidend (Abb. 134), verbindet sie bildhaft den Bereich des Seelisch-Geistigen mit der Urkraft der Triebe. Ihr Verlauf bekundet die aus übermenschlichen Quellen stammende Sehnsucht der Seele, die der vormenschlichen Triebnatur Erlösung bringen kann. Das Offenbarwerden des überweltlichen Wesens erfolgt in der menschlichen Natur. Diese Wesenskraft, deren der Mensch vor allem in der Sehnsucht teilhaftig ist – im erhöhten Merkurberg dargestellt –, stände der in der Lebenslinie ausgedrückten Natur beziehungslos gegenüber, würde nicht eine – in der Merkurlinie ausgedrückte – Bewegung zwischen beiden Bereichen vermitteln. Das allen Bedingungen der Welt entzogene Überweltliche könnte keine Macht im menschlichen Dasein gewinnen, gäbe es nicht Begegnung und Bewegung vom Geistigen zum Menschen hin. Im Anruf und Antwortgeben begegnen sich Sein und Dasein.

Im Bild der Merkurlinie ist der Mensch gleichsam «auf dem Weg». Dies aber in anderer Weise als im Bild der Schicksalslinie. Dort beginnt der Weg als Aufstieg aus den unbewußten Bereichen zur Bewußtwerdung und klärenden Tat. Hier aber liegt der Beginn des Weges in der Sehnsucht, der Unruhe, dem Suchen nach Heilsein in aller Zerrissenheit und Zerstörung der Welt. Diese Sehnsucht ist ein Offensein, ein Hineinnehmen der lösenden Kräfte in die erlösungsbedürftige Natur, das Vernehmen eines tieferen Sinnbezuges im Verlauf des natürlichen Daseins. Im Bild der Schicksalslinie findet der Mensch zur Selbstverwirklichung in einer Tat, im Bild der Merkurlinie zur Selbstausreifung im Sein.

Ohne das seelische Vermögen, Antenne geistiger Einströmungen zu sein, ohne die Kraft, den Anruf des Überweltlichen zuzulassen – also bei flachem Merkurberg –, drückt die Merkurlinie nur Beweglichkeit und Unruhe aus, die neugierig nach allen Seiten hinhorcht, sich den verschiedensten Anregungen öffnet und anpaßt, mitteilt und vermittelt, doch nicht im echten Wahrheitsbezug steht.

Der Mensch in seiner Offenheit und Beweglichkeit ist versucht, nicht auf den rechten Einstrom zu warten. Um den tieferen Sinn seiner Unruhe betrogen, hofft er überall dort eine Antwort zu finden, wo ihm billige Erfüllung versprochen wird. So liegt die Ursache des Betruges oder der Lüge als Gefahr der schlecht geformten Merkurlinie zutiefst in der Sehnsucht nach einem Mehr, das ihm das tägliche Leben nicht bieten kann. Daß sich dieses Mehr in einer geistigen Erfahrung anbietet, die eine ungetrübte seelische Aufnahmefähigkeit voraussetzt, wird nur derjenige wahrnehmen, der neben der gutgezeichneten langen Merkurlinie auch einen erhöhten Merkurberg besitzt.

Der Verlauf der Merkurlinie zur Lebenslinie hin zeigt, daß es eines Mitschwingens bedarf, in dem der Rhythmus des natürlichen Lebens dem geistigen angepaßt wird. Man könnte auch sagen, daß der Mensch im Bild der Merkurlinie jenem organischen Akt nachspüren muß, durch den der Geist den menschlichen Leib bewegt und in seinen Besitz nimmt. Dieses Ergreifen und Ergriffenwerden bedeutet eine Verwandlung des natürlichen Menschen.

Auf der passiven Seite der Hand beginnend, drückt die Merkurlinie aus, daß der Mensch zu dieser Verwandlung geführt wird und in seiner höchsten geistigen Möglichkeit nur ein Empfangender, ein Aufgerufener ist. Im Durchqueren der Handfläche und ihrer verschiedenen Räume aber erweist sich, was der Mensch zurVerwandlung beitragen will, auf welchen Gebieten das Empfangene, Aufgenommene sich auswirken und welche Antwort dem geistigen Anruf gegeben wird. Der Weg, den die große Diagonale von oben nach unten durchzieht, zeichnet sich oft erst im Lauf des Lebens Stück für Stück ein als Beweis, daß es der Übung und Reifung bedarf, bis der Mensch den Anruf des Geistes vernimmt und sich ihm öffnet.

Liegt die Merkurlinie in der ovalen Hand, dann wird der Mensch, der auf tätige Verwirklichung angelegt ist, empfangsbereit sein für Anregungen, die seiner Daseinsbehauptung förderlich sind. Beweglichkeit, Austausch, Anpassungsfähigkeit, Lebensgewandtheit lassen den geschickten Geschäftsmann erkennen, der Gelegenheiten auszunutzen, schnell zu reagieren und das geeignete Klima einer Situation zu erfassen vermag.

In der eckigen Hand ist die Merkurlinie Zeichen für organisatorische Begabung, da die Kraft der Gestaltung und Ordnung den äußeren Umständen in rechter Weise angepaßt wird. Auch pädagogische Fähigkeiten, das Vermitteln geistiger Interessen und Anregungen, Redegewandtheit, Kommunikation durch Wort und Schrift, Sprachtalent und wissenschaftliche, vorwiegend mathematische Begabung sind angezeigt. Da der Mensch im Bild der Merkurlinie um die heilbringende Kraft des Geistes weiß, wird er auch das Heilen des Körpers verstehen.

Bei erhöhtem Mondberg ist auf ein gutes Gedächtnis zu schließen; denn Erfahrungen und Anregungen bleiben in den Tiefen des Unbewußten bewahrt. Dies führt auch zu einem guten Du-Kontakt. Die mitmenschlichen Beziehungen, die die Merkurlinie der eckigen Hand ausdrückt, spielen sich nicht auf einer sinnlichen Ebene ab. Es ist vielmehr ein Erspüren des anderen, das die Beziehungen zu ihm öffnet. Die Nerven und ihre Feinfühligkeit sind als leitende Ströme hierbei beteiligt. Je tiefer die Merkurlinie in die Handfläche eindringt, umso stärker läßt der Mensch die Schwingungen des Du auf sich einwirken.

In der konischen Hand wird dies noch deutlicher. Hier geht es vor allem um seelisch-geistige Schwingungen und den Strom der Sympathie und Antipathie, der die Menschen zueinander führt. Die Stimme wird hierbei eine wesentliche Rolle spielen. In der konischen Hand vermag der Mensch im Bild der Merkurlinie auch den Hauch des Geistigen zu spüren und ein gültiges Wort zu vernehmen. Dies geschieht durch die Möglichkeit einer inneren Inspiration.

In der konischen Hand liegt aber auch die Gefahr, daß der seelisch Geöffnete in einem Zustand körperlicher Schwerelosigkeit den eindringenden Anregungen, Stimmen oder Schwingungen keinen Widerstand leistet, sondern Versuchungen und Verlockungen haltlos verfällt. Im rein passiven Zustand der Empfänglichkeit vermag der Aufnehmende noch nicht zwischen wahr und unwahr zu unterscheiden. Es ist deshalb notwendig, daß eine gute Kopflinie klare Urteilskraft erkennen läßt.

Überhaupt ist die Zeichnung der Kopflinie wichtig für die Aussagen der Merkurlinie. Je bewegter, anpassungsfähiger, interessierter und vielseitiger der Mensch im Bild der Merkurlinie erscheint, umso notwendiger ist das Vermögen zur Ordnung und Gestaltung. Eine gutgezeichnete, nicht zu tief abfallende Kopflinie drückt den Wirklichkeitsbezug und den Entschluß zur Auseinandersetzung aus.

Liegt der Ursprung der Merkurlinie nicht auf dem Merkurberg, sondern am äußersten Handrand (Abb. 135), dann ist auch dies

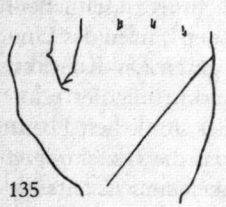

Ausdruck einer geistigen Beweglichkeit, die zu leicht den Boden der Wirklichkeit verliert. Eine große Wißbegier oder Neugier wird sich den vielseitigsten Anregungen zur Verfügung stellen, auf jeden Anstoß mit wachem Interesse reagieren und sich den verschiedensten Lebenslagen anpassen.

135

Durch solche übermäßige Geschicklichkeit und Gewandtheit, die überall Kontakt aufzunehmen vermag, entsteht die Versuchung, nach Ausflüchten und Listen zu greifen, die das gerade Ziel verfehlen.

Beginnt die Merkurlinie an der Herzlinie, so ist sie Zeichen einer Erkenntnis des Herzens, die – am Berührungspunkt mit der Lebenslinie sichtbar – das natürliche Leben zu verwandeln mag. Auch erzieherische Fähigkeiten drücken sich in einer solchen Linie aus. Symbolhaft bedeutet dies, daß der Lehrende im Reich des Geistes die Funktion übernimmt, die im Reich des vitalen Lebens der leiblichen Zeugung zufällt. Die geistige Erkenntnis, die dem Dasein Wert und Sinn gibt, wird dem nach Erkenntnis sich Sehnenden weitervermittelt.

Beginnt die Merkurlinie an der Kopflinie, so ist die geistige Anregung verstandesmäßig gefärbt und die Beziehung zur Transzendenz soll rational unterbaut werden. Wissenschaftler werden oft eine solche Linie besitzen.

Beginnt sie erst im Marsberg, läßt sie technische Begabung erkennen und Bereitschaft zu Wettstreit und Auseinandersetzungen.

Wenn nur im unteren Handraum eine Andeutung der Merkurlinie vorhanden ist, bedeutet dies sportliche Beweglichkeit, praktische Geschicklichkeit und Lebensgewandtheit; auch einen natürlichen sicheren Instinkt.

Beim Betrachten der Merkurlinie ist die horizontale Dreiteilung der Hand wichtig. Denn die Merkurlinie ist nicht Zeichen einer vorhandenen Kraft und festgelegten Möglichkeit, sondern Ausdruck der Beziehung, Mitteilung, der Verbindung zweier Punkte, deren Ursprungsort und Ziel ihre Aussage bestimmen.

Auch das Ende der Merkurlinie verändert in starker Weise ihre Bedeutung. Liegt es auf der aktiven Seite der Hand, dann wird der Mensch das rechte Verhältnis zwischen Aufnehmen und Verarbeiten gewinnen, zwischen unmittelbarem Anruf und bewußter Gestaltung. Berühren sich Merkur- und Lebenslinie (Abb. 134), so dringt der Anruf des Geistes in den Lebensbereich ein. Sind beide Linien am Ort ihrer Begegnung gleich stark ausgeprägt, bedeutet dies Selbstausreifung, die auch – da sich diese Begegnung meist im letzten Teil der Lebenslinie ereignet – eine Altersweisheit anzeigt.

Durchschneidet die Merkurlinie die Lebenslinie und mündet in den Venusberg ein (Abb. 136), ist die Atmosphäre eines Menschen von seltsamem Reiz erfüllt. Etwas Vibrierendes, Schillerndes liegt um ihn, das sowohl sinnlicher wie seelischer Ausstrahlung ent-

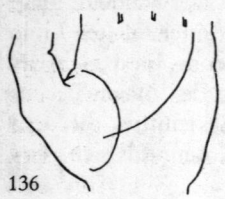

stammt. Zu diesem Reizvollen gehört auch eine gewisse kindliche Unselbständigkeit, die die Hilfeleistung der Umwelt anzieht.

Endet die Merkurlinie in der Schicksalslinie, so drängen die geistigen Möglichkeiten und Erkenntnisse nach Verwirklichung. Der Subtilität der Schwingungen und Einströme wird ein verantwortlicher Halt gegeben.

136

Endet die Linie im Marsbereich, wird es sich um einen geistreichen, witzigen Menschen handeln, der – bei erhöhtem Marsberg – der sarkastischen Züge nicht entbehrt.

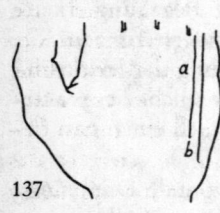

Überschreitet die Merkurlinie nicht den Du-Bereich, sondern mündet sie in den oberen Mondberg ein (Abb. 137a), dann werden die geistigen Einfälle in das Unbewußte eindringen, es auflockern und zu einer lebendigen Reaktion veranlassen. Fällt die Linie aber zu tief in den unteren Mondberg ein (Abb. 137b), dann besteht die Ge-

137

fahr der Beunruhigung und chaotischen Verwirrung – es sei denn, die Kopflinie ließe eine klare Fähigkeit der Unterscheidung und des Urteils erkennen.

Eine auflösende Wirkung kann die Folge der seelisch-geistigen

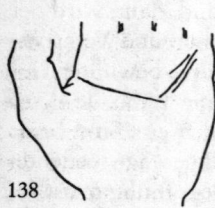

Kommunikation sein, die ungesichtet und ungeschieden in das Unbewußte einfällt, wenn nicht der Mensch die Empfindsamkeit und Reizbarkeit seiner Nerven, die Schwankungen im Rhythmus seines Lebens, das innere Vibrieren und Angesprochensein mit Selbstbeherrschung aufnimmt oder ihnen bewußt begegnet.

138

Ist die Merkurlinie nur kurz gezeichnet, so daß sie kaum in die Hand hineinführt, sondern schon vor der Kopflinie endet – meist von kleinen Parallelen begleitet (Abb. 138), – dann sind dies nur Andeutungen geistiger Kommunikation, die den Menschen wohl aufhorchen lassen, ihn aber nicht zu einer Antwort oder Verwandlung bewegen.

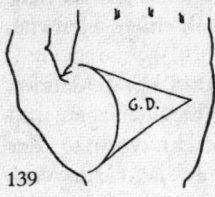

Am wirksamsten ist der aus dem Merkurberg kommende Anruf des Geistes, wenn die Merkurlinie zusammen mit Kopf- und Lebenslinie das sogenannte große Dreieck bildet. (Abb. 139). Dies gibt Aufschluß über die seelisch-geistigen, die bewußten und die lebendigen Kräfte im Menschen, wie über seine Art, zu erkennen, das Erkannte zu gestalten und es ins Leben hineinzunehmen, damit es dort wirken kann.

Das große Dreieck umschließt die Marsebene. Der Winkel, den Kopf- und Lebenslinie bilden, zeigt das Zusammenwirken vitaler und bewußter Kräfte, der Winkel, in dem Kopf- und Merkurlinie sich berühren, läßt vernünftiges Denken erkennen; jener von Merkur- und Lebenslinie die seelische Reife, die sich im Leben bezeugt. Ist das Dreieck auf der Seite der Lebenslinie offen, ist das Triebleben unruhig und nicht bewältigt. Die Öffnung zur Merkurlinie hin läßt Stimmungen und Phantasiewünsche erkennen, die die Entschlußkraft beeinflussen.

Ein klar gezeichnetes Dreieck mit ausgeprägten Winkeln deutet harmonische Ausgeglichenheit zwischen Denken und Leben an. Es besteht ein dynamischer Austausch zwischen Geist und Natur. Nichts bleibt abstraktes Wissen oder blutleere Theorie.

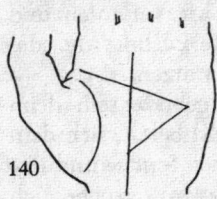

Übernimmt die Schicksalslinie die Stelle der Lebenslinie und bildet die eine Seite des Dreiecks (Abb. 140), dann wird die innere Sehnsucht in einem bewußten verantwortlichen Tun Verwirklichung finden und die geistigen Anregungen und Interessen werden sich sammeln und verdichten.

Fehlt die Merkurlinie in der Hand, so mag dies vom gesundheitlichen Standpunkt aus betrachtet ein günstiges Zeichen sein. Es wird sich um einen Menschen handeln, der sich gesund wähnt, weil er die Bedürftigkeit nach dem wahren Heilwerden nicht kennt. Ist bei fehlender Linie auch der Merkurberg nicht entwickelt, so mag der Mensch überhaupt noch nicht den Anruf nach einem Heilsein, das ihn verwandelt, vernommen haben.

Ist der Merkurberg aber erhöht, so wird im Bild der fehlenden Merkurlinie dieser Anruf nicht in das Leben hineingetragen und auf das natürliche Dasein einwirken. Vielleicht vermag der Mensch dem Geist nicht zu antworten, weil er nicht zur Verwandlung bereit ist, nicht gewillt ist, die ganze Last des Versagens, der Unzulänglichkeit und Ohnmacht auf sich zu nehmen. Vielleicht steht auch ein zu rationales Denken oder materielles Selbstgenügen diesem Antwortgeben hindernd im Wege. Dies läßt sich erst aus den anderen Zeichen der Hand ersehen.

Vom Sinn der Merkurlinie aus betrachtet, besagt ihr Fehlen nur, daß ein inneres Abgestumpftsein oder ein Mangel an Feinspürigkeit den Austausch zwischen oben und unten verhindern und der Mensch sich nicht auf dem Weg zur Selbstausreifung und Verwandlung befindet.

Eine wellenförmig gewundene Merkurlinie läßt eine Menge von Ausweichmöglichkeiten zu. Eine zu große Anpassungsbereitschaft könnte leicht die Geradlinigkeit und Ehrlichkeit der Du-Beziehung verhindern.

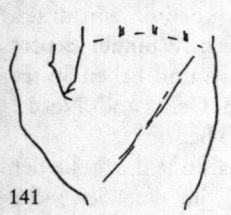

Parallele Linien, die die Diagonale begleiten oder sogar stückweise ersetzen (Abb. 141), sind Zeichen eines verstärkten Kontaktwunsches, wenn sie gerade verlaufen und die Bewegung der Merkurlinie in das Handinnere hinein unterstützen.

141

Eine lange Linie wird nicht oft in einem Stück gebildet sein, denn selten ist der Mensch sein Leben lang wach und bereit, sich dem Geist zu öffnen, ihn wirken zu lassen. Die kleinen Striche und Parallelen zeigen die immer von neuem beginnenden Versuche, sich bereitzuhalten und zu öffnen. Wichtig ist nur, daß die Richtung gewahrt wird, daß der Mensch auf dem Wege bleibt.

Störungen, Unterbrechungen, Durchschnitte, Kreuze, Inseln und andere Zeichen auf der Merkurlinie sprechen von den vielen Möglichkeiten des Versagens, die den Einstrom des Geistes hindern oder ausschalten. Oft lassen sie Krankheiten erkennen, die aber nicht nur den Körper belasten, sondern deren Unruhe vor allem im Seelisch-Geistigen liegt.

Zum großen Teil werden durch solche Zeichen Nervenbelastungen ausgedrückt oder Krankheiten der endokrinen Drüsen. Aber auch Erinnerungen prägen sich im Bild dieser Linie in das «Fleisch» des Menschen ein, die seinem Körper Schaden zufügen.

Wenn die Alten diese Linie Hepathica nannten, so mögen sie daran gedacht haben, daß aus der Leber des Tieres Zukünftiges prophezeit und der Wille der Götter kundgetan wurde. Auch wenn es im Volksmund heißt, ein unangenehmes Erleben gehe dem Menschen auf Leber und Nieren, so ist damit der enge Zusammenhang zwischen Leiblichem und Seelisch-Geistigem gemeint. In diesem gemeinsamen Bereich bewegen sich die Aussagen der Merkurlinie. Welche Räume sie in der Hand durchmißt, zu welchen Bereichen Zweige von ihr emporsteigen oder herabfallen: es bedeutet im positiven wie negativen Sinn, daß der Mensch im Irdischen wirksam ist und doch teilhat am alles durchwaltenden Atem des Geistes.

Nach alter Tradition wurde der Lauf der Merkurlinie von unten nach oben gelesen. Diese Linie der Beweglichkeit verbindet in beiden Richtungen die Orte, die sie berührt.

Die Neptunlinie

In der alten Tradition wurde der Merkurlinie im unteren Handteil, dort, wo sie in die Lebenslinie einmündet, eine kleine Parallele zugesprochen. Diese aber hat eine selbständige Bedeutung. Es ist die Neptunlinie (Abb. 142), die im untersten Handraum liegt und dem Unbewußten, Ungestalteten zugehört. Der Bereich, den sie umgibt, ist jener Raum zwischen Venus- und Mondberg, der den Ursprung des Menschen bezeichnet und den die Chinesen «Grube oder Palast des Wassers» nennen. Da die Schicksalslinie häufig aus diesem Raum aufsteigt, so versteht man die besondere Bedeutung

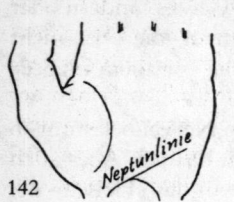

der Grube oder Höhle, aus der sich der Mensch zum Licht des Bewußtseins und der Klarheit hin entwickelt.

Dieser Raum aber hat als Ausgangspunkt der Neptunlinie noch eine andere Bedeutung: Er zeigt das Fließende, Auflösende, Ungestaltete, das vorgeburtlichen Tiefenschichten zugehört. Meist ist dieser «Palast des Wassers» nicht erhöht, und doch setzt er sich in einer gewissen Kreisförmigkeit von den benachbarten Bergen ab. Gerade dieses Kreisende, Fließende ist Sinnbild einer erwachenden Bewegung.

Die Neptunlinie, die diesem noch ungeklärten, ungeformten vorgeburtlichen Raum entspringt, führt zur Außenseite der Hand in den unteren Mondberg hinein. In den Händen der heutigen Menschen, vor allem der kleinen Kinder, ist sie auffallend stark entwickelt, so daß sich – im Gegensatz zu der nebensächlichen Bedeutung, die ihr einst beigemessen wurde – in ihr ein Wesenszug ausdrückt, der dem heutigen Menschen besonders zu eigen ist.

In ihrem Bereich scheint jene andere, der bewußten Lebenshaltung entgegengesetzte, meist ins Unbewußte gedrängte, hier aber nicht weniger mächtige Seite im Menschen auf, die sich dem aktiven Griff wie der rationalen Begrifflichkeit entzieht. Das «Neptunische» im Menschen stammt aus einem Zwischenbereich, in dem die Grenzen sich auflösen und das im Bewußten Getrennte ineinander überfließt. Im Bild der Neptunlinie strömt das Geheimnis des Lebensgrundes als unmittelbare Seinserfahrung in das persönliche Dasein ein und faßt unmittelbar, ohne Überlegungen, Raum in der Vorstellungswelt des Menschen, seinen Ich-Kreis erweiternd oder gefährdend.

Vielleicht war die Neptunlinie früher nicht so stark in die Hände gezeichnet, weil die Menschen, noch getragen von einem religiösen oder sozialen Kollektiv, eingebunden in einen magisch-mythischen Zusammenhang, keiner persönlichen Auseinandersetzung mit dem Unbewußten bedurften. Doch seitdem der Mensch in der scharfen Subjekt-Objekt-Scheidung seines rationalen Erkennens das persönliche Leben von seinen Wurzeln abtrennte, ist sein Eingebettetsein in die Welt der Urbilder und mythischen Vorstellungen, sein Ruhen im Urgrund des Seins durch den Eingriff des zergliedernden Denkens aufgewühlt, ist seine unmittelbare Schau der Naturzusammenhänge, seine mediale Natursicht zerstört worden. Nun verlangt das Untergründige, Ungeschiedene im Menschen bewußte Überwachung, Formung. Im Bild der Hand gesprochen: Nun muß der Mensch sich mit den Neptunkräften auseinandersetzen, die durch die Entgrenzung auf allen Gebieten in sein Leben einströmen.

Zweierlei birgt das ursprünglich Unbewußte in sich, das von verschiedener Herkunft ist: das «Angeborene» und «Eingeborene». Das Angeborene ist das in der Natur des Menschen verkörperte, aber nicht in diesem Leben entstandene Wurzelreich seiner treibenden und bildenden Kräfte. Das Eingeborene gründet in der Teilhabe des Menschen am vorpersönlichen Leben und Sein, also in seinem eingeborenen Wesen. Das Angeborene trägt die ganze Entwicklunsgeschichte der Menschheit in sich. Aus ihr heraus unterscheidet der Mensch von heute sich von dem Menschen, der in «vergangenen Zeiten» gelebt hat. Sie wirkt in ihm als das große Erbe, erscheint in der Weise seiner Vorgeformtheit für dieses Leben und bekundet sich in der Grundgestalt seiner Triebe wie in den Urbedeutungen seiner Bilder. Kraft dieser Vorgeformtheit ist der Mensch archetypisch zu seinem Leben in einer Weise angelegt, deren Voraussetzung die in ihm noch wirksame Geschichte der Menschheit ist.

Liegt die Neptunlinie in einer ovalen Hand der Selbstbehauptung, zeigt dies in positivem Sinn, daß der Mensch in seinen materiellen Erwägungen einem sicheren Instinkt folgt, daß seine Handlungen und Reaktionen aus dem Alltäglichen herausgehoben, seine Sinneseindrücke verfeinert sind. In negativer Auswirkung ist er schwärmerischem Aberglauben geöffnet oder verlangt, sich durch Reizmittel und Reizwirkungen berauschen zu lassen. Auch wird

er nicht vor hintergründigen, dunklen Machenschaften zurück-
schrecken, um materielle Ziele zu erreichen.

Die eckige Hand hat die Möglichkeit, im Bild der Neptunlinie das
Unsichtbare, Unbegreifbare bewußt zu gestalten. Ordnung, Zucht
und bewußte Willenshaltung werden dem Chaotischen, mit dem
Verstand nicht Deutbaren, dem nur Erahnten und Erschauten, feste Umrisse geben.

Die untergründige Kraft des Neptun aber wird sich in der eckigen
Hand eines triebhaften, affektbetonten Menschen – durch einen
erhöhten Venus- und Marsberg ausgedrückt – zu unheilvoller
Wirkung zusammenballen.

Im Bild der konischen Hand liegt die Gefahr einer Überflutung
von chaotischen ungeformten Kräften, die den Menschen in den
Sog einer «participation mystique» hinabziehen. Auf geheimnis-
volle Weise nimmt er am Inner-Seelischen des anderen und der
Umwelt teil, ohne in eine bewußte Ich-Du-Beziehung zu treten.
Auflösung moralischer Begriffe und sozialer Schranken, Überflu-
tetwerden von Ahnungen oder Illusionen, Entgrenzung, selbst der
Zerfall der Persönlichkeit sind die negative Seite der passiven Sehnsucht nach Verschmelzung mit dem All-Einen, in der die Begrenzungen des Ich-Gehäuses aufgelöst werden.

Die im Bild der Neptunlinie sich ausdrückenden Anzeichen der
Auflösung, in der die Grenzen zwischen Ich und Du fallen oder
überhaupt noch nicht aufgerichtet sind, lassen ungeordnete und
ungeformte fremdseelische Inhalte in das unbewußte Leben eindringen und liefern zugleich die selbständige Persönlichkeit dem
Verfall aus. Genie und Irrsinn, visionäre Entrückungen und welt-
flüchtige Süchtigkeit berühren sich im Bild der Neptunlinie. Das
Eindringen in die Urgeheimnisse kann gleichzeitig dunkle Täu-
schungsversuche, sexuelle Verlagerungen oder seelische Verwirrungen heraufbeschwören.

Bei einem erhöhten Mondberg werden die in der Neptunlinie ausgedrückten Kräfte der Auflösung parapsychologischen Phänomenen
und übersinnlichen Erscheinungen Einlaß gewähren, den Menschen in Grenzsituationen führen oder den Persönlichkeitsverfall

verstärken, zumal wenn das Ende der Lebenslinie sich in kleine Haarlinien auflöst.

Das Unpersönliche, alle Grenzen Auflösende, das in der Verbindung von Neptun- und Mondauswirkungen liegt, läßt eine Welt der Bilder und Phantasien in das Unbewußte des Menschen eindringen, die ihn zum Spielball chaotischer Verwirrungen machen. Farben und Töne, die aus der Welt der Formlosigkeit und Entgrenztheit aufsteigen, sind voller Unruhe, unfaßbar, unkörperlich. Der Einfluß der Neptunkräfte wirkt wie ein Gift, das sein Opfer immer mehr in seinen Bann zieht.

Ihre Bezeichnung als Giftlinie bedeutet eine Warnung vor Giften, auch medizinischen, die schlecht vertragen und doch zu Hilfe genommen werden, um von Depressionen – vor allem nach einem gestauten, erhöhten und leeren Mondberg zu schließen – befreit zu werden.

Geheimste Wurzel des Neptunhaften im Menschen ist eine álles Stoffhafte entgrenzende Sucht, die erfüllt ist vom Wunsch, sich einem Unendlichen, Grenzenlosen zu vereinen und aller Körperbegrenzung zu entfliehen. Je mehr das Schauen verschwommener Bilder, das Hören unkörperlicher Schwingungen den Menschen erfüllt, desto glücklicher, erlöster fühlt er sich.

Der Rausch, nach dem er verlangt, ist nicht triebhafte Genußsucht – sonst läge die Neptunlinie nicht auf der Du-Seite der Hand –, sondern Zeichen eines Unbefriedigtseins. Durch dieses ist der Mensch zu schwach, Erlösung in geistiger Ekstase zu suchen. Wenn sich die Bilder aus den Zwischenwelten in der Schau dieser Menschen verdichten, wenn Gegenwart, Vergangenheit und Zukunft in einer umfassenden Einheit ineinanderfließen, vermögen aus medialer Einfühlung oder aus hellsichtigen Visionen Ahnungen aufzusteigen, die über das raum-zeitliche Begreifen hinausführen.

Entspringt die Neptunlinie im Handraum zwischen Venus- und Mondberg, ist der Mensch mit Natursichtigkeit begabt und von dem Gefühl der Allverbundenheit getragen. Erreicht sie innerhalb der Lebenslinie den Venusberg (Abb. 143) – zumal wenn dieser erhöht ist –, wird die elementare Mächtigkeit des Triebes mit

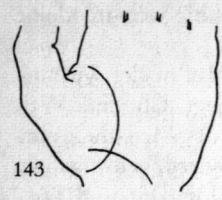

drängendem Verlangen die unbewußte Bildwelt überfluten. Aus diesem Grund wurde die Neptunlinie von den Alten auch via lasciva genannt: Weg der Ausschweifung. Ein dumpf treibendes untergründiges Drängen verlangt im Rausch der Lust nach Erlösung, doch verfällt es in den Niederungen des Triebes nur verstärkter Verstrickung.

Die Neptunlinie kann auch als große Horizontale (Abb. 144) den Mondberg durchqueren (nicht zu verwechseln mit der etwas höher liegenden Linie des kollektiv Unbewußten). Dann lastet sie als eine statisch unbewegte Schranke über dem Unbegreifbaren, Unfaßbaren des Unbewußten und läßt die aus den Tiefen des Urgrundes aufsteigenden verworrenen Bilder und Ahnungen sich nicht zur bewußten Gestaltung formen. Ungesichtet, ungeformt fallen

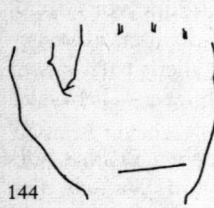

sie in sich selbst zurück und ziehen den Menschen in die Tiefen eines dumpfen Sogs herab, in dem Angst und zerstörende Verwirrung ihn überfallen. Die Neptunlinie gehört in die Drogenszene, je mehr sie den untersten Mondraum abschließt und sich von einer bewußten Aufwärtsbewegung zurückhält.

Ein unbestimmbarer Einfluß dunkler, unpersönlicher Naturgewalten drückt sich in einer Neptunlinie aus, die dem unteren Raum entspringt und den Mondberg bogenförmig überdeckt (Abb. 145). In ihrem Ausdruck versacken die Bildkräfte und die unbewußten Erlebnisse, die von jeder bewußten Gestaltung abgeriegelt werden. Ebenso wird jede Einwirkungsmöglichkeit aus oberen Bereichen ausgeschlossen. Die dämonischen Kräfte des unteren Mond-

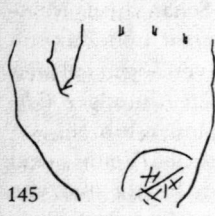

berges ballen sich auf eine gefährliche Weise zusammen.

Ist diese Abriegelung so vollkommen, daß keine Durchbruchstelle

offenbleibt, dann ist der Mensch ein Gefangener seines Unbewußten, dessen soghafter dunkler Drang ihn umklammert. Daß Verdrängungen, Komplexe und Neurosen im Bild einer solchen
Abriegelung zum Ausdruck kommen, ist offensichtlich. Denn die
gestauten Inhalte des Unbewußten, die sich der Gestaltung entziehen, werden nicht ausgeschaltet und unschädlich gemacht; sie ru-
fen krankhafte Aggressionen und untergründige Reaktionen hervor.

Neurotische Depressionen, noch verstärkt durch eine tief herabfallende Kopflinie, Zwangsvorstellungen, vorwiegend unterstüzt
durch einen engen Zwischenraum zwischen Kopf- und Herzlinie,
Angstzustände, vor allem bei erhöhtem Venus- und Marsberg,
können sich in diesem abgesonderten Raum zusammenballen; unbewußte Erlebnisse sich – bei erhöhtem Mondberg – hier festset-
zen. Oft läßt sich beobachten, daß nach einer erfolgreichen Analyse
eine solche bogenförmig den unteren Mondraum abschließende
Neptunlinie sich öffnet und die unbewußten Inhalte freigibt, die
nun dem Bewußtsein zugeführt werden können.

Wenn der Raum des Mondbereichs, den die Neptunlinie über-
wölbt, ohne Linien ist, wird – bei fehlender Erhöhung – eine innere Leere oder – bei betonter Erhöhung – eine drängende Fülle als
quälender Sog nach unten bestehen bleiben.

Ist die Neptunlinie in vertikaler Bewegung leicht aufwärts gerichtet (Abb. 146a), dann gewinnt ein dynamischer Zug in ihr sicht-

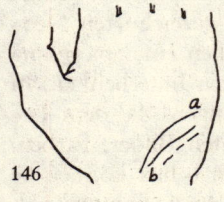

146

bare Erscheinung. In solchem Bild steigen
dunkle Ahnungen auf und werden dem bewußten Leben zugeführt.
Ist die Neptunlinie aus aufwärtssteigenden
kleinen Strichen zusammengesetzt (Abb.
146b), kommen im Unbewußten Erlebnisse
und Ahnungen in Fluß. Doch diese entströ-
men nur dem Quell des Seins, dem Lebens-
grund, wenn der untere Handraum, dem die Neptunlinie entspringt, nicht von Linien verwirrt ist. Sonst entstammen sie chaotischen Süchten oder Massensuggestionen.

Häufig ist die Neptunlinie unterbrochen, unklar in der Führung oder gekettet. Dies alles sind Zeichen von Unruhe und beginnender Auflösung in untergründigen Bereichen. Sie deuten auf Kräfte, die den Menschen auch körperlich zerstören und – bildhaft gesprochen – sein Blut zersetzen, seinen Lebenssaft vergiften.

Eine Insel verstärkt das Kreisen der unbewußten Strömung. Ahnungen und mediale Erlebnisse fluten hinein.

Wenn sich in unserer Zeit der Bindungslosigkeit, in der sich die tragende Mitte immer stärker auflöst, und der Mensch sich im Außen wie im Innen entgrenzt, die Neptunlinie, das typische Zeichen der Auflösung, des Fließenden, immer mehr in aufwärts gebogener Richtung ausprägt, bedeutet dies, daß der Mensch den Zug zur Ich-Entgrenzung immer bewußter erfahren und in seine persönliche Lebensgestaltung hineinnehmen wird.

Doch ohne klare Zielsetzung und Willensrichtung, die sich in der Kopflinie ausdrücken, ohne die in der Schicksalslinie sich spiegelnde Verantwortlichkeit und Gehaltenheit besteht die Gefahr, daß der Mensch den noch formlosen Urmächten verfällt, daß er die eigene Entgrenzung nicht einem größeren umfassenderen Leben einbindet.

Der Venusring

Bildhaft betrachtet, stellt der halbkreisförmige Bogen des Venusringes eine Gegenbewegung zur bogenförmig gezeichneten Neptunlinie dar. So ist der Venusring gewissermaßen eine Spiegelung der Neptunlinie im oberen Raum der seelischen Innerlichkeit. In seinem Bild wirken die unbewußten Strömungen, die dem Lebensquell entspringen, die noch nicht geformten Bilder, Farben, Klänge, Stimmungen im seelischen Erleben. Auch hier können sie wieder zerrinnen, können die Umrisse und Abgrenzungen sich wieder auflösen, so daß nur eine dämmernde Erinnerung, eine leise Ahnung nachschwingender Empfindlichkeit zurückbleibt. Diese aber ist nie mehr ganz auszulöschen.

Der Venusring wird vorwiegend in Händen von Menschen gefunden, die in tiefere seelische Bereiche eindringen, als dies der Durchschnittsmensch gewohnt ist. Zwischen Zeige- und Mittelfinger entspringend und endend zwischen Apollo-Merkurfinger (Abb. 147), umschließt er Saturn- und Apolloberg und grenzt diese in mehr oder weniger Stärke und Klarheit von den übrigen Handbereichen ab.

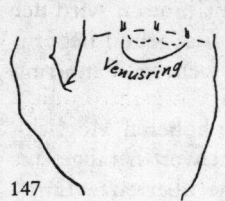

147

Im Bild einer solchen Zusammenballung, in dem sich Kräfte der Verwirklichung mit jenen der Sehnsucht nach Vollkommenheit, der Konzentrierung im Ich mit der Bindung an ein Du mischen, verstärken sich die Übertragungswünsche auf andere, und das Verlangen nach Ergänzung erhofft diesseitige Verwirklichung. Unter dem Apollofinger kristallisiert sich der Wunsch nach Ganzwerdung, der das menschliche Vermögen übersteigt, während unter dem Saturnfinger der Wille zur Verwirklichung seine Unzulänglichkeit erfahren muß an der Ohnmacht, das Ersehnte zu realisieren.

Bei überempfindlichen Menschen reicht der Venusring von der Mitte des Jupiterberges zu der des Merkurberges hin. Ein solcher Mensch ist leicht gereizt und selten befriedigt in seinem sexuellen Verlangen, was zu Perversionen führen kann. Einem tatsächlichen Minderwertigkeitsgefühl im Triebhaften – meist wenig erhöhter oder schwacher Venusberg – steht eine Überkompensierung sogenannter geistiger Sublimierung gegenüber.

Die Bezeichnung Venusring läßt erkennen, daß es sich in seinem Bild um Kräfte handelt, die dem Bereich der Sinnenlust entstammen. Doch sind dies nicht rein naturhafte Antriebe, vielmehr soll die Lebensfülle in geistige Schöpfungen hineingelegt, die Sinnenkraft der Triebe dem Übersinnlichen dienstbar gemacht werden. Im Venusring drückt sich die Fähigkeit aus, vitale Kräfte in erdachte Objekte hineinzulegen, so daß diese zum Leben erwachen.

Ist der Venusring aus einem Stück gebildet (Abb. 147), so daß er seinen eingeschlossenen Raum von der übrigen Hand absperrt, be-

237

kundet sich schon bildhaft, daß die Sehnsucht nach Ganzwerdung nicht nach außen dringen kann, daß sie sich vielmehr im eigenen seelischen Raum verwirklichen muß. Von den Chinesen wird der Venusring «Linie der hohen Stütze» genannt. Diese Stütze liegt im Höhenbereich der Seele. Darum ist alles, was sich im Venusring ausprägt, überstofflich und übersensibel.

Findet der Mensch nicht den Zugang zu seinen höheren Möglichkeiten, so fühlt er sich in seinem Persönlichkeitswert herabgesetzt und reagiert mit falscher Kompensierung. Die überreizte Empfindlichkeit, die einem seelischen Unerfülltsein erwächst, wird als quälendes Drängen erfahren, das sich gegen die eigene Ohnmacht richtet und scheinbar den anderen zu treffen sucht. Vielleicht meint sie auch den anderen, nach dessen Ergänzung ein solcher Mensch sich sehnt. Im Zusammenhang mit einer Neptunlinie würde diese seelische Unruhe, durch unbewußtes Drängen noch verstärkt, krankhafte Auswirkungen oder Perversionen hervorrufen.

In der ovalen Hand, die auf konkrete Verwirklichung angelegt ist, bedeutet der Venusring Verlangen nach sexueller Überlegenheit als Steigerung des im Geistigen nicht zu erwirkenden Persönlichkeitswertes.

Im Bild der eckigen Hand ist den im Venusring ausgedrückten Eigenschaften die beste Möglichkeit der Verwirklichung gegeben. Der Mensch, der die Kraft der Ordnung und Gestaltung besitzt und im Venusring jenseits der irdischen Darstellung eine überstoffliche Erfüllung seiner Sehnsucht nach Ganzwerdung erhofft, verlangt nach einer sublimierten Form des künstlerischen Ausdrucks. Ob ihm die Möglichkeit gegeben ist, diese auch tatsächlich zu verwirklichen, läßt sich aus dem Venusring allein nicht erkennen, sondern bedarf der im Venusberg sich ausprägenden Triebkraft, seiner Fülle und Linien.

In einer, nicht der Verwurzelung fähigen und von keinen gestaltenden Kräften getragenen, abgeriegelten oberen Sphäre liegt an sich keine Ausdrucksmöglichkeit. Verwirklichen kann sich allein die Sehnsucht, die aus anderen Bereichen fruchtbare Wurzelkräfte empfängt. Auch die im Venusring der eckigen Hand sich bekundende Erotik bleibt ohne Fülle, wenn die natürliche Triebkraft versagt.

Daß die Erotik aus ihrem echten Ort der seelischen Triebhaftigkeit verlagert und dem Verstand unterstellt wird, ist die Gefahr des Venusringes in einer konischen Hand. Die Sehnsucht nach Bindung sucht in einem solchen labilen, in der Materie nicht verwurzelten Menschen Erfüllung auf einer über der Stoffwirklichkeit hinausgelegenen Ebene, die sich vom Ich-Raum abspaltet. Man fühlt sich nicht mehr Herr der inneren seelischen Vorgänge, sondern wird von ihnen – zumal wenn auch die Neptunlinie ausgeprägt ist – mit soghafter Gewalt besessen. Perversionen, hysterische Ausbrüche, Übersteigerung sexueller Reize sind nur Ausweichversuche aus der Unbefriedigtheit und Erregung, die keine Erfüllung findet, da sie im Grund weit über die Erde hinausgreifen möchte.

Höchstes Bestreben des Venusringes ist es, die Erfüllung der Sehnsucht nach Ganzwerdung im Übernatürlichen mit Hilfe nichtstofflicher Mittel zu erfahren und sich von den irdischen Beschränkungen abzuriegeln. Über jede stoffliche Erscheinungsform oder künstlerische Verwirklichungsmöglichkeit hinaus, bleibt dieses Sehnen als lebendige Erwartung im Menschen wirksam. Das Nichtausgefülltsein im Stoff, das Nichtsattwerden an irdischen Freuden weckt die Hoffnung auf eine überstoffliche Welt, in der die innerseelische Erwartung Sättigung findet.

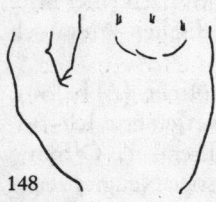

So kann in einem nicht völlig abriegelnden Venusring, der aus vielen Stücken zusammengesetzt ist – in dessen Bild also immer neue Möglichkeiten der Durchsicht und des Durchstroms offen bleiben – die Entsprechung zu der höchsten Sehnsuchtsmöglichkeit im Menschen liegen. Was im Neptunbereich, noch unbewußt drängend, unpersönlichen Quellen entströmte, wird im Bild dieses aufgelockerten Venusringes (Abb. 148) zum Durchbruch aus überpersönlicher Seinsfülle.

148

Innerseelische Antriebe schenken dem Menschen die Möglichkeit, über sich hinauszuwachsen, wenn genügend Kraftfülle der Vergeistigung – die erhöhten Fingerberge – zur Verfügung steht. In der Zuwendung zu einem überpersönlichen Ziel hin verliert der Sexualtrieb seine affektbetonte Dynamik und vermag sich auf einer höheren Ebene auszuwirken.

Die Unruhe, die im Bild eines verwirrten, aus unregelmäßigen Überlagerungen bestehenden Venusringes erscheint, drückt die seelische Unrast des Menschen aus, der überempfindlich in seinen Erwartungen ist und schnell enttäuscht wird durch die Unmöglichkeit ihrer Erfüllung.

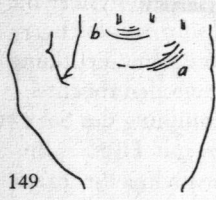

149

Liegen die Bruchstücke des Venusringes mehr unter dem Apolloberg (Abb. 149 a), werden Enttäuschungen in der Du-Beziehung angezeigt. Unter dem Saturnberg (Abb. 149 b) handelt es sich um ein inneres Unbefriedigtsein, das einer nicht genügenden erotischen Entlastung entspringen kann.

Zweifach oder auch dreifach gezeichnet (Abb. 149), verstärkt der Venusring Unruhe und Überempfindlichkeit. Nervliche Überreizung oder neurotische Störungen können die Folge der Abriegelung sein, die den zusammengeballten Kräften der Sehnsucht nach dem Du keinen Durchbruch in sinnliche Befriedigung oder künstlerische Gestaltung ermöglicht. Ist der Venusring nicht bogenförmig geschlossen, sondern nach einer Seite hin geöffnet, ist ein seelischer Austausch möglich.

150

Zum Jupiterberg hin geöffnet (Abb. 150), läßt der Venusring eine verfeinerte Ich-Befriedigung erkennen, während die Öffnung zur Du-Seite hin eine geistige Neugier zeigt. Mündet der aufgeschlossene Venusring in den Handrand ein (Abb. 151), ähnlich einer doppelten Herzlinie, dann nimmt er den Merkurberg mit in seine Umfassung auf. In einer Hand mit starker Sinnlichkeit und Pro-

240

jektionskraft drückt dies die Überbewertung der eigenen Unzulänglichkeit im Idealbild des Partners aus. Bei genügend sachlicher Wirklichkeitsbezogenheit aber wird das Du ganz in die eigene Sehnsucht hineingenommen.

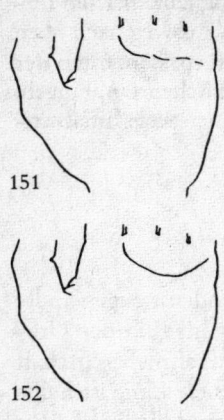

151

Steigt der Venusring zum kleinen Finger auf (Abb. 152), wird die geistige Kommunikation aus dem übrigen Lebensbereich ausgeschlossen. Dies bedeutet eine innere Unaufrichtigkeit und ein Zurückhalten der echten Beziehung zur Umwelt und zu sich selbst.

152

Bei der Deutung des Venusringes darf nicht übersehen werden, ob er die Stellen freiläßt, durch die Schicksalslinie und Apollolinie aufsteigen. Geschieht dies, so wird seine Durchlässigkeit – und im übertragenen Sinn die Sublimierungstendenz des Menschen – verstärkt, da der Weg nach oben freigegeben ist. Auch nehmen die reproduzierenden Fähigkeiten künstlerische Anregungen und den Willen zur Verwirklichung auf.

Negativ ist die Aussage eines Venusringes zu bewerten, der nur aus einer langen schrägen Linie besteht, die, aus dem Raum zwischen Jupiter- und Saturnfinger die Herzlinie durchquerend, in die Handmitte herabfällt (Abb. 153). In diesem Bild sackt die Sehnsucht, von sinnlichen Trieben beunruhigt, aus ihrer ursprünglichen Höhe herab. Auch fehlt dem Menschen die Kraft, die aus dem Überbewußten einströmenden Kräfte festzuhalten. Hierzu bedarf es einer starken innerseelischen Tragfähigkeit.

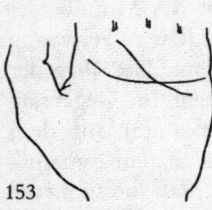

153

Im Bild der vom Venusring zusammengefaßten Kräfte der Verdichtung und Sehnsucht, der Absonderung in einer festgelegten Handlung und der Geöffnetheit zum Du hin, trägt der Mensch den Kampf aus zwischen den Mächten des Dunklen, der Verfestigung und Ich-Verhaftung und den Mächten des Lichts, der Sehnsucht nach der Ergänzung im Du. Wenn der mehr oder weniger stark geschlossene Venusring in diesem Kampf keine Ausweichmöglichkeit nach unten hin anzeigt, so läßt er doch um so freier den Ausweg nach oben erkennen, zu dem Bereich der Finger hin, die Repräsentanten der geistigen Welt sind und die Sehnsucht des Menschen empfangen, während sie ihre Kräfte in die Innerlichkeit seiner Seele hinabsenken.

Die Uranuslinie

Zeigt der Venusring die höchste, der Transzendenz zugewandte Empfangsbereitschaft des Menschen an, so liegt im Bild der Ura-

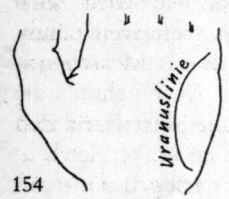

nuslinie die stärkste Aufnahmebereitschaft zur Umwelt hin. Auch diese Linie ist halbkreisförmig gebildet. Darum hieß sie früher Uranusring oder Uranusgürtel. Meist schwingt sie in ihrer Idealform vom unteren Mondberg zum Merkurberg hinauf (Abb. 154); sie ist aber nur selten in den Händen der Menschen ausgeprägt.

154

Ihr Ursprungsort ist der unterste Teil des Mondberges am äußersten Handrand, der den Übergang zum Handgelenk bildet. Ist er erhöht, so wirkt er als Stütze und Fundament des Mondberges oder als Verbreiterung des untersten Handteiles, das er zeitweilig über das Handgelenk hinaus zu verstärken scheint. Der Weg der Uranuslinie, die von unten aufwärts führt, steht im Gegensatz zum Verlauf der Neptunlinie, die meist horizontal auf dem Mondberg eingezeichnet ist. Es liegt schon bildhaft ein dynamischer Schwung in diesem Halbkreis, der besagt, daß die spontane Eingebung, die in das Unbewußte eindringt, die Kraft hat, dieses aufzuwühlen und in Bewegung zu setzen. Die im Bild der Neptunlinie angesaugten medialen Kräfte dagegen bleiben dem Sog des Unbewußten überlassen.

Das im Uranischen Ausgedrückte ist nicht Ergebnis einer Entwicklungsfolge, sondern eine freie Neuschöpfung oder Umwälzung. Der Durchbruch uranischer Einfälle erfolgt sprunghaft und ganzheitlich aus dem Ursprung des unpersönlichen Seins. Er legt das Hintergründige, das noch nicht in eine Form Gebannte oder im Persönlichen Angenommene, bloß. Sinnbildhaft zeigt der Weg der Uranuslinie auf der Du-Seite der Hand, daß die aus dem Unbewußten aufsteigenden Inhalte ohne Zwischenschaltung des Ichs, seiner Gefühle, Empfindungen, Überlegungen, dem Bereich des Merkurberges zugeführt, das heißt, von der empfindlichsten Antenne des menschlichen Wesens aufgenommen werden.

Die Uranuslinie umfaßt in ihrem Verlauf auf der Du-Seite einen großen Teil der Mond- und Marskräfte. So verbindet sich die Kraft der unbewußten weiblichen Empfänglichkeit und Zeugungsbereitschaft mit dem aktiven Impuls zu immer neuem Stirb und Werde. Diese schöpferische Dynamik trägt explosiven Zündstoff in sich und löst Revolutionen und plötzliche Umwälzungen auf allen Gebieten aus.

Die Natur der uranusbetonten Menschen ist der Elektrizität und ihrer unerforschbaren energiegeladenen Wirkung zu vergleichen. Nachdem der heutige Mensch mit allen Auswirkungen der elektrischen Kräfte in der materiellen Erscheinungswelt arbeitet und über diese hinaus durch die Zertrümmerung der Atome die Materie zu verwandeln, das Geformte, Feste zu zersprengen vermag, ist in ihm auch die innerseelische Entsprechung der Verwandlung ausgeprägt. Es ist jene Kraft und Dynamik, die alle bestehende Ordnung, jede gegebene Situation aufreißt und aus einem unbewußten chaotischen Urgrund umwälzende Einfälle aufbrechen, alle Sicherungen sprengende Erlebnisse aufblitzen läßt.

Während der Mensch im Bild der Neptunlinie von dem unbewußten, vorgeburtlichen Sein getragen wird, explodiert im Bild der Uranuslinie seine dynamische Lebenskraft. Dies vollzieht sich nicht in einem Raum bewußter Gestaltungsmöglichkeit, sondern ist ein Geschehen, dem der aktive Wille selbst unterliegt. Für den Neptunbetonten ist die völlige Auflösung in kosmischer Umfassung der Idealzustand; für den Uranusbetonten ist die Begeisterung, die Offenbarung neuer Erkenntnisse höchstes Ziel. Eine glühende Sehnsucht nach neuen, umwälzenden Erfahrungen und intuitiven Einfällen, eine innere Gespanntheit, die fruchtbarer Trächtigkeit wie unbefriedigter Erregtheit entspringt, wartet auf den schöpferischen Funken, der den Menschen in seinem Wesen entzündet.

Der Mensch, in dessen Hand die Uranuslinie liegt, spürt eine Ungeduld und Unduldsamkeit in sich, ebenso wie den Fanatismus, das Fixierte und Gefestigte zu durchbrechen, um Eindrücke aus einer anderen Welt zu erfahren und das Bewußtgewordene zu zerstören, damit eine neue Form entsteht. Ob die umwälzenden Kräfte zu zerstörerischen oder fruchtbaren Zwecken eingesetzt werden, bleibt die Frage.

In der ovalen Hand, die auf Daseinsbehauptung eingestellt ist, bedeutet solches Unbefriedigtsein den Drang nach Veränderung des Gegebenen, nach Umwälzungen und Abenteuern. Ein solcher Mensch ist nach außen gerichtet. Sein spontanes Erfassen einer Situation wird auch in konkreten Dingen eine treffsichere Entscheidung ermöglichen und den springenden Punkt einer aktuellen Lage herausfinden. Geistesgegenwärtig ist er den Impulsen seiner Zeit geöffnet und zu manchem Wagnis bereit.

Auch in seiner Gefühlswelt ist er dem Abenteuer aufgeschlossen und hat ein starkes Bedürfnis nach Freiheit und Unabhängigkeit. Dies ist aber keine primäre Lebenshaltung, sondern entstammt dem im Grunde niemals erfüllbaren Wunsch nach Ganzheit, der von einem Du zum anderen hintreibt und doch nirgends die erhoffte Einheit findet. Im Gegensatz zu der Sehnsucht nach Ergänzung, die im Bild der Apollolinie sichtbar wird, ist der Wunsch nach Einheit, den der Halbkreis der Uranuslinie bildhaft anzeigt, ein irrationales Anliegen, das auf eine überbewußte Erkenntnis, eine geistige Auszeugung angelegt ist. Ein Wissen um die androgyne Einheit liegt dieser Sehnsucht zugrunde, die auf der stofflichen Ebene in allen scheinbaren Erfüllungen einen quälenden Stachel der Unbefriedigtheit zurückläßt.

In der eckigen Hand wird im Bild der Uranuslinie dieser Stachel des Nichterfülltseins zum Wunsch nach der Gestaltung des Absoluten. Das Überstoffliche soll im Stoff verwirklicht werden, das Diesseitige selbst soll seine Grenzen überwinden. Mit ungewöhnlichen, oft grellen und lauten Mitteln wird auf absonderliche Weise versucht, das Außerirdische im Erdhaften festzuhalten.

Überkommenes, Althergebrachtes wird nicht völlig aufgelöst, doch steter Verwandlung anheimgegeben. Das Uranische ist dem Ordnungswillen der eckigen Hand entgegengesetzt. Dies kann zu einer fruchtbaren Spannung führen, die sich erst löst, wenn der allem zugrundeliegende Kern und in ihm das Einheitliche gefunden ist und nun die Neugestaltung beginnen kann. Durch diese innere rastlose Dynamik kann aber mit der Form auch der Wesenskern selbst gesprengt und eine schockhafte Wirkung, ein innerer Zerfall, ausgelöst werden.

Das Herausfallen aus Harmonie, Gleichgewicht und einer echten Dubeziehung liegt vor allem im Bild der Uranuslinie einer konischen Hand. Der nach Hingabe Verlangende steht in einer seelischen Krise, da er, vom Drang nach Neuem, Umwälzendem erfaßt, mit unerfüllbarem Erlebnishunger den Durchbruch in höhere Dimensionen ersehnt. In ihrer ursprünglichen Passivität werden solche Menschen leicht Opfer des Unberechenbaren, Bindungslosen, Sprunghaften, oder sie lösen durch ihre Bereitschaft für das immer Neue, Stoffentbundene jene Zündungen aus, die zu Revolution und Umstürzen führen.

Das Revolutionäre, Aufrührerische, das die Verbindung einer Uranuslinie mit starken Triebkräften des unteren Handraums und einem ausgeprägten Marsberg ausdrückt, ist offensichtlich. Alle Wirkungen des Uranus sind blitzhaft und zerstörend. Sie zerbrechen kausale Abläufe und höhlen alte Formen aus, vermögen aber nicht immer Neues an ihre Stelle zu setzen. Sie suchen Raum-Zeitliches zu überwinden und jede Situation bis in die letzten Tiefen, bis zum Bloßlegen des innersten Kernes aufzubrechen. Doch lassen sie oft nur Verwirrung und Chaos zurück. Darum kann die Uranuslinie in einer konisch zulaufenden Hand Zeichen von Entgleisungen, von «spleens» und Überspannungen sein, wenn nicht die Kopflinie bewußte Gestaltungskraft entgegensetzt.

Liegt der Beginn der Uranuslinie erst in der Mitte der Hand (Abb. 155), ist dieser kurze Aufstieg, der immer einen kreisförmi-

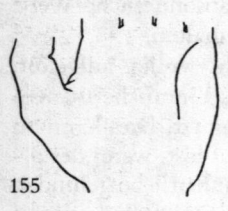

155

gen Schwung aufzeigen muß, nicht mit einem Stück Merkurlinie zu verwechseln. Seine Aussage bedeutet, daß eine kämpferische, vom Du herausgeforderte Haltung den intuitiven Einfällen zugrundeliegt. Das Unerwartete, Plötzliche der Eingebungen, der spontane Einfall, das überraschende Aufblitzen eines Problems oder einer Lösung, der Umschwung, die Neuorientierung, die Umwandlung des Bestehenden, die außerhalb des menschlichen Griffes und Begreifens liegen, das Neue, Unberechenbare, Unvorhergesehene gehören zum Bild dieser Linie.

Sie tritt im Gegensatz zur Neptunlinie viel seltener in den Händen der jungen Generation auf. Dies kann bedeuten, daß der Mensch in seinem innerseelischen Bereich mit diesen Kräften noch nicht persönlich umzugehen weiß. Was die wissenschaftliche Forschung und die technische Leistung auf den Gebieten der Elektrizität oder der Atomzertrümmerung vermag, was an umwälzenden Neuerungen auf sozialem, wirtschaftlichem wie politischem Gebiet geschieht, was durch Auflösung und Wiederzusammenfügen neu gestaltet wird, was aber auch als unauflösliches Paradox nebeneinander bestehenbleiben kann, bedeutet dem Menschen noch nicht ein im Persönlichen einzuordnendes Erlebnis. Vielmehr ist es für ihn ein mit dem heutigen Bewußtseinszustand nicht erfaßbarer Durchbruch aus unbewußten Bereichen. In seinem persönlichen Erfahrungsbereich liegt die Entsprechung hierzu nur in spontanen Einfällen, in Umwälzungstendenzen und Zerstörungen, seltener aber in umsetzbaren Intuitionen oder in Erfahrungen, die mit plötzlicher Deutlichkeit neue Einsichten oder Erkenntnisse aufleuchten lassen.

Im Gegensatz zu den Erfahrungen im Neptunbereich liegt in diesen aufblitzenden Erkenntnissen nichts Verschwommenes, Unkontrollierbares. Sie offenbaren sich in klarer Deutlichkeit und sind hart und kalt in ihrer Unbedingtheit. Ihr spontaner Durchbruch ist von gefährlicher Plötzlichkeit und kann ebenso rasch wieder vergehen. Im unreifen Menschen werden solche Zündstoffe unheilvolle Wirkungen – Triebspannungen, Kurzschlüsse, Erregbarkeit – hervorrufen. Oder es lösen sich in der Nähe solcher von dynamischer Zündkraft geladenen Menschen äußere Katastrophen, seelische Explosionen, plötzliche Fehlleistungen, schockartige Erlebnisse aus. Es ist kaum möglich, solche dynamischen Energien zu bändigen, sie materiell zu bewältigen oder zu bannen. Jeder Versuch hierzu wird unvollkommenes Stückwerk bleiben.

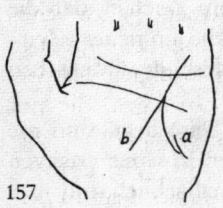

156

Ist nur ein kleiner Teil der Uranuslinie eingezeichnet, der aber noch im Mondbereich (Abb. 156a) beginnt, erfährt der Mensch diese dynamische zerstörende Kraft als unbewußte Erregungszustände, die ganz plötzlich aufblitzen und wieder vergehen.

Endet die Uranuslinie im großen Marsberg (Abb. 156b), so wird der Versuch unternommen, das Übergangslose, Sprunghafte bewußt aufzufangen und das Krisenhafte, Unberechenbare – vor allem mit technischen Mitteln – zu bewältigen.

Durchkreuzt die Uranuslinie die Herzlinie zum Merkurberg hin (Abb. 157a) – ihre vollkommene Zeichnung –, werden die Einfälle des schöpferisch Unbewußten zu jener geistigen Inspiration, die alle stoffgebundene Begrenzung durchleuchtet.

Am leichtesten vermag der Mensch mit den plötzlich gewonnenen

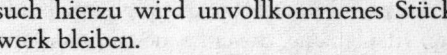

157

Einsichten und umwälzenden Erlebnissen, mit den aufleuchtenden Offenbarungen oder unberechenbaren Problemstellungen umzugehen, wenn die Uranuslinie sich mit der Merkurlinie verbindet (Abb. 157b). In diesem Bild wird das Neue, das aus dem passiven Raum des Unbewußten einströmt und von jeder ichhaften Erfahrung oder Selbsteinschaltung getrennt ist, zu einem persönlichen Anruf. Denn die Merkurlinie, die von der Uranuslinie berührt ist oder ein Stück mit ihr zusammen läuft, trägt die aus ihr empfangenen Einflüsse in den Ich-Raum hinein, der Lebenslinie zu. In solchem Bild vermag der Mensch dem Einfallenden aus dem vitalen Bereich seiner Lebenserfahrung heraus zu antworten.

Die Merkurlinie kann auch die uranischen Einflüsse aufwärts tragen, eine Verbindung unbewußter und transzendenter Bezüge, die der Vermittlerrolle der Merkurlinie ihre stärkste Verwirklichungsmöglichkeit geben. Das Originelle, Umwälzende, Unberechenbare, das zuerst nur als plötzlicher Einfall aufblitzte, wird zur geistigen Offenbarung, die ein neues Leben ermöglicht. Berühren andere Linien die Uranuslinie oder steigen sie aus ihr empor, empfangen diese den Zündstoff, der den spontanen Einsatz ihrer Kräfte entfacht.

Je klarer gezeichnet die Uranuslinie verläuft, um so einheitlicher und unverwirrter sind die Eingebungen, die den Menschen überfallen. Ist sie unregelmäßig oder wellenförmig gezeichnet, drückt sie eine überspannte Erregung aus, die in ihrer zerstörenden Dynamik die vielfältigsten Möglichkeiten zur Auslösung explosiver Zündstoffe oder Kurzschlüsse findet. Menschen mit besessener Rekordsucht, aber auch mit fixen Ideen oder einem durch Überspannung gestörten Gleichgewicht haben eine schlecht geformte Uranuslinie.

Die Kopflinie wird vor allem Aufschluß geben, wieweit die Wirklichkeitsbezogenheit vorhanden ist, die dem Menschen der starken Uranuslinie Halt und klare Unterscheidung gibt.

Fehlt die Uranuslinie in einer Hand, ist dies ein Zeichen, daß die plötzlichen Umwälzungen und Durchbrüche, die ein neuer «Zeitgeist» im Allgemeinen oder Persönlichen auslöst, den Menschen noch nicht berührt oder erschüttert haben.

Aus der Uranuslinie, die allein auf der Du- Seite liegt, sind die Aussagen zu entnehmen, die für den Menschen in seiner passiven Aufgeschlossenheit und Empfangsbereitschaft maßgeblich sind.

Kräfte, die in nächsten Generationen noch weitere umwälzende Ereignisse auslösen werden, können jenseits der Uranuslinie zur Kleinfingerseite hin ihren Ausdruck finden. Doch muß sich erst zeigen, ob der Mensch eine persönliche Einstellung zu ihnen im heilvollen oder unheilvollen Sinn gewinnt. Liegt der Ausdruck solcher Umwälzungen nur im passiven Bereich ohne Bezug zu bestimmten anderen Bergen oder Linien, vermag er nichts auszusagen, was der einzelne umzusetzen oder zu gestalten vermag.

Der Linienfluß

Je feinfühliger der Mensch auf unbewußte oder auf bewußte Eindrücke reagiert, je lebendiger er Einflüsse und Anregungen aufnimmt und verarbeitet, um so linienreicher und ausdrucksvoller ist die Innenfläche.

Denn die Linien der Hand entstehen nicht durch körperliche Arbeit, wie oft fälschlich gemeint wird. Gerade in Händen von Handwerkern oder Arbeitern sind oft nur wenige Linien zu finden, während eine körperlich keineswegs beanspruchte Frau ein wirres Handbild aufzeigen kann.

Ist der Mensch unruhig, nervös oder springt er von einem Gegenstand zum anderen über, fängt er vieles an und führt wenig zu Ende, dann zeigt das Handbild ein unruhiges, quer durcheinander laufendes Liniennetz.

Eine linienarme Hand finden wir meist bei primitiven und ungeistigen Menschen. Aber auch ein einseitig konzentrierter, von einer Idee ganz erfüllter Wissenschaftler oder ein vom Materiellen nicht beeindruckter religiöser Mensch kann ein ruhiges und klares Handbild haben. Die Nebenlinien fehlen. Denn alles Überflüssige ist aus ihrem Leben geschwunden, alle unwesentlichen Gedanken und Gefühle sind ausgeschaltet.

Häufig schwinden auch Linien aus der Hand, wenn sie vergangenes Geschehen und Erleben ausdrücken, das seine Bedeutung für den Menschen verloren hat. Ebenso verändern sich Zeichen oder neue entstehen, wenn sich die bewußte oder unbewußte Lebenshaltung des Menschen verwandelt hat.

Wohl ist das Bild der Hand mit ihren Haupt- und Nebenlinien in großen Zügen vorgezeichnet. Veränderungen aber, die im allgemeinen bei Abzweigungen oder Linienendungen auftreten, können es wesentlich wandeln, da sie den großen Linien eine neue Bewegung geben. Manchmal bedeutet das Vergehen einer Linie nur den Verlust ihrer Prägung und Färbung, so daß sie wieder sichtbar wird, wenn der Mensch die von ihr dargestellte Eigenschaft mit neuer Kraft erfüllt. So kann die Herzlinie am Ende auslöschen, wenn der Mensch durch Enttäuschung seine Liebeskraft einbüßt, und kann, wenn die Lähmung überwunden ist, wieder durch einen kleinen Zweig fortgeführt werden. Oder die Herzlinie selbst wird sich weiter entwickeln, wenn dies ein inneres Überwinden der Enttäuschung und Offenheit zu neuem Lebenseinsatz bedeutet. Es können auch kleine Linien und Verzweigungen zwischen Kopf- und Herzlinie neu entstehen, wenn der Mensch seine Erlebnisfähigkeit vertieft und der Austausch zwischen Kopf und Herz in Fluß gerät.

Oft ist zu beobachten, daß sich im unteren Mondraum, der zuvor leer geblieben ist, kleine Linien bilden, wenn der Mensch seine unbewußten Kräfte aus der Tiefenschicht herauslöst und zum Bewußtsein führt.

Es kann auch ein zum untersten Mondberg herabfallender Zweig der Kopflinie verlöschen, wenn der Mensch einen Bezug zur Wirklichkeit gewonnen hat und aus dumpfem Brüten erwacht ist. Oder es beginnen sich kleine Zweige am Ende der Lebenslinie zu bilden, die Warnsignale sind, daß der Mensch an Widerstandsfähigkeit verliert und schwindende Kräfte seinen Lebenswillen aufzehren.

In manchen Händen sind Linien fast unmittelbar unter der Haut angedeutet und treten erst langsam in Erscheinung. Oder es bleiben Stellen auf den Bergen ausgespart, als wäre hier ein untergründiges Schwelen am Werk, dem der Linienfluß ausweicht. Oft erscheinen an solchen scheinbar leeren Stellen auf der Haut Papillarlinien, die

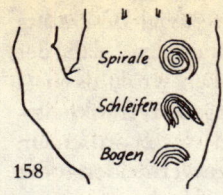

Spirale

Schleifen

Bogen

158

ein unbewußtes Gären zum Ausdruck bringen, das dem Bewußtsein noch nicht zugänglich ist. Solche Papillarlinien bilden Spiralen oder andere Zeichnungen (Abb. 158), die vor allem auf dem Mond- und Marsberg oder auf den Fingerspitzen auftreten. Handelt es sich um spiralförmige Wirbel, dann treibt eine unbewußte Kraft den Menschen dazu, die auf den entsprechenden Gebieten vorhandenen Fähigkeiten auf eine untergründige, doch intensive Weise so lange einzusetzen, bis eine bewußte Verarbeitung erfolgt.

Besteht das Muster der Papillarlinien mehr aus herabfallenden, nicht von einem Zentrum angezogenen Schleifen, dann wird eine Anpassungsfähigkeit vorhanden sein, die nach verschiedensten Seiten hin tendiert und eine klare Orientierung der unbewußten Kräfte vermissen läßt. Bilden dagegen die unter der Haut liegenden Bewegungen eine bogenförmige Zeichnung, die nach oben hin verschlossen ist, dann ist eine innere Hemmung und eine erschwerte Ausdrucksmöglichkeit auf jenem Gebiet vorhanden, auf dem sich diese unbewußten Abriegelungen ausprägen.

Es würde ein eingehendes Studium verlangen, wollte man alle diese verschiedenen Papillarzeichnungen untersuchen. Am wichtigsten aber ist es, sie dort zu beobachten, wo ein ausgesparter Raum das Ausbreiten von unbewußten Phantasie- oder Wunschkräften ausdrückt, das einem unterirdischen Sog gleicht.

Je bewußter und willensbetonter der Mensch sein Leben zu meistern und zu gestalten sucht, um so stärker werden gewisse Papillarzeichnungen hervortreten und sich zu sichtbaren Linien formen. Das Entstehen, Vergehen, sich Verändern oder Verstärken der Linien zu beobachten, heißt dem Spiel der Seele nachgehen und ist von großer Hilfe für die Erkenntnis des Menschen in seinen tiefsten Schichten.

Es können auch Veränderungen in den Linien auftreten, die nicht wieder vergehen. So werden sich Inseln nach Operationen bilden, oder es werden Brüche und Punkte schockhaftes Erleben ankündigen. Man sollte aber solchen Merkmalen nicht zuviel Beachtung schenken, denn weniger wichtig ist es, festzustellen, daß der Mensch diese oder jene Krankheit hat oder haben wird, als vielmehr herauszufinden, warum er für diesen oder jenen Krankheitskeim die seelischen Vorbedingungen schuf und was er in seinem Inneren verändern muß, um solche Gefahren zu vermeiden, oder was diese, falls sie eintreten, für sein inneres Wesen bedeuten.

Wenn mit der Krankheit nicht zugleich auch ein seelisches Erleben ausgelöst wird oder wenn ein inneres seelisches Kranksein nicht auch die leibliche Störung hervorbringt, werden ihre Zeichen sich nicht in die Hand einprägen. Denn diese ist Ausdruck des ganzheitlichen Menschen, nicht dieser oder jener Funktion, die sich auf einem Teilsektor abspielt. Für jenen aber, der einem kollektiven Leben eingebunden ist, wird nur das Bild der Außenhand typisch sein. Für ihn sind die persönlichen Anlagen und Sinnsetzungen, die sich im Linienbild der inneren Hand äußern, weniger bestimmend. Im Lauf des Lebens wird eine Vielzahl dieser Linien auslöschen, oder es wird erst spät im Leben der Augenblick kommen, wo der Mensch erkennt, daß er überhaupt nicht gelebt hat, das heißt, nicht erfahren hat, worauf er angelegt und ausgerichtet war.

Im Gegensatz hierzu kann ein anderer eine so große seelische Reife und geistige Höhe erlangt haben, daß die Aussagen der Hand – sein Leben in stoffgebundener Erscheinung – nicht mehr wesentlich für ihn sind. Hier liegen die Begrenzungen für ihre Zeichensprache.

Doch bleiben wir im Bild der Hand, das heißt im Rahmen ihrer Aussagemöglichkeit. Wir können die Hauptlinien mit Flüssen vergleichen, die von einer Quelle am Berg aufbrechen und in das Tal herabfließen, die Nebenflüsse empfangen, Hindernisse überwinden, in ihren Mündungen auseinandergehen. Wie beim Fluß ist auch für die Hand die Stärke und Art der Strömung wichtig und der Einfluß des Gebietes, aus dem sie gespeist werden.

Schon der Beginn einer Linie kann aus verschiedenen Quellen bewässert werden, so wie sich ihr Ende in mehrere Arme verteilen kann. Dies bringt Bewegung in den Lauf des Stromes und nimmt ihm seine Einförmigkeit. Nur wenn sich zu viele kleine Zweigflüsse am Ende vom großen Strom ablösen – die feinen Haarstriche – verliert er an ursprünglicher Kraft.

Dem reinen, ungehinderten Flußstrom gleicht die ungebrochene klare Linie. Weiche runde Bewegungen zeigen harmonischen Verlauf, Ecken und harte Winkel werden von Widerständen hervorgerufen und erzeugen Gegendruck, verstärkte Willensanstrengung. Wächst eine Linie aus einer anderen heraus, ist dies positiver zu bewerten, als wenn sie von ihr angehalten wird. Gebrochene Linien verlieren an Kraft, wellenförmiger Verlauf läßt auf Unstetigkeit und Schwankungen schließen, während jeder Parallelstrom eine Verstärkung bedeutet (Abb. 159). Ein Kreuz, ein Punkt, eine Insel im Linienfluß ist Zeichen von Hemmung und Stauung. Diese sind zu Beginn eines Flusses schwerer zu überwinden als an seinem Ende, an dem die Ablagerungen zu seinem Bild gehören.

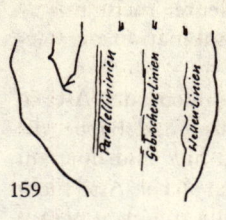

Die Zeichen (Abb. 160) in der Linie sind mit Strudeln, Nebenflüssen, mit Stauungen und Versumpfungen des Flusses zu vergleichen. Beim Flußwirbel verfängt sich der natürliche Strom an einer bestimmten Stelle, das Wasser bohrt sich, wie der Punkt auf einer Linie, in ein Gebiet ein, dem es Schaden zufügt.

Ausstrahlungen dieser Schädigungen führen zu Kreuz- und Sternbildungen. In den sternförmigen Erweiterungen liegt oft eine harmonische Ausstrahlung und Befruchtung, während das Kreuz ein Spannungsverhältnis durch entgegengesetzte Strömungen erkennen läßt. Inseln, die sich im Hauptlauf des Stromes bilden, zeigen Ablagerungsstoffe, die sich langsam anhäufen. So sammeln sich auch im Menschen Müdigkeitsstoffe, Probleme, Schwierigkeiten an, die seine Widerstandskraft erlahmen lassen.

Meist bedeutet die Insel auf der Lebenslinie Beschränkung der Gesundheit, auf der Kopflinie Kontaktstörungen oder schwere Erfah-

253

rung, auf der Herzlinie gefühlsmäßige Verwirrungen, auf der Saturnlinie Hindernisse durch Beruf, Ungewißheiten oder äußere Bedingungen. Solche genauen Deutungen sollen nicht als Regel außerhalb des gesamten Umkreises des betreffenden Zeichens gegeben werden, da ein noch ungeschulter Handdeuter meist nur an gewissen Aussagen hängen bleibt und die Kombination der Gesamthand außer acht läßt.

Im Gegensatz hierzu wirken die kleinen Seitenlinien oder Äste in der Hand ebenso auflockernd wie die Nebenflüsse und Bäche, die das Gesamtbild des Flusses beleben. Sie tauchen hier und dort auf und versiegen zu anderen Zeiten wieder. Stoßen solche Äste nicht zu einer Hauptlinie durch, so daß eine leere Stelle zwischen beiden bleibt, entsprechen sie einem wesentlich im Unterbewußten ablaufenden Vorgang, den der Mensch noch nicht in sein bewußtes Denken, in seine Willenshandlungen einbezogen hat. Dies ist jenen kleinen Bächen zu vergleichen, die langsam versickern.

Vereinigen sich aber die Nebenlinien mit dem Hauptfluß, empfängt dieser einen Kraftzuschuß, wenn sie in der Flußrichtung liegen; das heißt eine Verbesserung der von der Hauptlinie umschlossenen Seelenlage, deren Wirkung so lange andauert als die Verbindung des Astes mit der Hauptlinie besteht. Verlaufen diese Nebenarme in der Gegenrichtung des Hauptstromes – die abfallenden Äste – zeigen sie einen Verlust des Gefälles an. Dies bedeutet eine Enttäuschung, eine ungünstige Erfahrung, ein langsames Abnehmen des Kraftstromes, das jenen Zeitraum einnimmt, den die Länge des fallenden Astes im Bereich der Hauptlinie ausmacht.

Hier und dort brechen von beiden Seiten Bäche oder kleine Flüsse in den Hauptstrom ein, die in ihrer Richtung gegeneinander drängen, senkrecht zur Stromrichtung stehen und für den Augenblick ihres Einmündens den Fluß abzuriegeln scheinen: die sogenannten Querstriche. Sie sind Zeichen von Hemmungen und Hindernissen, die durch Gegenströmungen eine momentane Lähmung, ein Untätigsein hervorrufen, bis sich der Fluß weiter fortsetzen kann. Ein wirres Gefüge von solchen Querstrichen bildet ein Netzgeflecht, das dem Sumpfcharakter einer Landschaft entspricht, in dem sich der Hauptstrom verliert. Wie der Mensch, der des Nachts durch eine Sumpflandschaft geht und von Irrlichtern immer tiefer in den Morast getrieben wird, so verliert er, im Bild des Gitters, durch das Hin und Her von Wirrnissen und Irrungen seinen Weg. Wenn große Linien sich treffen, ist der Ort ihrer Begegnung wichtig. Der Treffpunkt einer senkrechten mit einer vertikalen Linie ist besonders bedeutsam.

Je klarer der Fluß verläuft, je weiter er seine Arme in das Land ausstreckt und die verschiedensten Gebiete ungehindert mit seinen Wassern speist, um so nützlicher wird er dem Menschen. Das ist die Forderung nach der klaren Zeichnung einer Linie, die ohne Hemmungen und Unterbrechungen verläuft. Alle Bruchstellen sind Zeichen, daß der Boden für den Weiterstrom nicht mehr geeignet ist. So verschwindet der Fluß in tiefere, undurchlässige Bodenschichten und taucht erst in weiten Entfernungen wieder auf, oder er wird in ein neues Strombett umgeleitet, wenn der Neubeginn neben der abgebrochenen Stelle liegt. Auch können kleine Zwischenlinien die Bruchstellen überbrücken, Kanälen gleich, die zwei Flüsse miteinander verbinden.

Wenn durch das Netz der Verbindungslinien geometrische Figuren entstehen, so ist zu unterscheiden, ob diese regelmäßig und klar gezeichnet sind oder nicht. Verworrene, unregelmäßige Figuren sind von negativer, verwirrender Bedeutung, während klargezeichnete Vier- und Dreiecke günstig zu bewerten sind.

Das Viereck zeigt ein Gleichgewicht an Kräften an und ist Ausdruck eines inneren oder äußeren Schutzes. Denn in seinem Bild ist der Mensch abgeschlossen von Einflüssen, die in sein Leben eindringen könnten. Es wird eine vorwärtsdrängende Dynamik in breitere Bahnen geleitet oder eine drohende Gefahr allmählich ausgeschaltet. So wird auch ein reißender Fluß in die Begrenzung eines Wasserbeckens hineingeleitet, in dem er zur Ruhe kommt. Manchmal kann das Viereck auch negative Bedeutung haben. Dann nämlich, wenn positive Auswirkungen, etwa am Ende einer gutgeschwungenen Herzlinie, eingedämmt werden.

Während das Quadrat mehr statischer Natur ist, liegt im Bild des Dreiecks die Einheit in der Bewegung, die zwei entgegengesetzte Richtungen oder Strömungen zu einem Ziel hinführt, das der geistigen Entwicklung dient.

So fließen die Wasser durch die Landschaft, sinken und steigen, entstehen und vergehen. Ihrem Bild gleich durchziehen die Linien die Hand, strömen aus Unergründlichkeiten in die Sichtbarkeit der Erscheinung, vergehen wieder in die Unerkennbarkeit und zeichnen in der kurzen Spanne zwischen Geburt und Tod die Geschichte eines Menschen, der mit seinen Anlagen und Eigenschaften, mit seinen Möglichkeiten und Schwächen in die Welt tritt, um dort eine Aufgabe zu erfüllen, auf die er angelegt ist, und die zu lösen Sinn und Bestimmung seines Lebens ist.

V
VERÄNDERUNGEN DER LINIEN

Jugend und Alter

Zwei Hände liegen vor uns. Die eine gehört einem Kind (Abb. 161), die andere dem Erwachsenen (Abb. 162), zu dem dieses Kind herangereift ist, einem 50jährigen Mann. Auch wenn man nicht den Zwischenraum zwischen Daumen und Zeigefinger auf diesen Abdrücken abtasten kann, zeigen beide Hände eine weiche Konsistenz. Die gesamte Hand läßt auf ein Verlangen nach Wohlbehagen schließen.

Herz- und Kopflinie schwingen beidemal weitzügig und rhythmisch in gegenseitiger Entsprechung. Dynamik und Großzügigkeit sind hierin ausgedrückt. Der Schwung der Herzlinie aber sackt in beiden Händen unter dem Ringfinger ab und weist darauf hin, daß das Liebesverlangen größer ist als das eigene Liebesvermögen. Auch der reife Mann will von Liebe und Harmonie umgeben sein. Mehr noch: Er will sich selbst in der Liebe des anderen spiegeln und projiziert zugleich seine Wünsche und die Erwartungen, die er erfüllt haben will, auf diesen. Das bringt die Apollolinie zum Ausdruck.

Diese Projektion auf Menschen, die seine Eigenliebe verstärken sollen, war in der Kinderhand nicht angelegt. Nur einige vertikale Linien sind in den Apolloberg dort eingezeichnet, die auf künstlerisches Interesse deuten. Auch die Merkurlinie ist in der Hand des Kindes schwächer gezeichnet. Sie steigt im Innenraum der Lebenslinie auf und endet an der Kopflinie. Nach kurzer Unterbrechung verbindet sie sich mit dem einen Greifarm der endenden Kopflinie und läuft mit ihm zusammen zum äußeren Handrand hin.

In der Hand des Erwachsenen hat sich die Merkurlinie bis zum

Merkurberg hinauf verlängert. Von ihr geht, ebenso wie bei der Kinderhand als ganze Merkurlinie, ein Zweig durch die Kopflinie zum Handaußen hin. Die Merkurlinie selbst führt zur oberen Grenze des Handraumes in den Merkurberg hinein. Geistige Interessen, Intelligenz und Organisationstalent – Kopf- und Merkurlinie – sind in der Hand dieses klugen Wirtschaftlers gut ausgeprägt. Sie sind stärker erarbeitet – rechte Hand – als angelegt.

In beiden Händen endet die Kopflinie mit einem Greifarm. Dies ist Zeichen, daß man nicht gern abgibt, was man einmal erreicht oder bekommen hat. Durch diesen Greifarm wird der Mondberg abgeschlossen. Das Unbewußte mit seinen Phantasien und Bildern, seinen aufgespeicherten Erfahrungen und auch verdrängten Gefühlen wird nicht zum Bewußtsein heraufgehoben. In der jüngeren Hand steigt aus dem unteren Mondberg die Schicksalslinie auf. Sie verbindet sich mit einem Zweig, der aus der Lebenslinie ausgeht. Beide Äste brechen an der Kopflinie ab. Die zwei Vertikalen auf dem Saturn- und Apolloberg können als Endstücke dieser kombinierten Saturnlinie gelten.

In der Hand des Erwachsenen erhebt sich die Schicksalslinie allein aus der Lebenslinie. Sie endet an der Kopflinie, von der aus leicht verschoben kleine Stücke der Linie bis zur Herzlinie aufsteigen. Der vertikale Strich auf dem Saturnberg mag als ein neuer Anfang einer Schicksalslinie gelten, der am Ende des Lebens noch einmal wirksam wird. Verantwortungsgefühl und Zuverlässigkeit sind vorhanden. In der Hand des Kindes aber werden mehr Einflüsse aus dem Unbewußten durch den Beginn der Schicksalslinie zu bewußter Verarbeitung in den Bereich der Kopflinie hineingetragen.

Die Lebenslinie ist in der Kinderhand mehr halbkreisförmig geformt als in der anderen. Dies liegt vor allem an der Endung, die bei dem Erwachsenen gestückelt ist und an Schwung verliert. Ebenso wie diese Veränderung eingetreten ist, kann sich im Verlauf der Jahre auch wieder die körperliche Ermüdung verlieren. Dann wird die Lebenslinie die in der nicht abgebildeten linken Hand angelegte Endung wiedergewinnen.

In die Kinderhand ist auf dem Venusberg eine Angstlinie einge-

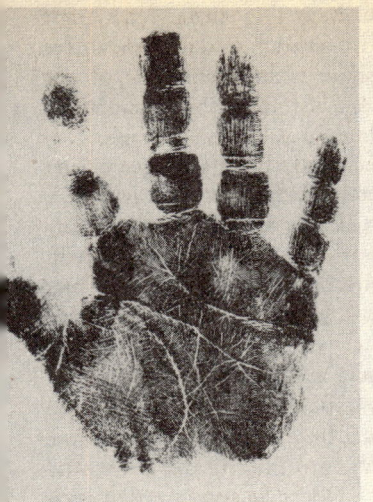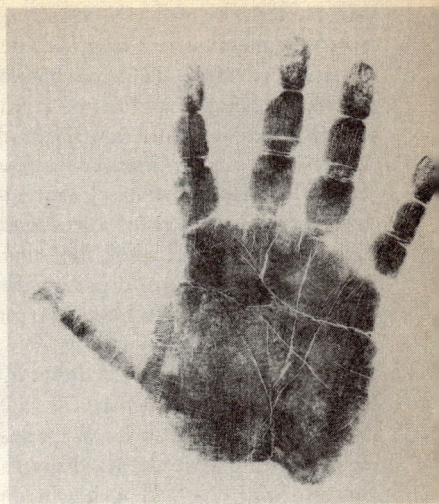

161 162

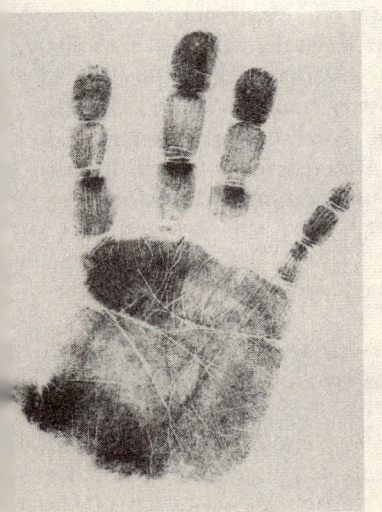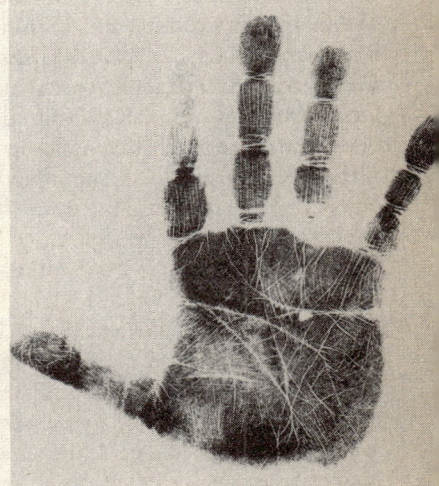

163 164

prägt, die in der anderen viel schwächer ist. Die vorhandene Angst mag vergangen sein. Vielleicht aber ist sie auch in das Unbewußte hinein verdrängt, da die Schicksalslinie nicht mehr, wie in der Hand des Kindes, aus dem Mondberg zur Kopflinie hinaufsteigt und dort latente Einflüsse und Eindrücke zur Klärung bringt.

45 Jahre sind nach dem Abdruck der Kinderhand vergangen. Der jetzt 50jährige hat seine Anlagen verwirklicht, hat aber, nach der langen Apollolinie zu urteilen, seine Gefühle und Wünsche auf andere projiziert und seine Eigenliebe in den Vordergrund gestellt. Ein von der Lebenslinie zum Jupiterberg aufsteigender kleiner Zweig läßt Empfindlichkeit und ein leicht verletzbares Selbstgefühl erkennen.

In der früheren Hand ist dieser Zweig nicht eingezeichnet. Vielleicht ist das verwundbare Selbstbewußtsein der Grund, warum die Apollolinie sich so stark entwickelt hat. Solange man um seine eigenen Belange kreist, wird man sich vom Eingriff des Du schützen und sein Wohlbehagen erhalten können. Solange werden auch die Aggressionen, deren Bild der linienlose Mondraum ist, nicht herausgelassen. Sie werden eher gestaut oder verdrängt.

Wenn aber Situationen entstehen, in denen der Mensch – und dies bezieht sich auch auf den 50jährigen Wirtschaftler – Probleme und Auseinandersetzungen nicht ausweichen kann, dann lassen die lange Merkur- und Kopflinie die Kontaktmöglichkeiten und realen rationalen Überlegungen in Aktion bringen. Geschieht dies nicht, werden die Verdrängungen und Stauungen im Mondberg Körper und Seele belasten.

Innere Umstellung

Die Hand einer 70jährigen Frau hat sich innerhalb von zwei Jahren vor allem im Bild der Kopf- und Herzlinie verändert. Im früheren Abdruck (Abb. 163) endete die Kopflinie mit einer Verzweigung im Marsberg, und es bestand ein Zwischenraum zum weiteren Verlauf dieser Linie, die in den untersten Raum des Mondberges zum äußeren Handrand hinabfiel.

Nach dem zweiten Abdruck (Abb. 164) hat sich die Kopflinie ganz mit diesem Zweig verbunden und fällt nun selbst in den unteren Mondberg hinab.

Zugleich hat sich die Linienführung der Herzlinie verändert. Nach dem ersten Abdruck verläuft sie in einem guten Schwung zum Zwischenraum von Jupiter- und Saturnberg hin. Unter dem Apollofinger sackt sie ein wenig ein, im Wunsch, Liebe zu empfangen, und ein Ast fällt zu Beginn dieses etwas nach unten gezogenen Bogens auf die Kopflinie herab.

Dieser Zweig ist auch auf dem späteren Abdruck zu finden, ebenso wie noch ein späterer kleiner abfallender Ast. Aber nach den zwei vergangenen Jahren, die zwischen den Abdrücken liegen, hat sich das Ende der Herzlinie verändert. Es liegt zwar auch im Zwischenraum von Zeige- und Mittelfinger, aber der Aufstieg dorthin ist müde und zeugt von Erschöpfung.

Aus der Gesamtbetrachtung dieser Hand seien hierzu noch einige Erklärungen gegeben. Die Linien sind sowohl auf den Fingern wie auf dem Merkurberg tief in die Hand eingeprägt und von einer Unbeweglichkeit, die festgelegte Verhaltensweisen zum Ausdruck bringt. Diese werden aufgelockert durch die Kontaktfreude, die Beweglichkeit und Offenheit für seelisch-geistige Interessen und die Begabung, zu vermitteln und in rechter Weise zu reagieren, was die lange Merkurlinie zum Ausdruck bringt. Die vor allem in der rechten Hand stark ausgeprägte Saturnlinie, die bis zum Ansatz des Mittelfingers reicht, läßt großes Verantwortungsgefühl, Pflichtbewußtsein und Zuverlässigkeit erkennen.

Es wird, besonders nach dem letzten Abdruck, für die alternde Frau nicht leicht sein, gewisse festgelegte Konventionen und konservative Anschauungen aufzugeben, an denen sie im Grunde hängt. Da ihre Kontaktfähigkeit – die Merkurlinie – und ihre Liebesfähigkeit – die Herzlinie – nicht immer Antwort finden, entstehen zeitweilige Depressionen, wie der Zweig anzeigt, der von der Herzlinie auf die Kopflinie fällt. Dennoch wird die Frau ihre Gefühle nicht verringern, sondern, wie der schwache, aber lange Aufstieg der Herzlinie auf dem zweiten Abdruck zeigt, auch in einem geschwächten Körper ihren Einsatz der Gefühle weiter wachhalten. Verletzungen werden, nach dem Zweig, der am Anfang der Lebenslinie zum Jupiterberg aufsteigt, zum Teil in das noch sehr lebendige Unbewußte – der liniendurchzogene Mondberg – hineingesenkt – nicht verdrängt. Im Unbewußten – der Mondberg – sind auch Erinnerungen und Erfahrungen früherer Jahre am Leben erhalten, und reale Situationen wie objektive Gegebenheiten werden im mütterlichen Urgrund ihrer Härte entzogen und in Illusionen und Einbildungen eingebettet.

Therapeutische Behandlung

Nach therapeutischer Behandlung lassen sich in einer Hand häufig Veränderungen erkennen. Nicht nur, daß die Finger sich mehr entspannen und der Daumen sich besser anpaßt, sondern auch daß sich das Linienbild verändert. Es handelt sich bei Abb. 165 um eine junge Frau, die in einem Kibbuz in Israel bei Kindern arbeitete und darunter litt, daß sie keine rechte Ausbildung hatte. Sie lebte in ständigem Konflikt zwischen ihrer Phantasie und dem Wunsch nach einem Studium. So kam sie in Analyse. Während dieser stellte sich heraus, daß viele Interessen und produktive Kräfte in ihr vorhanden, aber nicht geweckt waren. Sie entschloß sich zum Studium der Psychologie. Nach ihrem Abschluß als Psychologin arbeitet sie wieder für die Bewohner des Kibbuz und ist ein zufriedener Mensch geworden.
In der Außenhand zeigt sich diese innere Lösung durch eine Entkrampfung der Finger, die elastischer wurden und sich freier aufgerichtet haben.
Die Innenhand auf Abb. 165 ist gehalten, die Linien entbehren der Beweglichkeit und des dynamischen Schwunges. Sie sind eingeprägt und nicht im Fluß. Auf dem späteren Handabdruck (Abb. 166) – nach vier Jahren Analyse – ist die Innenfläche von einem Liniennetz überzogen, das auf eine Fülle von Interessen deutet. Auch neue größere Linien sind entstanden. So haben zwei

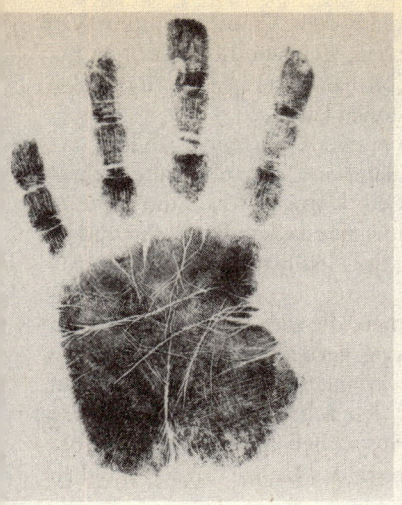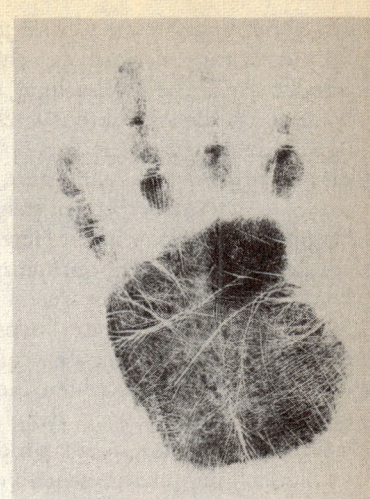

165 166

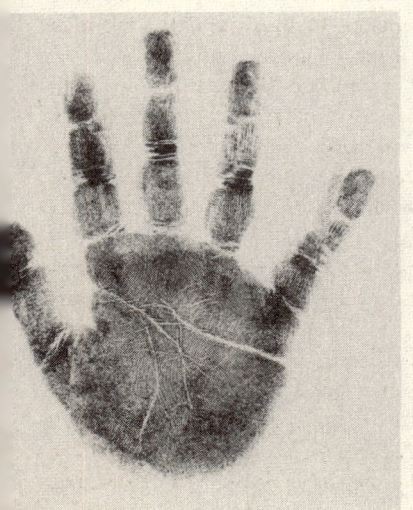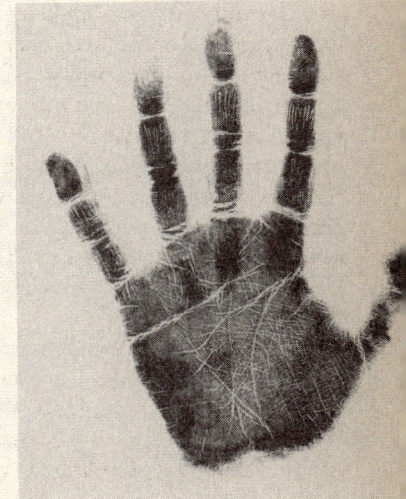

167 168

zuvor nur angedeutete Querlinien aus dem Venusberg ihren Weg bis hinauf zum Merkurberg gefunden, Zeichen ihrer geistigen Interessen. Auch die Merkurlinie selbst hat eine Fülle von Parallelen bekommen, die Produktivität erkennen lassen.

Am Ende der Herzlinie haben sich zwei Querlinien gebildet, die den Fortgang der Herzlinie zum Handrand hin aufzuhalten scheinen. Aus einer dieser Linien steigt ein kleiner Zweig zum Jupiterberg hinauf. Dieser gibt der Herzlinie eine andere Richtung und ist ein Zeichen für die Entkrampfung der Gefühle, die durch den früheren Konflikt belastet waren.

Häufig ist bei Händen von Menschen, die ihre Gefühle verstärken und die Intensität ihrer Zuwendung vertiefen, eine Veränderung der Herzlinie zu beobachten. Sie verlängert sich in ihrem Verlauf oder durch einen Zweig, der ihr den Schwung zum Jupiterberg verleiht. Vielleicht kann man hieraus schließen, daß Wandlung offensichtlich im innerseelischen Bereich der Liebesfähigkeit möglich ist.

DRITTER TEIL
ANWENDUNG DER HANDDEUTUNG

I
MENSCHLICHE BEZIEHUNGEN

Erziehungsfragen

Schon Babyhände sind durch erhöhte Berge und durch Linien belebt. Ihre Aussagen, die nicht auf Handbewegungen beruhen, sind für Erziehungsfragen sehr geeignet und können Anregungen und Hinweise für eine angepaßte Behandlung geben.

Die Hand eines fünfjährigen Mädchens (Abb. 167) zeigt seine spezielle Eigenart bereits in wenigen Zügen. Zu den gut auseinandergehaltenen Fingern, die eine ungezwungene Haltung aussagen – der kleine Finger ist betont abgespreizt, also kontaktfähig –, steht der Daumen im Gegensatz. Er ist besonders groß und dick und entfernt sich nicht von den übrigen Fingern. Er drückt Eigensinn aus und das Verlangen nach Selbstbehauptung, die mit einer schwer zu zügelnden Intensität und Vitalität ausbrechen. Es ist kaum möglich, sie einzudämmen, so daß die Eltern gezwungen sind, das Kind im Zimmer allein zu lassen, bis die Wut nachgelassen hat. Erst wenn es sich ausgetobt hat, ist es wieder ansprechbar.

Das Emotionelle, das in solchem Eigensinn hervortritt, wird von den beiden Zweigen am Ende der Herzlinie aufgezeigt. Sie beschweren den Kopf und lassen ihn nicht zur Besinnung kommen. Kleine senkrechte Linien, die im Verlauf der Herzlinie aufsteigen, zeigen Gegenkräfte zu den Wutausbrüchen an. Diese Gefühlsansätze geben die Möglichkeit, das Kind in seiner Innerlichkeit «anzusprechen», worauf es reagieren wird. Dabei bedarf es weniger der Worte als des Daseins und der unbewußten liebevollen Beeinflussung der Eltern. Diese ist mehr ein stilles Mitschwingen mit seinen Gefühlen als ein erzieherisches Eingehen auf Argumente.

Das lange Zusammengehen von Lebens- und Kopflinie läßt eine starke Bindung des Kindes an die Mutter erkennen. In dieser Unselbständigkeit liegt auch die Angst vor Ungeborgenheit und die Abwehr gegenüber allem, was die infantilen kindlichen Reaktionen – auch im späteren Alter – bedrängen könnte. Das Mädchen kann gut mit sich umgehen, kann spielen und sich körperlich bewegen, nur darf es nicht das Gefühl haben, allein gelassen zu sein.

Der untere Handraum zeugt nach Aussage des Venusberges von unmittelbarer Lebenskraft und vitaler Fülle, und der Mondberg läßt eine ungetrübte Phantasie und Einbildungskraft erkennen. Er ist nicht von Linien belastet, die Kopflinie aber schwingt leicht in ihn hinein. Dieses Kind ist nicht schwer zu erziehen, wenn man seine zeitweiligen Wutausbrüche einbezieht. Sie werden sich in ihrer Aggressivität verlieren, da sich voraussichtlich die Kopflinie mit einem Zweig stärker zum Marsberg hin ausdehnen wird.

Eine gut gezeichnete Saturnlinie steigt aus dem oberen Mondberg auf und führt, in mehr oder weniger langen Strichen, etwas voneinander abgesetzt, über die Herzlinie hinauf in Richtung des Saturnberges. Dieses läßt Verantwortlichkeit erkennen, die von den Eltern schon früh geweckt und eingesetzt werden könnte. Vielleicht wird die zarte Endung der Herzlinie einmal ausgeprägter und mehr zum Jupiterberg emporsteigen. Solche geringfügigen Veränderungen in den Handlinien können angelegte Möglichkeiten in ihrer Verwirklichung schwächen oder verstärken.

Ein 14jähriges Mädchen (Abb. 168) hat eine solche weitergeführte Herzlinie, die zum Jupiterfinger aufsteigt. Zuvor hatte diese mit zwei Ästen in einer Geraden geendet. Ein dritter Zweig hatte sich auf die Kopflinie hinabgesenkt, und dieser durchkreuzte die Lebenslinie in den Venusberg hinein. Die Liebesfähigkeit wird sich bei der Reifung des Mädchens entfalten. Auf diesem Wege aber wird es einige Schwierigkeiten geben. Denn die Kopflinie ist wellenmäßig geschwungen und endet mit einem geöffneten Greifarm auf dem Marsberg. Unter diesem bildet eine gerade kleinere Linie ein Stück Verdoppelung der Kopflinienendung. Die gewellte und durch Inseln gestörte Kopflinie läßt Zielgerichtetheit im klaren

Denken und Wollen vermissen und findet, bildhaft gesprochen, Ausreden und Ausflüchte, um sich das zu verschaffen, was sie auf einem geraden Weg nicht erlangt. Die Greifarme wollen besitzen und festhalten und das Ergriffene nicht wieder loslassen.

Die Länge der Merkurlinie ist Ausdruck von Gewandtheit und Beweglichkeit und kann als Zeichen gewertet werden, daß sich das Kind mit List – die gewundene Kopflinie – und mit Lügen durchsetzen wird. Wünsche und Phantasien sind vielfältig, wie es die lange Horizontallinie auf dem Mondberg anzeigt.

Die Finger dieser Hand haben gute Zwischenräume, Zeichen eines Wunsches nach Freizügigkeit, der sich hinter einer großen Anpassungsfähigkeit verbirgt, da der Daumen nicht genügend lang ist für eine vitale und unmittelbare Befriedigung der Selbstbehauptungstendenzen. Viele Linien, die im oberen Handraum kreuz und quer durcheinanderlaufen, der tief herabfallende Venusring und die Angstlinie innerhalb des Venusberges lassen auf eine starke Labilität schließen. Dennoch ist auch in dieser Hand die große Vertikale gut gezeichnet. Sie liegt zwischen Ich- und Du-Seite und geht vom unteren Handraum bis zum Saturnberg hinauf.

In der Dreiteilung sind der oberste und mittlere Raum am stärksten betont. Diese Einteilung wird mit der Saturnlinie zusammen die Entwicklung zu einem reifen Menschen unter einen positiven Aspekt stellen, wenn die Eltern die Begabung und Geduld haben, das Pflichtgefühl zu wecken und die seelischen Möglichkeiten aus dem inneren Wesen des Kindes heraufzuholen. Vielleicht gelingt ihnen eine Umpolung aus der materiellen Sphäre, in der sich Lüge und Habenwollen auswirken, in eine seelisch-geistige Zuwendung zu Interessen, die das Gefühl ansprechen und Phantasiekräfte – die Horizontale auf dem Mondberg – in die Wirklichkeit umsetzen.

Die Verwurzelung der Saturnlinie mit einer langen Gabelung, deren einer Zweig in den Berg des Ursprungs hinabreicht, kann als ein Zeichen gelten, daß sich das heranreifende Mädchen «erden» und die Phantasien in eine klarer werdende Zielsetzung einordnen wird. In diesem Sinn werden die Greifarme nach einer Betätigung auslangen, die mit Tanz, Sport oder Rhythmik – die Aussagen der langen Merkurlinie – zu tun haben und die Kontaktfreudigkeit anregen.

Die Bewegungen im Mondberg werden durch eine vertikale und eine horizontale Linie aufgenommen und können in dieser lebendigen Hand zur Gestaltung der Phantasie geführt werden.

Die Hand eines sechsjährigen minderbegabten Jungen (Abb. 169) weist im Mondberg ein ganz anderes Bild auf. Man braucht sich nur mit diesem Raum zu beschäftigen, um die Anlagen des Kindes zu erkennen und den Erzieher auf die wichtigsten Aussagen hinzuweisen. Im Mondberg führen eine Unzahl von steigenden Wellenlinien ihre unruhigen Bewegungen aus. Die Kopflinie setzt ihnen eine Grenze und schneidet den ganzen unteren Handraum ab, indem sie die Innenfläche bis zur gegenüberliegenden Seite völlig durchquert. Hierin liegt eine instinkthafte Abwehr und Schutzhaltung, um die Anziehungskraft der im Unbewußten angestauten Kräfte nicht in den Bewußtseinsraum hineinzulassen. Denn nach dem Endzweig der Kopflinie zu urteilen, ist logisches Denken nicht zu erwarten. Dieser Ast überdacht gleichsam den Mondberg.

Das weitere Linienbild zeigt eine Saturnlinie, die mit zwei geöffneten Ästen den Raum zwischen Kopf und Herzlinie durchzieht. Sie endet in der Handmitte und steigt nicht zum Saturnberg hinauf. Verantwortliche Leistungen sind nicht zu erwarten. Auch hier zeigt sich eine Stockung und ein Zurückgeworfenwerden in den unteren Handraum, in den die Saturnlinie Zweige zum Mondberg hinabsendet.

Die Beweglichkeit der Merkurlinie gleicht die ausgesprochene Kürze des kleinen Fingers aus und ermöglicht einen unmittelbaren Kontakt in der Beziehung zum Du, der unbewußt und ohne jede Zweckhaftigkeit ist.

Die Lebenslinie umschließt in guter Halbkreisform einen nicht sehr starken, aber harmonisch belebten Venusberg, der eine gute Vitalität und Triebkraft erkennen läßt. Das Leben dieses Jungen wird sich vorwiegend im materiellen Bereich abspielen. Der mittlere Raum ist nach der Dreiteilung der Hand am wenigsten lang.

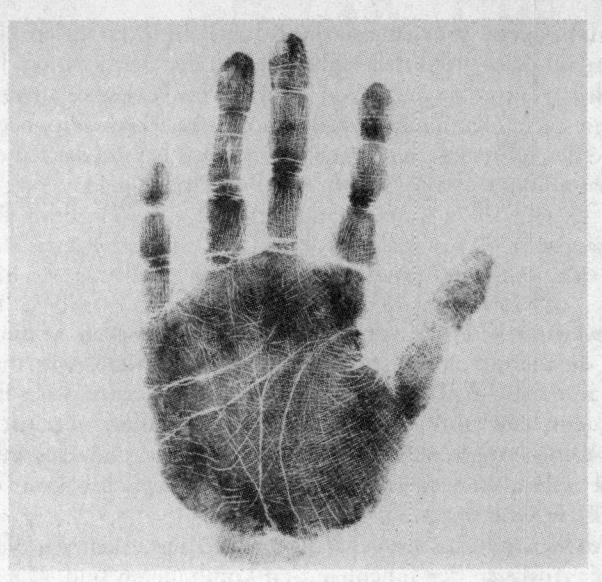

Über der Herzlinie aber entfaltet sich ein größerer Bereich, den die Seelenhaftigkeit dieser Linie aufnehmen wird. Der Junge bedarf einer großen einsatzbereiten Liebe. In der Auseinandersetzung mit einer feindlichen Umwelt und im Bewältigen von Forderungen wird er versagen. Auch kann er nicht auf verstandesmäßige Ermahnungen oder Erziehungsversuche reagieren, die Wollen und Denken voraussetzen. Aber auch die unbewußten Tiefen – der Mondberg – sollten durch Fürsorge und Schutz der Eltern unberührt bleiben, damit nicht Kräfte geweckt werden, die das Kind überfluten und mit Reizen überfordern.

Der Junge bleibt hinter der Durchschnittsbegabung der Kinder zurück. Eine größere Spannung solcher Linien könnte epileptische Anfälle auslösen. Wenn aber keine Forderungen eines «Du mußt» oder «Du sollst» gestellt werden, trüben keine Krämpfe und Beklemmungen sein Bewußtsein. Die Zuneigung vom Ring- zum Saturnfinger kann eine gewisse Traurigkeit andeuten.

Die Hand weist zwar eine starke Labilität in ihren vielen kleinen Linien auf, aber vermittelt keine Zeichen der Erschöpfung. In der Erziehung könnte man die Anregungen von R. Steiner anwenden, daß ein solches Kind mit «gemütvoller Aufmerksamkeit» betrachtet werden sollte und der Erzieher von innen her auf das Kind einwirken muß, nicht mit Worten und Begriffen.

Berufsmöglichkeiten

Eine wesentliche Frage, vor allem für junge Menschen, ist die Auswahl des Berufes, wenn man noch gar nicht weiß, wer man ist oder was man im Leben tun will. Deshalb werden viele Berufe nach der Chance ihres Erfolges, nach der Arbeitslage oder nach Informationen ausgewählt, die nicht den einzelnen und seine Interessen betreffen, sondern eine Kategorie oder typische Veranlagung von Menschengruppen.

Die Außenhände lassen solche allgemeine Züge erkennen, die später mit Aussagen der Innenhand zu kombinieren sind. Die ovale Hand zum Beispiel oder spatelförmige Finger sind Zeichen, daß für solche Menschen Konkretes und Reales wichtiger sind als Abstraktionen und Theorien. Das Bleibende und ihnen Zugeordnete liegt nicht in der Innerlichkeit oder in Idealen, sondern in der Wirklichkeit einer praktischen Aufgabe. Selbst das Transzendente soll in einen konkreten Bezug gestellt werden.

In einer ovalen Hand sind Freude an der Natur und der Dynamik des Lebens, an Aktivität und körperlichem Einsatz angezeigt. Der Beruf, der für diese Menschen geeignet ist, will mit Materie und sichtbaren Dingen umgehen. Organisatoren, Industrielle, Unternehmer, Techniker, aber auch Chirurgen und Sportler oder Menschen, die das Geistige in einer stoffhaften leiblichen Verwirklichung begreifen wollen, haben eine ovale Handform. Negativ zu werten ist diese, wenn bei einem breiten Rumpf materielle Zweckhaftigkeit und Ausnutzung zu selbstsüchtigen Zielen im Vordergrund stehen.

Spatelförmige Finger, die sich schaufelförmig nach oben hin verbreitern, sind voller Tätigkeitsdrang und werden auch geistige Probleme oder seelische Erfahrungen in die praktische Wirklichkeit umzusetzen suchen. Sie bleiben nicht in Theorien stecken und beschäftigen sich nicht mit abstrakten Überlegungen, die sie von der Welt der Erscheinungen und von konkreter Verwirklichung abziehen. Für sie ist eine praktische Aufgabe und der Einsatz für die Gemeinschaft wesentlich. Sie wollen ergreifen, begreifen und verwirklichen, was ihnen aufgegeben ist. Ist der Daumen ausgeprägt, werden Impuls und Aktivität zu schnellem Einsatz kommen, während ein kleiner Daumen erst auf Anregungen und Forderungen reagiert.

Anders verhält sich der Mensch, dessen ganze Hand oder nur Finger oder Rumpf eckig geformt sind. Er ist bestrebt, den Stoff zu gestalten und die Welt in eine Ordnung, ein System einzubinden. Der Lebensbereich eines solchen Menschen kann sowohl der nüchterne Alltag sein, der verantwortungsvoll bewältigt wird, wie auch das künstlerische Schaffen, das nach vollendeter Form strebt.

Handelt es sich um Hände voller Lebensfülle – Potenzen in der Innenhand – dann gehören sie Menschen, denen Begabung zu künstlerischem Ausdruck gegeben ist. Sind aber die Finger einer eckigen Hand aneinandergepreßt und ohne dynamische Bewegung, kann man – nach Ergänzung durch die Aussagen der Innenhand – ängstliches Festhalten an Methoden, bürokratisches Spezialistentum, aber auch kleinliche Enge befürchten, die einen zwangsneurotischen Aspekt haben.

Eckige Formen gehören zu verantwortungsvollen Beamten, pflichtgetreuen Angestellten und Wissenschaftlern, zu Erziehern und Lehrern, auch zu gestaltenden Künstlern. In negativer Aussage zu Menschen, deren Kleinlichkeit und Bürokratie in jedem Beruf Menschlichkeit und Zuwendung vermissen lassen.

Eine konische Hand ist, ebenso wie die konischen Finger oder ein sich nach oben hin verjüngender Rumpf, bildhaft Ausdruck einer Sehnsucht, die über das Stoffgebundene hinausreicht und mit ihrer seelischen Antenne empfangsbereit macht für die Aufnahme transzendenter Einflüsse. Das Erlebnis der Transzendenz ist hier keine Theorie, sondern ein Reifeprozeß, der sein Zentrum im Seelischen hat. Intellektuelle Theorien, blutloses Spekulieren und ein labiles Hin- und Herschwanken zwischen den verschiedensten Interessen äußern sich in konischen Fingern, die keine seelische Potenz in der Innenfläche aufweisen. Der obere Handbereich und die Berge, die unter den Fingern liegen und von der Herzlinie getragen werden, haben für die seelische Einstellung der konisch zulaufenden Finger einen wesentlichen Bezug.

Solche Menschen sind rezeptiv künstlerisch. Sie fühlen sich wohl in Berufen, in denen Sensibilität, Anpassung und Nachahmung eine Rolle spielen. Eigenschaften wie Freude an Schönheit und Wohlergehen, Idealismus und Höhenflug zeichnen sich in der konischen Fingerform ab. Einfühlung und Hingabefähigkeit können sich auch auf sozialen Gebieten auswirken. Das Durcheilen der stofflichen Gebundenheit, das diesen Menschen aufgegeben ist, hat zur Kehrseite den Ichverlust oder die Tendenz zu Sucht und Verfallenheit, wenn kein innerer Halt gegeben und die seelische Substanz schwach ist.

Aussagen über Finger beziehen sich auf ihre knotenlose Glattheit. Differenzierungen werden durch Knoten angezeigt, die von der Anlage gegeben und nicht durch Krankheiten entstanden sind. Sie fügen Mißtrauen, Zweifel und rationale Erwägungen in die Äußerungen der Finger oder Fingerformen ein, da sie jeden ungehemmten Einfluß oder Eindruck bremsen und Sicherungstendenzen erkennen lassen. Bei konischen Händen können Knoten ein positives Zeichen für bewußte Entscheidungen sein.

Oft regen konische Hände durch ihre Zartheit die Sympathie der Betrachtenden an. Die aber kann die tatsächlichen Eigenschaften solcher Menschen verdecken. Die gotischen Hände der Madonnen oder Heiligendarstellungen sind von Künstlern gemalt, die Anbetung, Empfänglichkeit und Hingabe zum Ausdruck bringen wollten. Nach der Renaissance ist ein eckiger Einschlag in den Händen zu beobachten, da die Maler zu dieser Zeit stärker von der Vernunft bestimmte Aussagen über das Seelisch-Geistige machten.

Der heutige Mensch hat andere Ideale und eine konische Hand, ist häufig lebensfremd und nicht der Wirklichkeit angepaßt. Deshalb ist bei der Beurteilung dieser Hand die Einbeziehung der Innenfläche besonders wichtig. Sind zum Beispiel Mondberg und Herzlinie in einer konischen Handform ausgeprägt, dann wird ein sozialer Beruf den Ausschlag geben. Bei mangelnder Stabilität, die sich in einer fallenden Kopflinie ausdrückt, wäre eine Arbeit, die Ausdauer und Ordnung wie Seßhaftigkeit und Einwurzelung in einen festen Rahmen voraussetzt, eine schwere Belastung. Feinmechanik, Photographie oder Mode dagegen sind Berufe, die der künstlerisch rezeptiven Haltung entsprechen. Bei konischen Händen spielt der Daumen eine wichtige Rolle. Ist er nicht zu anpassungsfähig in seiner Rückwärtsbiegung, läßt er eine Ichbehauptung erkennen, die nicht leichtfertig einen übernommenen Beruf aufgibt.

Noch einige Kombinationen von Außen- und Innenhand seien eingefügt:

Bei der eckigen Hand sollte die Kopflinie nicht zu gerade und hart die Innenfläche durchschneiden. Denn dies bedeutet eine Bürokratie und Nüchternheit, die Enge und Sachlichkeit verstärken. Eine lebendige Fülle in der Potenz der Berge und eine Kopflinie, die am Ende unter Apollo- oder Merkurberg mit einer aufgelockerten Gabel endet, drücken eine Fähigkeit zu Kritik und klarem Urteil aus, die für wissenschaftliche Berufe nötig ist. Auch ist in solchen Händen häufig die Merkurlinie in Ansätzen oder durchgehend eingezeichnet. Kleine vertikale Linien zwischen Apollo- und Merkurberg lassen auf pädagogische Begabung schließen.

Wenn eine ovale Außenhand vorhanden ist, sollte die Kopflinie nicht zu tief in den Mondberg fallen. Auch sollten die Mittelglieder der Finger gut ausgeprägt sein. Denn beides sind Zeichen dafür, daß sich der Mensch den gegenständlichen Forderungen der Welt stellen kann und sie zu bewältigen vermag.

Ist dagegen der untere Raum der ovalen Hand zu stark ausgeprägt, oder sind die untersten Fingerglieder zu breit, dann deutet sich die Gefahr an, daß der Mensch vom Antrieb oder Sog seiner elementaren Kräfte überwältigt wird und seine geistigen Äußerungen einen teils gehemmten, teils gewalttätigen Charakter haben. Es wird schwer für ihn sein, ein eigenständiges Selbst aufzubauen. Der Mensch explodiert leicht in fast zerstörerischer Weise oder fällt in dumpfes Brüten, ohnmächtig, mit den widersprechenden Gewalten in sich fertig zu werden.

Positiv zu werten sind eckige Hände, die in ihrer Innenhand schöpferische Begabungen aufzeigen. Bei ihnen ist meist der Ringfinger spatelförmig und fällt aus dem Gesamtbild der übrigen Finger heraus.

Ein vielseitig begabter junger Mann (Abb. 170) hat in einem eckigen Handrumpf eine lange starke Merkurlinie, die seinen Begabungen auf malerischen und musikalischen Gebieten eine wissenschaftliche Note gibt. Auch das Schreiben gehört zu seinen Fähigkeiten, ebenso wie eine phantasiebegabte – die leicht abfallende Kopflinie – Denkungsart, die ihn Bewußtes wie Unbewußtes zusammenfassen läßt.

Die Saturnlinie, die aus dem Mondberg innerhalb von Neptunlinien entspringt, zeigt die Möglichkeit der Umsetzung und Verwirklichung. Die erhöhten unteren Berge wie auch der Merkurund Apolloberg sind durch Linien aufgelockert und dynamisch bewegt. Eine solche Innenhand könnte auch einem Arzt gehören, der mit feiner Antenne die Diagnose von Krankheiten erspürt. In diesem Fall aber wäre der kleine Finger eckig; oder – wie in der Hand von Chirurgen – ein spatelförmiger Einschlag der Finger gegeben.

Ein anderes Beispiel, das aus der Innenhand die Möglichkeit des Berufes erkennen läßt, ist die zarte Innenfläche einer freien Mitarbeiterin in einem Verlag (Abb. 171). Die Linien zeigen Sensibilität und Anpassungsfähigkeit an, zumal auch der Daumen sich in weitem Abstand zu den anderen Fingern öffnet. Der kleine Finger ist besonders lang und ebenso wie der Ringfinger der Kommunikation mit dem Du geöffnet. Die Kopflinie zeigt reales kluges Denken. Die Herzlinie verläuft nach einigen Unterbrechungen in der Nähe des Jupiterberges. Ihr Rhythmus entspricht dem der Kopflinie.

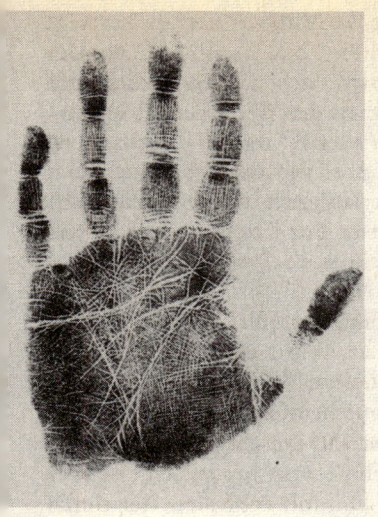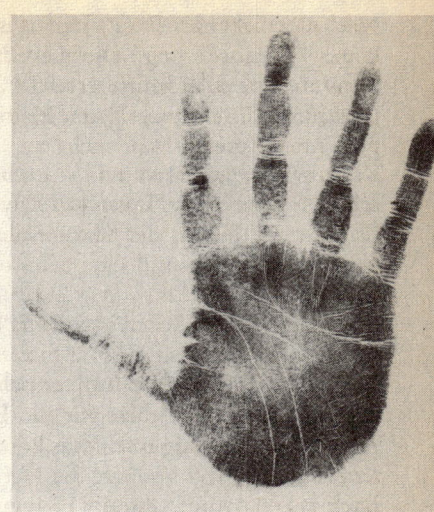

170 171

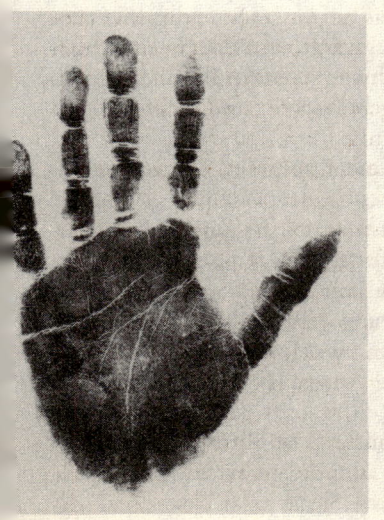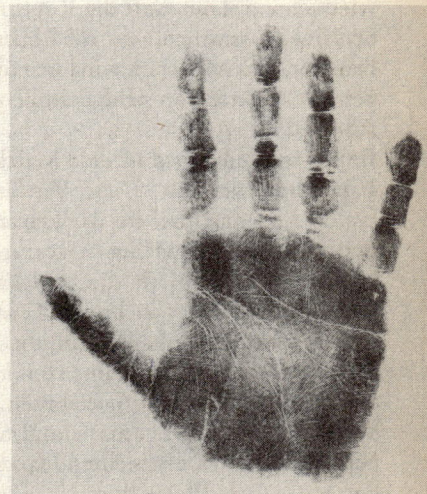

172 173

Nach der Lebenslinie zu urteilen ist die Vitalität zart und erträgt keine Überforderung. Die Lebenslinie, die zuerst mit vitalem Schwung die Handmitte erreicht, zieht sich danach zurück und umschließt in einem engeren Halbkreis den Venusberg. Viel Impuls ist bei dieser Frau nicht zu erwarten, aber die vorhandene Kraft wird ausgenützt und – nach Aussagen der Schicksalslinie – mit Verantwortung, Ernst und Zuverlässigkeit im Beruf eingesetzt. Der oberste Raum der Handfläche ist der längste. Dies läßt auf geistige Interessen und eine Sehnsucht nach Transzendenz schließen.

Ein 18jähriges Mädchen ist vor die Frage gestellt, welchen Beruf es wählen soll (Abb. 172 + 173). Es hat Abitur gemacht, kann sich aber nicht zu einem Studium entschließen. Wir wollen beide Hände betrachten, weil diese für die Entscheidung wichtig sind. Die Außenhand ist eckig mit etwas konischem Einschlag.

In der Innenhand verläuft die Herzlinie zum Jupiterberg, ist aber stark gekettet und läßt auf Herzenskummer schließen, der durch herabfallende Zweige an ihrem Ende verstärkt wird. In der linken wie rechten Hand läuft die Kopflinie ein langes Stück mit der Lebenslinie zusammen, was auf Abhängigkeit vom Elternhaus schließen läßt. Das Mädchen wird sich schwer zu einem Beruf entschließen, weil es stark an seine Familie gebunden ist und nicht frei entscheidet.

In der rechten Hand ist eine Marslinie ausgeprägt, die parallel zur Lebenslinie verläuft. Diese Verstärkung der Vitalität gleicht ein wenig die lange Insel auf der Lebenslinie aus, die Zeichen von Unsicherheit und zeitweiliger Überforderung der Kräfte ist.

In beiden Händen ist die Schicksalslinie wenig ausgeprägt. Das junge Mädchen ist nicht auf Leistung eingestellt. Auch läßt die Kopflinie in der linken Hand, die in zwei Inseln endet und leicht in den Mondberg herabfällt, von der Anlage her Klarheit des Denkens und Konzentration vermissen.

Statt ihrer werden Phantasie und mütterliche Fürsorge im Mondberg aktiviert. In der rechten Hand läuft die gekettete Kopflinie in der Mitte ihres Weges durch eine Insel. Sie ist zwar länger gezeichnet als die der linken Hand, dennoch zeugt sie von wenig rationalem Denken.

Aus dem unteren Teil der Lebenslinie steigen rechts zwei Linien auf. Einmal die Merkurlinie, die auf Anpassungsfähigkeit und Sprachbegabung schließen läßt. Zum anderen die Neptunlinie, die sich einem Ast am Ende der Kopflinie anschließt. In Verbindung mit einer zarten, doch von der Kopflinie aufsteigenden Apollolinie in der linken Hand kann diese Neptunlinie künstlerische Fähigkeiten zum Ausdruck bringen. Diese aber werden, nach der unstabilen Kopflinie und der häufig unterbrochenen schwachen Schicksalslinie zu urteilen, kein Fundament für eine ausdauernde Berufstätigkeit sein.

Vom Weiblichen her gesehen, wird das junge Mädchen viele positive Qualitäten haben, es ist liebevoll und anpassungsfähig. Die in der linken Hand absackende Herzlinie zeigt ein Verlangen nach Liebe und Zärtlichkeit.

Zu einem wissenschaftlichen Studium reichen die Möglichkeiten nicht aus. Das Große Dreieck von Lebens-, Kopf- und Merkurlinie ist nicht eingezeichnet. Statt Wissen braucht das junge Mädchen menschlichen Kontakt. Im anderen Fall wird es unsicher und verängstigt, wie eine Angstlinie, die in der rechten Hand neben der Marslinie im Inneren des Venusberges eingezeichnet ist, vermuten läßt.

Die Lebenslinie ist in der Anlage klarer gezeichnet als in der Hand der Verwirklichung, in der sie von der langen Insel belastet ist. Es sollte deshalb kein Zwang auf das Mädchen ausgeübt werden.

Welchen Beruf sie auch wählt, er kann im Bereich des Kunstgewerbes oder im Erlernen von Sprachen liegen, Erfüllung des Lebens wird er kaum geben. Ihr wird deshalb die Wahl zwischen Beruf, Ehefrau und Mutter nicht schwerfallen, zumal der Venusberg einen großen Raum in der Hand einnimmt.

Zwischen Eltern und Kindern bestehen Ähnlichkeiten in den Händen, die charakteristische Züge aufzeigen. Solange diese Ähnlichkeiten in der Außenhand auftreten, beziehen sie sich auf Grundtypen, während die Innenfläche persönliche Merkmale erkennen läßt.

Wir beobachten dies an Händen von Mutter (Abb. 174) und Sohn (Abb. 175) – 75 und 50 Jahre alt –, in denen eine auffallende Übereinstimmung im mittleren Raum liegt. Bei der Mutter handelt es sich um die linke Hand der Anlage, beim Sohn um die rechte der Verwirklichung. Rechts ist bei der mütterlichen Hand der Zwischenraum zwischen Kopf- und Herzlinie freier, es fehlen die Greifzangen, die bei dem Jungen auch in der linken Innenfläche vorhanden sind.

Die greifzangenähnliche Abzweigung der Herzlinie, die sich an die Kopflinie anklammert, löst sich in ihrem weiteren Verlauf zum Jupiterberg hin. Eine Strecke lang aber greifen die Gefühle nach verstandesmäßiger Sicherung. Die Zeichnungen im oberen Raum der Innenfläche, der das größte Drittel des Handraumes einnimmt, sind unruhig. Das heißt, die Bemühungen nach seelisch-geistiger Empfangsbereitschaft sind zwar vorhanden, aber sie sind, vor allem bei dem Sohn, mehr mühsame Versuche als verwirklichte Lebenseinstellung.

In beiden Händen ist Verantwortlichkeit und Zuverlässigkeit durch die Schicksalslinie angezeigt, und beide Merkurlinien lassen eine gute Kontaktmöglichkeit erkennen. Die Merkurlinie des Sohnes aber steigt aus der Saturnlinie auf und wird von einem Muß und Du sollst gehemmt. So kann sich die Bewegung zur Duseite hin nicht frei auswirken. Im Zusammenhang mit den Aussagen des breiten Venusberges, der stark von Querlinien durchzogen ist, ergeben sich die Hemmungen aus einer Triebhaftigkeit, die nicht zum Durchbruch kommt, sondern – im Bild gesprochen – vor der Lebenslinie anhält. Bei der Mutter dagegen ist der Kontakt und die Beweglichkeit zum Du hin ungehemmt, da die Merkurlinie aus

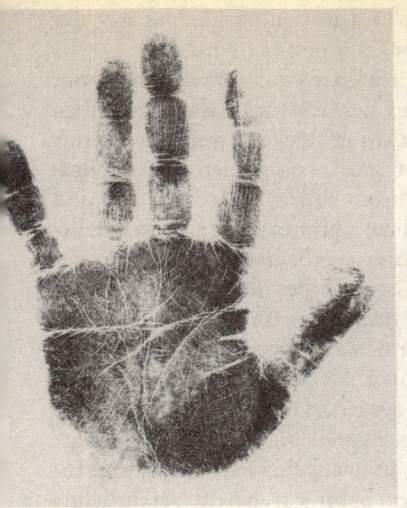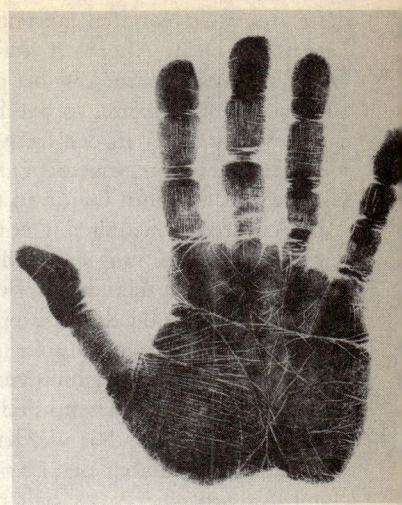

174 175

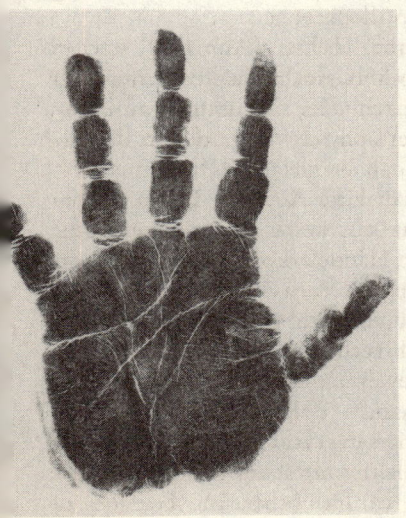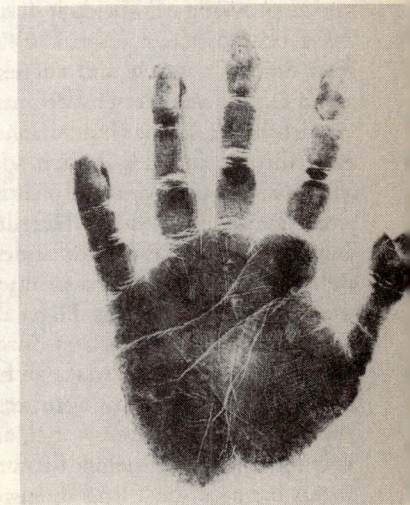

176 177

dem untersten Handteil aufsteigt und in der Berührung mit der Lebenslinie bis ins Alter von vitaler Fülle gespeist wird.

Die Tendenz der Linien ist bei der Muter eine aufsteigende, beim Sohn dagegen gespannt, so daß der Lebensstrom kaum nach oben fließt. Vieles bleibt in der Entwicklung stecken, weil der an sich kluge und begabte Ingenieur zu stark von seinen Spannungen blockiert ist und ihm Elan und Impuls fehlen, um sein Leben und seine Arbeit zu bewältigen. Der Grund hierfür zeigt sich in der inneren Enge, die er von seiner Mutter geerbt hat und die nach der Zeichnung seiner Hände als Belastung über dem ganzen Leben liegt, während sie bei der Mutter entspannter ist.

Die Innenflächen von Mutter und Sohn weisen im Mars- und Mondberg ähnliche Zeichnungen auf. Neben leeren Stellen, in denen Papillarlinien kreisen, sind längere Horizontallinien in die Duseite eingeprägt. So werden Aggressionen und verdrängte Wünsche nach Zeiten der Leere und angeblichen Ruhe aufbrechen, und nur die Angst hält den Sohn vor einem gefährlichen Ausbruch zurück. Die Handform von Mutter und Sohn ist eckig und zeigt wenig Möglichkeit der Auflockerung.

Zwei Hände, Vater (Abb. 176) und Tochter (Abb. 177), sind in ihrer Struktur weich und aufgelockert, doch gehalten genug, um keine Gefahr der Verschwommenheit oder Genußsucht aufkommen zu lassen. In den Innenflächen sind Schwung und Art der Linienführung einander ähnlich, so daß ein gleicher Rhythmus zwischen Gefühl und Verstand sichtbar wird. Auch die Breite des Jupiterberges, dem von der Herzlinie ein weiter Raum eingeräumt wird, läßt gleiche Züge der beiden Hände erkennen. Es besteht ein Geltungsbedürfnis, das zusammen mit dem Venusberg Selbstbewußtsein und ehrgeizige Pläne durchsetzen wird. Die Zeichnung des obersten Handdrittels ist durch vertikale Linien positiv als Offenheit für geistige Interessen zu bewerten.

Der Daumen ist in der Männerhand – es handelt sich um einen 50jährigen Diplomaten – tief angesetzt und kürzer als bei der Tochter, ein Zeichen, daß die vitale unmittelbare Willenskraft des Vaters weniger stark und intensiv ist. Die Lebenslinie beider verläuft in ähnlicher Weise um den Daumenballen und teilt sich in der Mitte. Der eine Zweig führt in beiden Händen zur Schicksalslinie. In der Hand der zwanzigjährigen Tochter spielt der Sog der Einbildungskraft im Mondberg eine wesentliche Rolle, weil die Zweige am Ende der Lebenslinie dorthin fallen.

Das Ende der Kopflinie ist in beiden Innenflächen ähnlich gezeichnet und wird von einem Herabfallen zum Mondberg zurückgehalten. Der Verstand ist bei Vater und Tochter gut ausgeprägt, wenn auch durch einige Verkettung zeitweilig unkonzentriert.

Die Herzlinie hat beidemal einen schönen Schwung zum Raum zwischen Zeige- und Mittelfinger hin, sackt aber unter dem Apolloberg leicht herunter, ein Zeichen, daß die Liebesbedürftigkeit das Maß an persönlicher Liebeshingabe übersteigt.

Zwei Hände, eine Mutter (Abb. 178) und deren 19jähriges Kind (Abb. 179), zeigen nach den Abdrücken ähnliche Anlagen. Zum Beispiel bei der Linienführung wie Endung der Lebenslinie. Diese umkreist nicht den Venusberg, sondern wird geradlinig. Vitalität und Triebkraft sind dennoch vorhanden, da sich der Venusberg weit ausbreitet. Doch werden die in ihm vorhandenen Energien nur zu Beginn – in der Jugend – zusammengehalten und konzentriert. Die Lebenslinie verläuft erst wieder am Ende um den Venusberg. Bis dahin ist sie unterbrochen, wenn auch durch andere Linienteile überbrückt. In späteren Jahren wird sich die Vitalität wieder entfalten.

Die Schicksalslinie steigt von unten nahe der Lebenslinie auf. Sie endet in beiden Händen an der Kopflinie. Eine zweite, in beiden Händen vorhandene Schicksalslinie, steigt bis zur Herzlinie auf und sendet eine Merkurlinie in den Merkurberg hinein. Verantwortungsgefühl, Kontaktfähigkeit und Interessen sind vorhanden. Sie drücken sich vor allem in materiellen Bereichen aus, nachdem die Kopflinie sowohl in der Hand der Mutter wie der Tochter lang und gerade gezeichnet ist. Am Ende zeigt sich ein kleiner Greifarm, der Festhalten des Empfangenen und Geleisteten zum Ausdruck bringt, und nicht gern losläßt, was einmal erreicht ist. Der Zwischenraum zwischen Kopf- und Herzlinie ist bei der Mutter breiter als bei dem Kind, sie verfügt offensichtlich über mehr Weite und Großzügigkeit.

Der größte Unterschied beider Hände drückt sich in der Herzlinie aus. Bei der Mutter fehlt der Schwung nach oben zum Jupiterberg hin. Statt dessen fällt die Linie an ihrem Ende zum Ichraum herab und läßt auf Depressionen schließen. Auch die kurz vor ihrem Ende herabfallenden zwei kleinen Äste verweisen, ebenso wie die Verkettung am Anfang der Herzlinie, auf Enttäuschung im Gefühlsleben. Die nüchterne gerade Kopflinie wird die Fehler des Partners leicht durchschauen und sich keinen Illusionen hingeben. Die Bestätigung, die sie selbst erwartet und die ihr Selbstgefühl steigern würde – der erhöhte Jupiterberg – wird ihr nicht vom Partner gegeben. Sonst könnte sich die Herzlinie aufrichten und würde nicht den Schwung nach aufwärts verlieren. Die Liebesfähigkeit, die keine Antwort empfängt, nimmt im Verlauf des Lebens ab. Dadurch steigert sich der reale, nicht emotionale Sinn für die Wirklichkeit im Zeichen der Kopflinie.

Ein anderes Zeichen für die Verdrängung der Gefühle liegt in dem weiten Raum, den Mars- und Mondberg einnehmen. Beide sind fast linienlos. Dies läßt darauf schließen, daß bei großen inneren Spannungen Aggressionen aufbrechen und aus dem Unbewußten verdrängte Wünsche und das Verlangen nach Geborgenheit ans Tageslicht gebracht werden.

Die lange Merkurlinie ist auf Beziehungen und Kontakt eingestellt, so daß die Möglichkeit zu Depressionen gering ist.

Die Herzlinie der Tochter zeigt den Aufstieg zum Zwischenraum von Zeige- und Mittelfinger. Die kleinen Zweige sind gehalten und geben keinen Anlaß, auf Enttäuschungen zu schließen. Das Kind erwartet im Gefühlsleben nicht mehr als es empfangen wird, ist aber weniger offen und weitherzig, nach dem engeren Raum zwischen den beiden Horizontalen zu urteilen. Auch ist der Venusberg ruhiger gezeichnet. Die Triebkraft ist weniger dynamisch als bei der Mutter, so wird sie auch weniger Enttäuschungen erleiden. Mond- und Marsberg ähneln denen der Mutter, sind aber durch einige Linien aufgelockert, so daß weniger Aggressionen zu

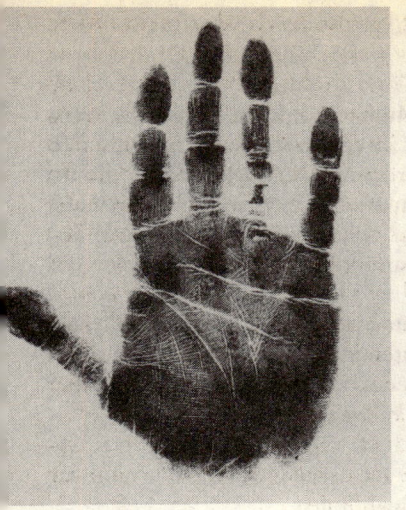 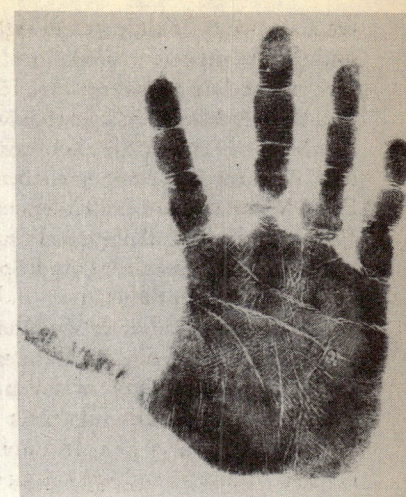

178 179

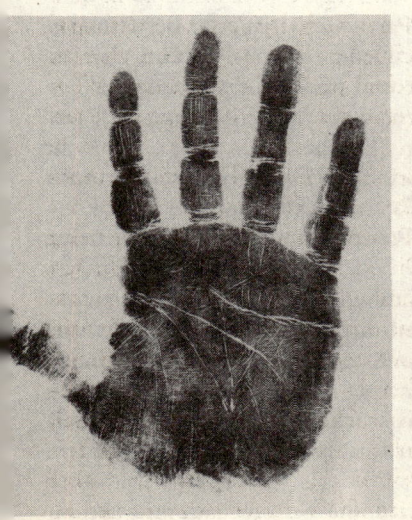 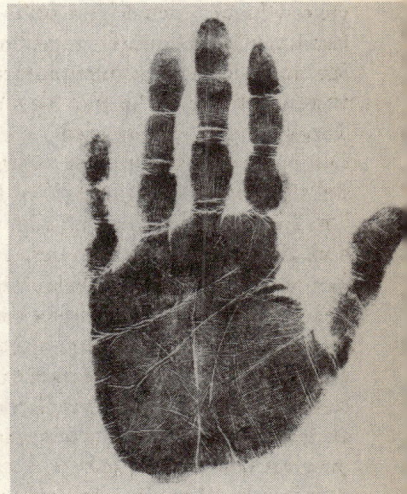

180 181

erwarten sind. Da die zweite Schicksalslinie der Tochter aus dem Mondberg aufsteigt, werden unbewußte Bilder und Eindrücke in das Bewußtsein gehoben.

Auf dem Apolloberg liegen bei Mutter und Kind einige sich kreuzende kleine Linien. Sie sind aber zu verwirrt, als daß man auf eine künstlerische Begabung schließen kann. Dennoch werden die bei der Mutter konisch endenden Finger die innerseelische Offenheit betonen, die Empfänglichkeit für Schönheit und Harmonie anzeigt, aber in Gegensatz und Spannung steht zu dem rationalen Verstand der Kopflinie.

Ein Vergleich wie dieser zwischen Mutter und Tochter soll nicht nur die vorhandenen Ähnlichkeiten aufzeigen, sondern vor allem der Mutter die Zuversicht geben, daß ihr Kind nicht einmal unter der gleichen Gefühlsproblematik leiden muß wie sie selbst.

Partnerbeziehungen

Es ist schwer, in einer Hand auf Partnerschaften oder Beziehungen zwischen Ehepaaren einzugehen. Denn aus welchen Gründen leben zwei Menschen miteinander und bauen ein gemeinsames Leben auf? Vielleicht sind es Menschen, die ihre Ergänzung im Partner suchen, oder andere, die vom Du erhoffen, was sie selbst nicht leisten können. Menschen können aus Triebhaftigkeit, aber auch aus seelischen Beziehungen eine Partnerschaft eingehen. Auch können gemeinsame Interessen oder Reize aus unbewußter Faszination maßgebend sein.

Ein Mann mit einem starken Venusberg kann eine Frau mit ausgeprägtem Mondberg heiraten, weil ihn das Weibliche anzieht und seine Sexualität Ruhe in ihrer mütterlichen Atmosphäre findet. Auch kann ein Mensch mit einer langen Kopflinie, die in den Mondberg hinabfällt, den Partner suchen, der eine gerade Horizontale hat und seinen Phantasien ein sachliches Gegengewicht zu geben vermag.

Mit gleich langem Daumen wird die Selbstbehauptung beider

Partner in Wettstreit geraten, während ein Mensch mit zurückgebogenem anlehnungsbedürftigem Daumen sich von einem Partner mit langem starrem Daumen vergewaltigt fühlt. Einige Beispiele sollen die Frage der Partnerschaft erläutern.

Die materielle Hand einer jungen Frau (Abb. 180), deren Rumpf sehr breit und länger ist als die Finger, weist eine auffallende Lebenslinie auf, die dreimal um den Venusberg verläuft. Das erste Mal ist sie eng und kurz gezeichnet, das zweite Mal beginnt sie schon während des Verlaufs der ersten und führt in einem guten Schwung bis zum unteren Daumenballen hin.

Die dritte Lebenslinie ist mit der Kopflinie verbunden und erscheint als die eigentliche Linie, die über die Lebenskraft Aussagen macht. Sie schwingt zuerst in einem sehr weiten Bogen, wird dann aber von der Schicksalslinie angehalten, ehe sie weiter in den untersten Mondberg einmündet. An ihrem Endpunkt steigt die Schicksalslinie auf und überschreitet die Herzlinie in einer geraden klaren Zeichnung. Aus dem untersten Mondberg führt noch eine zweite Linie aufwärts und erhebt sich mit vielen Unterbrechungen zum Apolloberg.

Nach diesen Aussagen ist die kluge Frau, Abteilungsleiterin einer großen Firma, belastet von dem Wunsch, mehr als «nur» eine Angestellte zu sein und zu einer Selbstverwirklichung zu gelangen, die ihren Träumen und Wunschbildern entspricht. Die eigentliche Lebenslinie aber wird von der Schicksalslinie aufgehalten, ein Zeichen, daß sie die Erfüllung nicht findet, die sie als Ausweitung ihres Lebensraumes erwartet.

Sie ist nach der Zeichnung der Schicksalslinie auf Leistung und Pflichterfüllung angelegt und läuft Gefahr, durch Selbstbespiegelung – die Apollolinie – und überforderte Ansprüche – der breit ausladende Jupiterberg – ihren Lebensweg zu verfehlen. Der große Wirbel im Mondberg unterstützt die Tendenz, sich von der Wirklichkeit zu entfernen und der Verantwortlichkeit auszuweichen. Sie erwartet vom Partner, daß er ihr erfüllt, was sie sich als Selbstverwirklichung erträumt.

Der Mann (Abb. 181) hat eine sehr starke Schicksalslinie, die sich tief in die Handfläche einprägt. Verantwortungsbewußtsein und Leistungsdrang überfordern ihn und lösen Schuldgefühle aus, wenn er versagt. Seine Kopflinie durchquert die Hand bis zum gegenüberliegenden Du-Rand hin und endet mit einer langen Greifzange. Die Lebenslinie ist zart und läßt die Vitalität vermissen, die zur Beherrschung des anderen – die zu lange Kopflinie – notwendig wäre. So fühlt sich der vierzigjährige Lehrer oft überfordert und wird – nach dem langen Daumen zu urteilen – sich nur mit instinktivem Widerstand durchsetzen und behaupten können.

Der Herzlinie fehlt der Schwung, der zum Jupiterberg hinaufführt, und das obere Handdrittel ist weniger entwickelt als die beiden unteren. Aus Zuwendung und innerer Bereitschaft wird der Mann seiner Frau nicht helfen können, eher aus seinem pflichtbewußten Verantwortungsgefühl heraus. Die Frau aber wird letztendlich von ihm nicht in ihrer Selbstverwirklichung unterstützt. Es ist vorauszusehen, daß in späteren Jahren manche Probleme und Schwierigkeiten auftreten. Denn in beiden Händen wird die Lebenslinie im Einflußbereich der Schicksalslinie unterbrochen.

Das Ehepaar auf Abb. 182, 183 könnte sich ergänzen, wenn beide bereit sind, Opfer zu bringen. Das heißt: Der Zwischenraum zwischen Kopf- und Herzlinie in der Hand (183) der künstlerisch begabten Frau müßte, im Bild gesprochen, etwas aufgeben von der Sehnsucht nach Freiheit und Entfaltung, während der enge Raum in der Männerhand sich ein wenig erweitern müßte. Als Möglichkeit ist dies angezeigt. Im Marsberg des Partners aber hängen Äste wie welke Zweige von der Herzlinie herunter, und absteigende Linien laufen unterhalb der Kopflinie durcheinander, so daß Aggressionen eine ruhige Entwicklung hindern.

Ein wesentliches Problem des Mannes besteht darin, daß seine Saturnlinie die Handfläche bis zum Mittelfinger hinaus durchschneidet. Ein Zweig, der sie in der Handmitte begleitet, endet kurz über der Herzlinie. Dann steigt die ursprüngliche Schicksalslinie allein weiter hinauf. Das Gefühl von Pflicht, Verantwortung, Zuverlässigkeit und Erfüllung eines Leistungssolls ist so stark ausgeprägt, daß jedes Versagen als Schuld empfunden wird. Der lange Zweig,

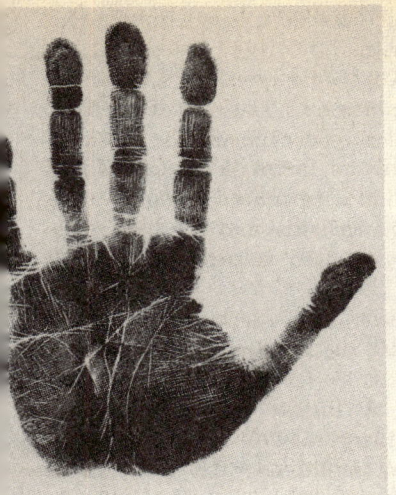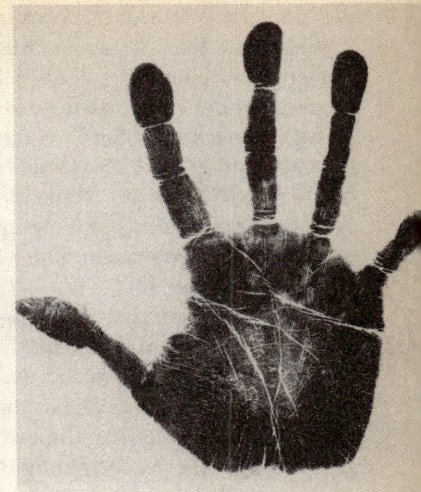

182   183

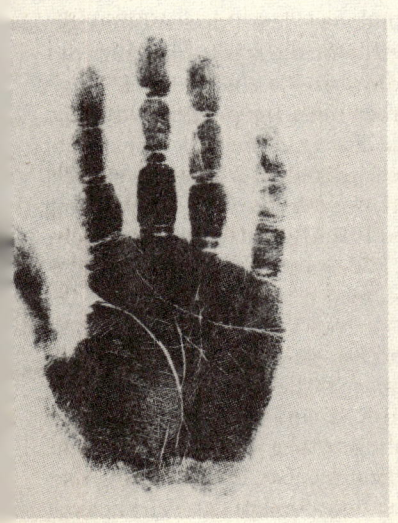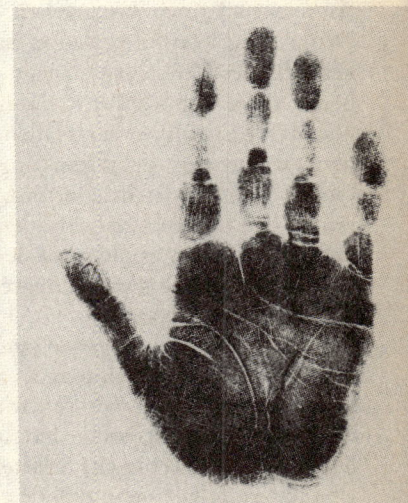

184   185

der von der Mitte der Lebenslinie herabfällt, hängt mit Enttäuschungen im Triebbereich zusammen.

Die enge Verbindung zwischen Kopf- und Herzlinie schließt den oberen Teil der Innenfläche vom unteren ab. Dabei ist der seelisch-geistige Bereich nach der Dreigliederung der Innenfläche am stärksten ausgeprägt. Die Kopflinie, die auf ihrem Weg zum Mondraum Abschaltung des Denkens und entspannte Harmonie sucht, wird in ihrer Abwärtsschwingung angehalten und von kleinen Linien in Besitz genommen. Diese verwehren ein tieferes Eindringen in den Mondberg.

Die vielen Linien auf der Du-Seite vom Merkurberg bis zum Mondberg herab sind Zeichen, daß die Beziehung zum Du und zur Umwelt mehr Unruhe auslöst als Geborgenheit gibt. Feste Bindungen sind mehr Belastung als Freude. Darum sinkt auch schon zu Beginn der Herzlinie ein langer Zweig auf die Kopflinie. Das Denken überwacht häufig das Gefühl, oder das innere Leben orientiert sich an sachlichen Überlegungen.

Die Herzlinie schreckt trotz ihres am Ende aufwärtssteigenden Astes zurück, sich hinzugeben und aus dem Mechanismus des Denkens zu lösen. Ein Grund hierfür ist die starke Sinnenhaftigkeit, die der Venusberg anzeigt, die aber aus einer inneren Angst heraus nicht unmittelbar in das Leben hineingenommen wird. Der von der Lebenslinie herabfallende Zweig drängt die Linien auf dem Venusberg vor ihrem ungehemmten Durchbruch zurück. Dieser Mann ist leicht überfordert, weil es ihm viel Anstrengung kostet, sich in einem festgeordneten Rahmen einzubinden. Auf der anderen Seite lebt er nicht aus der Fülle seiner Triebkräfte. Spontane Reaktionen können zu Aggressionen werden und ihrerseits die Schuldgefühle steigern.

Die Hand der Frau ist voller Inseln. Am stärksten zeigen sie sich in der Mitte der Schicksalslinie. Es gibt manche Zeit in ihrem Leben, in der sie nicht weiß, wer sie wirklich ist, und wo sie fast ausweglos um Probleme kreist, bis sie den richtigen Weg findet. Die gebogene Kopflinie trägt wenig zur Selbsterkenntnis bei. Die Windung dieser Linie zeigt vielmehr, daß sie zur Bewältigung der Wirklichkeit und in der Auseinandersetzung mit anderen nicht immer tut, was ihrem wahren Wesen entspricht. Auch die Saturnlinie ist am Anfang gewunden, und die Herzlinie steigt nicht in einem Schwung auf, sondern wird von ihrer Mitte an durch Äste in verschiedene Richtung hin- und hergeführt.

Der Jupiterberg ist stark ausgeprägt und nimmt einen großen Raum ein. Das angelegte Selbstgefühl verlangt nach Bestätigung. Die aus mehreren Linien gezeichnete Apollolinie läßt auch eine gerade Richtung vermissen. Da es sich um eine eckig-konische Handform handelt, sind Ansätze zu künstlerischem Schaffen angezeigt, das wenig einheitliche Linienbild auf Schicksals- und Apollolinie aber läßt ausdauernde Konzentration vermissen.

Neben der Lebenslinie läuft eine Marslinie. Sie steigert die Vitalität und Impulskraft. Es fehlt hiernach nicht an Lebenskraft und Durchsetzungswillen, sondern am klaren Ziel, für das ein Einsatz geleistet wird. Viele Versuche, die gemacht werden, um das eigene Leben zu gestalten, werden durch einen Hang zum Lavieren nicht durchgesetzt. Auch fehlt es an der nötigen Entschlußkraft und am Willen zur Entscheidung, da entsprechend den besonders stark ausgeprägten Windungen in der Handfläche immer Möglichkeiten gesucht werden, harten Lebenssituationen auszuweichen.

Der Partner wird ihr wenig helfen können, Klarheit in ihr Leben zu bringen, damit sie sich auf ein bestimmtes Ziel hin konzentriert. Letztendlich entwindet sie sich auch diesem, der sie im Grunde nie ganz verstehen und fassen kann. So wird es immer wieder Anlässe geben, die gegenseitig den Zugang zum anderen verstellen.

Die Insel am Ende der weiblichen Lebenslinie läßt die Möglichkeit offen, ob ein Durchbruch durch ihre Probleme je ganz vollzogen wird. Es bleibt auch die Frage bestehen, ob sie überhaupt den Durchbruch will. Denn er wird nicht ohne Leid vor sich gehen und verlangt den Willen, sich so anzunehmen, wie man ist, und zu einem Ziel ja zu sagen, dem man nicht mehr ausweichen kann.

Die Herzlinie zeigt übereinanderliegende Querlinien, auf denen die junge Frau, bildhaft gesprochen, mit ihren Gefühlen zum Raum zwischen Zeige- und Mittelfinger aufsteigt. Sie sind als Zeichen zu bewerten, mit ernsthaften Bemühungen die Liebesfähigkeit zu verstärken. Der letzte Aufstieg wirkt zwar etwas gezwungen, drückt aber den guten Willen aus, sich dem Partner zuzuwenden.

Die ausgeprägte Schicksalslinie des Mannes wird voraussichtlich die Ehe zusammenhalten, weil er sein Gewissen nicht mit Schuldgefühlen belasten möchte, aber auch aus dem Wunsch heraus, etwas zu leisten und aufzubauen, zu dem auch der Zusammenhalt der Familie gehört. Es ist keine leichte Ehe, weil beide Partner sehr verschieden sind und keiner die Eigenart des anderen wirklich verstehen kann oder will.

Starke Triebkraft zeichnet sich im Venusberg eines Industriellen ab (Abb. 184), der von großer Einsatzbereitschaft und vitaler Kraftfülle ist. In dieser an sich breiten Hand mit dem großen Daumen der Selbstbehauptung aber fehlen Weite und Unmittelbarkeit, um die vorhandenen Impulse ungehemmt in die Tat umzusetzen.

Der unbewegte Daumen legt sich gern an die Handfläche an, die Mitte zwischen Herz- und Kopflinie ist eng, und zwischen der Lebenslinie und einer sie begleitenden Marslinie liegen, vor allem im unteren Teil, viele unruhige Linien, die es nicht wagen, durch die Lebenslinie hindurch in den Handraum zu dringen. Es sind auch zwei Vierecke von der Mitte der Lebenslinie an in den Venusberg gezeichnet als Ausdruck des Schutzes und der Abschirmung vor ungehemmten Triebausbrüchen auf einer archaischen Ebene.

Es handelt sich um eine ovale Hand, durch deren Verschlossenheit unmittelbare Äußerungen sowohl in seelisch-geistigen wie in materiellen Bereichen der Selbstbehauptung nur unter Spannungen durchbrechen können. Zumal in der Innenfläche die Kopflinie der Konfrontation mit realen Gegebenheiten auszuweichen sucht, um – bildhaft gesprochen – in den unbewußten Tiefen des Mondberges Ruhe und Geborgenheit im mütterlichen Urgrund zu finden und die in der ovalen Hand beheimatete Harmonie nicht zu verlieren. Dennoch ist es eine aktive, dynamische und männliche Hand, da die Konsistenz fest und der Venusberg sehr stark entwickelt ist.

Die Schicksalslinie, die aus der Lebenslinie aufsteigt, ist Zeichen eines verantwortlichen Gewissens. Doch fehlt diesem die Freiheit des Bekenntnisses, da die Linie nur kurz gezeichnet ist und von der Lebenslinie festgehalten wird. Die Apollolinie zeigt Sensibilität, die im Gegensatz steht zu der dynamischen Triebhaftigkeit. Es muß in diesem Menschen eine starke Disziplin vorhanden sein, damit er mit einer solchen Lebenskraft nicht seine Grenzen durchbricht, zugleich liegt im Gesamtbild der Innenhand eine Gehemmtheit und Verklemmung, die den vorhandenen Möglichkeiten und Fähigkeiten keinen entspannten Auslauf gewähren.

Die jüngere Partnerin dieses Mannes (Abb. 185) ist sensibel und hat einen weniger geballten Venusberg. Die Merkurlinie läßt eine gute Anpassung und Kontaktmöglichkeit erkennen, so daß sie leichter nachgeben und vermitteln kann. Die Herzlinie gibt den erhöhten Jupiterberg frei und läßt ein Geltungsbedürfnis hervortreten, das auch durch eine mögliche Brutalität des Partners nicht verletzt wird.

Lebens- und Kopflinie haben zu Anfang einen sehr großen Zwischenraum. Zusammen mit der relativ frühen Spaltung der Kopflinie ist darauf zu schließen, daß Triebmächtigkeit und rationale Überlegungen nicht zusammengeschaltet sind. Diese Frau kann sich der Triebhaftigkeit hingeben, ohne daß sich der Verstand einschaltet. Der eine Zweig der Kopflinie hat zwar eine Tendenz zum Mondberg hin, wird aber von Querlinien abgezogen, die stufenweise zum Du hinführen.

Ein starker Marsberg liegt oberhalb der Kopflinie und wird von ihr nicht durchzogen, ein Zeichen, daß Aggressionen und Ressentiment nicht an die Oberfläche treten.

Diese Frau wird sich selbst in ihrem Wesen kaum kennen, und auch ihr Gefühl wird in der vom Jupiterberg zurückgehaltenen Herzlinie nicht voll einsatzbereit sein. Für den Partner ist sie ein guter Ausgleich, der aber auf Kosten einer nicht vollzogenen inneren Reife und Bewußtwerdung geht. Doch vielleicht tritt diese niemals ein, da das Denken hierzu nicht zwingt und Auseinandersetzungen wie Spannungen vermieden werden.

II
SEELISCHE GRUNDSTÖRUNGEN

Depressionen

Die Grundstimmung eines Depressiven drückt sich in dem verzweifelten Bestreben aus, einen Menschen, den er sich als Liebesobjekt ausersehen hat, nicht zu verlieren. Er muß alle Triebenergien zurückhalten, damit nichts geschieht, was ihn vom Geliebten trennt. Diese Veranlagung wird in der Herzlinie des Vierzigjährigen dargestellt (Abb. 186). Mit einem hemmungslosen Schwung geht sie zum Jupiterfinger hinauf. Eine Linie, die sich unter dem Apolloberg von der Herzlinie abzweigt, begegnet in der Mitte zwischen dieser und der Kopflinie einem Zweig, der von der Lebenslinie zu kommen scheint. Verfolgt man aber seinen Weg, dann ist er das Ende einer langen, aus dem Venusberg wellenförmig aufsteigenden Linie, die als Ausdruck des Triebverlangens sich gleichsam zum Zweig aus der Herzlinie hinneigt. Es bleibt aber ein Zwischenraum, eine Leere bestehen, die nicht überbrückt wird.

Unter dem Mittelfingerbereich fällt im weiteren Verlauf der Herzlinie ein harter gerader Zweig auf die Kopflinie am Beginn der Lebenslinie. Beide Zweige sind Zeichen, daß sich der Depressive sichern will. Die offene Greifzange am Ende der Kopflinie unterstreicht das Verlangen, daß der andere in Griff genommen und festgehalten werden soll. Der Wunsch, sich dem Liebesobjekt anzupassen, liegt in der Merkurlinie ausgedrückt, die aus einer starken Saturnlinie aufsteigt. Diese begrenzt die Lebenslinie und sendet einen langen Zweig zum Apolloberg hin. Dieser Mensch will sich in seinen Leistungen bestätigt fühlen und überträgt unbewußte Projektionen auf den anderen, in dem er seine Emotionen spiegelt.

Im Venusberg werden die meisten Linien von der Lebenslinie zurückgehalten. Es ist dennoch keine Angstlinie eingezeichnet. So wird nicht aus Angst gehandelt, sondern weil die Triebenergie in den breiten Querlinien angestaut bleibt. Das Lieben ist keine Bewegung zum Du hin, vielmehr das Abwarten, geliebt zu werden. Im kleinen Marsberg oberhalb des Venusberges kreisen Papillarlinien, die freundschaftliche Gefühle – ebenso wie der von Linien nicht aufgelockerte große Marsberg – kaum herauszulassen wagen. Dieser leere Raum läßt darauf schließen, daß Aggressionen bestehen, die man aber nicht auf das Du loslassen will, aus Furcht, das Liebesobjekt anzugreifen. Da Kopf- und Lebenslinie am Anfang eine Zeitlang durch Inseln aneinandergekettet sind, ist von Kind her eine Abhängigkeitssituation angelegt, die von der Saturnlinie verstärkt wird. Diese steigt, die Lebenslinie belastend, aus dem untersten Handraum auf. Gemeinsam mit dem starken Daumen kann man darauf schließen, daß eine starke Daseinsbehauptung und materielle Wünsche vorhanden sind. Auch ist das unterste Handdrittel am längsten ausgeprägt.

Die meisten Linien sind, ebenso wie die untere Hälfte der Schicksalslinie, grob und wenig differenziert gezeichnet. Eine statische, unbewegliche Struktur der breiten Linien, auch auf den Fingern, deuten Mangel an Impuls, Gehemmtheit und Fixierung an. Es fehlt das Fließende, Aufgelockerte. Auch Schuldgefühle sind aus der schweren Saturnlinie als Belastungen zu erkennen. Der Depressive wird sich kaum aus ihnen lösen.

Der Mondberg ist völlig linienlos und doch unter der Haut von Papillarlinien durchkreist. Phantasien, unbewußte Wünsche und Träume finden keine Möglichkeit, in das Bewußtsein zu dringen oder vom Denken aufgenommen zu werden. Der Bereich des Du wirkt wie eine unbelebte Fläche voller Sogkräfte, die den Depressiven herabziehen. Affekte, unbewußte Wünsche und Aggressionen, die nicht von einem Liebesobjekt aufgefangen werden, nehmen ihm die Kraft zum Handeln. Er verfällt einer inneren wie äußeren Trägheit. Die depressive Grundstimmung dieses Mannes ist so stark, daß er in eine Nervenklinik eingeliefert werden mußte.

Sucht

Die Vorstufe zu aller Sucht, allem Rauschverlangen, ist eine falsche Wirklichkeitsbezogenheit des süchtigen Menschen. Er ist nicht bereit, die Wirklichkeit, in der er lebt, die ihn umgibt, mit der er sich abfinden und die er zum Ausgangspunkt seines Lebens machen sollte, anzuerkennen und zu bejahen. Psychologen würden sagen, ein solcher Mensch hat in seiner Kindheit so stark an Liebesentzug gelitten oder sei unter einen so strengen Zwang gestellt worden, daß er als Erwachsener – aus Angst vor ähnlichen Erlebnissen – in eine Scheinwelt entflieht, in eine Welt, in der er maßlose Liebe sucht und eine grenzenlose Freiheit. Daß eine solche Liebe und eine solche Möglichkeit zur Freiheit in der Realität nicht existieren, will der Süchtige nicht wahrhaben.

Die Kopflinie, die in den Mondberg (Abb. 187) hinabfällt, zeigt den Verlust des Wirklichkeitsbewußtseins an. Der Mensch stellt sich nicht den realen Situationen. Muß er zugeben, daß er so nicht leben kann, fällt er in ein anderes Extrem, in die Zerstörung und Vernichtung seiner selbst, wie die unruhige, aus vielen Teillinien zusammengesetzte Lebenslinie zeigt. Seine Antwort auf das Unmögliche ist: Alles oder nichts. Ungestillte Maßlosigkeit steigert die Gier zu vernichten, der Entzug einer ungehemmten Freiheit wird zum Reiz, anderen einen Zwang aufzuerlegen, und die Bindung, der man selbst ausweicht, auf diese zu übertragen – der Greifarm der Herzlinie. Dennoch besteht im Bild der langen Schicksalslinie, die vertikal bis über die Herzlinie die Hand durchzieht, ein Versuch zur Reifung und Entwicklung.

In der Süchtigkeit ist der Mensch entpersönlicht, maßlos, entgrenzt. Da er das Maß des tatsächlich Gegebenen und Möglichen nicht anerkennen will, sucht er das Maßlose, auf welchem Gebiet auch immer. In der Maßlosigkeit verliert der Süchtige das Fundament, auf dem er steht und das nicht nur Halt, sondern auch Begrenzung gibt. Der Raum des Marsberges wird durch das Absakken der Kopflinie freigelassen. Dies läßt ihn Unsicherheit und Angst empfinden, wenn er aus seiner Sucht erwacht. Um diesen nicht zu begegnen, greift er noch süchtiger zu Drogen, die ihn der Wirklichkeit wieder entziehen. Eine solche, immer erneute Maßlosigkeit und Entgrenzung führt allmählich zu einem Verlust der Persönlichkeit. Aber nur so ist für den Süchtigen das Leben überhaupt noch erträglich.

In den Augenblicken der Verantwortlichkeit, die er im Zeichen der Schicksalslinie erfährt, erfaßt diesen Menschen Ekel vor der eigenen Würdelosigkeit und ein so erniedrigendes Minderwertigkeitsgefühl, daß er sich selbst nicht mehr zu ertragen vermag. Wird er sich dieses mangelnden Selbstgefühls bewußt, sucht er es durch gesteigerte Leistungen – die Schicksalslinie – oder durch Überforderung seiner Umwelt zu kompensieren. Nun soll der andere ihm geben, was er selbst sich nicht mehr zu geben vermag: Selbstvertrauen, Selbstbestätigung und den Glauben an sich selbst, den er verloren oder nie besessen hat. Es gibt auch Fälle, in denen der Süchtige zum Intriganten wird, der seinen Nächsten herabwürdigt, um seine eigene Entwürdigung nicht allein tragen zu müssen. Diese Aussagen stammen aus der gegabelten, zugreifenden Herzlinie, die auf die Kopflinie herabfällt.

Formen der Süchtigkeit äußern sich nicht nur in Alkohol oder Rauschgiften, sie treten auch in anderen Zusammenhängen in Erscheinung: in der Sucht, Rekorde zu brechen, noch schneller, noch potenter zu sein als der andere, sei dies auf dem Gebiet körperlicher Leistungen oder durch die Maschine; in der Arbeitsbesessenheit, in der man durch Identifizierung mit seinem Tun die Enge des kleinen Ichs zu übersteigern und die Schranken von Maß und Begrenzung zu durchbrechen sucht, oder in einer pausenlosen Aktivität, in der es keine Zeit gibt, persönliche Probleme auszutragen. Auch ein Abweichen vom normalen sexuellen Verhalten kann seinen Grund in einer Entpersönlichung und Entgrenzung haben, in der die Spannung ungestillter Befriedigung oder eines nicht erfüllten Wunsches durch Nervenreize und Erregungen der Phantasie überspielt werden. Der obere Raum um den Venusring deutet auf Gereiztheit und Erregbarkeit.

An die Stelle persönlicher Begegnung in Freundschaft und Liebe tritt bei dem Süchtigen ein Mechanismus nicht gebundener Erregungen, für die auch der Mensch nur Gegenstand der Lustbefriedigung und damit auswechselbar ist. Die Sinnlichkeit des Süchtigen kann niemals zum Antrieb werden für die Dynamik anderer Energien, kann auch niemals in positive Kraft umgewandelt werden, sondern erschöpft sich in Erregungen, die an nichts gebunden sind. Oder sie verkehrt sich zum Vernichtungstrieb, weil sie nirgends Halt und Ruhe finden wird, bevor sie sich nicht selbst zerstört hat. Je schwächer der Süchtige ist, um so grausamer kann er werden, um zu einem Lustgewinn zu kommen. Je mehr seine Spannkraft erlahmt und seine Seelensubstanz sich auflöst, um so stärker wird er vom anderen neue Erregungen und Auffüllung seiner Leere verlangen.

Die großen Inseln auf Kopf- und Herzlinie zeigen, daß der Süchtige nur um das Objekt seines Verlangens oder um seine Gier kreist. Das persönliche Ich wird von einem Komplex voll ausgefüllt und vermag den Teufelskreis nicht mehr zu durchbrechen. Das Bewußtsein greift nicht ein.

Es ist unmöglich, einen Menschen im Zustand der Süchtigkeit anzusprechen, ihm Vorwürfe zu machen oder Ratschläge zu geben, da man überhaupt nicht an die freie, bewußte und willensgerichtete Persönlichkeit herankommt oder diese sich schon aufgelöst hat. Es hilft auch nichts, wenn man ihm die Droge, den Alkohol oder ein anderes Objekt seiner Gier fortnimmt, um ihm zu beweisen, wie sinnlos oder gesundheitsschädlich das Begehren ist, um das sein Ich süchtig kreist. Denn von dieser Sucht lebt er, sie bildet den Inhalt seines Daseins. Verliert er sie, dann bleibt nur Leere, Langeweile, ein «Nichts» in ihm zurück, die ihn in Hoffnungslosigkeit und Verzweiflung stürzen und an den Rand des Selbstmordes treiben, der Sog, der ihn im Mondberg bedrängt.

Wird dem Süchtigen das Objekt seiner angeblichen Lustbefriedigung genommen und was immer der Teufelskreis seiner Gier einschließt, dann kann die sogenannte Liebe in Haß, die mangelnde Anpassungsfähigkeit an die Wirklichkeit in Ausweglosigkeit, der chaotische Drang nach Entgrenzung in eine Zwangshaltung um-

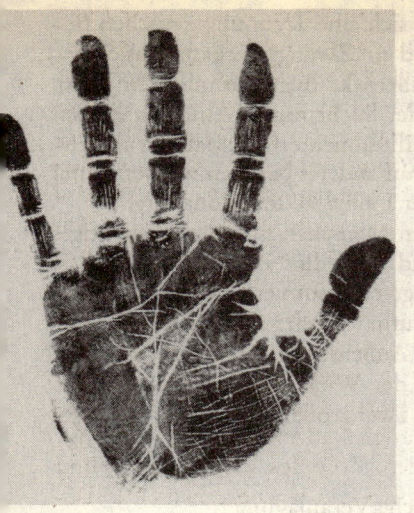
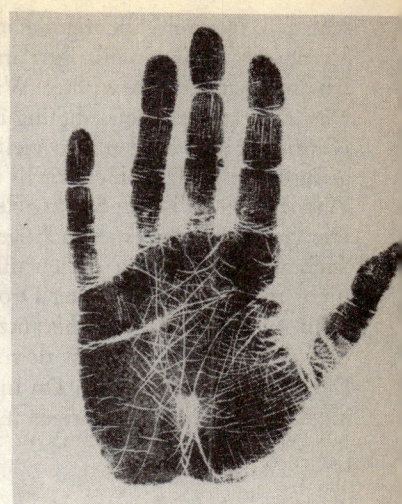

186 187

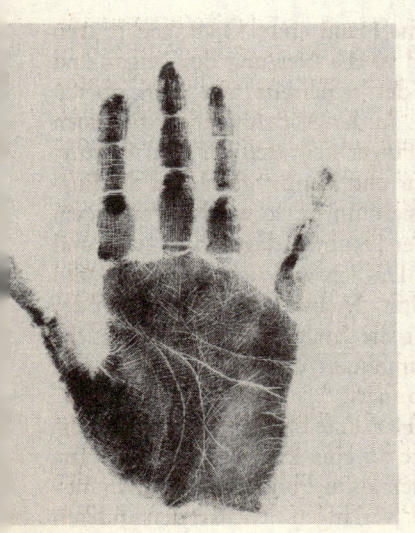
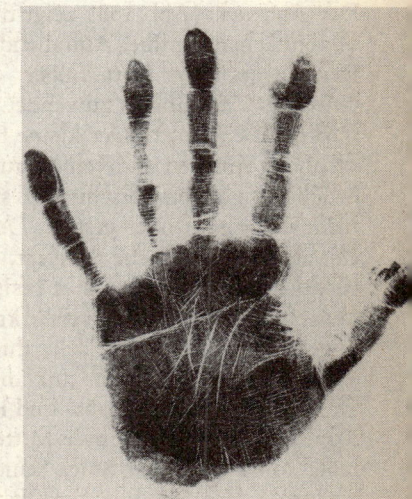

188 189

schlagen. Denn im Süchtigen hat sich eine Trennung zwischen Begierde und Denken vollzogen und ein Zwangsmechanismus eingeschaltet, den kein bewußter Willensakt mehr beeinflussen kann. Der Zwang nach Befriedigung der Sucht nimmt einen so großen Raum ein und wird mit so viel Illusionen erfüllt, daß der ihr zugrundliegende Trieb nicht mehr auf anderes bezogen werden kann. Zeichen hierfür ist der Sturz vieler Linien in den Mondberg.

Die Grundstörung eines süchtigen Menschen ist sein sehnsüchtiges Suchen, sich wohl zu fühlen und befriedigt zu werden. Doch je mehr man an Alkohol oder Drogen konsumiert, um so schlechter fühlt man sich. Das aber herauszufinden oder zu tun, was der andere wirklich braucht, ist dem Außenstehenden kaum möglich. Der Süchtige weicht dem Du in der Wirklichkeit aus. So verfällt die Kopflinie dieser 30jährigen in zwei große Inseln.

Zwangsneurotische Veranlagung

Der Abdruck (Abb. 188) zeigt die Hand eines 13jährigen Jungen aus einfacher Familie. Auffallend ist die Neigung des Zeige- und Ringfingers zum Mittelfinger, der seinerseits sich dem oberen Glied des Zeigefingers zuwendet. In der Außenhand ist dies noch stärker zu erkennen. Der kleine Finger stellt sich aus dem Zusammenhang mit den anderen heraus und nimmt gleichsam die Eindrücke von außen vorschnell in sich hinein. So wird er von diesen nicht überrascht oder gestört. Der Daumen dagegen ist starr und eng an die Handfläche angelegt. Das Ich will sich behaupten und bewahrt eigensinnig, was es besitzt. Nichts wird abgegeben oder losgelassen. Diesen Zug verstärkt die lange gerade Kopflinie, die ungebrochen die Innenfläche durchquert und sich am Ende mit einer Gabel am Handrand anklammert.

Der Raum zwischen Kopf- und Herzlinie ist eng. Dies bewirkt die Kopflinie, die sich in ihrer Mitte an eine zweite Lebenslinie anhängt, die zugleich ein Stück Schicksalslinie bildet. Im Zeichen dieser langen Horizontalen wird das Verlangen sichtbar, den anderen

festzuhalten, einzuengen und ihm den eigenen Willen aufzudrükken. Es bleibt kein Raum nach oben oder unten, rechts oder links,
in dem man das Du und die Umwelt nicht zu dem zwingen will,
was man selbst nicht erreichen und durchsetzen kann. Zusammen
mit dem Daumen sind dies Zeichen eigenwilliger Ablehnung alles
dessen, was einer Veränderung unterliegen könnte.

Im großen Marsberg unterhalb der Kopflinie bis hinein in den
Mondberg erscheinen Wirbel, die sich als Papillarlinien in der
Haut ausprägen. Sie drehen sich um sich selbst und lassen keine
sichtbaren Linien in Erscheinung treten. Ohne dynamische Bewegung stauen sich Erlebnisse in den Tiefenschichten der Seele. Ein
langer Zweig aus der Lebenslinie wird vom untersten Mondberg
herabgezogen. Im Sog des Unbewußten entziehen sich die Lebens-
vorgänge der rationalen Kontrolle.

Deutlich wird in der Stauung von Mond- und Marsberg die Gefahr, daß sich der Innendruck auslöst und unkontrollierte Aggressionen explodieren. Der junge Mensch, der dies spürt, leidet unter
der zwanghaften Vorstellung, er könne unbeherrschte Handlungen begehen, die ihn zum willenlosen Werkzeug machen.

Die elementaren Triebkräfte, die sich im Venusberg ausdrücken,
werden durch eine bis zum Ende des Daumenballens ausgeprägte
halbkreisförmige Lebenslinie eingeschlossen und zusätzlich noch
durch eine zweite gleichförmige Linie zurückgehalten. Diese kann
sowohl als doppelte Lebenslinie gelten wie als Zweig, der sich in
der Mitte der Kopflinie von dieser löst und tief in den unteren
Handraum hineinfällt. Auch als Schicksalslinie kann die parallele
Lebenslinie gewertet werden, die sich zur Kopflinie hinbiegt und
in einer schwachen Linie die Herzlinie überschreitet. Die Um-
klammerung des Venusberges durch die beiden parallelen Halb-
kreise betont den unteren Teil der Hand, der durch die Abriegelung der langen Kopflinie sich selbst überlassen ist.

Gegenüber diesem Raum ist der Bereich oberhalb der Herzlinie
von wirren, hin- und herlaufenden kleinen Linien durchfurcht.
Am stärksten zeichnet sich der Venusring ab. Die Möglichkeit
einer Sublimierung der Triebreaktionen, den dieser ausdrückt,

301

kann aber nicht in Betracht gezogen werden. Hierzu reicht bei dem Erwachsenen – nach dem niedrigen Relief der oberen Berge zu urteilen – die seelische Potenz nicht aus.

Die Enge zwischen Kopf- und Herzlinie und der eckige Handrumpf verhindern jede Freiheit, sich über Vorschriften und festgelegte Normen hinwegzusetzen. Zwanghaft klammert sich im Bild der Kopflinie der Heranreifende an das Du und die Umwelt und fühlt sich in einem steten Zwang. Etwas Beklemmendes, Quälendes liegt über der inneren Gehemmtheit, die sowohl das Bild des zusammengepreßten Mittelraums wie auch der beiden den Venusberg abriegelnden Linien zum Ausdruck bringen. Hemmungen und selbstaufgebaute Schranken können zu einer Zwangsneurose führen, zumal wenn man die eine parallele Lebenslinie als Abspaltung der Kopflinie deutet. In dieser drückt sich eine Trennung zwischen dem rationalen Verstand und den Einbildungen aus, die der Realität entbehren.

Die Herzlinie ist schwach gezeichnet und läßt vor ihrem Ende Äste auf die Kopflinie fallen. Vor allem ist der lange Zweig, der auf die Verbindung von Lebens- und Kopflinie herabsinkt, Zeichen für Depressionen. Diese verstärken das Gefühl von Unsicherheit und zwanghafter Abhängigkeit schon in früher Jugend, wie das lange Zusammengehen von Kopf- und Lebenslinie erkennen läßt. Die Beziehung zum Du wird sich nicht ungehemmt entwickeln, da schon bald nach der Ablösung von der Lebenslinie eine Insel in der Kopflinie auftritt.

Im Lauf der Jahre wird sich ergeben, wie die Reifung des jungen Menschen verläuft. Seine Chancen zum Überwinden der Zwangsneurose können aus der Herzlinie herausgelesen werden. Vielleicht wird eine psychotherapeutische Behandlung seine mögliche Liebesfähigkeit zur Entfaltung bringen. Dann wird sich diese Linie verstärken, und die kleinen Äste an ihrem Ende werden den Jupiterberg erreichen.

Mongolismus

Liegen Kopf- und Herzlinie so eng zusammen, daß sie zu einer einzigen Horizontale sich vereinigen, kann dies ein Zeichen von Degeneration oder geistiger Behinderung sein, die ärztlich Mongolismus genannt wird. Die seelische Komponente, die mit dieser Linie ausgedrückt wird, ist offensichtlich in der Sperrung, die sie bewirkt und ihr auch den Namen «Affenfurche» gegeben hat. Auf Abb. 189 ist diese lange Horizontallinie eingezeichnet. Man kann schwer unterscheiden, ob sich die Kopflinie der Herzlinie bemächtigt hat oder umgekehrt. Liegt die große Horizontale eher tief in der Innenfläche und entwickelt sich vielleicht ein Zweig, der nach unten fällt, bildet die Kopflinie diese Querlinie. Liegt sie aber hoch in der Innenfläche der Hand, den Fingeransätzen zu, und zweigt sich eventuell nach oben ein Ast ab, so ist es die Herzlinie, die sich der Kopflinie bemächtigt hat. Jedenfalls ist die Hand gesperrt, das heißt, die Kräfte des Unten wie des Oben bleiben jeweils in ihrem Raum verschlossen. Es besteht kein Gleichmaß oder Austausch zwischen Denken und Fühlen, zwischen Weltbezug und seelischer Empfänglichkeit.

In der Hand dieser jungen Frau ist eine doppelte Lebenslinie vorhanden. Aus der einen steigt ein großer Zweig auf, der sich mit einem anderen, aus dem Marsberg kommenden zu einer Schicksalslinie vereinigt, die durch die große Querlinie nach oben emporführt. So ist anzunehmen, daß eine starke Verantwortung gegeben ist, die sich dem Seelisch-Geistigen im Bild des von Linien durchzogenen Raumes verpflichtet fühlt.

Wird die Querlinie der gesperrten Hand vorwiegend von der Kopflinie gebildet, dann wird der Verstand fanatisch seine rationalen Erwägungen durchsetzen. Dagegen wird eine Herzlinie, die sich der Kopflinie bemächtigt, ein starkes Maß triebhafter Eifersucht erkennen lassen, die im vitalen unteren Raum von hingabefähigen Liebeskräften abgeschlossen ist.

Der Zwischenraum, der bei einer nicht gesperrten Hand zwischen Kopf- und Herzlinie liegt, ist der Bereich, in dem sich der Mensch in seiner Eigenständigkeit als Geschöpf zwischen unten und oben erfährt. Das gestörte Spannungsgefüge in der gesperrten Hand wird als Reiz oder Lähmung empfunden. Eine Lösung aus dem Übergewicht von betonten Gefühlsemotionen oder gedanklichen Fixierungen wird nur durch eine starke Selbstbehauptung in einem gut ausgeprägten Daumen möglich. Immer aber liegt eine Belastung und Unausgewogenheit über diesem Menschen, die er durchtragen oder durchleiden muß. Die Frau hat auch in der rechten Hand die gleiche gesperrte Linie, hat es aber bisher vermocht, die gegebenen Spannungen und Schwierigkeiten durch ihre künstlerische Begabung auszugleichen.

Daß diese Linie in Händen schwachsinniger mongoloider Kinder auftritt, ist ein Zeichen, daß bei diesen die Gegenkräfte nicht stark genug sind, um solches mangelndes Gleichgewicht auszutragen. Es handelt sich bei diesen behinderten Kindern meist um eine Herzlinie, die die Kopflinie aufnimmt, also um das intensive Gefühl, das dem Denken keinen Raum läßt. Wenn ein mongoloides Kind Zuwendung und Liebe spürt, kann es sich entspannen. Sonst fühlt es sich blockiert und abgeschnitten von jeder Kommunikationsmöglichkeit und reagiert rein emotionell. Bei erhöhtem Merkur- und Venusberg können Klänge und rhythmische Schwingungen des Körpers die innere Starre lösen und einen gewissen Entspannungsprozeß in Bewegung setzen.

Bei Mongoloiden tritt im Bild der großen sperrenden Querlinie der physische und seelische Mangel an Gleichgewicht deutlich zutage, zugleich aber auch die Möglichkeit, in manchen Fällen eine solche tragische Anlage vom Seelischen aus zu überwinden oder ihr ein Gegengewicht gegenüberzustellen. Hierzu gehört einmal die Anpassungsfähigkeit und Heiterkeit, die mongoloiden Kindern zu eigen ist, wenn sie sich loslassen und die Spannungen nicht bewußt erfahren oder reflektieren. Auf der anderen Seite kann gerade aus der Spannung, wenn sie mit seelischer Dynamik erfüllt und getragen wird, bei Erwachsenen eine Leistung oder ein Kunstwerk entstehen, die auf andere eine faszinierende Wirkung – die Aktivierung der Berge des unteren vitalen Raumes – ausüben.

In jedem Fall wird der Mensch mit einer gesperrten Hand, wie sie auf Abb. 189 sichtbar ist, aus einer inneren Kraft leben, die, im Bild der vielen Linien auf dem Apolloberg, den Durchbruch durch die vitale Sphäre zur seelischen Reife erreicht, besser gesagt, erlitten hat.

III
PSYCHOLOGISCHE DEUTUNGEN

Doppel-Persönlichkeit

Ein interessantes Phänomen, das in einigen Händen in Erscheinung tritt, ist ein Nebeneinander von gleichen Linien. Dies läßt auf eine Verdoppelung bestimmter Anlagen schließen. Es bedeutet keine Bewußtseinsspaltung, auch keine beginnende Entpersönlichung und ist noch nicht als ein Merkmal von Schizophrenie einzustufen, sondern zeigt nur eine Anlage, mit der sich der Betreffende auseinandersetzen muß. Wird diese doppelte Funktion nicht gelebt, kann dies zu krankhaften Entfremdungserlebnissen führen. Das Phänomen als solches zeigt eine Störung im seelischen Bereich, die bestimmte innere Vorgänge zum Ausdruck bringt.

Bei einem 50jährigen Arzt (Abb. 190) verläuft eine gleichgeschwungene Parallele neben der Lebenslinie um den Daumenballen. Es handelt sich weder um eine Marslinie noch um eine Angstlinie. Denn sie ist viel zu stark ausgeprägt. Am Ende schiebt sich noch eine kleine Parallele zwischen beide Linien, die sich in ihrem Verlauf nicht berühren. Gleiche Querlinien berühren oder durchziehen sie, und am Ende steigt aus der entferntesten, der Innenfläche zugewandten Lebenslinie ein weitgeschwungener Neptunring auf, der den unteren Teil des Mondberges abriegelt. Würden wir in der Sprache der Esoteriker sprechen, so handelt es sich hier um einen Fall von Doppelgänger.

Man könnte mit C.G.Jung vom Schatten sprechen, von unbewußten Antrieben, die der Mensch meist verdrängt und sich nicht bewußtmacht. Dieses Bild wäre auf die Lebenslinie anzuwenden, die ihre Kräfte und Eigenschaften durch die Neptunlinie in das Unbewußte fließen läßt, um sich nicht mit ihnen auseinanderzusetzen. Vor der Berührung mit der Neptunlinie geht eine klar gezeichnete Apollolinie mit einer Unterbrechung unter der Herzlinie zum Ringfinger. Sie durchschneidet diesen in einem vitalen Impuls. Es ist eine Projektionslinie, die auf andere übertragen will, was man selbst nicht auszuleben bereit ist.

Die Schicksalslinie ist gut gezeichnet und führt zum Saturnraum hinauf. Die unterste Wegstrecke gleicht sich den beiden Lebenslinien an.

Die Kopflinie greift mit einem großen ausladenden Zweig zum Handrand hin, während sich die Herzlinie am Ende auf den Ausgangspunkt der innersten Lebenslinie neigt. Im Gegensatz zu der Ich-Seite ist der Du-Raum viel ruhiger und von wenigen Linien durchzogen. Der einzige erhöhte Berg ist der Venusberg. In seinem Raum bis zur Schicksalslinie hin spielen sich die Ereignisse und Erfahrungen dieses Lebens ab.

Es handelt sich um einen Menschen, der sich mit Magie beschäftigt und Freimaurerkreisen nahesteht. Neben seinem realen Leben führt er ein zweites Dasein, das ihn in unkontrollierbare Tiefen herabzieht. Was sich im abgespaltenen Mondberg ereignet, den die Neptunlinie umgrenzt, wird unmittelbar in das Leben hineingenommen, ohne durch den Filter und die Entscheidung des Denkens gegangen zu sein.

Dieses doppelte Leben, das einmal in der Wirklichkeit des Arztes, zum anderen aber in einem irrealen Bereich verläuft, gehört eher in den Raum der magischen Naturvölker als in den der bewußten persönlichen Gestaltung.

Ein anderes Beispiel für eine Doppel-Wesenheit läßt die Hand einer 23jährigen Frau (Abb. 191) erkennen. Sie zeigt eine lange gewundene Apollolinie. Bis zur Herzlinie wird diese von einer ebenso gewundenen Parallele begleitet, die oberhalb der Herzlinie zum Apolloberg hinkreuzt. Beide Linien schicken Ausläufer zum Saturnberg. Dennoch wird die Leistung dieser Frau, die künstlerisch begabt ist, nicht unter dem Gefühl der Verantwortung und Zuverlässigkeit stehen. Mit großer Geschicklichkeit windet sie sich aus konkreten Situationen in vage Einbildungen hinein und überträgt ihre Wunschvorstellungen auf andere. Daß diese in großer Intensität vorhanden sind, beweist die lange Neptunlinie, die sich an manchen Stellen aus der Abriegelung vom Mondberg löst. Der jungen Frau fehlt jede Stabilität, denn die Mehrzahl der hin- und herlaufenden kleinen Linien haben keinen festen Ort des Beginns oder Endes. Die konischen Finger verstärken die Unruhe, die nach Genuß und Wunscherfüllung verlangt.

Die Kopflinie ist doppelt gezeichnet, worüber in der Betrachtung der nächsten Hand gesprochen wird. Sie ist ebenfalls gewunden und deutet auf Lüge und wissentlichen Betrug hin. Ihr Wirklichkeitsbezug hat durch Einnahme von harten Drogen Schaden gelitten. Sie ist dem Wahn verfallen, daß der Tod ihr Geliebter ist, und bewegt sich in Sphären der Irrealität als Flucht vor realen Auseinandersetzungen. Dennoch ist sie verschlagen und zielbewußt genug, um andere für ihre Wünsche willfährig zu machen.

Ob diese Charaktereigenschaft zu psychischer Erkrankung führen wird, ist nicht vorauszusehen.

Die Kopflinie, die nicht abwärts fällt, läßt auf genügend Zweckhaftigkeit schließen, um egozentrische Wünsche durchzusetzen und aus dem Bereich des Unbewußten mit der Gewandtheit und Beweglichkeit des Wortes – die gute Merkurlinie – immer neue verführerische Machenschaften einzusetzen, um weiter das Lügennetz zu spinnen, das eine verlockende Faszination besitzt.

Die doppelte Kopflinie, die in der Frauenhand (Abb. 191) schon sichtbar wurde, spielt im Leben eines 16jährigen Jungen (Abb. 192) eine große Rolle. Einmal verläuft sie bogenförmig aus der Lebenslinie heraus und endet mit einem weit geöffneten Greifarm im Marsberg. Zum anderen liegt über dieser Kopflinie eine andere, die von der Lebenslinie abgesondert beginnt und mit einem Aufwärtsschwung zur Herzlinie emporsteigt. Diese verläuft ungestört zum Jupiterberg, nachdem sie zuvor zwei Äste abwärts geschickt hat. Der eine trifft die Kopflinie. Dieser Zweig hat Bezug zum aufsteigenden Ast am Ende der zweiten Kopflinie, da beide Kontakt zwischen Herz- und Kopflinie schaffen. Dies zeigt, daß die Gefühle nicht vom Denken getrennt werden.

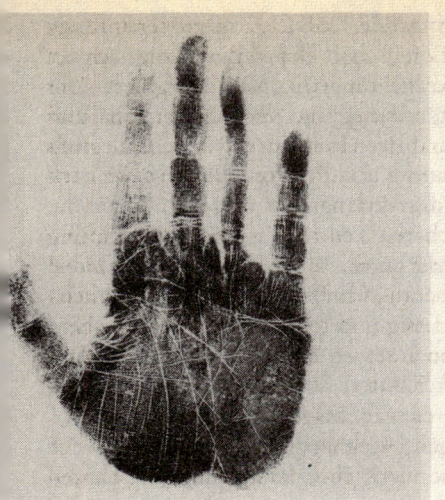 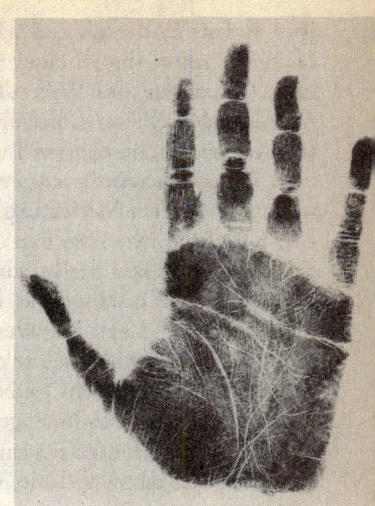

190 191

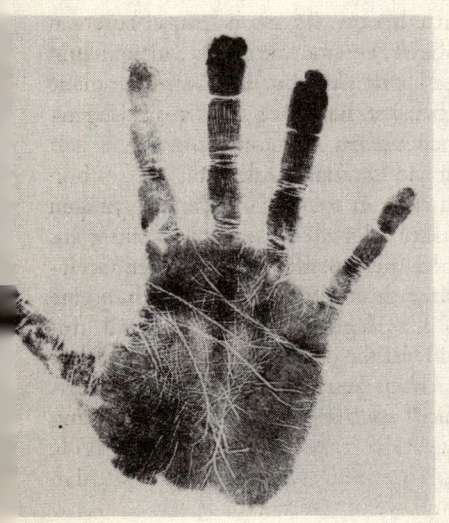 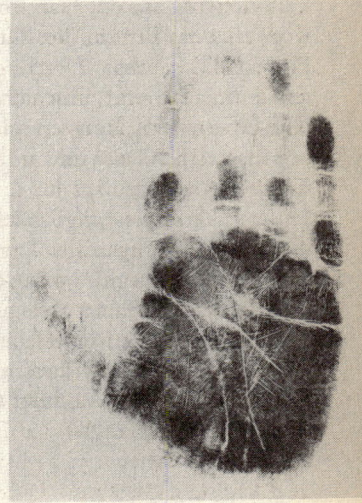

192 193

Aus diesem Bild ergibt sich folgende Doppelseitigkeit: Der Junge erscheint zeitweilig in einer Bereitschaft der Zuwendung, an der auch Gedanken und Willenskräfte beteiligt sind. Dann ist er aufgeschlossen zu seiner Umwelt, gutartig und verträglich. Sobald er aber etwas durchsetzen will und der Greifarm der Kopflinie nach dem Du greift, wird er eigensinnig und benutzt alle ihm zur Verfügung stehenden Mittel, um das Verlangte zu erreichen. Denn die eine Kopflinie schneidet den oberen Teil vom unteren ab, ein Zeichen, daß nur materielle Forderungen für ihn gültig sind. Diese Zwiespältigkeit erschwert es, herauszufinden, was der Junge denkt, fühlt oder will. Er ist unzuverlässig und führt ein doppeltes Leben, über das er weder sich selbst noch seinen Eltern Rechenschaft gibt. Auf der einen Seite ein guter Schüler, ist er auf der anderen ein Lügner, der nicht vor Betrügereien zurückschreckt.

Überall in der Hand des Jungen begegnen wir Greifarmen. Nicht nur am Ende der Kopflinie, sondern auch zu Beginn der Schicksalslinie und am Ende der Lebenslinie, die in den Venusberg einbiegt. Auch am Beginn des Mondberges tritt eine zangenähnliche Verzweigung aus der Handmitte hervor. Im Bereich unterhalb der Kopflinie, zu Beginn der Du-Seite, ist eine unruhige, verwirrende Linienfülle sichtbar. Der Junge quält sich mit der Zwiespältigkeit seiner Anlagen und fühlt sich belastet. Dennoch wird er mit Lügen und Überredungskünsten seinen Willen durchsetzen, wenn es sich um materielle Güter und irdischen Erwerb handelt.

Trotz der sehr großen Insel, die schon am Anfang der Lebenslinie beginnt, kann der Junge, nach der doppelten Kopflinie zu beurteilen, einmal zu einem Erfolgsmenschen werden, der aber seine seelischen Qualitäten nur wenig einsetzt und seine an sich vorhandene Liebesfähigkeit unter realen Überlegungen verbirgt. Daß der Mondberg relativ leer erscheint, läßt darauf schließen, daß Wünsche und Träume in diesem Leben keine Rolle spielen, sondern nur reale Tatsachen und der Griff nach dem, was er zur Ausübung seiner Macht verlangt.

Nachdem die heutigen Menschen stark von Angst gedrängt werden, erhebt sich die Frage, wo diese Symptome in der Hand erkennbar sind, und ob ihre Intensität stärker geworden ist als in früheren Jahren, in denen der Mensch besser mit der Angst umgehen oder leben konnte. Aus psychosomatischer Sicht wäre hier manches zu sagen, aber die Zeichen der Hand, die von der Angst sprechen, lassen sehr schnell ihre Motivation erkennen.

Wir können nach der Hand drei Arten von Angst unterscheiden: Einmal die Angst, die einem starken Schuldgefühl erwächst und die Freude am Leben zerstört; zum anderen die Angst, die aus einer seelischen Enge stammt, in der sich die Gefühle der Menschen im Inneren zusammenstauen und ihm schon von der Anlage her der Mut fehlt, in die Weite zu gehen und den Ort der Sicherheit, den er sich aufgebaut hat, zu verlassen. Zum Dritten gibt es eine irrationale Angst, die den Betroffenen irritiert und beunruhigt, die aber nicht greifbar ist.

Von der krankhaften Angst, etwa des Zwangsneurotikers, des Depressiven oder Schizophrenen, soll hier nicht gesprochen werden. Bei ihnen handelt es sich meist um Neurosen oder um Psychosen, um krankhafte Absicherungen von Trieb und Gefühlen, um Angst vor dem Verlust eines Liebesobjektes oder um die Furcht, von einem geliebten Menschen verletzt zu werden. Diese Formen der Angst sind nicht mehr aus eigener Kraft zu überwinden, während die Angst, von der wir sprechen wollen, aus der Erkenntnis ihrer Symptome auch einen Weg zur Auseinandersetzung mit ihr möglich macht. Dies ergibt sich aus dem großen Zusammenhang, in dem ein Merkmal in der Hand festgestellt und gedeutet werden muß.

Betrachten wir zuerst die Hand einer dreißigjährigen Frau (Abb. 193). Ihre Schicksalslinie ist gut ausgeprägt und beginnt im untersten Mondbereich. Nach einer kurzen Strecke empfängt sie eine Linie aus dem Berg des Ursprungs. Dieser Beginn zeigt eine Verwurzelung im Erdhaften, Natürlichen an und zugleich das

Aufnehmen von Bildern und Eingebungen aus dem Unterbewußten.

Die Linie läuft ungebrochen und in einem dynamischen Zug zur Herzlinie hin, in deren Bereich sie Zweige nach allen Seiten aussendet. Dann bemächtigt sie sich der Herzlinie und führt diese zum Raum zwischen Zeige- und Mittelfinger. In dieser Bemächtigung liegt der Anlaß zur Angst, die einem Schuldgefühl entspringt. Denn dem Jupiterberg wird ein zu großer Raum gelassen; das heißt: ein starkes Selbstgefühl steht gleichsam ungeschützt im Raum.

Schräg gegenüber dem Jupiterberg nimmt der Marsberg einen fast ähnlich großen Raum ein. Es entsteht der Eindruck, daß starke Aggressionen aufsteigen, wenn das Selbstbewußtsein angegriffen wird. Die Saturn-Herzlinie, die den Raum des Jupiters freigibt, wird Schuldgefühle auslösen, worauf auch die herabfallenden Äste an ihrem Ende deuten. Die ichbetonte Sicherheit, mit der die junge Frau im Außen auftritt, ist in Wirklichkeit starken Verletzungen ausgesetzt und kann in Minderwertigkeitsgefühle umschlagen. Aus dieser Unsicherheit entsteht die Angst, daß man sich selbst und den Forderungen der anderen nicht genügt.

Es bestehen noch andere Zeichen der Angst in dieser Hand: Angedeutete Teile einer Angstlinie sind auf dem Venusberg eingezeichnet, und viele kleine Zweige durchziehen von der Saturnlinie aus den Raum unter- und oberhalb der Kopflinie. Zwei davon winden sich zum Apolloberg hinauf. Diese Unruhe im Mittelraum der Hand läßt Gereiztheit und Belastungen des vegetativen Nervensystems erkennen.

Die Merkurlinie, die von der Schicksalslinie ausgeht, zeigt Kontaktfähigkeit, Beweglichkeit und Einfühlungsgabe. Auch kaufmännische Fähigkeiten sind vorhanden, da die Finger gemischt sind und der Rumpf länger entwickelt ist als die Finger. Der obere seelisch-geistige Raum ist dennoch der längste. Deshalb wird auch die Aussage der Herzlinie besonders wichtig sein. Daß sie in ihrem mittleren Verlauf einsackt, bedeutet, daß die Frau ein großes Liebesverlangen hat. Dennoch ist ein Geltungsbedürfnis in dem starken Jupiterberg ausgeprägt. Dieses Selbstbewußtsein kommt aber nicht spontan zur Auswirkung, da der Daumen, die vitale Lebens- und Willenskraft, sehr klein ist. Ein besonderer innerer Elan des Herzens ist notwendig, um sich durchzusetzen und die eigene Schwäche zu akzeptieren.

Die von der Saturnlinie in Richtung zum Apolloberg führenden Linien lassen auf eine Selbstbespiegelung schließen, so daß die junge Frau sich ständig beobachtet und das Bestmögliche – nach der Herzlinie – dem Du geben will. Dabei überfordert sie sich, und es entstehen Schuldgefühle und ein Mißtrauen, das in Angst über- geht, wenn der andere nicht ihrer Erwartung entsprechend rea- giert.

Der letzte Teil der Herz-Saturn-Linie, der aus zarten, geketteten Linien besteht, zeigt die Mühe, die sie sich für den Partner gibt. Hierzu entsprechend läßt die Kopflinie, die in ihrer Mitte sich bewußt von der geraden Ausgangsstellung abwinkelt und nach un- ten führt, erkennen, daß sie nichts spontan loslassen kann, sondern immer wachsam bleibt. Die Endung der unteren Horizontalen ist gehalten. Dies drückt sich in einer steten Spannung aus.

Die Angst, die in der Haltung dieser Frau liegt, könnte bewältigt werden durch die Aussage der Merkurlinie und die Ausdehnung des großen Marsberges, also durch Beweglichkeit und den Versuch, sich ungeschützt einem Wagnis zu stellen. Sie könnte zumindest leichter mit ihr leben und die Schuldgefühle abbauen, die ihre Angst verstärken. Wäre die Saturnlinie härter gezeichnet, würde dies zu einer Neurose führen. In diesem Fall aber kann der Weg der Entspannung aus eigener Kraft gefunden werden. Trotzdem bleibt die Gefahr, daß der unbelebte große Marsberg und der fast linienlose Mondberg zum Zeichen von Aggression und Verdrän- gung werden.

Eine andere Form der Angst zeigt sich in der sehr ausdrucksvollen Hand eines Mannes von 30 Jahren (Abb. 194). In ihrem stark von Linien durchzogenen oberen Bereich liegt eine große Sensibilität und Unruhe, die in dem seelisch-geistigen Raum sich nicht von selbst aus eigener Kraft auflösen kann. Hierzu bedarf es einer Aktivität und Dynamik, die aus dem starken Venusberg und dem ebenso gewichtig hervortretenden großen Marsberg ausgehen muß. Vom unteren und mittleren Handbereich her gesehen, wirkt die Hand harmonisch und voller Dynamik; die Schwierigkeit dieses jungen Menschen aber drückt sich im Zwischenraum zwischen Kopf- und Herzlinie aus.

Am meisten daran beteiligt ist das Gefühlsleben, die Herzlinie. Gehen wir ihrem Verlauf nach: Sie beginnt mit vielen Inseln und Verkettungen, die auf eine schwere Jugend deuten. Unter dem Ringfinger sackt sie nach unten, und zwei kleine Äste fallen auf die Kopflinie. Danach ist die Linienführung der Herzlinie ruhiger, wenn auch immer weiter kleine Äste sich nach unten ablösen.

Auf dem Jupiterberg ist ein großer Stern so deutlich zu erkennen, daß man ihn einbeziehen muß. Andere kleine Kreuze oder Sterne, die nur mit Mühe festzustellen sind, bestehen häufig aus sich kreuzenden Linien, die im einzelnen betrachtet werden müssen. Der Stern auf dem Jupiterberg zeigt in dieser Hand die Möglichkeit an, Selbstbewußtsein und Autorität zu gewinnen, zumal der Jupiterfinger länger ist als der Ringfinger.

Leicht aber wird der Weg dorthin bei dem kleinen Daumen nicht sein, auch wenn dieser in seiner Unbiegsamkeit ein Verlangen nach Selbstbehauptung ausdrückt. Die Fähigkeit, sein Ich gegenüber der Welt zu behaupten, bedarf einer Sicherheit, die sich aus der inselbedeckten Anfangszeichnung von Lebens- und Kopflinie erst langsam entwickelt. Zuviel Angst belastete von klein auf das Leben. Die starken geraden Linien auf den Fingern zeigen, ebenso wie die nach unten, zum Ichausgang fallende Herzlinie, daß es auch Zeiten depressiver Stimmung geben wird. Die Herzlinie, die sich aus dem Gestrüpp von Linien des oberen Bereiches hinauswindet, ist am Ende nicht mehr von Inseln und Kettenbildungen belastet. Aber sie überwindet kaum den Fall, der sie zur Kopflinie hindrängte. Es gab Zeiten im Leben dieses Menschen, und sie werden nie ganz ausgelöscht werden, wo er an sich zweifelte und nur in seinem Denken noch Zugang fand zur Realität.

Die Merkurlinie kommt wenig zum Tragen, weil die Kontaktfähigkeit sich in der Jugend nicht frei entfalten konnte – die Linie steigt aus der geketteten Lebenslinie auf. Dennoch führt sie eine Bewegung in den seelisch-geistigen Raum hinein, da sie in den Merkurberg eindringt.

Dagegen ist das Unbewußte – der Mondberg – durch Linien aufgelockert. Aus ihm dringen Einbildung, Phantasien und Wunschträume in das bewußte Leben ein und werden durch die Fülle der vitalen Kräfte im breiten Venusberg unterstützt. Aber auch hier ist eine Hemmung zu beobachten. Die Verkettung um den untersten Daumenteil ist ein Hindernis für den unmittelbaren dynamischen Fluß der Triebkraft. Ergänzend zu diesem Zeichen ist der parallel zur Herzlinie verlaufende Venusring, der Feinfühligkeit und den Wunsch nach Umsetzung und Sublimierung des naturhaft Triebgebundenen anzeigt.

Die schwerste Belastung drückt die Enge in der Mitte zwischen Kopf- und Herzlinie aus. Eine Sicherungsangst drängt Kopf und Gefühl zueinander, so daß wohl die Kopflinie auf ihrem Weg zum Mondberg frei wird, die Herzlinie, das heißt die Gefühle, sich aber schwer aus einer angsterfüllten Enge befreien und loslösen können.

Eine solche Enge finden wir bei Menschen, die nicht nur Angstgefühle haben, sondern in körperlicher Entsprechung an Asthma oder Angina pectoris leiden. Im Bild dieser Hand zeigt sich ein depressives Niedergedrücktsein, das den jungen Menschen immer wieder in Situationen einer angeblichen Ausweglosigkeit führt. Dabei wäre es ihm möglich, die Behinderung zu bewältigen, nachdem ein sehr weiter Marsberg und eine in der Merkurlinie ausgedrückte Fähigkeit der Erkenntnis ihm zur Verfügung stehen. Ohne Entscheidung und Wandlung kann das Gefühl der Enge und Angst zu einem bleibenden Zustand werden. Je mehr die Ich-Du-Beziehung erreicht wird, auch wenn diese zeitweilig das erstrebte Gesichertsein in Frage stellt, um so leichter ist die im Merkurberg angedeutete Kontaktmöglichkeit einzusetzen. Es kann aber auch das Verlangen übermächtig werden, allen Problemen auszuweichen. Abwehrmöglichkeiten, die von der Umwelt abschließen und den

Eigenbezug auf der Ichseite verstärken, sind ebenso aus dieser Hand zu lesen wie die Öffnung zum anderen hin, die sich auf der Du-Seite zeigt.

Der obere Handraum ist abgeschlossen durch Venusring, lange Herzlinie und durch viele Inseln und Kettenbildungen. Er muß immer wieder von der Erkenntnis – die lange Merkurlinie – geöffnet werden, um den Durchgang des Antriebs aus dem Venusberg zu ermöglichen. Sonst besteht die Gefahr einer Pervertierung, die nicht Liebe, sondern Triebbefriedigung erweckt und die Angst und Enge letztendlich nur verstärkt. Vom Seelisch-Geistigen abgesperrt, bleibt die sexuelle Befriedigung nur auf das triebhafte Lustgefühl bezogen und wird von Reiz und Verlangen wie ein selbsttätiger Mechanismus ausgelöst.

Die Angst im Sonnengeflecht, der Mitte des Menschen, ist rational anzugehen, wenn man sich ihr stellt und nicht mit Fluchtreaktionen auf schwierige Situationen antwortet. In einem großen Atemholen und Entspannen können Denken und Fühlen – Kopf- und Herzlinie – Abstand voneinander gewinnen, wenn man nicht alle Geschehnisse mit sich selbst identifiziert.

Schwerer zu überwinden sind Ängste, die sich durch die Neptunlinie im Mondbergraum anzeigen. Aus diesem Zeichen spricht nicht eine Angst, die das Herz abschnürt oder physische Verspannung und Verkrampfung hervorruft, sondern eher das Gegenteil. Es besteht eine irrationale, nicht näher faßbare Angst vor etwas, das man als Entgrenzung und Auflösung empfindet. In den Handflächen der jüngeren Menschen ist diese sogenannte Neptunlinie stärker ausgeprägt als in den Händen früherer Generationen. Sie deutet eine Tendenz zur Grenzüberschreitung und zum Ichverlust an. Liegt nur eine gerade Horizontale im unteren Mondberg, dann könnte man diese als Ausdruck des «kollektiv Unbwußten» ansehen, in dem nach C. G. Jung Urerfahrungen der Menschen aus frühesten Zeiten liegen. Meist aber ist diese Linie andersartig gezeichnet. Wichtig hierbei ist, daß sie nahe vom Berg des Ursprungs liegt oder aus der Lebenslinie aufsteigt.

In der vorliegenden Hand (Abb. 195) liegt im unteren Raum des

Mondberges eine schwächere Horizontale, die von zwei Parallelen ein Stück begleitet wird. Die stärkere Neptunlinie aber steigt aus der Lebenslinie halbkreisförmig auf und geht über die Kopflinie hinaus. Ihr Ursprung zeigt, daß es sich nicht um ein kollektives Unbewußtes handelt, sondern um ein persönliches Erlebnis, das verdrängt wird und im Unbewußten Angst auslöste. Je horizontaler und tiefer im Mondberg die Linie verläuft, um so weniger dynamische Potenz ist in ihr enthalten. Die Bildwelt, die sich hier ausdrückt, die Welt der Einbildungen, der Träume und archaischen Wünsche üben einen Sog auf den Menschen aus, der sich der Wirklichkeit entfremdet. Unbewußte Ahnungen, Empfindungen und Träume suchen einen Raum zur Verwirklichung, bleiben aber in Formlosigkeit und Undifferenziertheit stecken.

In der Hand dieses 40jährigen liegt eine starke lange Kopflinie, die Aktivität ausdrückt, und doch ist es eine weiche Hand, deren Konsistenz eher zum Reagieren als zum Agieren bereit ist. Der lange Daumen hat die Anlage zur Daseinsbehauptung und zu vitalem Willenseinsatz, doch wird die Betonung der Neptunelemente, das Soghafte stärker im Vordergrund stehen als die überlegte und formerische Tendenz der Kopflinie.

Ohne die Kopflinie und den Daumen könnte die Neptunlinie Gefahr für Sucht und Auflösung der Eigenform andeuten. Hier aber ist noch genügend Selbstdisziplin und Kontrolle gegeben, da die Saturnlinie Verantwortungsbewußtsein und Schaffensdrang anzeigt. Sie trägt unbewußte Kräfte aus der kleinen Horizontalen im unteren Teil des Mondberges mit sich empor, und die Ahnungen und Eingebungen des Unbewußten konkretisieren und konzentrieren sich. Trotzdem wird der Halbkreis der sehr langen Neptunlinie wirksam bleiben. Zum Teil schließt er den Mondraum ab, da er bis zum Außenrand geht, zum anderen wird das Ergriffensein von unbewußten, nicht geformten und nicht erkannten Kräften erfahren. Solange sie stagnieren und nicht in das Bewußtsein hineingehoben werden, bleibt eine Angst vor dem Unaussprechlichen und Unformbaren einer unwirklichen Traumwelt bestehen, die ihr Eigenleben führt. Das Bewußtsein ist abgesondert von der unbewußten inneren Welt, und diese wird nur in Angstvorstellungen erlebt.

Bei medialer Veranlagung – meist in einer konischen weichen Hand – kann eine Auflösung des Realen die Folge sein, bei eckigen Händen sind parapsychologische Fähigkeiten denkbar. Die vorliegende Hand ist zu breit und, nach der Stärke des unteren materiellen Raumes zu schließen, haben die irdischen Bezüge Wurzel geschlagen, so daß man nicht einer nebulosen Angst oder medialen Eingebungen ausgeliefert ist; aber das Formlose der Neptuneinflüsse ist nicht in Griff zu bekommen. Der Mensch ist von einer unbekannten Macht besessen und reagiert auf Anreize, die ihn in ihrer Unfaßbarkeit irritieren.

Wird die Aussage der Lebenslinie in die Gesamtschau einbezogen, dann muß man auf ihren Beginn achten, der voller Inseln und kleinen Ästen ist. Auch größere Zweige steigen von ihr auf und suchen ihr Ziel im Jupiterberg, auf dem sie von einem Papillarwirbel erfaßt werden. Dies verweist auf ein gestörtes Selbstgefühl.

Zwei entgegengesetzte Tendenzen sind aus dieser Hand zu lesen: Einmal das Verlangen nach Selbstbestätigung, das durch gutes Denken und verantwortliche Leistung gestützt wird. Dagegen aber steht das Neptunische, Unklare, Unbenennbare, Beängstigende, das auflösen will, was geschafft und erreicht wurde. Daß dieser intelligente Mann keine höhere Stellung ausfüllt, sondern im Lehrerberuf steckengeblieben ist, der nicht im geringsten seinen Ehrgeiz erfüllt, erklärt sich aus der Unausgeglichenheit, die seine Anfälligkeit für Reize und Eindrücke aus dem Unbewußten auslöst.

In der Neptunlinie kann auch ein Zeichen von Intuition liegen, die unmittelbar ohne Einschaltung rationaler Überlegungen oder logischer Begründungen Einflüsse und Eingebungen aufnimmt. In dieser Hand kann dies eine Sprachbegabung anzeigen, die angeboren ist und auf Einfühlung, nicht auf einem gelernten Wissen beruht. Da die Neptunlinie bei ihrem Beginn noch einen Zweig unterhalb der Lebenslinie in den Venusberg schickt, verstärken sich die Ängste, mit denen dieser Mensch leben muß, auch wenn sie unterschwellig bleiben und keinen Namen haben.

Daß die Neptunlinie in der heutigen Generation stark ausgeprägt ist, zeigt deutlich die Ungesichertheit des jungen Menschen, der sich oft ohne tatsächlichen Grund in seiner Existenz bedroht und Verlockungen ausgeliefert sieht, die ihn zu einer Entgrenzung in Rausch oder Drogenerlebnissen führen. Die Begegnung mit der Angst kann aber auch als ein Aspekt der Entwicklung angesehen werden, die uns in eine noch nicht übersehbare Zukunft hineinverwandelt, wenn wir uns im Reifwerden und in der Erkenntnis mit ihr auseinandersetzen und sie annehmen.

Schicksalsbelastungen

Neben dem Lebensweg eines Menschen gibt es auch einen Schicksalsweg, der sich aus der Hand erkennen läßt. Es soll hier einigen Grundsituationen nachgegangen werden, ohne einzelne Beispiele zu zeigen. Sonst besteht die Gefahr, daß bei Hinweisen auf Schicksalsereignisse – ebenso wie auch bei Krankheitssymptomen – der Mensch zu schnell und ohne Kombination aller Zeichen in seiner Hand Entsprechungen findet. Labilität und nervliche Belastung lösen tatsächlich solche Geschehnisse aus, die nur als Möglichkeit angedeutet sind und sich durch Gegenkräfte im Lauf des Lebens verändern. Vielleicht sind solche Menschen auch gar nicht gefährdet, ziehen aber durch ihre innere Bereitschaft oder durch unbewußte Ängste Ereignisse und latente Möglichkeiten an, die sie aus der Hand zu entnehmen meinen oder ihnen von Handdeutern vorausgesagt wurden. Dennoch ist es wichtig, auf der großen Skala der Aussagemöglichkeiten von Händen auch einzubeziehen, was für den Schicksalsweg eines Menschen und im Zusammenhang mit Krankheiten eingeprägt ist. Es werden immer nur Hinweise sein, aber sie zeigen den engen Zusammenhang zwischen körperlichen und innerseelischen Ereignissen und den Raum, in dem sich ein Leben erfüllen wird mit seinen positiven Möglichkeiten wie auch mit seinen Schwächen und Gefahren.
Zu leicht prägen sich Deutungen der Hand in bezug auf die Anlage

zu schicksalhaften oder krankheitlichen Auslösungen im Unbewußten eines Menschen ein oder werden bewußt ohne Einbeziehung der gesamten Hand aus Linien und Zeichen herausgesucht. Um solche Beeinflussung zu vermeiden, werden keine Abbildungen dieser Art gebracht, nur Hinweise und Anregungen gegeben, aus denen die Fülle und Vielfalt einer Handanalyse erkennbar wird.

Im Bild der ovalen Hand, die Ausdruck triebgebundener Daseinsbehauptung ist, wird das Schicksal den Menschen dort am stärksten treffen, wo er sich in seiner Lebensentfaltung gestört sieht, wo er aus der Geborgenheit und Sicherheit eines Kollektivs herausfällt und sich nicht mehr eingebunden fühlt in einem umfassenden Ur-Wir. Voller Angst und Empfindlichkeit wird er dann reagieren und an der Disharmonie und Kälte der Welt leiden. Das Leben selbst, das Dasein in der Welt wird ihm zum Problem. Er wird am empfindsamsten dort getroffen, wo er sich in seinem Lebens- und Lustgefühl eingeengt fühlt, zumal wenn der untere Handraum ausgeprägt ist.

Der Mensch der eckigen Hand, der auf Gestaltung und Bewußtwerdung eingestellt ist, wird sich vom Schicksal getroffen fühlen, wenn er den Sinn eines Geschehens nicht begreift, oder wenn Gesetze und Ordnungen gestört und Forderungen nicht erfüllt werden, die von der Welt aus notwendig sind. Er leidet unter Unrecht und Ungerechtigkeiten und wird oft von Schuldgefühlen belastet. Ist in Entsprechung zur eckigen Handform der mittlere Bereich der Kopflinie, der Raum der Formung und Bewußtwerdung, ausgeprägt, dann wird sich der Mensch vor allem dort mit dem Schicksal auseinandersetzen und von ihm betroffen werden, wo er eine Verpflichtung nicht erfüllen kann oder wo seine persönlichen Belange tangiert werden, wo das selbstgebaute «Haus» durch den Eingriff von Du und Welt ins Wanken gerät.

Ein Mensch mit konischen Händen fühlt sich vom Schicksal heimgesucht, wenn seine Sehnsucht kein Ziel findet oder Leben und Welt für ihn sinnlos geworden sind. Dann erfaßt ihn die Leere der Einsamkeit, die Trauer einer hoffnungslosen Verlorenheit. Sind

Herzlinie und oberster Raum der Innenhand am stärksten ausgeprägt, wird der Eingriff des Schicksals vor allem dort erfahren, wo die Seele keinen Raum der Entfaltung findet und der Mensch in einem Zustand von Dürre und Trockenheit leben muß.

In der Triebsphäre wird der Mensch Lust und Unlust empfinden, im Bereich bewußter Auseinandersetzungen werden Freude und Schmerz ihm begegnen, während ihn im Raum der Innerlichkeit Hoffnung oder Trauer erfüllen.

In der Innenhand zeichnen sich anlagemäßig vorgegebene Möglichkeiten und Schwierigkeiten, Harmonien und Disharmonien ab, die sich im persönlichen Erleben des Menschen bekunden und seinen inneren Weg schicksalhaft zu einem leidvollen oder glücklichen, zu einem schweren oder leichten machen. Im Bild der Außenhand ist dem Menschen nur eine objektive Leistung aufgetragen, eine Aufgabe, deren Gültigkeit unabhängig davon ist, ob er zu innerem Glück oder seelischer Reife gelangt. Hier kommt es nur auf den objektiven Tatbestand an, ob zum Beispiel eine Leistung glückt, ob ein Werk gestaltet oder die Beziehung zum Transzendenten erlangt wird. Was sich hinter dieser Verwirklichung an Not, Leid oder Freude verbirgt, läßt sich allein aus der Innenhand ablesen. Nur hier erweist es sich, ob der Mensch auf seinem inneren Weg vorangekommen ist und wie er in seinem subjektiven Erleben reagiert.

Widersprüche zwischen der Forderung eines objektiv zu Leistenden und der inneren Struktur des Menschen lösen jene Spannungen aus, die zugleich Anlaß wie Möglichkeit zu Reife und Verwandlung bieten. Äußeres und inneres Geschehen, die Leistung in der Welt wie die Erfüllung des inneren Lebensauftrages bilden erst die Ganzheit des Menschen.

Einige Beispiele sollen das Gesagte erläutern: In einer eckigen Außenhand kann der Auftrag liegen, ein Werk zu schaffen oder allgemein gültige Formen und Ordnungen aufzustellen. Eine in der Handfläche klar gezeichnete und gerade verlaufende Kopflinie würde einen solchen Auftrag auch von innen her bewußt unterstützen, eine lange Schicksalslinie ihn mit Pflichtbewußtsein, Disziplin und Verantwortlichkeit unterbauen. Wäre die Herzlinie gut geschwungen und der obere Handraum betont, so stände dieser willensbetonten und bewußten Gestaltung eine Fülle an seelischer Kraft zur Verfügung, die das äußere Wirken befruchtet und aus einer möglichen Einseitigkeit und Starrheit – den negativen Auswirkungen einer eckigen Handform – lösen würde. Bringen Lebenslinie und erhöhter Venusberg vitale Kraft und Triebmächtigkeit zum Ausdruck, dann würde die Begrenzungstendenz der eckigen Hand diese elementare Fülle in einer fruchtbaren Spannung konzentrieren, die eine künstlerische Umsetzung ermöglicht.

Oder ein anderes Beispiel: In einer ovalen Hand, die den Wunsch nach Geborgenheit und Harmonie in einem geschützten Dasein ausdrückt, ist eine gerade verlaufende Kopflinie Zeichen von Aggressionen und Auseinandersetzungen mit der Welt. Diese werden eine bewußte Lebensgestaltung verlangen, die der Mensch als Einbruch in sein sorgfältig behütetes Dasein mit Unlustgefühlen beantworten und als schicksalhafte Belastung empfinden wird.

Ist dagegen in einer konischen Hand der untere, naturhafte Raum, vor allem der Mondberg, erhöht, dann gerät der Mensch in Versuchung, sich träger Sinnlichkeit zu überlassen und in fruchtloser Beschaulichkeit zu verharren. Damit aber entzieht er sich dem Auftrag, über das Naturgegebene hinauszuwachsen. Die Schicksalsschläge, die ihn auf seinem Lebensweg treffen und ihn zwingen, in die Tiefen seines personhaften Seins einzudringen und seinen geistigen Auftrag zu leben, oder die ihn aus seiner Wirklichkeitsferne zurückholen und dem realen Geschehen gegenüberstellen, werden ihm zu einer kaum tragbaren Last. Denn seiner inneren Struktur nach wird er jeder Auseinandersetzung bis zur letzten Möglichkeit ausweichen und sich eine Scheinwelt aus Illusionen aufbauen, aus der herauszufallen Verzweiflung, selbst Hoffnungslosigkeit auslösen kann.

Da im unteren Mondbereich der Raum der archetypischen, vorbewußten Bilder liegt, wird ein Mensch, der in solcher Spannung lebt, zumal bei besonders langem Ringfinger, seine Wünsche und Sehnsüchte in den anderen hineinverlegen und in der Verstrik-

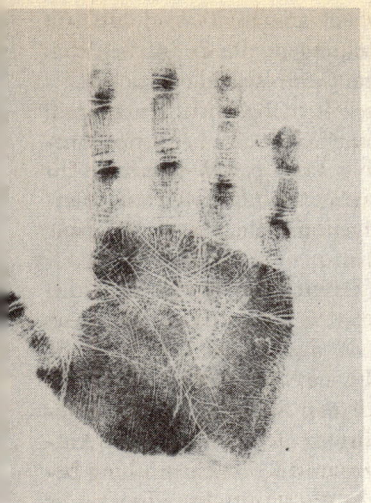 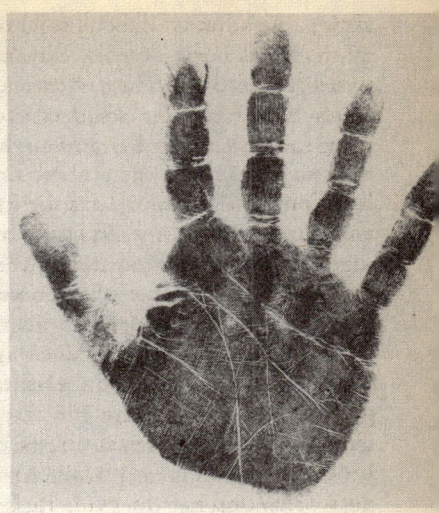

194　195

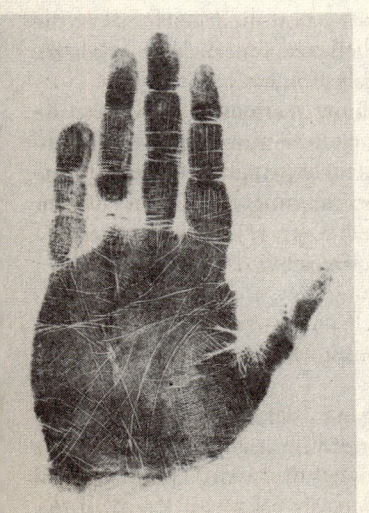 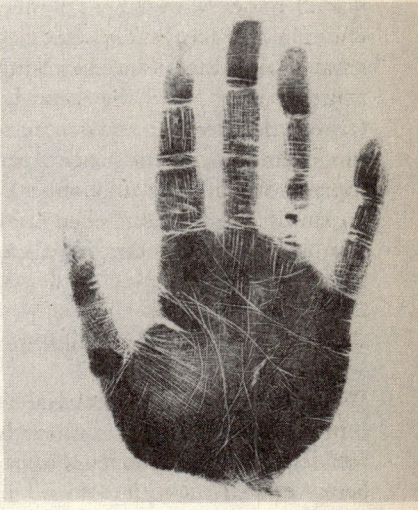

196　197

kung, die durch diese Projektionen ausgelöst wird, seinem Wunschbild hörig werden. Enttäuschungen, die er hierbei notwendigerweise empfindet, werden sein Gefühlsleben bedrücken.

Auch der Verlauf der Schicksalslinie läßt maßgeblich den Eingriff schicksalsauslösender Ereignisse erkennen. Bei ihrem Aufstieg sammelt sie die Linien, die aus der aktiven und passiven Seite zu ihr hinströmen, als Zeichen, daß die Einflüsse aus Eigenwelt und Umwelt zur Prüfung und Sichtung aufgenommen und der Klärung und Verwirklichung zugeführt werden.

Endet die Schicksalslinie im oberen Bereich der Hand, zeigt dies eine Konzentrierung der Möglichkeiten in einem das Leben dieses Menschen verpflichtenden Werk an, das auch die Fülle seiner seelischen Innerlichkeit mit einbezieht. Ist die Schicksalslinie in ihrem Aufstieg zum Saturnberg hin aus kleinen Stücken zusammengesetzt, dann erweist sich der Schicksalsweg als ein mühsames Aufwärtssteigen, das immer neuer Ansätze und Kraftansammlung bedarf. Überschreitet die Linie nicht die Handmitte, sondern endet schon vor der Kopflinie, wird der Mensch in rationaler Auseinandersetzung steckenbleiben, und es wird ihm nicht leichtfallen, die Klärung und Sinngebung des Geschehenen innerlich zu erfahren, selbst wenn er sie verstandesmäßig begriffen hat.

Fehlt in einer Hand die Schicksalslinie überhaupt, so besteht die Gefahr, daß der Mensch sich zu leichten Sinnes jeder Verantwortung dem Leben und seinen Aufgaben gegenüber entzieht. Ohne inneren Standpunkt und ohne Verpflichtung objektiven Werten gegenüber wird er sein Leben nur dem eigenen Ermessen unterstellen und den geforderten Aufgaben ausweichen.

Krankheitssymptome

Wie bestimmte Schicksalsbeziehungen zu den Aussagen der Hand gehören, so sind auch Krankheitssymptome aus den drei Grundtypen der Hand zu erkennen. Hiernach hat die ovale Hand eine stärkere Affinität zu Magenerkrankungen, die eckige zu Kreislaufstörungen, während die konische Hand stärker zu Störungen der Atmungswege hinneigt. Aber auch diese Hinweise sind nur Möglichkeiten, so daß für akute Erkrankungen ein bestimmtes Merkmal in der Hand nicht festzustellen ist. Man kann nur von einem Menschen sprechen, der eine gewisse Anfälligkeit für diese oder jene Krankheit besitzt, wenn nicht genügend starke seelische Kräfte ein Gegengewicht bilden; oder von einem Menschen, der in einer Krankheit Zuflucht sucht, um inneren Problemen auszuweichen.

Man könnte sich den Menschen bildhaft jeweils auf die Lebenslinie, auf die Saturnlinie oder auf die Merkurlinie ausgespannt vorstellen. Dann würden den Störungen im körperlichen Bereich, den Spannungen im Bereich der bewußten Auseinandersetzung oder seelisch-geistigen Leiden Unregelmäßigkeiten in diesen drei Linien entsprechen. Aber der Mensch ist viel zu differenziert, als daß sich in einem einzigen Zeichen körperliche oder seelische Störungen verdichten könnten.

Oft entstehen Krankheiten aus inneren Spannungen, aus nicht gelösten Konflikten oder einer Disharmonie zwischen Innen und Außen. Um darüber eine Aussage zu machen, bedarf es einer Zusammenschau der ganzen Hand. So gibt es kein Gesundsein an sich, sondern nur den Menschen, der seine Krankheitsanlagen auszugleichen und zu kompensieren vermag oder von ihnen überwältigt wird. Jeder einzelne wird mit einer Krankheitsdisposition auf seine Weise umgehen und auf eine akute Erkrankung persönlich reagieren.

Allerdings lassen sich aus dem Bild der Hand sensitive Punkte für bestimmte Anfälligkeiten erkennen, ohne daß diese schon mit akuten Erkrankungen identifiziert werden dürfen. So kann ein enger Zwischenraum zwischen Kopf- und Herzlinie als Ausdruck innerer Bedrängung, eine Disposition für Asthma anzeigen, die im Zusammenhang mit einer tiefen Existenzangst und einem starken Sicherungsbedürfnis steht.

Ist die Kopflinie hierbei ein langes Stück mit der Lebenslinie verkettet, dann ist dies Zeichen von mangelnder Triebvitalität und Ausdruck einer geringen Antriebskraft. Der Grund hierfür ist häufig eine zu starke Bindung an eins der Elternteile, vorwiegend an die Mutter.

Die Enge zwischen Kopf- und Herzlinie kann aber auch ein Zeichen für jene innere Bedrängnis und Angst sein, deren Folge die Angina pectoris ist. Dann wird eine Linie im Mondberg das Überfluten unbewußter Kräfte anzeigen, die der Mensch nicht einzubauen vermag, sondern verdrängt. Auf der Herzlinie werden sich gleichzeitig Störungen abzeichnen, die einen Mangel an seelischer Harmonie und Beschwerden des Herzens erkennen lassen. Auch Schuldgefühle mögen eine Rolle spielen, die aus einer starken Schicksalslinie oder aus einer auf Gesetzeserfüllung angelegten ekkigen Handform zeichenhaft hervortreten.

Eine andere seelische Veranlagung, die Krankheiten hervorrufen kann, sind ein angelegtes Drängen nach Extraversion und ein Geltungsanspruch, die nicht ausgelebt werden können – ein erhöhter Jupiterberg unter einem zu kurzen Zeigefinger. Gleichzeitig läßt eine kurze Herzlinie, die die Kräfte des Jupiterberges nicht aufzunehmen vermag, erkennen, daß die Anregungen aus der Du-Welt nicht in rechter Weise aufgenommen und einem höheren Ziel zugeführt werden. Der Mensch wird sich von seiner Umwelt abgetrennt und zur Introversion verurteilt fühlen. Die fehlende Möglichkeit zur Extraversion kann dem Betreffenden «auf die Galle schlagen», wenn zugleich der Mondberg erhöht, aber linienlos und der Saturnbereich betont ist als Zeichen von Stauungen der natürlichen Abflußmöglichkeiten.

Andererseits wird der Magentrakt anfällig sein und auf jede Auseinandersetzung, die nicht aggressiv angegangen werden kann, krankhaft reagieren, wenn ein erhöhter Mondberg unruhig von Linien durchzogen ist und damit eine innere Erregbarkeit und Empfindsamkeit erkennen läßt. Diese Veranlagung ist verstärkt, wenn überdies die Marsebene, der Raum zwischen Kopf- und Herzlinie unter dem Mittel- und Ringfinger – als ein Kampffeld von Konflikten unruhig gezeichnet ist. Solche Linien in der Marsebene der Handmitte, die sich dem normalen Linienfluß nicht einordnen lassen, sind immer Zeichen innerer Erregbarkeit und Unruhe, die oft das vegetative Nervensystem in Mitleidenschaft ziehen, während ein schlecht gezeichneter Venusring Nervenbelastungen erkennen läßt, die einer nicht ausgelebten, aber auch nicht sublimierten Erotik entspringen.

Zwei Krankheitsarten, die von innerseelischen Ursachen mitbestimmt sind, seien noch erwähnt: Tuberkulose und Krebserkrankung. Tuberkulose läßt sich häufig aus einer gestörten Merkurlinie in einer konischen Hand erkennen. Doch besagt diese Verbindung nicht, daß der Mensch in jedem Fall an Tuberkulose erkranken muß oder wird. Sie zeigt nur eine Störung des Ich-Du-Kontaktes und der geistigen Kommunikation an, auf die der Mensch seiner Anlage und Sehnsucht nach angewiesen ist.

Ein solches inneres Versagen aber braucht nicht zwangsläufig zu gesundheitlicher Störung zu führen. Auch Anlagen zur Krankheit vermag der Mensch zu immunisieren oder sie auf anderem Gebiet zur Auswirkung zu bringen.

In Händen von Krebskranken findet sich häufig ein starker, doch von Linien nicht aufgelockerter Mondberg, in dem kleine Papillarlinien unter der Haut ein wirbelartiges Muster bilden. Im Unbewußten sind Kräfte am Werk, die wild wuchern; es sammeln sich Inhalte, die nicht vom Bewußtsein übernommen und verarbeitet werden. Gelingt der Durchbruch der gestauten Phantasiekräfte, dann wird der Papillarwirbel unter der Haut sich auflösen, und der Mondberg wird sich mit kleinen Linien füllen. Die Linien unter der Haut können ebenso seelische wie körperliche Auswirkungen finden und dadurch deutlich machen, wie eng die Beziehung von Körper und Seele ist.

Die Ebene, auf der eine Krankheit ihren Ausdruck findet, ist nur unter Einbeziehung aller Handzeichen ausfindig zu machen. Im allgemeinen aber läßt sich erkennen, in welchem falschgerichteten seelischen Verhalten der Ursprung einer körperlichen Krankheit liegt oder ob diese im Seelischen Reaktionen hervorrufen will, die zur Entwicklung und Reifung des betreffenden Menschen führen können.

Krankheiten, die keinen Widerhall in der Innerlichkeit des Menschen finden, sind meist nicht in die Hand eingezeichnet, während eine vollzogene Operation oder ein Unfall sich in der Lebenslinie ausdrücken können, wenn sich der Betroffene innerlich mit ihnen auseinandersetzt und eine durch sie gewaltsam gelöste Situation seelisch verarbeitet.

Eingehende Untersuchungen über den Zusammenhang zwischen psychosomatischer Krankheit und dem Erkennen ihrer Symptome in der Hand können zu wichtigen Hilfen für ärztliche Diagnosen werden.

IV
ANALYSE VON HÄNDEN

Linke und rechte Innenhand

Linke und rechte Hand sind bei den Menschen häufig verschieden. Dieser Unterschied entstammt der Dynamik des Lebens, der inneren Entwicklung des Menschen. Sind dagegen beide Innenhände einander gleich, sucht der Betreffende in einem Gleichklang zu verharren, der noch zu seiner Vorgegebenheit gehört, noch vor den Auseinandersetzungen, Konflikten und Leiden seines persönlichen Lebens liegt und nicht das Ergebnis einer inneren Reifung ist.

Änderungen der Außenhände werden sich vor allem in der Beweglichkeit von Daumen und Fingergliedern ausdrücken. Dagegen ist die Innenseite stärkeren Veränderungen unterworfen; sie ist auch wichtiger für die Analyse des persönlichen Lebensweges.

In der linken Handfläche treten Eindrücke und Anlagen zutage, die der Mensch noch nicht bewußt zu Wandlung und Verwirklichung geführt hat. Vielfach ergeben sich aus ihr Zeichen von Belastungen und Einflüssen, die von seinem Tagesbewußtsein noch nicht aufgenommen wurden. Ist eine der beiden Hände stärker und bewegter gezeichnet als die andere, ist dies Ausdruck einer großen Spannung, die als ungelöstes Problem über dem Leben liegt und schicksalsbildend zu einer Lösung drängt.

Doch erst aus dem Bild beider Hände ist das persönliche Leben des einzelnen und die ihm eigene Erlebnisweise zu erkennen. In den Händen von Frauen und Künstlern wird die linke Hand meist stärker gezeichnet sein, während die rechte in den Händen aktiv Schaffender die ausdrucksvollere ist. Dabei kommt es nicht nur auf die Fülle der Linien an, sondern auch auf die Klarheit des Linienbildes, das vor allem in der rechten Hand der Formung und Wirklichkeitsbezogenheit unverwirrt sein sollte.

Die linke Hand, in der sich die Anlagen des Menschen ausprägen, ist zugleich das Symbol seiner Jugend, in der er aufnahmefähig und empfangsbereit ist für Wünsche und Träume, in der er nach Schutz und natürlicher Geborgenheit verlangt. Erschütternd aber ist oft der Blick in die linke Hand eines Kindes, in der schon Zeichen unglücklicher Erfahrungen eingeprägt sind. Hieraus mag sich die Frage ergeben: Sind wirklich die Eltern allein schuld, wenn ein solches Kind liebelos und mißverstanden, überfordert oder belastet aufwächst? Die Linien, die von solchen Eindrücken und Erfahrungsmöglichkeiten sprechen, sind schon mit der Geburt dem Kinde gegeben, schon dem Embryo eingezeichnet. Das könnte bedeuten, daß das Kind mit seinen Anlagen und Schwächen in eine Umwelt hineingeboren ist, die zu ihrem Nährboden wird, nicht aber deren Ursache ist.

Sicher können die Linien sich ändern, wenn die Umwelt einen fördernden oder negativen Einfluß auf das Kind ausübt. Aber solche Änderungen können sich kaum auf die gesamte Struktur einer Hand beziehen. Es wäre darum richtiger, zu sagen, daß es einer gemeinsamen Arbeit von Eltern und Kindern bedarf, um ein gegebenes Material an Anlagen und Möglichkeiten zu entwickeln oder Schwächen auszugleichen und die Gewichte sinnvoll zu verteilen.

Die im Kind noch ungeformten Möglichkeiten sind im latenten Zustand vorhanden, werden aber erst im reifen Menschen zu Gegebenheiten und verwirklichten Leistungen. Doch auch der reife Mensch ist nicht frei von den Erfahrungen seiner Jugend. So verläuft sein Dasein, bildhaft gesprochen, zwischen den Aussagen der linken und rechten Hand, die ineinander übergehen, sich ausgleichen oder Spannungen auslösen.

Betrachten wir die linke und rechte Hand einer 45jährigen Frau (Abb. 196 und 197) unter dem Gesichtspunkt, daß aus der linken Hand Natur und Anlage erkennbar werden, die schon bei der Geburt gegeben sind, während die rechte Hand zum Ausdruck bringt, was im Lauf der Entwicklung ausreift oder sich durch die

Auseinandersetzung mit der Umwelt wie durch seelische Einwirkungen ergibt. Doch dies ist keine fixierte Notwendigkeit. Denn der Raum der Freiheit bleibt bestehen innerhalb der seelischen Erfahrungen und der Veränderungen oder Gewichtsverlagerungen, die sich aus einer inneren Einstellung ergeben können und sich in der Hand äußern.

Die linke Hand läßt eine zarte Natur erkennen mit Schönheitssinn und Sehnsucht nach Harmonie. Es handelt sich um eine konische Hand. Der kleine Daumen zeigt wenig Vitalität und Ichbehauptung an. Doch läßt seine feste Haltung und die Unbeweglichkeit, mit der er sich am Handrumpf sichert, genügend Eigenständigkeit erkennen, um sich im Leben durchzusetzen.

In der rechten Hand sind die Finger aufgelockerter. Eine innere Entspannung und Beweglichkeit stellt sich in den Jahren der Reife ein.

Beide Hände sind sehr verschieden. Hieraus ist auf eine innere Entwicklung und auf schicksalhafte Auseinandersetzungen im Leben zu schließen. Die Lebenslinie wird in der linken Hand ihren ganzen Weg entlang von einer Parallele begleitet, die als Marslinie zu bewerten ist und die Vitalität verstärkt. In der rechten Hand hat sich die halbkreisförmige Lebenslinie aufgelockert. Nach dieser Zeichnung bedarf die Lebenslinie nicht mehr des Schutzes vor dem Eindringen triebgeladener Querlinien, die aus dem Venusberg herausdrängen.

Die Kopflinie der linken Hand ist kurz nach der Mitte des Saturnfingers gespalten. Während der eine Zweig, durch Linien eng mit der Herzlinie verbunden, gerade weiterführt, sinkt der andere in die Tiefen des Mondberges hinab. Würde die Spaltung der Kopflinie früher einsetzen, wäre sie Anzeichen einer schizoiden Veranlagung. In der rechten Innenfläche ist die herabfallende Linie nicht mehr vorhanden. Die Kopflinie endet mit einem Greifarm im Marsberg. Nehmen wir noch die Herzlinie hinzu, die in der linken Hand die ganze Innenfläche absperrt, in der rechten aber gut verzweigt zum Jupiterberg aufsteigt, dann läßt sich die Entwicklung dieser Frau sehr deutlich ablesen.

Anlagemäßig ist ein großes, Umwelt und Du mit Gewalt an sich ziehendes Liebesverlangen vorhanden, das in seiner Unerfülltheit die Depression anzeigt, die das Ende der Herzlinie in die Nähe des Ursprungs der Lebenslinie, auf den Ichpunkt, zurückdrängt. Doch deutet die Herzlinie der rechten Hand durch einen aufsteigenden langen Zweig in ihrer Mitte schon die Möglichkeit einer Wandlung, in der Zuwendung zum anderen, an. Daß sich die Kopflinie in der rechten Hand stark verändert hat, zeigt die leidvolle Mühe, mit der die depressive Gestimmtheit überwunden wurde. Der Greifarm wird dieses Erreichte bewußt festhalten, um sich von den Problemen der Umwelt nicht mehr niederdrücken zu lassen.

Da die Kopf- und Lebenslinie zu Anfang kettenartig und durch Inseln miteinander verbunden sind, kann die Jugend nicht leicht gewesen sein. Nachdem aber die Außenhand konisch geformt ist, liegt die Möglichkeit der Wandlung und Überwindung egoistischer Wünsche und Gefühle nah. Die linke Hand ist durch zwei Merkurlinien aufgelockert, die Empfangsbereitschaft für geistige Kräfte und die Hinwendung zur Transzendenz ausdrücken. Beide Tendenzen der Anlage sind, wenn auch abgeschwächt, in der rechten Hand angezeigt.

Jeder Mensch kann das in ihm Angelegte ignorieren oder ersticken. Diese Entscheidung hat, im Bild der konischen Finger, die sehr bemühte und von Grund aus religiöse Frau in positivem Sinn getroffen. Die aus dem untersten Mondberg in beiden Händen aufsteigende Schicksalslinie läßt Verantwortungsbewußtsein und Leistungswillen erkennen. Dieser betrifft hier einen inneren Akt.

In der linken Hand ist die Schicksalslinie ohne Unterbrechung bis zum Beginn des Mittelfingers ausgeprägt. Diese Überlänge gibt zu erkennen, daß jeder Einsatz, der geleistet wird, zu intensiv und forciert ist. Doch dies ist notwendig, um auch aus dem Unbewußten fruchtbare Kräfte aufzunehmen.

In der aufgelockerten rechten Hand ist die Saturnlinie in der gleichen Richtung gezeichnet, doch durch mehr Unterbrechungen aufgelockert. Bald nach ihrem Beginn empfängt sie einen Zweig aus der Lebenslinie. In diesem Zeichen wird noch einmal wiederholt, daß sich das Leben auf einen selbstbestimmten Weg konzentriert, der in seiner Zuverlässigkeit und seinem Pflichtgefühl sich nicht von unbewußten Einflüssen ablenken läßt. Die in der rechten Hand bogenförmig aufsteigende Neptunlinie wird als intuitives Einfühlen in das Bewußtsein eingefügt. Denn diese Linie endet in einem Ast der Kopflinie.

Dank ihrer Einsatzbereitschaft und Verantwortlichkeit ist die 45jährige erfolgreich in einer gehobenen Bürostellung und leistet eine schwere Arbeit, die viel Konzentration verlangt. Der Zweig, der vor allem in der rechten Hand am Anfang der Lebenslinie, die Kopflinie durchkreuzend, ein stark verletzbares Selbstgefühl ausdrückt, wird durch ihre objektive Leistung kompensiert, so daß sie wenig Zeit hat, sich mit sich selbst zu beschäftigen.

In beiden Händen – rechts noch stärker – ist ein Venusring bis zum Handrand des kleinen Fingers angedeutet. Die Sublimierungstendenz, die sich in diesem ausdrückt, gibt der Hand eine starke Betonung des oberen Raums und läßt Sensibilität und den Wunsch nach Umwandlung der natürlichen Triebkraft erkennen. Die vorhandene Sinnlichkeit ist in einem starken Venusberg aufgezeigt und wird als Fundament und Antriebskraft seelisch-geistige Kräfte mit Lebendigkeit erfüllen. Vor allem wird die Liebesfähigkeit, ausgedrückt in der rechten Herzlinie, an Dynamik und Fülle zunehmen.

Da der Marsberg erhöht und linienlos ist, können sich dennoch Aggressionen auswirken, wenn das Selbstgefühl angegriffen wird. Die Kopflinie aber endet in seinem Bereich. Dies läßt darauf schließen, daß genügend Disziplin vorhanden ist und Selbstbeherrschung eingesetzt wird, um Angriffe zurückzuhalten.

Die Verschiedenheit der beiden Hände macht offenbar, wieviel Möglichkeiten dem Menschen gegeben sind, die er verwirklichen oder verwandeln kann. Nichts ist absolut fixiert, sondern nur ein bestimmter Rahmen ist gegeben, in dem Maß und Ordnung eingehalten werden müssen. In diesen Begrenzungen wird der dynamische Fluß des Lebens gesammelt. Hier findet er den Raum, die Nahrung und die Fülle, die ihm zur Verfügung stehen.

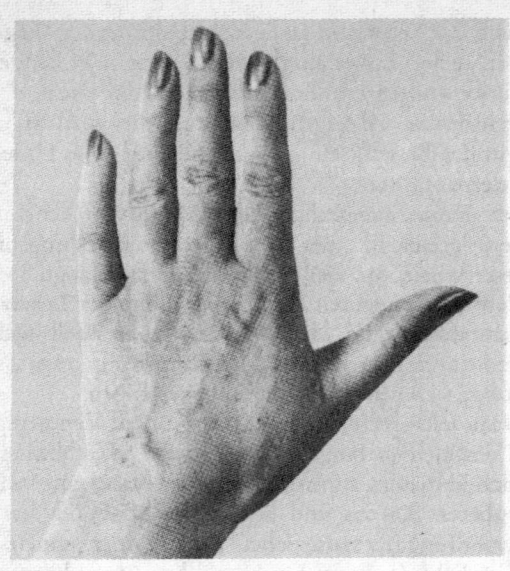

Deutung einer Frauenhand
(Außen und Innen)

Die beiden Außenhände dieser dreißigjährigen Frau sind nicht einer bestimmten Form zuzuordnen. Durch ein von Julie Neumann, Tel Aviv, ausgearbeitetes und erweitertes Schema sind die verschiedenen Elemente, die in der äußeren Hand in Erscheinung treten, einzeln zu betrachten.

Der Handrumpf ist länger als die Finger, Zeichen von Triebhaftigkeit, materiellen Interessen und Erdgebundenheit. Er wird aufgelockert durch die Knöchel, die als Merkmal seelischer Empfänglichkeit das rein Materielle beleben. Der Halbkreis, der den Ansatz der Finger bildet, neigt sich zum kleinen Finger hin, der tiefer in den Handrumpf eindringt als die anderen. Auch dies bedeutet eine Auflockerung des Erdgebundenen. Der an sich nicht große Merkurfinger wird durch seinen tiefen Ansatz noch verkürzt und läßt

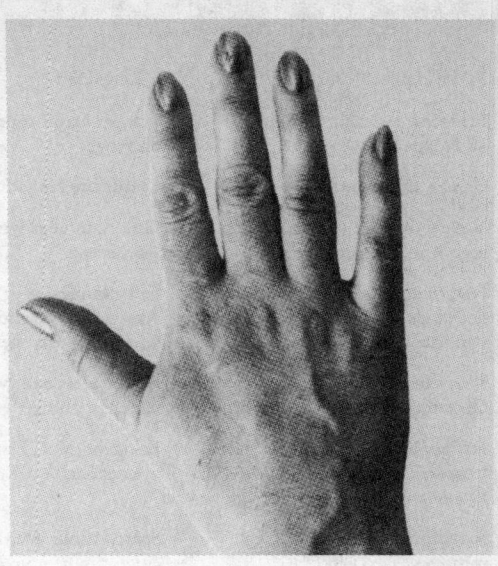

auf eine gewisse Scheu trotz der sonst vorhandenen Kontaktfähigkeit schließen.

Die Finger sind nicht aneinander gepreßt und lassen deshalb auf Freizügigkeit und Beweglichkeit schließen. Der unbeugsame Daumen, in dem sich Eigenwilligkeit und Selbstbehauptung ausdrükken, steht im Widerspruch zu der Anlehnungstendenz des Ringfingers in seinem untersten Glied. Aber gerade diese Abhängigkeit verlangt den willensbetonten Daumen. Sonst bestünde die Gefahr einer Hilflosigkeit, die unter äußeren Belastungen oder Einflüssen der Umwelt entsteht, so daß die innere Freiheit verlorengeht.

Spatelförmige, eckige und konische Elemente sind in Rumpf und Fingern verteilt. Sie zeigen vielseitige Interessen und sowohl praktischen Wirklichkeitssinn wie Verantwortungsbewußtsein und die Bereitschaft, sich dem Schönen und Künstlerischen zu öffnen. Daß dieser Mensch leicht beeinflußbar ist und sich im Materiellen verankern muß, um den eigenen Halt nicht zu verlieren, darf hierbei

Schema der Außenhände

	Linke Hand	Rechte Hand
Grundform	Eckiger Handrumpf, länger als Finger	Eckiger Handrumpf, länger als Finger
Finger	Gemischte Fingerformen	Gemischte Fingerformen
Konsistenz	Weich, ohne schwammig zu sein, Knöchel treten hervor.	Gefestigte, aber weiche Konsistenz.
Daumen	Fest, steif, unbeugsam, starr, normaler Ansatz. Stark abgewinkelt. Breites unteres Glied.	Fest, weniger steif. Ansatz etwas zu hoch. Breite der Glieder ausgewogen.
Zeigefinger	Konische Form. Gute Länge. Oberstes Glied leicht gespannt.	Konische Form. Mittelglied leicht zum Mittelfinger gebogen.
Mittelfinger	Eckiger Einschlag. Fester, trotzdem entspannter Stand. Etwas zum Ringfinger geneigt.	Eckig-konisch. Fester, harmonischer Stand, der die Mitte hält.
Ringfinger	Spatelförmig. Oberes und mittleres Glied gebogen. Unharmonisch.	Spatelförmig. Mittleres Glied eingeschnürt vom Mittelfinger wegstrebend. Unharmonisch.
Kleiner Finger	Konische Form. Etwas zu kurz. Zwischenraum zum Ringfinger.	Konische Form. Etwas zu kurz. Breiter Zwischenraum zum Ringfinger.
Obere Glieder	Kürzer als die übrigen Glieder. Normale Breite. Tautropfen.	Kürzer als die übrigen Glieder. Normale Breite. Tautropfen.
Mittelglieder	Etwa gleich lang wie das untere Glied. Nur beim Ringfinger länger.	Etwa gleich lang wie das untere Glied. Beim Ringfinger nur wenig länger.
Untere Glieder	Etwa gleich lang wie das mittlere, nur breiter.	Etwa gleich lang wie das mittlere, nur breiter.
Gesamteindruck	Die Außenhände sind sich ähnlich. In der rechten Hand ist der Mittelfinger gerader aufgerichtet und alle Finger sind entspannter. Ring- und Zeigefinger sind sich in der Länge fast gleich. Nach den Außenhänden ist die Frau sinnenfroh und doch diszipliniert.	

nicht vergessen werden. Diese Aussagen aber können von den Zeichen der Innenhand bestätigt, ergänzt oder abgeschwächt werden. Nachdem der Ringfinger in der rechten Außenhand länger ist als in der linken, ist eine introvertierte Verhaltensweise, ein nach innen Gerichtetsein, bestimmend.

Die Innenhände

Zu den Aussagen der äußeren Hände gehören die kleinen Ballen, die Tautropfen der Feinfühligkeit, die auf den obersten Fingergliedern eingezeichnet sind, wenn man sie von innen betrachtet. Die Fingerwurzeln, die sogenannten Berge, sind in der Innenhand ausgeprägt. Bei ihnen ergeben sich die ersten Verschiedenheiten zwischen linker und rechter Hand.

In der linken Innenhand sind die meisten oberen Berge abgeflacht. Nur der Jupiterberg nimmt einen etwas erhöhten und lang ausgedehnten Raum ein. In der rechten ist dieser Berg noch stärker ausgebildet. Daneben aber sind dort zwei Berge stark entwickelt. Es sind Verschiebungen des Apolloberges, der nicht in der Mitte unter dem Ringfinger liegt, sondern nach dem Saturn- und Merkurberg ausgreift. Die Innerlichkeit hat in der Entwicklung dieser Frau mehr an Fülle und Wirkungskraft gewonnen, als in der Anlage vorauszusehen war. Zugleich haben sich auch Selbstbewußtsein und Ehrgeiz, nach dem Jupiterberg in der rechten Hand, verstärkt. Er geht bis in den Raum zwischen Kopf- und Herzlinie hinein.

In beiden Händen ist die Dreiteilung gut ausgewogen. Im mittleren Bereich ist sowohl der kleine wie der große Marsberg erhöht. Damit ist Freundschaft und Einsatzbereitschaft für andere ausgesagt. Die dynamischen Impulse werden vom großen Marsberg aufgenommen und der Umwelt zugeführt. Nach dem eckigen Handrumpf zu schließen, werden sie verarbeitet und eingeordnet.

Die beiden Berge des unteren Raumes, Venus- und Mondberg, sind ebenfalls erhöht und lassen auf Triebkraft und Aktivität auf

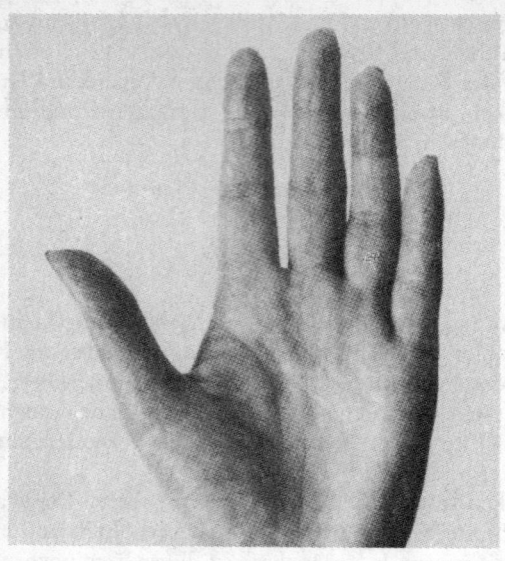

der einen Seite und Phantasie wie Beeinflußbarkeit von unbewußten medialen Eingebungen auf der anderen erkennen. Der Mondraum spielt in den Händen dieser Frau eine große Rolle. Links
steigt die Schicksalslinie mit Zweigen aus dem Mondberg auf, in
der rechten Hand läuft im letzten Teil der Lebenslinie ein Zweig in
den Mondbereich bis zum Handgelenk hin. Der Sog des Unbewußten hat eine große Anziehungskraft.
Die Lebenslinie der linken Hand ist in ihrer Mitte gebrochen, wird
aber von einer Parallelen, die schon ein Stück mit ihr zusammen-
läuft, weitergeführt. Auch außerhalb der Lebenslinie wird eine andere Vertikale sichtbar, die sowohl als Traditionslinie wie als eine
Hilfslinie für die Vitalis zu deuten ist. Auf alle Fälle hat dieser
Mensch genügend Kraft, ein aktives Leben zu führen, wenn auch
Zeiten der Ermüdung nach Entspannung verlangen. Diese werden
in einer Welt der Einbildungen, Träume und auch okkulten Einflüsse gesucht, wie die Lebenslinie der rechten Hand erkennen läßt,

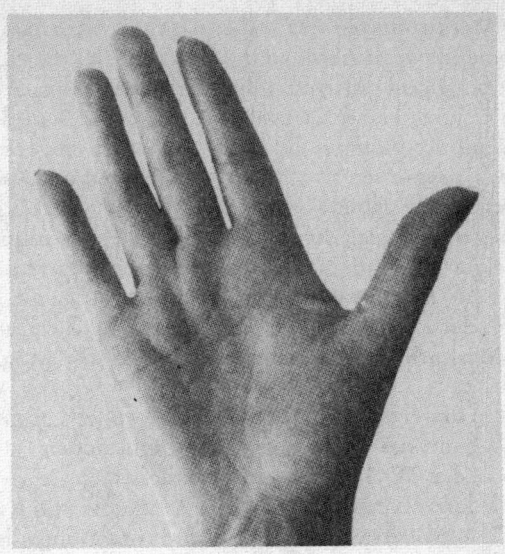

die nicht gebrochen ist, aber mit dem einen Zweig im Mondraum endet.

Daß diese Frau trotz der Mondeinflüsse nicht verschwommen oder entgrenzt ist, zeigen die starken Daumen in beiden Händen, die Festigkeit und Widerstandskraft deuten, sogar eine gewisse Starre, die ihre Selbstbeherrschung verstärkt. Gemeinsam mit dem Daumen ist die Saturnlinie zu betrachten, die große Vertikale, die in der linken Hand trotz einiger Unterbrechungen vom Mondberg zu dem des Saturn aufsteigt. Sie läßt von der Anlage her erkennen, daß Verantwortungsgefühl und Leistungswille ausgeprägt sind. In einem eckigen Handrumpf ist dies Zeichen für eine Auflockerung des einengenden Gestaltungswillens und der Disziplin, die zeitweilig zu stark begrenzen. Der Zwischenraum zwischen Kopf- und Herzlinie, der in der linken Hand zum Marsberg sich ausweitet, bleibt in der rechten eng und zeigt Beklemmung und Spannung an, die eine Freizügigkeit belasten.

Die lange Merkurlinie in der rechten Hand ist ein positives Zeichen für die Beweglichkeit und Gewandtheit, die sich in der Sprachbegabung und geistigen Interessiertheit der jungen Frau ausdrücken. Die linke Hand zeigt keine solche Linie. Statt dessen verläuft dort eine Apollolinie, die in der rechten weniger ausgeprägt ist. Dennoch lassen hier die starken Erhöhungen des Apolloberges auf künstlerische Begabungen schließen. Eine Verwirklichung dieser Fähigkeiten ist zwar durch den eckigen Handrumpf und die leicht geneigte Kopflinie angezeigt, aber nach den Aussagen des Daumens fehlt eine notwendige Flexibilität. Auch ist der Daumenwinkel, der rhythmisches Gefühl ausdrückt, nicht ausgeprägt. Die lange Merkurlinie könnte auf schriftstellerische Möglichkeiten hindeuten.

In der linken Hand ist die Kopflinie nicht mit der Lebenslinie verbunden. So kann das Denken sich ohne Emotionen rational und sachlich mit der Wirklichkeit auseinandersetzen. In der rechten Hand ist die kurze Verbindung zwischen Lebens- und Kopflinie in rechter Weise vollzogen. Aktivität und Emotionen halten das Gleichgewicht mit dem gegenständlichen Denken und dem Mut zu Entscheidungen.

Der Venusring, der nur in der linken Hand eingezeichnet ist, läßt auf eine Anlage zur Sublimierung der vitalen Sinneskräfte schließen, die im Venusberg eingezeichnet sind. Diese aber wird nicht leicht vollzogen, da der eingeschnürte Ringfinger, der in der Außenhand sichtbar ist, vor schicksalsgegebenen Notwendigkeiten zurückscheut, in der Hoffnung, ein harmonisches und nicht zu belastetes Leben führen zu können.

Wie weit dies möglich ist, läßt sich aus der Herzlinie erkennen. In der linken Hand endet sie schwunglos vor Beginn des Zeigefingers, vom Jupiterberg dorthin verdrängt. Eine gewisse Angst, sich hinzugeben, liegt in diesem frühen Ende. Das Selbstgefühl ist leicht verletzbar, wie der kleine Zweig anzeigt, der von der Lebenslinie aufsteigt und jeden Verlust an Selbstbestätigung registriert, die der weit ausladende Jupiterberg verlangt.

In der rechten Hand fehlt dieser Zweig, aber die Ausweitung des

Jupiterberges und der hieraus erkennbare ehrgeizige Anspruch auf Autorität und Anerkennung läßt einen Menschen erkennen, der seinen Willen durchsetzen will. Dieser Berg unter dem Zeigefinger drängt die Herzlinie zur Seite, die zum Zwischenraum zwischen Jupiter- und Saturnfinger aufsteigt, sich aber deshalb nicht ganz entfalten kann. Gefühle und Zuwendung zum anderen werden unter dem Wunsch nach Selbstbestätigung ihre spontane Auswirkung verlieren.

In der rechten Hand fällt ein Zweig aus der Herzlinie auf den Beginn von Kopf- und Lebenslinie herab. Er läßt auf Depressionen schließen, wenn die Unzulänglichkeit der Liebeskraft erfahren wird und rationale oder egoistische Wünsche die seelische Empfangsbereitschaft außer Kraft setzen. Nach den erhöhten Bergen im oberen Handraum zu urteilen, läßt sich in der rechten Hand eine Zufuhr an seelischen Kräften erkennen, die von der Anlage her nicht vorhanden sind. Der gut entwickelte Venusberg wird ihnen Antriebe geben, so daß die Innerlichkeit im Lauf des Lebens gestärkt wird und die künstlerischen Fähigkeiten an Aktivität zunehmen.

Die Hände dieser Frau zeigen Verschiedenheiten und Widersprüche. Die rechte Innenfläche ist aufgelockerter und weniger gespannt. Zusammen mit der langen Merkurlinie zeigt die konische Form des Jupiterfingers geistige, auch religiöse Interessen an, zumal das oberste Glied der Finger am längsten ist. Dies ist in der linken Hand noch ausgeprägter.

In dieser Hand aber liegt eine aus der Jugend stammende Belastung. Denn in ihr steigt die parallele Saturnlinie vom Berg des Ursprungs auf und ist tief eingeprägt. Sie kann ebensogut eine zur Handmitte hingeschobene zweite Lebenslinie sein wie eine Traditionslinie, die ein erdgebundenes Erbe trägt. Im Raum zur Schicksalslinie hin zeigen viele kleine unruhige Linien eine schwere Jugend und im Unbewußten eingeschriebene Eindrücke an, deren Spuren noch nicht aus der Hand, also aus der Erinnerung ausgelöscht sind. Doch besteht die Möglichkeit, daß mit zunehmendem Alter die Aussagen der rechten Hand an Intensität gewinnen und die Empfangsbereitschaft für das Schöne und Harmonische an Kraft und Fülle zunimmt. Hierauf lassen nicht nur die oberen Berge, die geschwungene Herzlinie und die kontaktfreudige Merkurlinie schließen, sondern auch der Mondraum, aus dem in der rechten Hand Linien ungehemmt aufwärtssteigen, die in der linken Hand zurückgehalten wurden. Das spätere Leben wird leichter und entspannter sein als das jugendliche, und zwar dann, wenn die kleine Ausbuchtung der Kopflinie sich in ihrer Mitte zur Herzlinie hinneigt und die Zeit vorüber ist, in der das Gefühlsleben von Auseinandersetzungen mit dem Du und der Umwelt belastet war.

Vielleicht wird sich der Daumen entspannen, beweglicher werden und sich der Aufwärtsschwung der Herzlinie freier gestalten. Dann vermag die Merkurlinie ihre Anpassungsfähigkeit an die realen Situationen stärker zur Auswirkung zu bringen und kann einen Austausch zwischen materiellen und seelisch-geistigen Interessen ermöglichen. Noch sind eine gewisse Zurückhaltung und Angst – der Zwischenraum zwischen Kopf- und Herzlinie und der gespannte Daumen – vorhanden, die rechte Hand aber läßt erkennen, daß durch persönlichen Einsatz und Arbeit an sich selbst das Positive zum Tragen kommt.

Natürlich ist nicht vorauszusehen, ob ein Mensch tatsächlich seine Fähigkeiten für seine Reifung und seelische Entwicklung einsetzen wird, besonders dann, wenn die Anlage eher hemmend als fördernd wirkt und die Jugend eine schwere Belastung war. Selbsterkenntnis ist jedoch in diesem Fall durch die Betonung des seelischen Raumes in Bergen und Fingern und durch die Merkurlinie angezeigt.

Man könnte die vorliegenden Hände noch eingehender behandeln. Doch dann bestünde die Gefahr, sich an Kleinigkeiten, wie zweitrangige Linien und unwesentliche Zeichen, zu verlieren und den dynamischen Eindruck der Hand zu übersehen. Erst wenn die Gesamtheit von Anlagen und Möglichkeiten, von Gegebenheiten und Forderungen zusammengefaßt ist, sollte man die kleineren Anzeichen in die Deutung mithineinnehmen.

Die in dieser Analyse gegebenen Darlegungen mögen genügen, um den Menschen zur Selbsterkenntnis zu führen, damit er nicht Ziele nachgeht oder Wünsche zu verwirklichen sucht, die gar nicht im Bereich seiner Möglichkeiten liegen. Auf der anderen Seite wird er seine Eigenschaften und Fähigkeiten, seine Begabungen und Schwächen kennenlernen und, soweit es seiner Anlage entspricht, versuchen, mit ihnen umzugehen und den Sinn seines Lebens zu finden.

Schema zur Deutung der Hand

Zum Abschluß soll nicht als Rezept, sondern als Erinnerungshilfe ein Schema gegeben werden. Könnte man nach festgelegten Normen Handdeutung betreiben, brauchte man nur die verschiedenen Aussagen aus Formen, Bergen und Linien zu sammeln, sie in einem Computer zu speichern und könnte das Ergebnis als Analyse des Menschen ablesen. Das würde bedeuten, die Peripherie zum Mittelpunkt zu machen. Der zentrale Punkt, um den die Aussagen aus der Hand kreisen, ist das Humane, der Mensch. Steht dieser nicht im Mittelpunkt, werden nicht von ihm aus oder zu ihm hin die Anlagen und Möglichkeiten seines Charakters, Richtung und Sinn seines Lebens, konzentriert, dann würde sein Menschsein nicht ernstgenommen. Er wäre eine Ansammlung verschiedenartigster Faktoren, aber nicht der einmalige Mensch in seiner unwiederholbaren Eigenart.

Wäre Handlesen nichts anderes als ein Kennenlernen und Deuten von Zeichen, könnte man auch eine Maschine einsetzen. Das Eigentliche und Wesenhafte des einzelnen Menschen aber ist ein Zusammenspiel von gegensätzlichen oder ergänzenden Anlagen und Möglichkeiten, von Schicksalsproblemen, Lebensrichtungen, Sinngebungen und allen Aspekten, die ein Menschsein ausmachen. Die Handdeutung geht den Zügen des Menschen nach. Sie ist ein dynamischer Prozeß, nicht ein Aufzählen von Gegebenheiten.

Es kommt noch etwas hinzu, was außerhalb jedes Computerbereiches liegt: Ernsthafte Handdeutung ist ein Weg zur Selbstfindung, und auf diesem Weg kann sich zwischen dem Handdeutenden und dem, der sich ihm anvertraut, eine Begegnung vollziehen, die Seinsschichten anspricht, in denen Erkenntnis erwacht und seelische Heilung sich vorbereitet.

Die Außenhand zeigt das unveränderliche Sosein und die dem Menschen unabhängig von seinen konstitutionellen Potenzen aufgegebene Weise, seine objektive Bestimmung zu erfüllen.

Die Rumpfhand: Der Mensch in der Wirklichkeit seiner Natur. Die vitale Mächtigkeit, die ursprüngliche Lebenskraft. Der natürliche Seinsgrund, das Kosmische, Vitale und Unbewußte (das Undifferenzierte). Der Mensch steht noch ganz unter dem Gesetz instinktiver Arterhaltung und Daseinsbehauptung. Drang und Sog, Begierden und Süchte, Affekte und Stimmungen, Antriebskraft und Reizempfänglichkeit sind noch unbewußt und unkontrolliert vom Ich.

Die Fingerhand: Der Mensch in der Verbundenheit mit dem Geist und in seiner Bezogenheit auf Transzendenz. Die Finger scheinen teilzuhaben an einer unstofflichen Welt, die sie umspielt und deren Schwingungen sie einsaugen und ertasten. Sie geben der Hand ihre vertikale Richtung und drücken die nach oben strebende Entwicklung sinnfällig aus. Das Prinzip der spezifisch menschlichen Entwicklung.

Zur Normalhand gehört ein gleichwertiges Ausgeprägtsein von Handrumpf und Fingern.
Jedem Menschen ist ein ganz bestimmtes Verhältnis von Freiheit und Abhängigkeit, von Ich-Bewußtsein und naturhaft gebundener Lebensform vorgegeben. Dieses drückt sich im Verhältnis von Fingern und Handrumpf aus. In den Variationen dieses Verhältnisses zeigen sich die typischen Abwandlungen des allgemein Menschlichen und die jeweils besondere Art eines bestimmten Menschen. Nur auf dem festgehaltenen Grund seiner Natur kann sich der Mensch, ohne Schaden zu leiden, über sich selber und die Erde erheben. Das heißt im Bild der Hand, daß die Finger, obwohl sie sich vom Handrumpf ablösen, doch zugleich gut in ihm verwurzelt sein müssen.

Die Knöchel: Die Mitte zwischen Rumpf und Fingern. Der Bereich der Knöchel bildet das Ausdrucksfeld des Seelischen in der Sprache der Außenhand. Nicht als Innerlichkeit des persönlichen Lebens und Erlebens, sondern als eine unbemerkt wirkende Kraft, die das Oben mit dem Unten verbindet und die Natur dem Transzendenten öffnet.

Die kleine Hand: Menschen mit kleinen Händen umfassen die Welt instinktsicher und spontan, jeweils in geschlossener Ganzheit. Ohne daß Einzelheiten zu großes Gewicht gewinnen, erspüren sie die Fülle der Möglichkeiten im Gesamtbild einer Situation und fühlen das Wesentliche heraus. Es scheint, als spiegele sich also in der kleinen Hand jenes Verhältnis zur Welt, in der alles noch «nah beieinander» und nicht in seine Einzelheiten und Gegensätze auseinander getreten ist.

Die große Hand: Die großen Hände gehören zu Menschen, die Distanz besitzen, für die die Welt in ihren Einzelheiten Gewicht bekommt, für die das Gegebene, Ganze auseinandergelegt werden soll, ehe darauf reagiert wird. Menschen mit großen Händen sind vorsichtig, zögernd und pflegen sich nur Schritt für Schritt vorwärts zu tasten.

Die Knoten: Drang nach Systematik und Perfektion. Gebremste Reaktionen. Kontrolle, Zweifel und Mißtrauen, mangelnde spontane Impulse.

Die ovale Hand. Eiform durch ausladende Breite des Handrumpfes und durch die leichte Einwärtsbiegung von Zeigefinger und kleinem Finger gebildet.
Verharren im Dasein.

positiv	negativ
Selbsterhaltung	Eigensinn
Ungebrochene Lebendigkeit	Plötzliche Explosionen
Ursprünglichkeit	Ichbezogenheit
Daseinsbewältigung	Selbstbewahrung
Meisterung des Gegebenen	Verharren im Gegebenen
Harmoniebedürfnis	Trägheit
Gefühl der Geborgenheit	Dumpfheit

Die eckige Hand: Rumpf und Finger sind eckig begrenzt, von einem rechten Winkel eingeschlossen.
Gestalten des Soseins.

positiv	negativ
Gestaltungskraft	Enge
Realitätsbezogenheit	Fixierung
Ordnungssinn	Pedanterie
Gerechtigkeitsempfinden	Nüchternheit
Mut zur Entscheidung	Einseitigkeit
Selbstbeherrschung	Zwanghaftigkeit
Ausdauer	Starre

Die konische Hand: Nach oben sich verjüngende Form. Die begrenzenden Linien treffen sich in einem Punkt oberhalb der Hand.
Sehnsucht nach Einswerdung.

positiv	*negativ*
Sehnsucht nach Vergeistigung	Beeinflußbarkeit
Hingabebereitschaft	Flucht in Illusionen
Feinfühligkeit	Haltlosigkeit
Anpassungsfähigkeit	Sucht und Rausch
Seelische Empfangsbereitschaft	Ichverlust
Schönheitssinn	Unverbindlichkeit
Zärtlichkeit	Wirklichkeitsverlust

Der Handrumpf

Der spatelförmige Rumpf: Der Rumpf ist dazu bestimmt, sich von seiner Natur her am Material der Welt, gegen die er breit vorstößt, anzureichern und andererseits ihr aus der Kraft seiner natürlichen Impulse seinen Stempel aufzudrükken.
Die Lebensweise des Menschen ist auf Aktivität im Konkreten, Praktischen und auf die Bewältigung der Wirklichkeit angelegt. Dynamik und Intensität sind gegeben. Gefahr von Egozentrik.

Der eckige Rumpf: Der Mensch sucht in der Welt den Rahmen, dem er sich einordnen, die Begrenzung, in der er Form gewinnen kann. Er ist auf Gestaltwerdung seiner selbst und der Welt angelegt und muß Entscheidungen treffen. Bei Überforderung besteht Gefahr von Jähzorn.

Der konische Rumpf: Schon von seiner Natur her ist der Mensch darauf eingestellt, das Gegebene als Durchgang zu einem darüber hinausliegenden Ziel zu übersteigen. Gefahr der Ich-Aufgabe.

Die Finger

Zeigefinger: das den Menschen zum Leben im Dasein befähigende Ich. Sein Selbstgefühl.

Mittelfinger: der auf Erkenntnis und Gestaltung bezogene Geist. Dienst am Werk.

Fingerformen

	Daumen	Zeigefinger	Mittelfinger	Ringfinger	Kleiner Finger
Grundbedeutung:	Aktivität des Trieb-Ichs, Widerstandskraft, vitale Energie, unmittelbares, natürliches Selbstvertrauen	Bewältigung der Welt, Autorität, Selbstgefühl, Machtwille, Geltungsanspruch	Unterwerfung unter ein objektives Gesetz, Lebensernst, Verantwortungsbewußtsein, Dienst am Werk	Idealismus, künstlerisches Empfinden, seelische Bindung, Wunsch nach Ergänzung	Vermittlung, Wissensdrang, Gewandtheit, Anpassung, Antenne überpersönlicher Einflüsse
Spatelform	Geballte Lebensenergie, Brutalität bis zur Grausamkeit, übertriebene Impulsität	Ehrgeiz, Durchsetzungswunsch, Geltungsdrang, Machtentfaltung	Lebensernst, Gefühl der Belastung, Schuldgefühl, praktisches Denken	Wunsch nach Darstellung und Ausdruck, Gestaltungskraft, Daseinsfreude	Kaufmännische Gewandtheit, auch Gerissenheit, evtl. Diebstahl. Materielle Interessen
Eckige Form	Praktische Veranlagung, energisch sich durchsetzende vitale Lebensbehauptung	Autoritätsbewußtsein, Ethos, Ritterlichkeit, Selbstbewußtsein	Pflichtbewußtsein, Verantwortung, Sachgewissen, Konzentration	Rhythmische Begabung, Formgefühl, Lebensfreude, seelische Bindung	Organisierungstalent, wissenschaftliche Interessen, Redebegabung
Spitze Form	Mangelnde Vitalkraft, nachsichtig, nachgiebig	Sehnsucht nach sozialer Position oder religiöse Bindung	Wunsch nach Entlastung, Frivolität, Leichtsinn	Ästhetik, Intuition, Hingabefähig bis zum Ich-Verlust	Anpassungsfähig, Offenheit, Beweglichkeit, evtl. Heuchelei und Lüge

Fingerglieder

	Daumen	Zeigefinger	Mittelfinger	Ringfinger	Kleiner Finger
Drittes (unteres) Glied	(Venusberg) Vorbewußte Triebkraft, Aktivität, Lebenserhaltung, Wille zum Dasein	Die ins Bewußtsein tretende Triebkraft, natürliche Grundlage des Selbstgefühls	Leistungswille, praktische Verwirklichung, Verwurzelung im Stoff	Stoffgestaltung, sinnliche Beeindruckbarkeit, Wunsch nach Erfolg	Körperliche Beweglichkeit, Auflockerung des Stoffes
Zweites (mittleres) Glied	Reizansprechbarkeit, passive Sinnlichkeit, Anziehungskraft	Formung der Welt im Sinn des Ichwillens, bewußte Willensziele	Verpflichtendes Werk, Konzentrierung, sachliche Wertordnung	Künstlerische Gestaltung, Erlebnisfähigkeit, seelische Bindung	Vermittlung abstrakter Erkenntnisse, Sprach- und Organisationsbegabung
Erstes (oberstes) Glied	Vorpersönliche Impulse, ursprüngliches Sich-durchsetzen	Halt in der Transzendenz, Übersteigen der Ich-Natur	Werkvollendung, Sinngebung, höhere Gesetzesordnung	Einführung, Hingabe der Seele an ein Du oder Ideal	Einfühlung in die Transzendenz, Geöffnetsein für geistige Anregungen

Zeigefinger, Mittelfinger und Ringfinger umfassen den Raum des zur Eigenständigkeit bestimmten Selbstes in den drei Weisen seines Subjektseins.

Der Daumen spiegelt den Übergang aus der vorbewußten Kraft der Natur zum bewußten Ich.

Der kleine Finger läßt den Übergang aus dem bewußten Selbst in das der Transzendenz zugeordnete Überselbst, den überpersönlichen Bezug erkennen.

Die Innenhand

Die Innenhand zeigt den Menschen im Hinblick auf sein persönliches Leben und Erleben. Sie ist Ausdrucksfeld seiner Anlagen, Begabungen, seiner Einstellung und seines Schicksalsweges.

Die Berge zeigen in ihrer Erhöhung, ihrer übermäßigen Ausbildung oder Schwäche das Maß an inneren Kräften, das dem Menschen zur Verwirklichung seiner Lebensform mitgegeben ist.

Die Linien zeigen in ihrem Verlauf und in ihrer Beschaffenheit die dem Menschen für seinen inneren Weg vorgegebene Lebensform und die Weise, wie er seiner inneren Bestimmung genügen wird. Dies bedeutet, wie er sein Leben zu erhalten, sich in einer bestimmten Form auszugestalten und sich innerlich zu erfüllen vermag.
Hier erscheinen Anlagen, Begabungen und Schwierigkeiten, wie auch die innere Einstellung zum Leben, die sich im persönlichen Erleben bekundet.

Vertikale Teilung: Auf der Daumenseite liegt der aktive Raum des männlichen Zugriffs und der Ich-Behauptung. Auf der Kleinfingerseite der Bereich der Du-Zuwendung und weiblichen Empfangsbereitschaft.

Horizontale Teilung: Der dem Handgelenk nahe Raum ist Ausdruck der vitalen Naturkräfte; der mittlere Raum Ausdruck des bewußten, willensmäßigen Gestaltens; der obere ist Ausdrucksfeld der seelisch-geistigen Innerlichkeit.

	erhöht	überstark	schwach
Venusberg	Libido, Lebensfülle, Triebkraft, Kraft-reservoir, Daseins-behauptung, Antriebskraft	Ausschweifung, überstarke Trieb-mächtigkeit, hem-mungslose Sinn-lichkeit, Verfüh-rung	Fehlende Trieb-kraft, schwaches Lebensgefühl, mangelnde Impul-se zur Lebensbe-wältigung
Mondberg	Unbewußte Bild-welt, mütterlicher Urgrund, Emp-fänglichkeit, Einbil-dungskraft, kollek-tives Unbewußtes, Verdrängungen	Träge Selbstbe-wahrung, dumpfe Sogkraft, Angst vor archetypischen Einflüssen, abhän-gig von Stimmun-gen	Innere Leere, Gleichgültigkeit, Ungeborgenheit, unmütterlich, Mangel an Phan-tasie, Langeweile, Nüchternheit
Marsberg	Tatkraft, Energie, Mut, Durchsetzung, Kraft der Auseinan-dersetzungen, Um-weltsbeziehung, Geistesgegenwart	Gereiztheit, streit-süchtig, brutal ty-rannisch, grausam, Aggressionen, Trotz, Wut	Mangel an Geistes-gegenwart, Wi-derstandskraft und Selbstbeherr-schung, Angst vor Entscheidungen
Jupiterberg	Machttrieb, Selbst-gefühl, Ich-Be-wußtsein, Ehrgeiz, Autoritätsverlan-gen, Gerechtigkeits-sinn	Übertriebener Geltungsanspruch, Stolz, Hochmut, Lebensgenuß, Scheinheiligkeit, Verschwendung	Kälte, mangelndes Selbstgefühl wür-delos, unritterlich, fehlender Ehrgeiz, Minderwertig-keitsgefühle
Saturnberg	Kraft zur Verwirk-lichung, sachlich, beständig, zuverläs-sig, Verantwortung, Leistung, Konzen-tration	Überbelastet, ver-schlossen, miß-trauisch, schwer-mütig, asketisch, Härte, Grübelei	Unbelastet, man-gelnde Verant-wortung, gewis-senlos, leichtfertig, leistungsschwach

	erhöht	überstark	schwach
Apolloberg	Idealismus, Kunstsinn, seelische Erlebnistiefe, Dubindung, Einführung	Selbstdarstellung, Projektionen, Hörigkeit, unstillbarer Glückshunger	Nüchtern, mangelnde Bildschau, Mangel an Erlebnistiefe, fehlendes Glücksgefühl
Merkurberg	Kontaktfähigkeit, Organisationstalent, Sprachbegabung, Gewandtheit, wissenschaftliche oder kaufmännische Fähigkeiten	Übersteigerter Erwerbssinn, Neigung zur Lüge, Betrug und Diebstahl, Heuchelei	Mangel an Anpassung und Kontakt, fehlende Interessen, mangelnde Umweltsbeziehung, materielle Einstellung
Berg des Ursprungs	Verwurzelung in Tradition und Erbmasse, vitale Kraftquelle	Gestaute Kraft, schwerblütig, Erdgebundenheit	Mangel an Geborgenheit und Heimatgefühl, unabhängig von Traditionen

Die Linien

Die Lebenslinie. Sie umgrenzt den Raum der Vitalität, trennt und verbindet ihn mit dem Raum der auf die Welt bezogenen Kräfte. Sie entspricht dem Grundimpuls zum natürlichen Dasein und läßt das Maß an Triebkraft und Widerstandsfähigkeit erkennen.

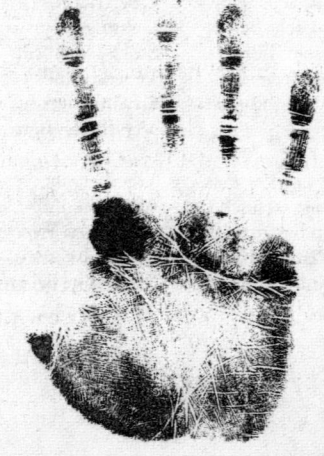

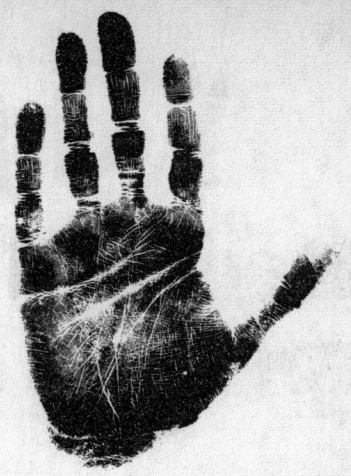

Die Kopflinie. Sie beginnt am Daumenballen und versinnbildlicht den Impuls zum eigenständigen Sosein. Ihr Ende auf der Du-Seite zeigt das Verhältnis in der Begegnung von Ich und Welt, von aktiven und passiven Kräften in der rationalen Auseinandersetzung und bewußten Gestaltung des Lebens.

Die Herzlinie. Sie verläuft entgegengesetzt zur Kopflinie und endet im Raum des Zeigefingers. So bringt sie zum Ausdruck, daß die vom Du aufgerufene Seele Antwort findet im Überschreiten des Ichs. Sie ist Zeichen der seelischen Gefühlstiefe.

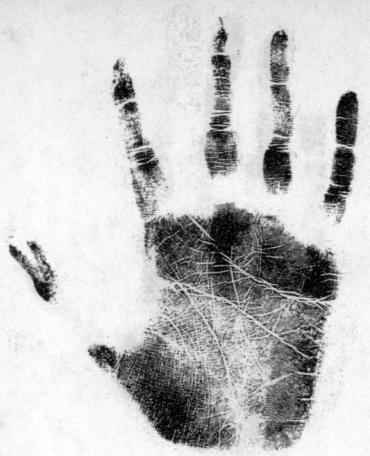

Die Schicksalslinie (Saturnlinie). Sie steigt vom unteren Raum zum Saturnberg auf. So verbindet sie die Kräfte des Lebens und der Verwurzelung mit denen, die zum Aufsteigen bestimmt sind, und konzentriert sie in verantwortungsvoller Leistung. Von der ursprünglichen Begabung, dieses zu können, hängt vor allem anderen die soziale Einordnung und das Schicksal des Menschen ab.

Apollolinie (Sonnenlinie). Sie entspringt im unteren oder mittleren Handraum auf der Du-Seite und führt zum Apolloberg hinauf. Sie läßt die Lebensfreude, die Kraft seelischer Einfühlung und Bindung wie die Empfangsbereitschaft für alles Schöne erkennen. Projektionen sind ihre Gefahr.

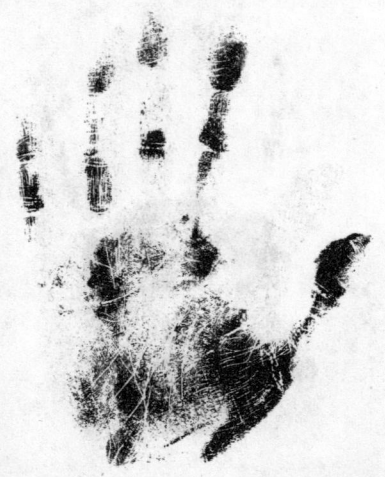

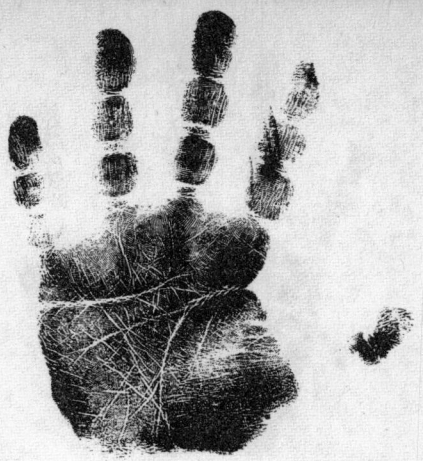

Die Merkurlinie. Sie durchzieht in diagonaler Richtung den Handraum und verbindet Merkurberg und Lebenslinie. Sie zeigt körperliche und geistige Beweglichkeit, Beeindruckbarkeit, Kontaktfähigkeit an und den Wunsch nach Kommunikation und Vermittlung. Im Materiellen drückt sie organisatorische Begabung aus.

Der Venusring. Er führt bogenförmig vom Raum zwischen Zeige- und Mittelfinger zum Zwischenraum von Ring- und kleinem Finger oder zum Handrand. Seine Aussagen beziehen sich auf die Sublimierung oder Pervertierung der Triebkräfte und die nervliche Feinfühligkeit.

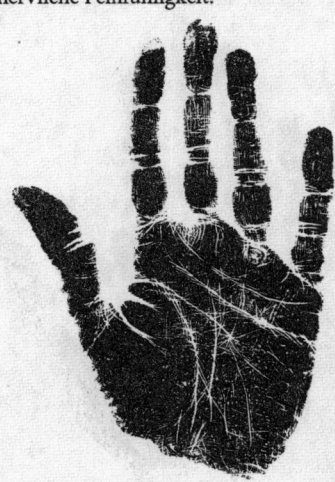

355

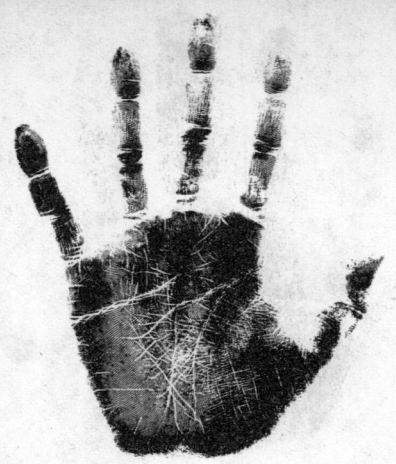

Die Neptunlinie. Sie verläuft im untersten Handraum, den Mondberg durchquerend, zum Außenrand hin als Ausdruck des Untergründigen, des Ungeformten und Entgrenzten.

Die Uranuslinie. Sie führt kreisförmig vom Mondberg zum Merkurberg hinauf und ist Zeichen plötzlicher Einfälle, Intuitionen und Umwälzungen, die sich auf geistigem, seelischem oder körperlichem Gebiet abspielen können. In den meisten Händen ist sie wenig ausgeprägt.

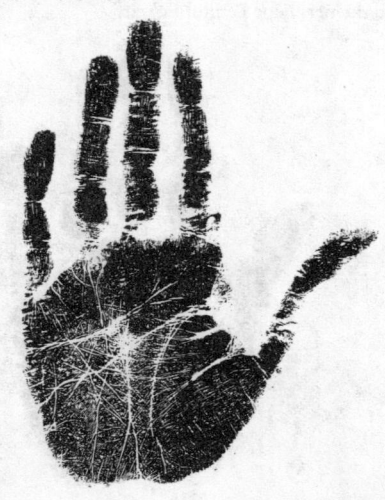

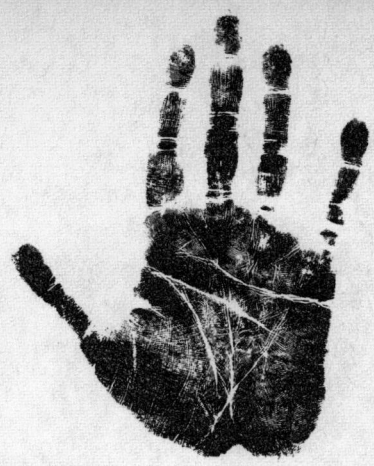

Die Papillarlinien zeigen sich in der Fülle von Wirbeln, Schleifen und Schlingen, die auf dieser Hand im Bereich von Mars- und Mondberg als eine kreisende Bewegung unter der Haut liegen. Sie zeigen eine innere Dynamik, die nicht zum Ausdruck kommt und damit noch nicht verarbeitet werden kann.

Zur weiteren Lektüre empfohlen

D'Arpentigny, «La Science de la Main», E. Dentu, Paris 1885.

Bauer, Paul, «Die Sprache der Hände», H. E. Günther-Verlag, Stuttgart 1950.

Bénisti, Edmond, «La Main de l'Ecrivain», Stock, Paris 1939.

Bürger, Prof. Max, «Die Hand des Kranken», Lehmanns Verlag, München 1958.

Carus, K. G., «Über Grund und Bedeutung der verschiedenen Formen der Hand», Ad. Becker, Stuttgart 1846.
«Symbolik der menschlichen Gestalt», Verlag P. Rohrmoser, Radebeul, Dresden.

Cheiro's, «Guide to the Hand», Nichols & Co., London 1950.

Desbarolles, Adolphe, «Die Hand und ihre Geheimnisse», O. W. Barth Verlag, München-Planegg 1935.

Dürckheim/Mangoldt, v., «Der Mensch im Spiegel der Hand», O. W. Barth Verlag, Weilheim/Obb. 2. Aufl. 1966.

Engelhart, Rudolf, «Das Wissen von der Hand», Wiesbaden.

Hutchinson, Beryl B., «Handbook on Hands», Rider & Co., London 1953.

Indagine, Joannis, «Die Kunst der Chiromantey», 1523.

Lawrance Myrah, «Handanalyse», Ariston Verlag, Genf 1977.

Mangin, Henri, «Wie die Hand, so der Mensch», Rascher-Verlag, Zürich 1942.
«Die Hand – Bild des Menschen», Rascher-Verlag, Zürich 1949.

Mangoldt, Ursula von, «Kinderhände sprechen», O. W. Barth Verlag, Weilheim/Obb. 1951.
«Zeichen des Schicksals im Bild der Hand», Walter-Verlag, Olten u. Freiburg/Br. 1962.
«Schicksal in der Hand», Neuauflage O. W. Barth Verlag, München 1974.
«Wer bin ich? Lebens- und Schicksalsweg aus dem Bild der Hand», Herderbücherei Nr. 626, Freiburg Br. 1977.
«Das große Buch der Hand, Deutung durch fünf Jahrhunderte», Hrsg. U. von Mangoldt, O. W. Barth Verlag, Weilheim/Obb. 1967. Goldmann Taschenbuch Nr. 11704, München 1978.

Raschig, Marianne, «Hand und Persönlichkeit», Gebrüder Enoch-Verlag, Hamburg 1931.

Soulié de Morand, George, «Sciences occultes en Chine». La Main, Nilsson, Paris.

Steindam-Ackermann, «Mysterium Mensch. Eine Einführung in die Psychologie der Hand», Berlin und Leipzig 1938.

«Hand und Persönlichkeit», Marcus und Webers Verlag, Berlin.

Wolff, Charlotte, «Die Hand des Menschen», O.W.Barth Verlag, Weilheim/Obb. 1970.

Schicksalsdeutung

Rachel Pollack
TAROT
78 STUFEN DER WEISHEIT
Deutsche Erstausgabe

(4132)

Rachel Pollack
DAS TAROT ÜBUNGSBUCH
Deutsche Erstausgabe

(4168)

Waltraud Drexler
DIE KRAFT DER RUNEN
Mit Runen arbeiten und leben

(86009)

Richard Riso
Die neun Typen der Persönlichkeit
und das Enneagramm

(4213)

Helen Palmer
DAS ENNEAGRAMM
Sich selbst und andere verstehen lernen

(4244)

Eli Jaxon-Bear
DIE NEUN ZAHLEN DES LEBENS
Das Enneagramm – Charakterfixierung und Spirituelles Wachstum

(86014)

Knaur®

Ein Leben nach dem Tode

Knaur®
Esoterik

Jess Stearn

Der schlafende Prophet

Prophezeiungen in Trance 1911 bis 1998

(4124)

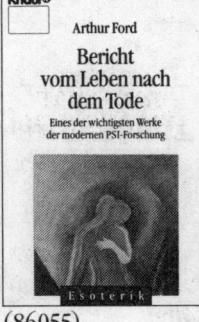

Knaur®

Arthur Ford

Bericht vom Leben nach dem Tode

Eines der wichtigsten Werke der modernen PSI-Forschung

Esoterik

(86055)

Knaur®
Esoterik

Geddes MacGregor

REINKARNATION UND KARMA IM CHRISTENTUM

(4230)

Knaur®
Esoterik

Jess Stearn

DIE SIEBEN LEBEN DES SCHLAFENDEN PROPHETEN

Edgar Cayce und die Reinkarnation

(4265)

Knaur®
Esoterik

Anya Foos-Graber

DEATHING

Den Tod bewußt erleben

(4254)

Knaur®
Esoterik

Gina Cerminara

ERREGENDE ZEUGNISSE VON KARMA UND WIEDERGEBURT

(4111)

Träume
als Wegweiser

Ernst Aeppli
**DER TRAUM
UND SEINE
DEUTUNG**
Mit 500 Traumsymbolen

(4116)

Ann Faraday
DIE POSITIVE
KRAFT
DER TRÄUME

(4119)

Jack Maguire
**TRAUMARBEIT
UND
TRANSFORMATION**

(4242)

Hildegard Schwarz
**Aus
Träumen lernen**
Mit Träumen leben
Originalausgabe

(4170)

David Ryback
Letitia Sweitzer
WAHRTRÄUME –
ihre transformierende
und übersinnliche Kraft

(4222)

Ellen Grasse
Traum, Tod
und Transzendenz
Hellsichtige Beobachtungen
einer Sensitiven
Mit Traumlexikon

(86043)

Knaur ®

Westliche Wege

Knaur Ⓚ

Westliche Pfade

Kyriacos C. Markides
Der Magus von Strovolos
Die faszinierende Welt eines spirituellen Heilers
Deutsche Erstausgabe

(4174)

Kyriacos C. Markides
HEIMAT IM LICHT
Die Weisheit des 'Magus von Strovolos'
Deutsche Erstausgabe

(4191)

Kyriacos Markides
FEUER DES HERZENS
Heiler, Weise und Mystiker

(4268)

Daskalos
ESOTERISCHE LEHREN
Die Botschaft des »Magus von Strovolos«

(4279)

Der Eingeweihte
Eindrücke von einer großen Seele
von seinem Schüler
Deutsche Erstausgabe
Band 1

(4133)

Der Eingeweihte
Eindrücke von einer großen Seele
von seinem Schüler
Deutsche Erstausgabe
Band 2

(4163)

ALTERNATIV HEILEN

Katrina Raphael
Heilen mit Kristallen
Die therapeutische Anwendung von Kristallen

ALTERNATIV HEILEN

(76018)

Michael Reed Gach
Heilende Punkte
Akupressur zur Selbstbehandlung von Krankheiten

ALTERNATIV HEILEN

(76002)

Bernd Jürgens
Hausrezepte der Naturheilkunde

ALTERNATIV HEILEN

(76017)

Dr. Edward Bach
Jana-Lisa & B. Petersen
Heile dich selbst mit den Bach Blüten

ALTERNATIV HEILEN

(76016)

Patricia Davis
Aromatherapie und Chakren
Der Einfluß von Aromaölen auf unseren feinstofflichen Körper

ALTERNATIV HEILEN

(76008)

Patricia Davis
Aromatherapie von A-Z

ALTERNATIV HEILEN

(76015)

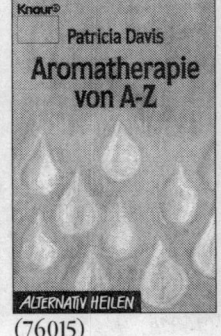

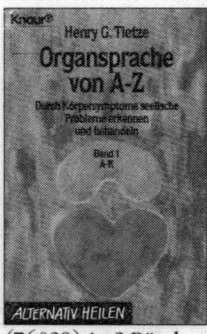